政府单位会计理论与实务

郑继辉　花冯涛◎主　编
缪　玲　李　娟◎副主编

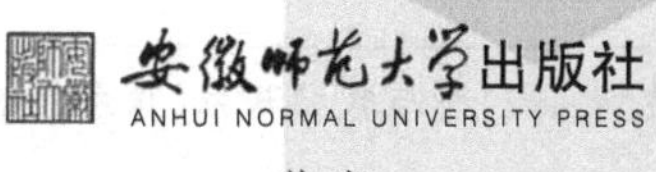

·芜湖·

图书在版编目(CIP)数据

政府单位会计理论与实务 / 郑继辉,花冯涛主编. -- 芜湖 : 安徽师范大学出版社, 2025.1

ISBN 978-7-5676-6210-0

Ⅰ. ①初… Ⅱ. ①郑…②花… Ⅲ. ①单位预算会计 Ⅳ. ①F810.6

中国国家版本馆CIP数据核字(2023)第234714号

政府单位会计理论与实务
ZHENGFU DANWEI KUAIJI LILUN YU SHIWU

郑继辉　花冯涛◎主　编
缪　玲　李　娟◎副主编

责任编辑: 舒贵波
责任校对: 王博睿
装帧设计: 张　玲　张德宝
责任印制: 桑国磊
出版发行: 安徽师范大学出版社
芜湖市北京中路2号安徽师范大学赭山校区　　邮政编码: 241000
网　　址: https://press.ahnu.edu.cn
发 行 部: 0553-3883578　5910327　5910310(传真)
印　　刷: 安徽芜湖新华印务有限责任公司
版　　次: 2025年1月第1版
印　　次: 2025年1月第1次印刷
规　　格: 787 mm × 1092 mm 1/16
印　　张: 33.25
字　　数: 600千字
书　　号: 978-7-5676-6210-0
定　　价: 118.00元

凡发现图书有质量问题,请与我社联系(联系电话0553-5910315)

前 言

党的十八大以来,我国政府会计改革全面推进。从无到有,包括1项基本准则、10项具体准则及4项应用指南、3项统一的政府会计制度、5项解释和9类应用案例在内的具有中国特色的政府会计准则制度体系基本建成并稳步实施,为深化权责发生制政府综合财务报告制度改革夯实制度基础,为开展政府信用评级、加强资产负债管理、改进政府绩效监督考核、防范财政风险等提供支撑。《会计改革与发展"十四五"规划纲要》指出:"根据政府会计改革与发展需要,继续健全完善政府会计准则制度体系并推进全面有效实施。""加强对政府会计准则制度的宣传和培训,强化政府会计准则制度应用案例、实施问答等实务指导,及时回应和解决政府会计准则制度实施中的问题。健全完善政府会计准则制度建设与实施机制,积极发挥相关机制作用,推进政府会计准则制度全面有效实施。"

基于上述背景对政府会计工作和人才培养的内在要求,我们组织编写了本书。本书基于全新的政府会计制度,结合过去教学经验和实践研究,全面系统地阐述了新时代背景下我国政府单位会计的基本理论和实务。本书具有以下特点:一是基于新制度。本书的内容基于《政府会计准则——基本准则》、《政府财务报告编制办法(试行)》、《政府会计准则——具体准则》、《政府会计制度——行政事业单位会计科目和报表》、政府会计准则制度解释及其应用案例等编写。二是突出理论性。本书紧扣"财务会计和预算会计适度分离并相互衔接"的政府单位会计核算模式,实现"双功能":对涉及财务会计和预算会计的经济业务,既介绍了财务会计的科目和预算会计的科目运用原理,又阐述财务会计和预算会计的处理方法;体现"双基础":财务会计处理采用权责发生制,预算会计处理采用收付实现制;展现"双报告":通过财务会计核算形成财务报告,通过预算会计核算形成决算报告。内容全面,相互区别,理论性强。三是立足实务性。本书基于政府单位经济业务发生规律和经济业务流程,不拘泥于制度文本和科目列表,系统、直观地切入理论学习和实践训练。本书配有大量例题,并且在章后设置了"思考与练习题",可使读者系统掌握政府单位会计确认、计量、记录和报告的全部知识内容,帮助读者强化和提高政府单位会计实务操作能力。

本书主编郑继辉、花冯涛,副主编缪玲、李娟,参加编写的其他人员有夏明圣、苏菁、刘晨等。具体编写情况如下:郑继辉、夏明圣编写第一、二章,缪玲编写第三、四、五章,花冯涛,刘晨编写第六章,花冯涛、苏菁编写第七章,李娟编写第八、九、十章。本书可作为高等学校财经类专业的本科生教材及MPAcc、MPA等专业的研究生学习参考用书,也可作为在职会计人员,特别是政府单位会计人员培训与自学用书。

在本书编写过程中,我们参阅了大量的文献资料,在此对相关作者表示诚挚的感谢。书中存在的不足和疏漏之处,恳请广大读者批评指正。

2024年12月

目　录

第一章　政府单位会计运行环境……1

第一节　政府管理机制……1

第二节　政府预算管理……6

第三节　国库集中收付制度……13

第二章　政府单位会计基本理论……19

第一节　政府单位会计概述……19

第二节　政府单位会计要素与会计科目……22

第三节　政府单位会计信息质量……29

第四节　政府单位会计记账规则……32

第五节　政府单位会计报表……34

第三章　政府单位收入与预算收入……39

第一节　收入与预算收入概述……39

第二节　财政拨款类收入及其预算收入……45

第三节　服务经营类收入……55

第四节　其他收入与其他预算收入……74

第四章　费用与预算支出……89

第一节　费用与预算支出概述……89

第二节　业务活动费用与行政支出……96

第三节　业务活动费用、单位管理费用与事业支出 ……105
第四节　事业单位专有的费用与预算支出 ……116
第五节　政府单位共有的费用与预算支出 ……135

第五章　资产(上) ……150

第一节　货币资金 ……150
第二节　投　资 ……168
第三节　应收及预付款项 ……188

第六章　资产(中) ……213

第一节　存　货 ……213
第二节　固定资产 ……232
第三节　无形资产 ……252

第七章　资产(下) ……271

第一节　待摊费用 ……271
第二节　在建工程 ……274
第三节　政府特有资产 ……285
第四节　待处理财产损溢 ……313

第八章　负　债 ……322

第一节　负债概述 ……322
第二节　举借债务 ……323
第三节　应付及预收款项 ……329
第四节　应交税费 ……347
第五节　暂收性负债 ……365
第六节　预计负债 ……375

第七节 披 露 …………………………………………………………………………377

第九章 净资产与预算结余 ……………………………………………………………382

第一节 概 述 …………………………………………………………………………382
第二节 盈余及其分配、调整 ……………………………………………………………387
第三节 其他净资产 ……………………………………………………………………394
第四节 资金结存 ………………………………………………………………………400
第五节 财政性结转结余资金 ……………………………………………………………405
第六节 其他结余资金 …………………………………………………………………421

第十章 政府单位会计报表 ……………………………………………………………430

第一节 会计报表概述 …………………………………………………………………430
第二节 资产负债表 ……………………………………………………………………431
第三节 收入费用表 ……………………………………………………………………446
第四节 净资产变动表 …………………………………………………………………454
第五节 现金流量表 ……………………………………………………………………460
第六节 预算收入支出表 ………………………………………………………………471
第七节 预算结转结余变动表 ……………………………………………………………479
第八节 财政拨款预算收入支出表 ………………………………………………………488
第九节 附 注 …………………………………………………………………………494
第十节 会计报表的审核、汇总与分析 ……………………………………………………505

主要参考文献 …………………………………………………………………………523

第一章　政府单位会计运行环境

会计是人类社会发展到一定历史阶段的产物，其起源于生产实践，是为管理生产活动而产生的。本章探讨政府单位会计运行的政府管理机制、政府预算管理、国库集中收付制度、政府债务管理等内容，为正确理解政府单位会计奠定基础。

第一节　政府管理机制

党的二十大报告指出，“构建高水平社会主义市场经济体制”，“深化简政放权、放管结合、优化服务改革”，“健全现代预算制度，优化税制结构，完善财政转移支付体系”。

一、政府的内涵

对于政府概念，人们大都在广义上使用，其具体解释也不完全相同。将政府视为政治统治的方式或政治统治的确定形式，这是偏重于制度化的解释，旨在强调政府执行国家权力的制度性质，与政体的概念相近；将政府视为管理国家事务的机构和统治阶级行使国家权力、实施阶级统治的工具，这样的解释偏重于政府的阶级性，强调了政府对于阶级统治而言所具有的手段性；在当代多元主义政治理论中，政府是以调节社会冲突的“仲裁者”出现的；而在现代西方经济学中，政府成为“政治市场”，组成政府的人员均被赋予“经济人”的特性，从而否定了政府公正无私的道德假定，以图揭示政府缺陷。

经济学意义上的政府是指管理和使用公共经济资源、履行政府职能的组织体系。经济学意义上的政府比政治学意义上的政府的范围要广泛得多，不仅包括政治学意义上的政府单位，也包括公立非营利组织。公立非营利组织主要以精神产品和各种劳务形式向社会公众提供服务，以实现社会效益为宗旨的各类组织机构。公立非营利组织主要指政府财政拨款的事业单位，包括教育、科学研究、勘察设计、勘探、文化、新闻出版、广播影视、医疗卫生、体育、农林牧渔、交通、气象、地震、海洋、环境保护、测绘、信息咨询、标准计量和质量技术监督、知识产权、物资仓储和供销、房地产服务和城市公用、社会福利等行业的事业单位。

本书及我国政府会计制度所述的政府即经济学意义上的政府，政府单位即指管理和使用公共经济资源、履行政府职能的政府及公立非营利组织，即通常所指的行政事业单位。

二、政府管理机制的内涵

1. 机制

"机制"概念最早运用于生物学，现已被广泛运用于社会学、经济学和管理学等研究领域。"机制"原指机器的构造和工作原理，或有机体的内在工作方式，包括其构造、功能和相互关系。社会科学中的机制泛指事物的各个组成部分之间的相互联系、互为因果的联结关系及运转方式。机制涉及对象的静态结构和动态运行两个方面，把这两个方面结合起来，研究结构与运行、内部与外部之间的相互关联以及从中体现出的一般规律。

2. 管理机制

管理机制是指管理系统的结构及其运行机理。管理机制本质上是管理系统的内在联系、功能及运行原理，是决定管理功效的核心问题。管理机制是由组织的基本结构决定的，只要改变组织的基本构成方式或结构，就会相应改变管理机制的类型和作用效果。当这一概念在政府系统中应用时，就形成了政府管理机制。

3. 政府管理机制

政府管理机制是政府管理系统的内在结构与机理，其形成与作用完全是由自身决定的，是一种内运动过程。只要其客观存在，其内部结构、功能既定，必然要产生与之相应的管理机制。这种机制的类型与功能是一种客观存在，不以任何人的意志为转移。政府管理机制，可以从三个层面来理解，一是要素与结构方面的政府管理机制，二是运行功能和运行机制方面的政府管理机制，三是外延的也就是行政生态环境方面的政府管理机制。三个层面共同组成了我国政府管理机制完整的内涵，其中第一层面是政府单位的内核和构成要素，是物质和非物质的承担体，第二层面是政府单位的运行原则和机理，是第一层面得以存在和发展的保障，第三层面是政府单位的影响要素。

三、政府管理运行机制

1.基于要素结构层面的政府管理机制

组织是人类社会发展到一定阶段的产物，政府单位是社会发展的必然产物。组织结构是组织构成要素以及要素之间所确定的关系模式，是指组织要素的排列组合方式，是由法律确定各种正式关系的模式。组织不仅取决于其构成要素，而且取决于其构成方式。政府管理机制第一个层面就是政府单位的要素和结构。很多研究组织基本要素的学者，根据亚里士多德的“四因说”，把组织的基本要素分为四类：物质要素、形式要素、动力要素和目的要素。政府单位作为特殊的组织形式之一，也由这四个方面组成。具体而言，政府管理机制的第一层面，即要素和结构，由行政伦理、行政职能、行政机构、行政人员、管理制度五个要素以及之间的排列构成。

行政伦理又称行政道德，它是以“责、权、利”的统一为基础，以协调个人、组织与社会的关系为核心的行政行为准则和规范系统。行政伦理是政府单位要素之一，其对于公共管理的开展，对于制定和执行政策的合法化和规范化具有举足轻重的作用。行政伦理主要包括公务员的个人品德、行政职业道德、行政组织伦理以及公共政策伦理等四个方面。

政府职能也称行政职能，是指政府为实现国家利益和满足社会发展需要而承担的职责和所应发挥的功能。它既包括政府的行政职责，也包括政府的行政职能。行政职能是国家职能的具体执行和体现，行政职能的行使受立法机关的监督；反之，行政职能发挥的程度又制约和影响其他职能的实现程度。我国的政府职能经过多次改革，形成了现在的四大职能，即经济调节、市场监管、社会管理和公共服务。

行政机构，是政府单位的外在表现形式，是行政管理活动的重要主体，是行政权力、政府职能的物质载体。政府机构是国家机构的重要组成部分，依法享有行政权力并管理国家行政事务，各级各类政府机构是整个国家行政机关系统的组成部分。在我国，行政机构是指中央和地方各级人民政府及其所属工作部门。根据同级行政部门内部各机构之间的分工和不同的职能配置，可以将行政机构分为领导机构、办公机构、咨询机构、信息机构、职能机构、派出机构、监督机构和行政机关等八种类型。

行政人员亦称公务员和参公管理人员。一般是指国家行政机关中作为行政主体、代表国家运用行政权力、从事行政活动的人员。行政人员是行政过程的第一要素,他们肩负着实现行政目标的任务和使命。我国国家公务员,是指在中华人民共和国政府中行使国家行政权力、执行国家公务的人员,不管是中央还是地方都是国家公务员。

管理制度是一个泛指的概念,是指组织形成所必需的物质要素之外的一些非物质要素,主要有权责体系、工作程序和工作流程、规章制度以及信息沟通等。具体而言,权责体系是政府各个部门、各个层次、各个成员之间相互从属和并列的关系,是政府能高效运转的关键;工作程序和工作流程、规章制度是政府各项工作顺利进行的保障;信息沟通是政府有效实现其目标的重要手段,也是政府存在和发展的必要条件。

行政伦理、行政职能、行政机构、行政人员、管理制度五个要素组成了政府管理机制的内核。从要素结构层面来理解政府管理机制,五个要素和由此确定的结构在一定时期内相对稳定,形成了政府管理机制的微观层次。当然,随着行政环境的不断变化,政府管理机制内核的五个要素也要不断地进行优化组合,形成特有的政府单位结构,建立适应行政环境需要的政府单位结构的层级化和部门化秩序。

2. 基于功能机理层面的政府管理机制

政府管理机制是以客观规律为依据,以政府单位的结构为基础,由若干个子机制有机组合而成的。这些子机制主要表现为政府运行机制、政府发展机制和政府约束机制。

政府运行机制是指在人类社会有规律的运动中,影响政府运行的各因素的结构、功能、相互关系,以及这些因素产生影响、发挥功能的作用过程和作用原理及其运行方式。各种因素相互联系,相互作用。要保证社会各项工作的目标和任务真正实现,必须建立一套协调、灵活、高效的运行机制。我国政府运行机制就是政府以现代治理理念为指导,适应社会主义市场经济发展的要求,有效融合政府战略机制、信息机制、动力机制、约束机制,并辅之以政府整合机制、危机处理机制、沟通机制、社会动员和控制机制的一种运行过程和运行原理。政府运行机制主要包含了信息机制、战略和战术决策机制、执行机制、沟通机制、反馈机制以及政府整合机制等。

政府发展机制也叫政府动力机制,是指政府管理系统动力产生与运作的机理。

政府发展机制主要由以下三个方面构成：一是利益驱动，是政府单位动力机制中最基本的力量，是由经济规律决定的；二是政令推动，是由社会规律决定的；三是社会心理推动，是由社会与心理规律决定的。一般而言，政府发展机制包括竞争机制和激励机制、人才开发和管理机制、积累机制、投入机制和创新机制等。竞争和激励机制是发展机制中最重要的组成部分，竞争自身也是一种激励，在一定程度上甚至是一种生存意义上的激励。人才开发和管理机制也是重要的组成部分，其功能是不断为政府系统更新人才资源，应着重抓好适合政府发展需要与岗位要求的继续教育、技术培训。创新机制是政府永葆生机活力的保证，它的主要功能是使政府保持旺盛的创新活力，保证政府在不断创新中获得更大的发展，为社会创造更多的价值和财富。

政府约束机制是指对政府管理系统行为进行限定与修正的功能与机理。政府约束机制主要包括四个方面的约束因素：权力约束，对系统运行和权力的拥有者与运用者进行约束；利益约束，对运行过程和对运行过程中的利益因素加以约束；责任约束，就是明确相关系统及人员的责任并限定和修正系统的行为；社会心理约束，通过运用教育、激励和社会舆论、道德与价值观等手段，对管理者及有关人员的行为进行约束。政府约束机制包括控制机制、制约机制、监督机制、预警机制以及应急处理机制等。其中控制机制和监督机制是政府约束机制中的主要内容，财务监管、成本核算以及审计等方面的制度建设和责权配置是其工作的重点。预警机制以及应急处理机制是对政府处理潜在的或既发的社会突发性公共事件而进行限定的功能和机理，并不必然发生。

3.基于行政环境层面的政府管理机制

行政环境是指影响行政系统运行的行政系统之外的环境，如政治、经济、社会、法律、文化、教育、科技、自然环境以及国际环境等。政府管理机制环境层面的主要组成要素有政治环境、经济环境、社会环境、文化环境以及国际环境。

政治环境由一个国家的政治制度、政党制度、阶级状况、政治文化、法律制度等构成。政治环境决定并制约公共行政。政治体制决定行政体制，决定政治与行政两者的关系，决定权力的制衡关系，决定行政权力的划分与运行方式。

经济环境是由社会生产力和生产关系的状况构成的，具体包括社会生产力的性质、发展水平，生产资料的所有制形式、性质和成熟程度。经济基础决定上层建筑，所以经济环境对公共行政有决定性的影响。经济环境影响和制约了政府管理机制中的诸多要素,如性质、目标、原则、行为和方法。

社会环境是指人类生存及活动范围内的社会物质、精神条件的总和,一方面是人类物质文明和精神文明发展的标志,另一方面又随着人类文明的演进而不断地丰富和发展,所以也称文化—社会环境。社会环境有广义和狭义之分,广义上的社会环境包括整个社会经济文化体系,如生产力、生产关系、政治制度、社会意识和社会文化等;狭义的社会环境仅指人类生活的直接环境,如劳动组织、家庭、弱势群体、犯罪等。

文化环境由意识形态、道德伦理、社会心理、价值观念、教育、文学艺术、科学技术等要素构成。文化因素渗透政府管理系统的各个领域,对行政体制、政府职能、行政行为、行政心理等方面产生影响。它包含人们行政行为的态度、信仰、感情和价值观,以及人们所遵循的行政方式和行政习惯等,具体来说包括人们的行政观念、行政意识、行政思想、行政理想、行政道德、行政心理、行政原则、行政价值等。文化环境为公共行政提供智力支持和精神动力,提供行政价值观和行为规范。文化环境影响和制约着政府管理机制的构成要素,从而影响了政府管理机制的构建。

国际环境指包括国外产生的各种影响组织生存和发展的事件或者机遇,也可以是一个国家同世界其他国家和地区之间的政治、经济、文化和自然地理等方面的关系。随着经济全球化的进程加快,各个国家的经济政府文化的依存度越来越高。公共行政也向地区化和全球化方向发展,国际环境对政府管理系统的构成和公共行政的发展影响越来越大。

第二节　政府预算管理

一、政府预算含义

1.政府预算的概念

政府预算是指经法定程序审核批准的具有法律效力和制度保证的政府年度财政收支计划,是政府筹集、分配和管理财政资金的重要工具。从形式上看,政府预算是以年度政府财政收支计划的形式存在的。从性质上看,政府预算是具有法律效力的文件,政府预算的形成过程实际上是国家权力机关审定预算内容和赋予政府预算执行权的过程。从内容上看,政府预算反映政府集中支配财力的分配过程。从作用上看,政府预算是政府调控经济和社会发展的重要手段。

2.政府预算的基本特征

根据政府预算定义可以得出,政府预算具有法律性、预测性、集中性和综合性等基本特征。

法律性是指政府预算的收支形成和执行结果都要经过立法机关审查批准。政府预算按照一定的立法程序审批之后,就形成了反映国家财政资金来源规模、去向用途的法律性规范和约束政府收支行为的法律文本。

预测性是指政府通过编制预算可以对预算收支规模、收入来源和支出用途作出事先的设想和预计,也就是对预算年度的预算收入和支出的各项指标,进行科学地预计和测算,使之与客观情况相符合。预测时,国际上常用的技术方法主要有:专家预测法、趋势预测法、决定因子预测法和计量预测法。

集中性是指预算资金作为集中性的政府财政资金,其收支规模、收入来源、支出去向、收支结构比例和预算平衡等状况,由国家按照社会生产力水平、社会公共需要和政治经济形势的需要,从国家整体利益出发依法进行统筹安排,集中分配。

综合性是指政府预算作为各项财政收支的汇集点和枢纽,综合反映了国家财政收支活动的全貌以及政府活动的范围和方向,政府预算是国家的基本财政收支计划。

二、我国政府预算分类

我国政府预算按照不同标准,可以分为不同类型。

1.按照政府级次,政府预算分为中央预算和地方预算

政府预算按照政府级次的划分也称政府预算体系,是根据国家行政区划分和政府结构以及预算管理体制的要求而确定的各级政权的预算构成。按照我国《中华人民共和国预算法》(以下简称《预算法》),我国实行一级政府一级预算,设立中央、省(自治区、直辖市)、设区的市(自治州)、县(自治县、不设区的市、市辖区)、乡(民族乡、镇)等五级预算。全国预算由中央预算和地方预算组成。

中央预算即中央政府预算,由中央各部门预算及中央直接组织的收入和支出预算组成,中央预算在政府预算中占主导地位。地方预算即地方政府预算,由各省、自治区、直辖市总预算组成。地方各级总预算由本级预算和汇总的下一级总预算组

成。下一级只有本级预算的,下一级总预算即指下一级的本级预算。没有下一级预算的,总预算即指本级预算。

在我国,财政部负责编制全国的预算以及中央政府预算,全国人民代表大会负责审查和批准,全国人民代表大会常务委员会负责监督执行。地方各级预算由地方各级财政部门负责编制,由地方各级人民代表大会审查和批准,各级人民代表大会常务委员会负责监督执行。根据《预算法》,中央预算可以列赤字,赤字以发行国债形式弥补。地方各级预算按照量入为出、收支平衡的原则编制,除《预算法》另有规定外,不得列赤字。

2.按照收支管理范围,政府预算分为总预算、部门预算和单位预算

总预算是各级政府本行政区域的预算,包括本级政府预算和汇总的下一级政府总预算。根据《预算法》,各级政府预算应当根据年度经济社会发展目标、国家宏观调控总体要求和跨年度预算平衡的需要,参考上一年预算执行情况、有关支出绩效评价结果和本年度收支预测,按照规定程序征求各方面意见后进行编制。

部门预算是指与本级政府财政部门直接发生预算拨款关系的国家机关、军队、政党组织、社会团体、事业单位和其他单位,依据《预算法》及其实施条例的规定以及履行法定职能的需要编制的本部门及其所属各单位的年度收支预算。依照《预算法》及其实施条例,各部门预算应当包括一般公共预算、政府性基金预算、国有资本经营预算安排给本部门及其所属各单位的所有预算资金。其中,各部门预算收入包括本级财政安排给本部门及其所属各单位的预算拨款以及合法取得的其他各项收入;各部门预算支出是与部门预算收入相对应的支出,包括基本支出和项目支出。部门预算是编制政府预算的一种制度和方法。通俗地说,部门预算就是一个部门一本预算。我国部门预算改革始于2000年,是加强财政支出管理的一项重大改革举措,对加强财政预算管理、提高财政资金使用效益和效率、从源头预防腐败等具有深远而重大影响。2010年开始,我国实行部门预算公开制度。

单位预算是各级政府组成部门及所属单位编制的收支预算,即列入部门预算的国家机关、政党组织、社会团体和事业单位等的收支预算。依照《预算法》,各部门、各单位应当按照国务院财政部门制定的政府收支分类科目、预算支出标准和要求,以及绩效目标等预算编制规定,根据其依法履行职能和事业发展的需要以及存量资产情况,编制本部门、本单位预算草案。依照《预算法》及其实施条例,各部门、各单位预算收入包括本级预算拨款收入、预算拨款结转结余、其他各项收入;预算支出包

括基本支出和项目支出。各部门、各单位的预算支出，按其功能分类应当编列到项，按其经济性质分类应当编制到款。按功能分类编列到项的支出应当与按经济性质分类编制到款的支出相互衔接。

3.按照功能，政府预算分为一般公共预算、政府性基金预算、国有资本经营预算、社会保险基金预算

一般公共预算是对以税收为主体的财政收入，安排用于保障和改善民生、推动经济社会发展、维护国家安全、维持国家机构正常运转等方面的收支预算。一般公共预算又分为中央一般公共预算和地方各级一般公共预算。中央一般公共预算包括中央各部门（含直属单位，下同）的预算和中央对地方的税收返还、转移支付预算。中央一般公共预算收入包括中央本级一般公共预算收入、从政府性基金预算和国有资本经营预算调入资金、地方向中央的上解收入、从预算稳定调节基金调入资金；中央一般公共预算支出包括中央本级一般公共预算支出、偿还政府债务本金支出、中央对地方的税收返还和转移支付、补充预算稳定调节基金。地方各级一般公共预算包括本级各部门（含直属单位，下同）的预算和税收返还、转移支付预算。地方各级一般公共预算收入包括地方本级一般公共预算收入、从政府性基金预算和国有资本经营预算调入资金、上级政府对本级政府的税收返还和转移支付、下级政府的上解收入、从预算稳定调节基金调入资金、其他调入资金。地方各级一般公共预算支出包括地方本级一般公共预算支出、偿还政府债务本金支出、对上级政府的上解支出，对下级政府的税收返还和转移支付、补充预算稳定调节基金。

政府性基金预算是对依据法律、行政法规的规定在一定期限内向特定对象征收、收取或者以其他方式筹集的资金，专项用于特定公共事业发展的收支预算。政府性基金预算应当根据基金项目收入情况和实际支出需要，按基金项目编制，做到以收定支。政府性基金预算收入包括政府性基金各项目收入和转移性收入，中央政府性基金各项目收入包括本级收入、上一年度结余、地方上解收入；政府性基金预算支出包括与政府性基金预算收入相对应的各项支出和向一般公共预算调出资金等转移性支出。各项目支出包括本级支出、对地方的转移支付、向一般公共预算调出资金。地方政府性基金各项目收入包括本级收入、上一年度结余、下级上解收入、上级转移支付；各项目支出包括本级支出、对下级的转移支付、向一般公共预算调出资金。

国有资本经营预算是对国有资本收益做出支出安排的收支预算。国有资本经营预算应当按照收支平衡的原则编制，不列赤字，并安排资金调入一般公共预算。中

央国有资本经营预算收入包括国有独资企业、国有独资公司按照规定上缴国家的利润收入,国有资本控股和参股公司获得的股息红利收入、国有产权转让收入、清算收入以及其他国有资本经营收入,但依照国务院规定应当缴入一般公共预算的收入除外。国有资本经营预算支出包括资本性支出和其他支出,以及向一般公共预算调出资金等转移性支出。地方国有资本经营预算收入包括本级收入、上一年度结余、上级转移支付;支出包括本级支出、向一般公共预算调出资金、对下级的转移支付。

社会保险基金预算是以社会保险缴款、一般公共预算安排和其他方式筹集的资金,专项用于社会保险的收支预算。社会保险基金预算应当按照统筹层次和社会保险项目分别编制,做到收支平衡。社会保险基金预算收入包括各项社会保险基金收入、一般公共预算安排补助及其他收入。社会保险基金预算支出包括各项社会保险基金支出及其他支出。

三、政府收支分类

政府收支分类,是按照一定的原则、方法对政府收入和支出进行类别和层次划分,以全面、准确、清晰地反映政府收支活动。对政府收支进行科学分类,既是客观、全面、准确反映政府收支活动的前提,也是合理编制预算、组织预算执行以及预算单位进行会计明细核算的重要依据。政府收支分类是财政预算管理的一项重要基础性工作,直接关系到财政预算管理的透明度,关系到财政预算管理的科学化和规范化,是公共财政建设的一个重要环节。

1.政府收支分类改革

我国政府收支分类改革始于1999年,2004年完成了《政府收支分类改革方案》的前期设计工作。2005年选择了几家中央部门和省级政府进行模拟试点。2006年财政部印发了《政府收支分类改革方案》,制定了《2007年政府收支分类科目》,2007年在全国范围内正式实施。同时,按照新的政府收支体系重新设计部门预算报表,为部门预算编制奠定了基础。自2007年以来,为了满足预算管理工作的实际需要,财政部每年都对政府收支分类科目进行修订。

2.政府收支分类科目

政府收支分类科目,也称“预算科目”,是指为全面反映政府收支活动,对预算收入和预算支出的类别和层次进行的划分。根据《政府收支分类改革方案》《支出经济分类科目改革方案》和《2022年政府收支分类科目》，政府收支分类科目由“收入分类”“支出功能分类”“支出经济分类”三部分构成。

收入分类即对政府收入进行统一分类，全面、规范、细致地反映政府各项收入，以全面反映政府收入的来源和性质。收入分类按照科学标准和国际通行做法，将政府收入分为类、款、项、目四级。政府收入分为税收收入、社会保险基金收入、非税收入、债务收入、转移性收入等。每类收入根据不同层次的管理需要再分为款、项、目，如“税收收入”类下的“增值税”“消费税”等，“增值税”款下的“国内增值税”，“国内增值税”项下的“国有企业增值税”等。一般公共预算、政府性基金预算和国有资本经营预算的收入分类具体参见《2022年政府收支分类科目》。

按照支出功能分类，即按照政府各项职能活动对政府支出进行的分类，将政府支出分为类、款、项三级，能够清楚反映政府支出的内容和方向。支出功能分类将政府支出分为一般公共服务、外交、国防、公共安全、教育、科学技术、文化体育与传媒、社会保障和就业、医疗卫生和计划生育、节能环保、城乡社区、农林水、交通运输、资源勘探信息、商业服务、金融、援助其他地区等支出类，以综合反映政府职能活动。为了清楚反映为完成某项政府职能所进行的某方面工作，每类支出再细化为款级科目；为了清楚反映为完成某方面工作所发生的具体支出事项，款级科目再细化为项级科目。如“教育”类下的“普通教育”“职业教育”，“普通教育”款下的“学前教育”“小学教育”等。一般公共预算、政府性基金预算和国有资本经营预算的支出分类具体参见《2022年政府收支分类科目》。

按照支出经济分类，是指按照政府各项支出的经济性质和具体用途对政府支出进行的分类，是进行政府预算管理、部门财务管理和政府统计分析的重要手段。支出经济分类包括政府预算支出经济分类和政府部门预算支出经济分类。政府预算支出经济分类体现政府预算管理需要，主要用于政府预算编制、执行、决算、公开和财政总预算会计核算。政府预算支出经济分类按照《预算法》的要求，设置类、款两级，类级科目15个、款级科目60个。15个类级科目包括机关工资福利支出、机关商品和服务支出、机关资本性支出、对事业单位经常性补助、对事业单位资本性补助、对企业补助、对企业资本性支出、对个人和家庭的补助、对社会保障基金补助、债务利息及费用支出、债务还本支出、转移性支出、预备费及预留、其他支出等类。部门预算支出经济分类体现政府部门预算的管理需要，主要用于政府部门预算编制、执行、决算、公开和政府部门单位会计核算。政府部门预算支出经济分类按照《预算法》的要求,设置类、款两级,类级科目10个、款级科目96个。10个类级科目包括工资福利支出、商品和服务支出、对个人和家庭的补助、债务利息及费用支出、资本性支出(基本建设)、资本性支出、对企业补助(基本建设)、对企业补助、对社会保障基金补助、其他支出等类。支出经济分类的款级科目具体参见《2022年政府收支分类科目》内容。

四、财政拨款结转结余

1.财政拨款结转和结余资金概念

财政拨款结转和结余资金是指与财政有缴拨款关系的行政、事业单位(含企业化管理的事业单位)、社会团体及企业在预算年度内,按照财政部批复的本部门预算,当年未列支出的财政拨款资金。《预算法》规定:各级政府上一年预算的结转资金,应当在下一年用于结转项目的支出;连续两年未用完的结转资金,应当作为结余资金管理。各部门、各单位上一年预算的结转、结余资金按照国务院财政部门的规定办理。

结转资金是指预算安排项目的支出年终尚未执行完毕,或者因故未执行但下一年度需要按原用途继续使用的资金;连续两年未用完的结转资金,是指预算安排项目的支出在下一年终仍未用完的资金。结余资金,是指年度预算执行结束时,预算收入实际完成数扣除预算支出实际完成数和结转资金后剩余的资金。

2.结转结余资金的管理

结转资金包括部门预算基本支出结转资金和项目支出结转资金。其中,基本支出结转资金包括人员经费结转资金和日常公用经费结转资金。基本支出结转资金原则上结转下年继续使用,用于增人增编等人员经费和日常公用经费支出,但在人员经费和日常公用经费间不得挪用,不得用于提高人员经费开支标准。项目支出结转资金结转下年按原用途继续使用。结转资金原则上不得调整用途。在年度预算执行过程中,确需调整结转资金用途的,需报财政部门审批。在预算执行中因增人增编需增加基本支出的,应首先通过本部门基本支出结转资金安排,并将安排使用情况报财政部门备案。连续年度安排预算的延续项目,有结转资金的,在编制以后年度预算时,应根据项目结转资金情况和项目年度资金需求情况,统筹安排财政拨款预算。

结余资金是指部门预算项目支出结余资金。对某一预算年度安排的项目支出连续两年未使用或者连续三年仍未使用完的剩余资金，视同结余资金管理。基本建设项目支出结余资金的确认按基本建设财务管理有关规定执行。对财政部门核定的部门年度机动经费，当年未使用的资金按项目支出结余资金管理。部门在年度预算执行结束后，形成的项目支出结余资金，应全部统筹用于编制以后年度部门预算，按预算管理的有关规定，用于本部门相关支出。

部门在编制本部门预算时，可以在部门本级和下级预算单位之间、下级不同预算单位之间、不同预算科目之间统筹安排使用结余资金。项目支出结余资金，在统筹用于编制以后年度部门预算之前，原则上不得动用。因特殊情况需在预算执行中动用项目支出结余资金安排必需支出的，应报财政部门审批。基本建设项目竣工后，应及时按规定向项目主管部门或财政部门报送项目竣工财务决算。部门根据项目主管部门或财政部门批复的项目竣工财务决算中确认的结余资金数额，按基本建设财务管理有关规定，在项目主管部门或财政部门批复竣工财务决算后30日内，将应上缴国库的结余资金上缴；部门及单位留用的结余资金需报财政部门批准后方可动用。

第三节　国库集中收付制度

国库集中收付制度是指对财政资金及财政性资金实行集中收缴和支付的一种制度安排。国库集中收付制度既规范了政府预算收入的收缴方式和程序，又规范了政府预算支出的支付方式和程序，它对政府单位会计特别是对政府单位会计核算产生了重要影响。

一、政府预算收支的组织机构

我国各级政府预算经各级人民代表大会及其常务委员会审批后由本级政府单位执行，由本级政府财政部门具体负责实施。政府各部门、各单位是本部门、本单位的预算管理主体，负责本部门、本单位的预算编制、执行和调整、决算，并对结果负责。

在政府预算管理中，国家设立了专门机构负责政府预算收入的收缴和预算资金的拨付，其组织机构包括：预算收入的征收机构、预算收支的办理机构、财政国库管理机构和支付执行机构。

1. 预算收入的征收机构

征收机构是负责政府预算收入的征收管理的部门和单位，主要包括财政部门、税务部门、海关以及国家规定具有征收执法权的政府部门。

财政部门主要负责征收国有资本经营预算收入、部分非税收入、债务收入等。有些地方的契税和耕地占用税也归财政部门征收。税务部门主要负责征收各项工商税收、企业所得税以及一些非税收入（如教育费附加等）。海关主要负责征收关税、代征的进口货物增值税和消费税。

预算收入的征收机构必须依照法律法规的规定，及时、足额征收应征的预算收入，不得违法多征、提前征收或减征、免征、缓征应征的预算收入，不得截留、占用或者挪用预算收入。

2. 预算收支的办理机构我国预算收支的办理机构是国库。

国库是国家金库的简称，是负责办理国家预算资金的收入和支出的专门机构，是财政总预算会计的出纳机关。按照《预算法》规定，政府的全部收入应当上缴国家金库，任何部门、单位和个人不得截留、占用、挪用或者拖欠；对于法律有明确规定或者经国务院批准的特定专用资金，可以依照国务院的规定设立财政专户管理。

《预算法》规定县级以上各级预算必须设立国库，具备条件的乡（民族乡、镇）也应当设立国库。国库由中国人民银行具体经理，分为总库（中央国库）、分库、中心支库和支库四级。中国人民银行总行经理总库，各省、自治区、直辖市分行经理分库，省辖市、自治州和成立一级财政的地区，由市、地（州）分、支行经理中心支库，县（市）支行（城市区办事处）经理支库。国库的基本职责有：按照财政部规定及时准确办理预算收入的收纳、划分、留解、退付、更正和预算支出的拨付；按照财政部指令及规定时间，办理国库单一账户与零余额账户资金清算业务；按规定监督代理国库集中收付业务的银行业金融机构的资金清算业务；对国库库款收支有关凭证要素的合规性进行审核；按照财政部规定向财政部门编报预算收入入库、解库及库款拨付情况的日报、旬报、月报和年报及明细情况；建立健全预算收入对账制度。

国库的主要权限有：督促检查各经收处和收入机关所收之款是否按规定全部缴入国库，发现违法不缴的，应及时查究处理；对擅自变更各级财政之间收入划分范围、分成留解比例，以及随意调整库款账户之间存款余额的，国库有权拒绝执行；对不符合国家规定要求办理退库的，国库有权拒绝办理；监督财政存款的开户和财政库款的支拨；任何单位和个人强令国库违反国家规定的事项，国库有权拒绝执行，并要及时向上级报告；对不符合规定的凭证，国库有权拒绝受理。

3.财政国库管理机构和支付执行机构

实行国库集中收付制度，各级财政应设立财政国库管理机构和国库支付执行机构。

财政国库管理机构是具体组织预算执行、财政资金调度和会计核算的机构。比如财政部的国库司，省级政府财政厅局的国库处，市县级财政部门的国库科等。财政总预算会计设在各级国库管理机构。按照规定，各级政府财政部门应履行如下国库管理职责：组织拟定国库管理制度、国库集中收付制度，制定国库管理相关业务流程；管理本级国库单一账户体系，组织实施国库集中收付业务；通过政府采购选择国库集中收付代理银行，组织实施国库集中收付代理银行与中国人民银行资金清算，开展国库集中收付代理银行管理及职责履行考评工作；管理国库库款财政专户资金，建立健全国库现金管理制度，承担国库现金管理工作；指导监督并定期检查中国人民银行经理国库业务、中国人民银行分支机构和有关银行业金融机构办理国库业务的职责履行情况；审核预算单位资金使用计划和财政直接支付资金的申请，建立健全内部监督制约机制。

财政国库支付执行机构业务是财政部门审核、监督财政资金支付工作的延伸。各级政府财政部门应当设立专门的财政国库支付执行机构，承担国库集中支付的有关具体工作，比如财政部国库支付中心，地方财政部门的国库支付中心等。财政国库支付执行机构应履行如下职责：配合国库管理机构建立、完善国库单一账户体系，从事国库集中收付制度改革后财政资金的审核、支付和会计核算工作，监管非税收入收缴，承担财政支付机构和收付系统内部的监督检查、系统维护及国债发行与兑付的管理业务。

二、国库集中收付制度的主要内容

1.建立国库单一账户体系

国库单一账户体系是一个统揽财政性资金的账户体系，即所有财政性资金收入和支出都纳入该账户体系，由国库实行集中收付，各征收机关和预算单位不再设立过渡性资金账户。国库单一账户体系包括四类账户：国库单一账户、零余额账户、财政专户和特设专户。

国库单一账户指财政部门在国库业务经办机构开设的,用于记录、核算和反映预算收入和预算支出及有关法规规定的其他预算资金活动,并用于与零余额账户进行清算的存款账户。

零余额账户指财政部门和各部门、各单位在代理国库集中支付业务的银行业金融机构开设的银行结算账户,用于办理预算资金支付业务并与国库单一账户清算,日终余额为零。零余额账户主要包括财政部门零余额账户、预算单位的零余额账户和财政汇缴零余额账户(也称财政汇缴专户)三类。财政部门零余额账户由财政部门按照资金使用性质在商业银行开设,用于财政直接支付和国库单一账户支出清算;预算单位的零余额账户由财政部门在商业银行为预算单位开设,在支出管理中,用于财政授权支付和国库单一账户清算;财政汇缴零余额账户由财政部门在商业银行开设,用于非税收入收缴和资金清算。财政部门零余额账户和预算单位的零余额账户的用款额度具有与人民币存款相同的支付结算功能。财政部门零余额账户可以办理转账等支付结算业务,但不得提取现金;预算单位的零余额账户可以办理转账、汇兑、委托收款和提取现金等支付结算业务;财政汇缴零余额账户不得用于执收单位的支出。

财政专户指财政部门为履行财政管理职能,按照规定的设立程序,在银行业金融机构开设用于管理核算特定专用资金的银行结算账户。特定专用资金包括社会保险基金,国际金融组织和外国政府贷款、赠款、偿债准备金,待缴国库单一账户的非税收入,教育收费,代管预算单位资金等。

特设专户是经国务院和省级人民政府批准或授权财政部门开设的特殊过渡性专户,用于记录、核算和反映预算单位的特殊专项支出,并与国库单一账户清算。

2.政府预算收入收缴程序和方式

我国《预算法》规定,国家对政府全部收入实行国库集中收缴管理。国库集中收缴制度是指预算收入按照规定的程序,通过国库单一账户体系缴入国库的办法。政府预算收入的收缴方式包括直接缴库和集中汇缴两种方式。

直接缴库是指由缴款单位或缴款人按照法律法规规定,直接将应缴收入缴入国库单一账户或财政专户。实行直接缴库方式的有税收收入、非税收入等。税收收入是由纳税人或税务代理人提出纳税申报,经征收机关审核无误后,由纳税人通过开户银行将税款缴入国库单一账户。非税收入是由执收单位开具非税收入一般缴款书,缴款人持非税收入一般缴款书在规定期限内将应缴款项直接缴入国库或财政专户。

集中汇缴是指由征收机关和依法享有征收权限的单位按照法律法规规定，将所收取的应缴收入汇总缴入国库单一账户或财政专户。实行集中汇缴方式的有小额零散税收和非税收入中的现金缴款等。小额零散税收和法律另有规定的应缴收入，由征收机关收缴收入后在规定的期限内汇总缴入国库单一账户。非税收入中的现金缴款，由执收单位收取缴款人的应缴款项后，在规定的期限内将所收款项按照收入项目汇总后出具非税收入一般缴款书，将应缴款项集中缴入国库或财政专户。

3.政府预算支出拨付程序和方式

我国《预算法》规定，国家对政府全部支出实行国库集中支付管理。国库集中支付制度是指预算支出通过国库单一账户体系，采取财政直接支付或者财政授权支付方式，将资金支付给收款人的办法。

财政直接支付方式是指由政府财政部门开具支付令，通过财政零余额账户支付给收款人，财政零余额账户再与国库进行资金清算的支付方式。实行财政直接支付方式的支出主要包括工资支出、工程采购支出、物品和服务采购支出、国有资本经营预算支出、转移支出等。在财政直接支付方式下，预算单位按照批准的预算指标和用款计划向财政部门提出财政直接支付申请；财政部门在对预算单位提出财政直接支付申请审核无误后，向代理银行签发财政直接支付指令，通过设在代理银行的财政部门零余额账户，将财政资金直接支付给最终收款人或用款单位；代理银行根据已办理支付的资金，在营业日终了前的规定时间内，向财政部门在人民银行的国库部门提出清算申请；人民银行国库部门审核无误后，将资金划往代理银行账户。

财政授权支付方式是指预算单位根据本级政府财政部门授权，自行开具支付令，通过预算单位零余额账户支付给收款人，预算单位零余额账户再与国库进行资金清算的支付方式。实行财政授权支付方式的支出主要包括零星采购支出、特别紧急支出和经财政部门批准的其他支出。在财政授权支付方式下，预算单位根据批准的预算指标和用款计划，向财政部门申请财政授权支付用款额度；财政部门批准后，按月将财政授权支付用款额度下达给人民银行和代理银行；预算单位收到代理银行转来的“财政授权支付用款额度到账通知书”后，在财政授权支付用款额度内自行开具支付令，通过设在代理银行的预算单位零余额账户，将财政资金直接支付给最终收款人或用款单位；代理银行根据已办理支付的资金，在营业日终了前的规定时间内，向财政部门在人民银行的国库部门提出清算申请；人民银行国库部门审核无误后，将资金划往代理银行账户。

思考与练习题

一、名词解释

1. 政府预算

2. 部门预算

3. 一般公共预算

4. 支出功能分类

5. 支出经济分类

6. 财政拨款结转和结余资金

7. 国库集中收付

8. 国库单一账户体系

9. 零余额账户

10. 财政专户

11. 特设专户

12. 财政直接支付方式

13. 财政授权支付方式

二、问答题

1. 简述政府预算的基本特征。

2. 简述政府预算收入收缴程序和方式。

3. 简述政府预算支出拨付程序和方式。

4. 简述政府债务管理。

第二章　政府单位会计基本理论

思想是行动的先导，理论是实践的指南。本章主要探讨政府单位会计基本理论：政府会计概念、政府单位会计要素、会计科目、会计信息质量特征、记账规则和报表等内容。

第一节　政府单位会计概述

一、政府会计与政府单位会计定义

关于政府会计的概念，目前学术界有不同的观点。从我国学者已发表的相关政府会计研究文献看，主要有以下观点：政府会计主要用于确认、计量、记录和报告政府和政府单位财务收支活动及其受托责任的履行情况；政府会计是服务于各级政府及各级各类行政事业单位的会计信息系统，它以货币为主要计量单位，以政府及行政事业单位的资金运用为对象，连续、系统、全面地反映政府单位的各种受托财务责任；政府会计是以政府作为会计核算主体，用于确认、计量、记录政府接受人民委托，管理国家公共事务和国家资源、国有资产，报告政府运行的宏观经济信息以及政府对公共财务资源管理业绩及履行受托责任的会计系统；等等。

本书认为，所谓政府单位会计，是指以货币为主要计量单位，对政府单位经济业务或事项、预算执行等，进行全面、系统、连续的反映和监督，以加强预算管理、财务管理乃至业务管理，提高资金使用绩效的一种专业会计。与企业会计不同，政府单位会计不但提供与政府单位的财务状况、运行情况和现金流量等有关财务信息，而且提供与政府单位预算执行情况有关的财政信息。

二、政府会计主体与客体

会计主体是指会计工作服务的特定单位或组织，是会计人员进行会计核算时采取的立场以及在空间范围上的界定。会计主体既可以是法人，也可以是不具备法人资格的实体。

政府会计主体是指与本级政府财政部门直接或者间接发生预算拨款关系的国家机关、军队、政党组织、社会团体、事业单位和其他单位（本书统称政府单位），不包括已纳入企业财务管理体系的单位和执行《民间非营利组织会计制度》的社会团体。

会计客体即会计行为客体，是会计管理的受控体，是能用价值量表示的经济活动。政府会计客体是指政府预算执行情况和财务状况、运行情况、现金流量等。政府会计核算监督的对象就是政府资金取得、使用和结果所引起的经济业务活动。

三、政府会计对象与目标

（一）政府会计对象

会计对象是指会计所要核算与监督的内容，是社会再生产过程中的资金运动。政府会计对象就是政府单位会计所要核算和监督的内容，是政府正常运转过程中的资金运动。根据《政府会计准则——基本准则》，政府单位应当对其自身发生的经济业务或者事项进行会计核算和监督。具体来说，财政总预算会计对象是各级政府预算资金；行政事业单位会计对象是单位预算资金和业务资金，以及由此引起的财产变化情况。

（二）政府会计目标

会计目标是指会计主体对外提供会计信息的目的。会计目标会影响到会计主体会计报表体系的构建，提供信息的范围和质量规范，进而影响会计要素确认和计量等会计政策的选择。根据政府会计准则和制度规定，政府单位会计目标可以分为政府单位会计基本目标和具体目标。

根据会计目标理论和政府会计特点，政府单位会计基本目标就是提供有助于信息使用者对资源分配做出决策，以及评价政府单位财务状况、管理业绩和现金流量的信息，反映政府单位对受托资源管理责任，提供有助于预测持续管理服务所需资源、持续管理服务所产生资源以及风险和不确定性的信息。

政府单位会计为实现上述基本目标，还必须将基本目标细分为以下具体目标：核算财政财务收支情况；分析财政财务收支执行进度，合理调度资金，调节资金供需关系；检查财政财务收支计划执行结果，实行会计监督，维护国家财经纪律；加强资产负债管理，客观反映政府运行成本等。

四、政府单位会计特点

政府单位会计的特点具体表现在以下几个方面。

1.政府单位会计需要反映预算执行情况

政府单位属于非物质生产部门，是非营利组织，其业务目标在于谋求最广泛的社会效益。它们的资金来源大多直接或间接来自纳税人及其他出资者，其筹集和使用受到纳税人及社会公众的限制。这种限制的一个重要方式是制定预算法律法规并要求政府单位依法编制及执行政府预算。政府会计要对政府资源的筹集和使用是否符合预算进行反映。与企业会计主要反映企业财务状况不同，政府会计要反映政府预算执行情况，包括对预算执行情况的会计核算，力求做到预算收支平衡。

2.政府单位会计核算基础不同

会计的核算基础即会计核算时以何种标准确认、计量、报告会计要素的基础。我国政府会计实行适度分离又相互衔接的核算双重基础，即反映政府财务状况的财务会计核算采用权责发生制，反映政府预算执行情况的预算会计核算采用收付实现制，国务院另有规定的，依照其规定。与企业会计只采用单一的权责发生制核算基础不同，政府单位会计既采用收付实现制基础核算，又采用权责发生制基础核算。

3.政府单位会计不进行利润及利润分配的核算

政府单位的活动不以营利为目的，政府单位在活动中增加的净资产也不向出资者分配。在政府单位会计中也进行收入和费用的核算，但是政府单位的收入减去费用后的差额(盈余)并不是越大越好。政府单位的盈余不像企业的利润那样反映经营成果。与企业会计将利润核算作为会计核算的重心不同，政府单位会计没有利润和所有者权益的概念，也不进行利润及利润分配的核算。

4. 政府单位会计报告不同

政府单位既要编制财务报告，又要编制决算报告。政府财务报告包括资产负债表、收入费用表、现金流量表和附注，以及其他应当在财务报告中披露的相关信息和资料。政府决算报告包括决算报表和其他应当在决算报告中反映的相关信息和资料。而企业会计只需要编制财务报告，包括资产负债表、损益表、现金流量表和附注。

第二节　政府单位会计要素与会计科目

一、政府单位会计要素

会计要素是对会计对象所作的基本分类，是会计核算对象的具体化，是用于反映会计主体财务状况和经营成果的基本单位。政府单位会计要素是对政府单位会计对象所作的基本分类，是政府单位会计核算对象的具体化，是用于反映政府单位财务状况、预算执行及运行成果的基本单位。我国政府单位会计要素分为资产、负债、净资产、收入、费用、预算收入、预算支出和预算结余八大类。

1. 资产

资产指政府单位过去的经济业务或者事项形成的、由政府单位控制的、预期能够产生服务潜力或者带来经济利益流入的经济资源。政府单位资产有如下特点：一是政府单位资产是由政府单位过去的经济业务或事项形成的，资产必须是现时的资产，不是预期、计划的资产；二是政府单位资产是由政府单位控制的，资产只有被控制，会计主体才能获得和支配资产；三是政府单位资产能够为政府单位带来经济利益或服务潜力；四是政府单位资产是政府单位的经济资源的总称。

2. 负债

负债指政府单位过去的经济业务或者事项形成的，预期会导致经济资源流出政府单位的现时义务。政府单位负债有如下特点：一是政府单位负债是由政府单位过去的经济业务或事项形成的，负债是现时的负债，不是预期、计划的负债；二是政府单位负债是政府单位承担的现时义务，现时义务是指现行条件下已承担的义务，未来将发生的经济业务或事项形成的义务不属于现时义务，不能确认为负债；三是负债的清偿将导致含有服务潜力或者经济利益的经济资源流出政府单位。

3.净资产

净资产指政府单位资产扣除负债后的净额。政府单位净资产的特点是政府单位净资产增加时,其表现形式为资产增加或负债减少;政府单位净资产减少时,其表现形式为资产减少或负债增加。

4.收入

收入指报告期内导致政府单位净资产增加的、含有服务潜力或者经济利益的经济资源的流入。政府单位会计中的收入不是通过市场的互惠性交易而取得的,而是根据法律法规或合同协议等通过税收、收费、接受补助或接受捐赠等渠道而取得的。其特点是:政府单位的收入在取得时具有无偿性。政府单位收入的增加将导致净资产增加,进而导致资产增加或负债减少(或两者兼而有之),并且最终导致政府单位经济利益的增加或服务潜力增强。政府单位收入确认采用权责发生制原则,即只要政府单位经济业务事项发生于当期,并符合一定条件,就必须确认该经济业务事项所产生的收入,而不管该笔现金资源当期是否收到。

5.费用

费用是指报告期内导致政府单位净资产减少的、含有服务潜力或者经济利益的经济资源的流出。其特点:一是政府单位支出的增加将导致净资产减少,进而导致资产减少或负债增加(或两者兼而有之),并且最终导致政府单位经济利益的减少或服务潜力减弱;二是政府单位的费用确认采用权责发生制原则,即只要政府单位经济业务事项发生于当期,并符合一定条件,就必须确认该经济业务事项所产生的费用,而不管该笔现金资源当期是否支付。

6.预算收入

预算收入是指政府单位在预算年度内依法取得的并纳入预算管理的现金流入。其特点:一是预算收入通过了预算法规规定的程序,得到相关机构的批准,具有法定效力;属于预算期的收入,不包括预收下预算期和收到属于上预算期的资金;预算收入符合政府预算的收入分项及内容;二是纳入预算管理的全部现金资源的流入,都属于预算收入,没有纳入预算管理的现金资源的流入,不属于预算收入;三是预算收入按照收付实现制原则确认,即在实际收到现金资源时予以确认,以实际收到的金额计量。

7.预算支出

预算支出是指政府单位在预算年度内依法发生并纳入预算管理的现金流出。其特点:一是预算支出通过了预算法规规定的程序,得到相关机构的批准,具有法定效力;属于当预算期的支出,不包括预付下预算期和支付属于上预算期的资金;预算支出符合政府预算的支出分项及内容。二是纳入预算管理的全部现金资源的流出,都属于预算支出,没有纳入预算管理的现金资源的流出,不属于预算支出。三是预算支出按照收付实现制原则确认,即在实际支付现金资源时予以确认,以实际支出的金额计量。

8.预算结余

预算结余指政府单位预算年度内预算收入扣除预算支出后的资金余额,以及历年滚存的资金余额。预算结余包括结余资金和结转资金。结余资金是指年度预算执行终了,预算收入实际完成数扣除预算支出和结转资金后剩余的资金。结转资金是指预算安排项目的支出年终尚未执行完毕或者因故未执行,且下年需要按原用途继续使用的资金。

二、政府单位会计科目

为了连续、系统、全面地核算和监督经济活动所引起的各项会计要素的增减变化,就有必要对会计要素的具体内容按照其不同的特点和经济管理要求进行科学地分类,并事先确定分类核算的项目名称,规定其核算内容。这种对会计要素的具体内容进行分类核算的项目,称为会计科目。

1.政府单位会计科目

根据《政府会计制度——行政事业单位会计科目和报表》的规定,政府单位会计科目分为财务会计科目和预算会计科目,一共103个会计科目。财务会计科目共77个,其中资产类35个,负债类16个,净资产类7个,收入类11个,费用类8个。预算会计科目共26个,其中预算收入类9个,预算支出类8个,预算结余类9个。

2.政府单位会计科目名称及编号

政府单位会计科目名称及编号,见表2-1。

表2-1　政府单位会计科目名称及编号

序号	科目编号	科目名称
一、财务会计科目		
（一）资产类		
1	1001	库存现金
2	1002	银行存款
3	1011	零余额账户用款额度
4	1021	其他货币资金
5	1101	短期投资
6	1201	财政应返还额度
7	1211	应收票据
8	1212	应收账款
9	1214	预付账款
10	1215	应收股利
11	1216	应收利息
12	1218	其他应收款
13	1219	坏账准备
14	1301	在途物品
15	1302	库存物品
16	1303	加工物品
17	1401	待摊费用
18	1501	长期股权投资
19	1502	长期债券投资
20	1601	固定资产
21	1602	固定资产累计折旧
22	1611	工程物资
23	1613	在建工程
24	1701	无形资产
25	1702	无形资产累计摊销
26	1703	研发支出
27	1801	公共基础设施
28	1802	公共基础设施累计折旧（摊销）

续 表

序号	科目编号	科目名称
29	1811	政府储备物资
30	1821	文物文化资产
31	1831	保障性住房
32	1832	保障性住房累计折旧
33	1891	受托代理资产
34	1901	长期待摊费用
35	1902	待处理财产损溢
(二)负债类		
36	2001	短期借款
37	2101	应交增值税
38	2102	其他应交税费
39	2103	应缴财政款
40	2201	应付职工薪酬
41	2301	应付票据
42	2302	应付账款
43	2303	应付政府补贴款
44	2304	应付利息
45	2305	预收账款
46	2307	其他应付款
47	2401	预提费用
48	2501	长期借款
49	2502	长期应付款
50	2601	预计负债
51	2901	受托代理负债
(三)净资产类		
52	3001	累计盈余
53	3101	专用基金
54	3201	权益法调整
55	3301	本期盈余
56	3302	本年盈余分配

续　表

序号	科目编号	科目名称
57	3401	无偿调拨净资产
58	3501	以前年度盈余调整
(四)收入类		
59	4001	财政拨款收入
60	4101	事业收入
61	4201	上级补助收入
62	4301	附属单位上缴收入
63	4401	经营收入
64	4601	非同级财政拨款收入
65	4602	投资收益
66	4603	捐赠收入
67	4604	利息收入
68	4605	租金收入
69	4609	其他收入
(五)费用类		
70	5001	业务活动费用
71	5101	单位管理费用
72	5201	经营费用
73	5301	资产处置费用
74	5401	上缴上级费用
75	5501	对附属单位补助费用
76	5801	所得税费用
77	5901	其他费用
二、预算会计科目		
(一)预算收入类		
1	6001	财政拨款预算收入
2	6101	事业预算收入
3	6201	上级补助预算收入
4	6301	附属单位上缴预算收入
5	6401	经营预算收入

续 表

序号	科目编号	科目名称
6	6501	债务预算收入
7	6601	非同级财政拨款预算收入
8	6602	投资预算收益
9	6609	其他预算收入
(二)预算支出类		
10	7101	行政支出
11	7201	事业支出
12	7301	经营支出
13	7401	上缴上级支出
14	7501	对附属单位补助支出
15	7601	投资支出
16	7701	债务还本支出
17	7901	其他支出
(三)预算结余类		
18	8001	资金结存
19	8101	财政拨款结转
20	8102	财政拨款结余
21	8201	非财政拨款结转
22	8202	非财政拨款结余
23	8301	专用结余
24	8401	经营结余
25	8501	其他结余
26	8701	非财政拨款结余分配

4.会计科目编制要求

一是政府单位应当按照政府会计制度的规定设置和使用会计科目。在不影响会计处理和编制报表的前提下,单位可以根据实际情况自行增设或减少某些会计科目。

二是政府单位应当执行政府会计制度统一规定的会计科目编号,以便于填制会计凭证、登记账簿、查阅账目,实行会计信息化管理。

三是政府单位在填制会计凭证、登记会计账簿时，应当填列会计科目的名称，或者同时填列会计科目的名称和编号，不得只填列会计科目编号、不填列会计科目名称。

四是政府单位设置明细科目或进行明细核算时，除遵循政府会计制度规定外，还应当满足权责发生制政府部门财务报告和政府综合财务报告编制的其他需要。

第三节　政府单位会计信息质量

会计信息质量是衡量会计工作成果的重要尺度，是会计的命脉所在。会计信息质量特征是对政府财务报告中所提供会计信息质量的基本要求，是使财务报告中所提供的会计信息对信息使用者决策有用应具备的基本特征。根据《政府会计准则——基本准则》规定，它应具有可靠性、全面性、相关性、及时性、可比性、可理解性、实质重于形式等特性。

一、可靠性

可靠性要求政府单位应当以实际发生的经济业务或者事项为依据进行会计核算，如实反映各项会计要素的情况和结果，保证会计信息真实可靠。政府单位应当做到以下两方面：第一，以实际发生的交易或者事项为依据进行确认、计量，将符合会计要素定义及其确认条件的资产、负债、净资产、收入、费用等如实反映在财务报表中，不得根据虚构的、没有发生的或者尚未发生的交易或者事项进行确认、计量和报告。第二，在符合重要性和成本效益原则的前提下，保证会计信息的完整性，其中包括应当编报的报表及其附注内容等应当保持完整，不能随意遗漏或者减少应予披露的信息，与使用者决策相关的有用信息都应当充分披露。

二、全面性

全面性要求政府单位应当将发生的各项经济业务或者事项统一纳入会计核算，确保会计信息能够全面反映政府单位预算执行情况、财务状况、运行情况、现金流量情况等。

三、相关性

相关性要求政府单位提供的会计信息,应当与反映政府单位公共受托责任履行情况以及报告使用者决策或者监督、管理的需要相关,有助于报告使用者对政府单位过去、现在或者未来的情况作出评价或者预测。

会计信息是否有用,是否具有价值,关键是看其与使用者的决策需要是否相关,是否有助于决策或者提高决策水平。具有相关性的会计信息应当能够有助于使用者评价政府单位过去的决策,证实或者修正过去的有关预测,因而具有反馈价值。相关的会计信息还应当具有预测价值,有助于使用者根据财务报告所提供的会计信息预测政府单位未来的财务状况、经营成果和现金流量。

会计信息质量的相关性要求,需要政府单位在确认、计量和报告会计信息的过程中,充分考虑使用者的决策模式和信息需要。但是,相关性是以可靠性为基础的,两者之间并不矛盾,不应将两者对立起来。也就是说,会计信息在可靠性前提下,尽可能地做到相关性,以满足财务报告使用者的决策需要。

四、及时性

及时性要求政府单位对已经发生的经济业务或者事项,应当及时进行会计核算,不得提前或者延后。

会计信息的价值在于帮助使用者做出经济决策,具有时效性。即使是可靠的、相关的会计信息,如果不及时提供,就失去了时效性,对于使用者的效用就会大大降低,甚至不再具有实际意义。在会计确认、计量和报告过程中贯彻及时性,一是要求及时收集会计信息,即在经济交易或者事项发生后,及时收集整理各种原始单据或者凭证;二是要求及时处理会计信息,即按照会计准则的规定,及时对经济交易或者事项进行确认或者计量,并编制财务报告;三是要求及时传递会计信息,即按照国家规定的有关时限,及时地将编制的财务报告传递给财务报告使用者,便于其及时使用和决策。

在实务中,为了及时提供会计信息,可能需要在有关交易或者事项的信息全部获得之前就进行会计处理,这样就满足了会计信息的及时性要求,但可能会影响会计信息的可靠性；反之，如果政府单位等到与交易或者事项有关的全部信息获得之后再进行会计处理，这样的信息披露可能会由于时效性问题，对财务报告使用者决策的有用性大大降低。

五、可比性

可比性要求政府单位提供的会计信息应当相互可比。这主要包括两层含义：

1. 同一政府单位不同时期可比

为了便于财务报告使用者了解政府单位财务状况、收支情况、现金流量和预算执行情况等的变化趋势，比较政府单位在不同时期的财务报告信息，全面、客观地评价过去、预测未来，从而做出决策。同一政府单位不同时期发生的相同或者相似的经济业务或者事项，应当采用一致的会计政策，不得随意变更。确需变更的，应当将变更的内容、理由及其影响在附注中予以说明。

2. 不同政府单位相同会计期间可比

为了便于财务报告使用者评价不同政府单位的财务状况、收支情况、现金流量和预算执行情况及其变动情况等，会计信息质量的可比性要求不同政府单位同一会计期间发生的相同或者相似的交易或者事项，应当采用规定的会计政策，确保会计信息口径一致、相互可比，以使不同政府单位按照一致的确认、计量和报告要求提供有关会计信息。

六、可理解性

可理解性要求政府单位提供的会计信息应当清晰明了，便于报告使用者理解和使用。政府单位编制财务报告、提供会计信息的目的在于使用，要使使用者有效使用会计信息，应当能让其了解会计信息的内涵，弄懂会计信息的内容，这就要求财务报告所提供的会计信息应当清晰明了，易于理解。只有这样，才能提高会计信息的有用性，实现财务报告的目标，满足向政府单位等财务报告使用者提供对决策有用的信息要求。

七、实质重于形式

实质重于形式要求政府单位应当按照经济业务或者事项的经济实质进行会计核算，不应仅以经济业务或者事项的法律形式为依据。政府单位发生的交易或事项在多数情况下其经济实质和法律形式是一致的，但在有些情况下也会出现不一致。

第四节　政府单位会计记账规则

一、政府单位会计的记账基础

记账基础是指会计处理时，以何种标准确认、计量、报告会计要素的基础。我国实行适度分离的双体系政府单位会计，即财务会计采用权责发生制，预算会计采用收付实现制，国务院另有规定的，依照其规定。所谓权责发生制，是指以取得收取款项的权利或支付款项的义务为标志来确定本期收入和费用的会计核算基础。所谓收付实现制，是指以现金的实际收付为标志来确定本期收入和支出的会计核算基础。

二、借贷记账法记账规则

政府单位会计核算采用借贷记账法记账。在借贷记账法中，“借”表示资产类、费用类、预算支出类账户的增加，以及负债类、净资产类、收入类、预算收入类及预算结余类账户的减少或转销；“贷”表示资产类、费用类、预算支出类账户的减少或转销，以及负债类、净资产类、收入类、预算收入类及预算结余类账户的增加。在确定了借贷方向和会计科目后，就在两个或多个会计科目后面登记相同的经济业务金额。因此，借贷记账法的记账规则可概括为“有借必有贷，借贷必相等”。

三、平行记账规则

由于政府单位会计需要在同一会计核算系统中实现财务会计和预算会计双重功

能，所以政府单位会计核算还需要采用平行记账规则，即政府单位所发生的各种经济业务，除了从资产和负债的增减变动角度进行核算外，还需要从预算收入、预算支出以及预算结余的增减变动角度进行核算，这也叫平行记账。

1.平行记账规则含义

政府会计制度规定，政府单位对于纳入部门预算管理的现金收支业务，在采用财务会计核算的同时应当进行预算会计核算，即除了从资产和负债的增减变动角度进行核算外，还需要从预算收入、预算支出以及预算结余的增减变动角度进行核算。

【例2-1】某政府行政单位收到财政拨款680 000元存入银行。

账务处理如下：

借：银行存款　　680 000

　　贷：财政拨款收入　　680 000

同时：

借：资金结存——货币资金　　680 000

　　贷：财政拨款预算收入　　680 000

【例2-2】某政府行政单位通过银行转账购买办公用品5 000元。

账务处理如下：

借：库存物品　　5 000

　　贷：银行存款　　5 000

同时：

借：行政支出　　5 000

　　贷：资金结存——货币资金　　5 000

需要注意的是：对于其他业务，仅需要进行财务会计核算。

2.平行记账规则特点

一是平行记账在同一会计信息系统中进行，即平行记账是为了满足单位在一个会计信息系统中同时进行财务会计和预算会计核算的需要。二是平行记账针对的是纳入部门预算管理的现金收支业务。这就明确了预算会计核算的业务范围。根据这一规定，实务中经济业务事项是否需要在预算会计中核算的判断标准有两点：一是该业务是否是现金收支业务；二是该业务是否纳入部门预算管理。只有同时满足以上两点，才需要平行记账。不需要平行记账的其他业务只需要进行财务会计核算。实际工作中，典型不纳入预算管理的现金收支业务包括：应当上缴国库或财政专户的款项，应当转拨其他单位的款项、受托代理的款项、暂收款业务等，这些款项收到或支付时仅作财务会计核算，不需要进行预算会计核算。

【例 2-3】某事业单位收到应缴财政款 680 000 元存入银行。

账务处理如下：

借：银行存款　　680 000

　贷：应缴财政款　　680 000

【例 2-4】某政府行政单位工作人员借现金 5 000 元作差旅费。

账务处理如下：

借：其他应收款　　5 000

　贷：库存现金　　5 000

第五节　政府单位会计报表

政府单位会计报表包括财务会计报表和预算会计报表两类。

一、政府单位财务会计报表

财务会计报表是反映政府单位财务状况、运行状况和现金流量等信息的书面文件，由会计报表及其附注构成，其编制主要以权责发生制为基础。根据反映经济内容的不同，政府单位财务会计报表划分为以下几种：资产负债表、收入费用表、净资产变动表、现金流量表和附注等，如表 2-2 所示。

表 2-2　政府单位财务会计报表种类

编号	报表名称	编制期
会政财 01 表	资产负债表	月度、年度
会政财 02 表	收入费用表	月度、年度
会政财 03 表	净资产变动表	年度

续　表

编号	报表名称	编制期
会政财04表	现金流量表	年度
	附注	年度

二、政府单位预算会计报表

预算会计报表是反映政府单位预算执行情况的书面文件，其编制主要以收付实现制为基础。根据反映经济内容的不同，政府单位的预算会计报表划分为以下几种：预算收入支出表、预算结转结余变动表、财政拨款预算收入支出表，如表2-3所示。

表2-3　政府单位预算会计报表种类

编　号	报表名称	编制期
会政预01表	预算收入支出表	年度
会政预02表	预算结转结余变动表	年度
会政预03表	财政拨款预算收入支出表	年度

三、政府单位会计报表的编制要求

政府单位的财务会计报表和预算会计报表是政府单位经济业务的基本反映，也是供政府上级单位考核的基本依据。政府单位编制财务会计报表和预算会计报表时必须遵循以下要求：报表中的数字必须真实、完整；报表中的数字运算必须准确；报送及时；政府决算报告的编制主要以收付实现制为基础，以预算会计核算生成的数据为准；政府财务报告的编制主要以权责发生制为基础，以财务会计核算生成的数据为准。

思考与练习题

一、名词解释

1. 政府单位会计

2. 政府单位会计主体

3.政府单位会计客体

4.政府单位会计要素

5.财务会计报表

6.预算会计报表

二、填空题

1.财政总预算会计主体是(　　),行政事业单位会计主体是(　　)和(　　),社会保险基金会计主体是(　　)。

2.财政总预算会计对象是各级政府预算资金;行政事业单位会计对象是单(　　)和(　　),以及由此引起的(　　)。

3.政府单位会计科目分为(　　)科目和(　　)科目,一共(　　)个会计科目。

4.政府单位财务会计科目共(　　)个,其中资产类(　　)个,负债类(　　)个,净资产类(　　)个,收入类(　　)个,费用类(　　)个。预算会计科目共(　　)个,其中预算收入类(　　)个,预算支出类(　　)个,预算结余类(　　)个。

5.根据《政府会计准则——基本准则》规定,政府会计信息质量包括(　　)、(　　)、相关性、及时性、可比性、(　　)、(　　)等。

6.我国实行(　　)的(　　)政府单位会计,即财务会计采用(　　),预算会计采用(　　),国务院另有规定的,依照其规定。

7.(　　)是指以取得收取款项的权利或支付款项的义务为标志来确定本期收入和费用的会计核算基础。

8.(　　)是指以现金的实际收付为标志来确定本期收入和支出的会计核算基础。

9.政府单位会计报表包括(　　)报表和(　　)报表两类。

10.预算会计报表,是反映政府单位预算执行情况的书面文件,其编制主要以(　　)为基础。

三、选择题

1.政府单位会计信息质量要求包括(　　)。

A.可靠性　　B.全面性

C.相关性　　D.及时性

2.政府单位会计信息使用者即利益相关者,主要包括(　　)和其他利益相关者。

A.各级人民代表大会及其常委会　　B.各级政府及其有关部门

C.政府单位自身　　D.审计机关和其他监督机关

E.债权人和社会公众

3.政府单位会计具体目标包括(　　)。

A.核算财政财务收支情况

B.分析财政财务收支执行进度,合理调度资金,调节资金供需关系

C.检查财政财务收支计划执行结果,实行会计监督,维护国家财经纪律

D.加强资产负债管理,客观反映政府运行成本

4.实际工作中,典型不纳入预算管理的现金收支业务包括(　　)业务等,这些款项收到或支付时仅作财务会计核算,不需要进行预算会计核算。

A.应当上缴国库或财政专户的款项　　B.暂收款

C.受托代理的款项　　D.应当转拨其他单位的款项

5.根据反映经济内容的不同,政府单位财务会计报表划分为(　　)等。

A.资产负债表　　B.收入费用表

C.净资产变动表　　D.现金流量表

E.附注

6.根据反映经济内容的不同,政府单位的预算会计报表划分为以下几种(　　)。

A.预算收入支出表　　B.预算结转结余变动表

C.财政拨款预算收入支出表　　D.净资产变动表

E.现金流量表

7.政府单位编制财务报表和预算会计报表时必须遵循的要求包括(　　)。

A.报表中的数字必须真实、完整

B.报表中的数字运算必须准确

C.报送及时

D.政府决算报告的编制主要以收付实现制为基础,以预算会计核算生成的数据为准

E.政府财务报告的编制主要以权责发生制为基础,以财务会计核算生成的数据为准

四、问答题

1.什么是政府单位会计目标?

2.试述政府单位会计的特点。

3. 试述政府资产含义与特点。

4. 试述政府负债含义与特点。

5. 试述政府收入含义与特点。

6. 试述预算收入含义与特点。

7. 试述预算支出含义与特点。

8. 试述预算结余含义与特点。

9. 试述政府单位会计平行记账规则。

10. 试述政府单位会计报表的种类。

11. 试述政府单位报表的编制要求。

第三章　政府单位收入与预算收入

政府单位收入是政府支出的前提,是实现政府职能的资金保障。本章主要探讨政府单位收入与预算收入、政府单位财政拨款类收入、服务经营类收入、其他收入及其预算收入的核算等内容。

第一节　收入与预算收入概述

根据《政府会计制度》规定,政府单位收入要按照财务和预算角度分别核算。以财务角度,政府单位收入称为财务收入,简称收入。从预算角度,政府单位收入称为预算收入。

一、收入与预算收入的定义及确认

1.收入的定义

关于收入的定义,政府单位财务规则和政府会计准则均有表述。根据财政部2022年3月1日实施的《事业单位财务规则》规定,收入是指事业单位为开展业务及其他活动依法取得的非偿还性资金。事业单位收入包括财政补助收入、事业收入、上级补助收入、附属单位上缴收入、经营收入、其他收入等。财政补助收入,即事业单位从本级财政部门取得的各类财政拨款;事业收入,即事业单位开展专业业务活动及其辅助活动取得的收入(其中:按照国家有关规定应当上缴国库或者财政专户的资金,不计入事业收入;从财政专户核拨给事业单位的资金和经核准不上缴国库或者财政专户的资金,计入事业收入);上级补助收入,即事业单位从主管部门和上级单位取得的非财政补助收入;附属单位上缴收入,即事业单位附属独立核算单位按照有关规定上缴的收入;经营收入,即事业单位在专业业务活动及其辅助活动之外开展非独立核算经营活动取得的收入;其他收入,即上述规定范围以外的各项收入,包括投资收益、利息收入、捐赠收入、非本级财政补助收入、租金收入等。

根据财政部2013年1月1日实施的《行政单位财务规则》规定,收入是指行政单位依法取得的非偿还性资金,包括财政拨款收入和其他收入。财政拨款收入,是指行政单位从同级财政部门取得的财政预算资金。其他收入,是指行政单位依法取得的除财政拨款收入以外的各项收入。行政单位依法取得的应当上缴财政的罚没收入、行政事业性收费、政府性基金、国有资产处置和出租出借收入等,不属于行政单位的收入。

根据财政部2017年1月1日实施的《政府会计准则——基本准则》规定,收入是指报告期内导致政府单位净资产增加的、含有服务潜力或者经济利益的经济资源的流入。服务潜力是指政府单位利用资产提供公共产品和服务以履行政府职能的潜在能力。经济利益流入表现为现金及现金等价物的流入或者现金及现金等价物流出的减少。

根据上述收入定义,我们也给政府单位收入下一定义。所谓政府单位收入,是指政府单位依法取得的非偿还性的资金,资金的取得会导致政府单位净资产增加、服务潜力的提供或者经济资源的流入。需要指出的是,此处的资金不仅仅指货币,也包括财产物资和权利。

2. 预算收入的定义

《政府会计准则——基本准则》规定,预算收入是指政府单位在预算年度内依法取得的并纳入预算管理的现金流入。注意,此定义与预算法所定义的预算收入有所不同。

3. 收入与预算收入的确认

根据《政府会计准则——基本准则》规定,收入的确认应当同时满足以下条件:一是与收入相关的含有服务潜力或者经济利益的经济资源很可能流入政府单位;二是含有服务潜力或者经济利益的经济资源流入会导致政府单位资产增加或者负债减少;三是流入金额能够可靠地计量。预算收入一般在实际收到时予以确认,以实际收到的金额计量。

二、收入与预算收入的分类

(一)收入的分类

按照财政部2019年1月1日实施的《政府会计制度——行政事业单位会计科目和报表》规定,政府单位收入项目包括财政拨款收入、事业收入、上级补助收入、附属单位上缴收入、经营收入、非同级财政拨款收入、投资收益、捐赠收入、利息收入、租金收入和其他收入等。按照收入来源分类,政府单位收入可以分为共同来源收入和特有来源收入。按照收入性质分类,政府单位收入可以分为财政拨款类收入、服务经营类收入和其他类收入等。

1.政府单位(行政和事业单位)共同来源收入

(1)财政拨款收入指政府单位从同级政府财政部门取得的各类财政拨款。按照拨款来源,财政拨款收入分为一般公共预算财政拨款和政府性基金预算财政拨款。

(2)非同级财政拨款收入指政府单位从非同级政府财政部门取得的各类经费拨款,包括从同级政府其他部门取得的横向转拨财政款和从上级或下级政府财政部门取得的经费拨款等,但不包括事业单位因开展科研及其辅助活动从非同级政府财政部门取得的经费拨款。

(3)捐赠收入指政府单位接受其他单位或者个人捐赠取得的收入。

(4)利息收入指政府单位取得的银行存款利息收入。

(5)租金收入指政府单位经批准利用国有资产出租取得并按照规定纳入单位预算管理的租金收入。国有资产出租收入,应当在租赁期内各个期间按照直线法予以确认。

(6)其他收入指政府单位取得的除财政拨款收入、事业收入、上级补助收入、附属单位上缴收入、经营收入、非同级财政拨款收入、投资收益、捐赠收入、利息收入、租金收入以外的各项收入,包括现金盘盈收入、按照规定纳入单位预算管理的科技成果转化收入、行政单位收回已核销的其他应收款、无法偿付的应付及预收款项、置换换出资产评估增值等。

2.政府单位(事业单位)特有来源收入

(1)事业收入指事业单位开展专业业务活动及其辅助活动取得的收入。包括开展专业业务活动及其辅助活动所取得的收入,从财政专户核拨给事业单位的资金和经核准不上缴国库或者财政专户的资金,因开展科研及其辅助活动从非同级政府财政部门取得的经费拨款。按照管理方式的不同,事业收入分为财政专户返还的事业收入和其他方式确认的事业收入。按照收款方式的不同,事业收入分为采用预收款方式确认的事业收入和采用应收款方式确认的事业收入。

(2)上级补助收入指事业单位从主管部门和上级单位取得的非财政拨款收入。

(3)附属单位上缴收入指事业单位取得的附属独立核算单位按照有关规定上缴的收入。

(4)经营活动收入指事业单位在专业业务活动及其辅助活动之外开展非独立核算经营活动取得的收入,主要包括非独立核算部门因销售商品、向社会提供经营服务等取得的收入。

(5)投资收益指事业单位股权投资和债券投资所实现的收益或发生的损失,包括股权投资取得的股利或利润、债券投资取得的利息收入等。

3.财政拨款类收入

财政拨款类收入指政府单位从同级政府财政部门、非同级政府财政部门、主管部门和上级单位取得的各类财政拨款、各类经费拨款及各类经费补助,主要包括财政拨款收入、非同级财政拨款收入、上级补助收入等。

4.服务经营类收入

服务经营类收入指政府事业单位通过业务活动服务、经营取得的各类收入。与政府行政单位相比,它是政府事业单位特有的收入,主要包括事业收入、附属单位上缴收入、经营收入、投资收益等。

5.其他类收入

其他类收入指政府单位除财政拨款类收入、服务经营类收入外,取得的捐赠收入、利息收入、租金收入、现金盘盈收入、按照规定纳入单位预算管理的科技成果转化收入、行政单位收回已核销的其他应收款、无法偿付的应付及预收款项、置换换出资产评估增值等。

(二)预算收入的分类

政府单位预算收入项目与收入项目基本对应,按照《政府会计制度——行政事业单位会计科目和报表》规定,政府单位预算收入包括财政拨款预算收入、事业预算收入、上级补助预算收入、附属单位上缴预算收入、经营预算收入、非同级财政拨款预算收入、投资预算收益、其他预算收入、债务预算收入等。按照预算收入来源分类，政府单位预算收入可以分为共同来源预算收入和特有来源预算收入。按照预算收入性质分类，政府单位预算收入可以分为财政拨款类收入、服务经营类预算收入和其他类预算收入。

1.行政事业单位共同预算收入

(1)财政拨款预算收入指政府单位从同级政府财政部门取得的各类财政拨款。按照部门预算管理要求，财政拨款预算收入分为基本支出拨款和项目支出拨款。基本支出拨款是政府单位为了保障其正常运转、完成日常工作任务而从同级政府财政部门取得的拨款，包括人员经费和日常公用经费。项目支出拨款是政府单位为了完成特定工作任务和事业发展目标，在基本支出拨款之外从同级政府财政部门取得的拨款。项目支出拨款必须专款专用、单独核算、专项结报。按照拨款来源，财政拨款预算收入分为一般公共预算财政拨款和政府性基金预算财政拨款。

(2)非同级财政拨款预算收入指政府单位从非同级政府财政部门取得的财政拨款，包括本级横向转拨财政款和非本级财政拨款。按照使用要求的不同，非同级财政拨款预算收入分为专项资金收入和非专项资金收入。专项资金收入是政府单位为了完成特定工作任务而取得的非同级财政拨款预算收入，其使用必须专款专用、单独核算、专项结报。非专项资金收入是政府单位为了保障其正常运转、完成日常工作任务而取得的非同级财政拨款预算收入，它无限定性用途。

(3)其他预算收入指政府单位取得的除财政拨款预算收入、事业预算收入、上级补助预算收入、附属单位上缴预算收入、经营预算收入、非同级财政拨款预算收入、投资预算收益、债务预算收入以外的纳入部门预算管理的现金流入，包括捐赠预算收入、利息预算收入、租金预算收入、现金盘盈收入等。按照使用要求的不同，其他预算收入可以分为专项资金收入和非专项资金收入。

2.事业单位特有预算收入

(1)事业预算收入指事业单位开展专业业务活动及其辅助活动取得的现金流入，包括事业单位因开展科研及其辅助活动从非同级政府财政部门取得的经费拨款。按照管理方式的不同，事业预算收入分为财政专户返还方式管理的事业预算收入和其他事业预算收入。按照使用要求的不同，事业预算收入分为专项资金收入和非专项资金收入。

(2)上级补助预算收入指事业单位从主管部门和上级单位取得的非财政拨款补助现金流入。按照使用要求的不同,上级补助预算收入可以分为专项资金收入和非专项资金收入。

(3)附属单位上缴预算收入指事业单位取得的附属独立核算单位按照有关规定上缴的现金流入。按照使用要求的不同,附属单位上缴预算收入分为专项资金收入和非专项资金收入。

(4)经营预算收入指事业单位在专业业务活动及其辅助活动之外开展非独立核算经营活动取得的现金流入。经营预算收入属于非财政非专项资金收入。

(5)债务预算收入指事业单位按照规定从银行和其他金融机构借入的、纳入部门预算管理的、不以财政资金作为偿还来源的债务本金。按照使用要求的不同,债务预算收入分为专项资金收入和非专项资金收入。

(6)投资预算收益指事业单位取得的按照规定纳入部门预算管理的属于投资收益性质的现金流入,包括股权投资收益、出售或收回债券投资所取得的收益及债券投资利息收入。投资预算收益属于非财政非专项资金收入。

3.财政拨款类预算收入

财政拨款类预算收入指政府单位从同级政府财政部门、非同级政府财政部门、主管部门和上级单位取得的各类财政拨款、各类经费拨款及各类经费补助产生的现金流入,主要包括财政拨款预算收入、非同级财政拨款预算收入、上级补助预算收入等。

4.服务经营类预算收入

服务经营类预算收入指政府事业单位通过业务活动服务、经营取得的各类收入的现金流入。与政府行政单位相比,它是政府事业单位特有的预算收入,主要包括事业预算收入、附属单位上缴预算收入、经营预算收入、投资预算收益等。

5.其他类预算收入

其他类预算收入指政府单位除财政拨款类收入、服务经营类收入的现金流入外,取得的捐赠收入、利息收入、租金收入、现金盘盈收入等现金流入。

三、收入与预算收入的管理要求

政府单位应当将各项收入全部纳入单位预算,统一核算,统一管理。

行政单位取得的各项收入，应当符合国家规定，按照财务管理的要求，分项如实核算。

事业单位对按照规定上缴国库或者财政专户的资金，应当按照国库集中收缴的有关规定及时足额上缴，不得隐瞒、滞留、截留、挪用和坐支。

符合收入定义和收入确认条件的项目，应当列入收入费用表。

政府单位收入一般按照权责发生制确认和计量，预算收入一般按照收付实现制确认和计量。

第二节　财政拨款类收入及其预算收入

根据《政府会计制度——行政事业单位会计科目和报表》规定，政府单位涉及财政拨款类收入核算的内容主要包括财政拨款收入与财政拨款预算收入、非同级财政拨款收入与非同级财政拨款预算收入、上级补助收入与上级补助预算收入等。

一、财政拨款收入与财政拨款预算收入

（一）科目设置

为了核算从同级政府财政部门取得的各类财政拨款，政府单位应该设置“财政拨款收入”与“财政拨款预算收入”科目。

“财政拨款收入”是财务会计收入类科目，贷方登记财政拨款增加数，借方登记财政拨款减少数或期末结转额。需要注意的是：同级政府财政部门预拨的下期预算款和没有纳入预算管理的暂付款项，以及采用实拨资金方式通过本单位转拨给下属单位的财政拨款，通过“其他应付款”科目核算，不通过本科目核算。本科目可按照一般公共预算财政拨款、政府性基金预算财政拨款等拨款种类进行明细核算。期末结转后，本科目应无余额。

“财政拨款预算收入”是预算会计收入类科目。贷方登记财政拨款预算收入增加数，借方登记财政拨款预算收入减少数或期末结转财政拨款预算收入额。本科目应当设置“基本支出”和“项目支出”两个明细科目，并按照《政府收支分类科目》中“支出功能分类科目”的项级科目进行明细核算；同时，在“基本支出”明细科目下按照

“人员经费”和“日常公用经费”进行明细核算，在“项目支出”明细科目下按照具体项目进行明细核算。政府单位如果有一般公共预算财政拨款、政府性基金预算财政拨款等两种或两种以上财政拨款的，还应当按照财政拨款的种类进行明细核算。年末结转后，本科目应无余额。明细科目具体设置如表3-1。

表3-1 财政拨款预算收入明细科目

<table>
<tr><th rowspan="2">总账科目</th><th colspan="5">明细科目</th></tr>
<tr><th>一级</th><th>二级</th><th>三级</th><th>四级</th><th>五级</th></tr>
<tr><td rowspan="9">财政拨款预算收入</td><td rowspan="8">一般公共预算财政拨款</td><td rowspan="8">“支出功能分类科目”的项级科目</td><td rowspan="7">基本支出</td><td rowspan="3">人员经费</td><td>在职人员</td></tr>
<tr><td>聘用人员</td></tr>
<tr><td>……</td></tr>
<tr><td rowspan="4">日常公用经费</td><td>办公用品</td></tr>
<tr><td>差旅费</td></tr>
<tr><td>维修费</td></tr>
<tr><td>……</td></tr>
<tr><td>项目支出</td><td>项目名称</td><td>……</td></tr>
<tr><td>政府性基金预算财政拨款</td><td>同上</td><td>同上</td><td>同上</td><td>同上</td></tr>
</table>

（二）账务处理

政府单位财政拨款收入与财政拨款预算收入账务处理，依据政府财政拨款方式的不同而不同。

1.财政直接支付方式下的账务处理

（1）通过直接支付取得收入。政府单位发生直接支付时，根据收到的“财政直接支付入账通知书”及相关原始凭证，按照“财政直接支付入账通知书”中的支付金额，借记“库存物品”“固定资产”“业务活动费用”“单位管理费用”“应付职工薪酬”等科目，如果购买用于增值税应税项目的资产或服务等时，按照当月已认证的可抵扣增值税额，借记“应交增值税——应交税金——进项税额”科目，按照当月未认证的可抵扣增值税额，借记“应交增值税——待认证进项税额”科目，按照应付或实际支付的金额，贷记“财政拨款收入”科目。同时，借记“行政支出”“事业支出”等，贷记“财政拨款预算收入”。

【例3-1】2×21年2月，某行政单位收到其代理银行转来的《财政直接支付入账通知书》及相关原始凭证，属于财政为该单位直接支付的一笔培训费用650 000元，资金性质为一般公共财政预算基本支出资金。

账务处理如下：

借：业务活动费用　　650 000

　贷：财政拨款收入——一般公共预算财政拨款　　650 000

借：行政支出　　650 000

　贷：财政拨款预算收入——一般公共预算财政拨款——基本支出　　650 000

(2)年末对账取得收入。年末时，政府单位应当进行对账，如果发现本年度财政直接支付预算指标数与当年财政直接支付实际支付数有差额，政府单位应当借记“财政应返还额度——财政直接支付”科目，贷记“财政拨款收入”科目。同时，借记“资金结存——财政应返还额度”科目，贷记“财政拨款预算收入”科目。

【例3-2】2×21年度，某行政单位财政直接支付预算指标数为80 500 000元，当年财政直接支付实际数为80 200 000元，年终未使用的财政直接支付额度为300 000元。

账务处理如下：

借：财政应返还额度——财政直接支付　　300 000

　贷：财政拨款收入——一般公共预算财政拨款　　300 000

借：资金结存——财政应返还额度　　300 000

　贷：财政拨款预算收入——一般公共预算财政拨款　　300 000

(3)因差错更正或购货退回等增减收入。因差错更正或购货退回等发生国库直接支付款项退回业务时，要区分款项支付年度，支付年度不同账务处理也有所不同。

①属于以前年度支付款项的退回，政府单位按照退回金额，借记“财政应返还额度——财政直接支付”科目，贷记“以前年度盈余调整——年初余额调整”“库存物品”等科目。同时，借记“资金结存——财政应返还额度”科目，贷记“财政拨款结转——年初余额调整”“财政拨款结余——年初余额调整”等科目。

【例3-3】2×22年1月5日，某事业单位接到代理银行转来的《财政直接支付退款通知书》，退回去年采购的一批办公用品相关货款60 000元。

账务处理如下：

借：财政应返还额度——财政直接支付　　60 000

　　贷：以前年度盈余调整——年初余额调整　　60 000

借：资金结存——财政应返还额度　　60 000

　　贷：财政拨款结余——年初余额调整　　60 000

②属于本年度支付的款项退回，政府单位按照退回金额，借记“财政拨款收入”科目，贷记“业务活动费用”“库存物品”等科目。同时，借记“财政拨款预算收入”科目，贷记“行政支出”“事业支出”等科目。

【例 3-4】2×21 年 11 月 20 日，某行政单位通过财政直接支付采购一批电脑，11 月 22 日入库时发现质量问题，向供货商发出退货申请并退回。2×21 年 12 月 5 日该行政单位接到代理银行转来的《财政直接支付退款通知书》，退回相关货款 180 000 元。

账务处理如下：

（1）电脑入库时：

借：固定资产——电脑　　180 000

　　贷：财政拨款收入——一般公共预算财政拨款　　180 000

借：行政支出　　180 000

　　贷：财政拨款预算收入——一般公共预算财政拨款　　180 000

（2）退回电脑收到退回货款：

借：财政拨款收入——一般公共预算财政拨款　　180 000

　　贷：固定资产——电脑　　180 000

借：财政拨款预算收入——一般公共预算财政拨款　　180 000

　　贷：行政支出　　180 000

2.财政授权支付方式下的账务处理

(1)收到财政授权支付额度取得收入。政府单位收到财政授权支付额度时,根据收到的《财政授权支付额度到账通知书》,按照《财政授权支付额度到账通知书》中列出的授权支付额度,借记“零余额账户用款额度”科目,贷记“财政拨款收入”科目。同时,借记“资金结存——零余额账户用款额度”科目,贷记“财政拨款预算收入”科目。

【例3-5】2×21年度,某公办大学某月初收到代理银行转来的《财政授权支付额度到账通知书》,《财政授权支付额度到账通知书》中列出的财政授权支付额度12 000 000元,系用于大学日常公用经费支出。

账务处理如下:

借:零余额账户用款额度　12 000 000

　贷:财政拨款收入——一般公共预算财政拨款　12 000 000

借:资金结存——零余额账户用款额度　12 000 000

　贷:财政拨款预算收入——一般公共预算财政拨款——基本支出　12 000 000

(2)年末对账取得收入。年末时,政府单位本年度财政授权支付预算指标数如果大于零余额账户用款额度下达数的,政府单位应该根据未下达的用款额度,借记“财政应返还额度——财政授权支付”科目,贷记“财政拨款收入”科目。同时,借记“资金结存——财政应返还额度”科目,贷记“财政拨款预算收入”科目。

【例3-6】2×21年度,某公办大学本年度财政授权支付项目预算指标数为600 000 000元,该大学零余额账户实际收到的用款额度为595 000 000元,年末未下达的用款额度为5 000 000元,该大学应该确认财政应返还额度。

账务处理如下:

借:财政应返还额度——财政授权支付　5 000 000

　贷:财政拨款收入——一般公共预算财政拨款　5 000 000

借:资金结存——财政应返还额度　5 000 000

　贷:财政拨款预算收入——一般公共预算财政拨款——项目支出　5 000 000

(3)因差错更正或购货退回等增减收入。因差错更正或购货退回,导致政府单位发生财政授权支付款项退回业务时,要区分款项支付年度,支付年度不同账务处理也有所不同。

①属于以前年度支付的款项，按照差错更正或购货退回金额，借记“零余额账户用款额度”科目，贷记“以前年度盈余调整”“库存物品”等科目。同时，借记“资金结存——零余额账户用款额度”科目，贷记“财政拨款结转——年初余额调整”“财政拨款结余——年初余额调整”等科目。

【例 3-7】2×22 年 1 月 5 日，某事业单位接到代理银行转来的《财政授权支付退款通知书》，退回去年采购的一批办公用品相关货款 60 000 元。

账务处理如下：

借：零余额账户用款额度　　60 000

　　贷：以前年度盈余调整　　60 000

借：资金结存——零余额账户用款额度　　60 000

　　贷：财政拨款结余——年初余额调整　　60 000

②属于本年度支付的款项，按照差错更正或购货退回金额，借记“零余额账户用款额度”科目，贷记“业务活动费用”“库存物品”等科目。同时，借记“资金结存——零余额账户用款额度”科目，贷记“行政支出”“事业支出”等科目。

【例 3-8】2×21 年 11 月 20 日，某行政单位通过财政授权支付采购一批电脑，11 月 22 日入库时发现质量问题，向供货商发出退货申请并退回电脑。2×21 年 12 月 5 日接到代理银行转来的《财政授权支付退款通知书》，退回相关货款 80 000 元。

账务处理如下：

（1）电脑入库时：

借：固定资产——电脑　　80 000

　　贷：零余额账户用款额度　　80 000

借：行政支出　　80 000

　　贷：资金结存——零余额账户用款额度　　80 000

（2）退回电脑收到退回货款：

借：零余额账户用款额度　　80 000

　　贷：固定资产——电脑　　80 000

借：资金结存——零余额账户用款额度　　80 000
　　贷：行政支出　　80 000

3. 其他方式下取得收入

其他方式下，政府单位收到财政拨款收入时，按照实际收到的金额，借记“银行存款”等科目，贷记“财政拨款收入”科目。同时，借记“资金结存——货币资金”科目，贷记“财政拨款预算收入”科目。

【例3-9】2×21年度，某公立医院尚未纳入财政国库单一账户制度改革，收到开户银行转来的收款通知，收款通知中列明该款项系财政部门拨入的项目经费20 000 000元。

账务处理如下：

借：银行存款　　20 000 000
　　贷：财政拨款收入——一般公共预算财政拨款　　20 000 000
借：资金结存——货币资金　　20 000 000
　　贷：财政拨款预算收入——一般公共预算财政拨款——项目支出　　20 000 000

4. 期末/年末结转

期末，政府单位要将“财政拨款收入”科目本期发生额转入本期盈余，借记“财政拨款收入”科目，贷记“本期盈余”科目。年末，政府单位要将“财政拨款预算收入”科目本年发生额转入财政拨款结转，借记“财政拨款预算收入”科目，贷记“财政拨款结转——本年收支结转”科目。

【例3-10】2×21年12月，某行政单位取得财政拨款收入50 000 000元，其中基本支出为40 000 000元，项目支出为10 000 000元。假如全年财政拨款收入500 000 000元，其中基本支出为400 000 000元，项目支出为100 000 000元。请予以期末/年末结转。

账务处理如下：

借：财政拨款收入——一般公共预算财政拨款——基本支出　　40 000 000
　　　　　　　　——一般公共预算财政拨款——项目支出　　10 000 000

贷:本期盈余　50 000 000

借:财政拨款预算收入——一般公共预算财政拨款——基本支出　400 000 000

——项目支出　100 000 000

贷:财政拨款结转——本年收支结转　500 000 000

二、非同级财政拨款收入与非同级财政拨款预算收入

(一)科目设置

为了核算从非同级政府财政部门取得的财政拨款,政府单位应该设置"非同级财政拨款收入"与"非同级财政拨款预算收入"科目。

"非同级财政拨款收入"是财务会计收入类科目,贷方登记非同级财政拨款(包括从同级政府其他部门取得的横向转拨财政款、从上级或下级政府财政部门取得的经费拨款)的增加额,借方登记非同级财政拨款的减少额或期末结转额。需要注意的是:事业单位因开展科研及其辅助活动从非同级政府财政部门取得的经费拨款,应当通过"事业收入——非同级财政拨款"科目核算,不通过本科目核算。本科目应当按照本级横向转拨财政款和非本级财政拨款进行明细核算,同时按照收入来源进行明细核算。期末结转后,本科目应无余额。

"非同级财政拨款预算收入"是预算会计收入类科目。贷方登记非同级财政拨款(包括同级横向转拨财政款和非同级财政拨款)预算收入增加额,借方登记非同级财政拨款预算收入减少额或期末结转非同级财政拨款预算收入额。对于事业单位因开展科研及其辅助活动从非同级政府财政部门取得的经费拨款,应当通过"事业预算收入——非同级财政拨款"科目进行核算,不通过本科目核算。本科目应当按照非同级财政拨款预算收入的类别、来源、《政府收支分类科目》中"支出功能分类科目"的项级科目进行明细核算。非同级财政拨款预算收入中如有专项资金收入,还应按照具体项目进行明细核算。年末结转后,本科目应无余额。

(二)账务处理

1.取得非同级政府财政拨款收入

政府单位取得非同级政府财政拨款收入时，按照应收或实际收到的金额，借记“其他应收款”“银行存款”等科目，贷记“非同级财政拨款收入”科目。如果涉及现金流入，则按照实际收到的金额，同时借记“资金结存——货币资金”科目，贷记“非同级财政拨款预算收入”科目。

2.期末结转

期末，政府单位要将“非同级财政拨款收入”科目本期发生额转入本期盈余，借记“非同级财政拨款收入”科目，贷记“本期盈余”科目。

3.年末结转

年末，政府单位要将“非同级财政拨款预算收入”科目本年发生额中的专项资金收入转入非财政拨款结转，借记“非同级财政拨款预算收入”科目下各专项资金收入明细科目，贷记“非财政拨款结转——本年收支结转”科目；将“非同级财政拨款预算收入”科目本年发生额中的非专项资金收入转入其他结余，借记“非同级财政拨款预算收入”科目下各非专项资金收入明细科目，贷记“其他结余”科目。

【例3-11】2×21年12月，某公办大学收到银行存款进账单，经确认，进账单所列款系本级政府其他单位转来的一笔合作研究款300 000元。

账务处理如下：

（1）12月收到银行存款时：

	借方	贷方
借：银行存款	300 000	
贷：非同级财政拨款收入		300 000
借：资金结存——货币资金	300 000	
贷：非同级财政拨款预算收入		300 000

（2）12月末结转时：

	借方	贷方
借：非同级财政拨款收入	300 000	
贷：本期盈余		300 000

（3）年末结转时：

	借方	贷方
借：非同级财政拨款预算收入	300 000	
贷：其他结余		300 000

三、上级补助收入与上级补助预算收入

(一)科目设置

为了核算从主管部门和上级单位拨入的非财政拨款收入与现金流入,事业单位应该设置"上级补助收入"与"上级补助预算收入"科目。

"上级补助收入"是财务会计收入类科目,贷方登记主管部门和上级单位拨入的非财政拨款,借方登记主管部门和上级单位拨入的非财政拨款减少或期末结转主管部门和上级单位拨入的非财政拨款额。本科目应当按照发放补助单位、补助项目等进行明细核算。期末结转后,本科目应无余额。

"上级补助预算收入"是预算会计收入类科目,贷方登记主管部门和上级单位拨入的非财政拨款现金流入,借方登记主管部门和上级单位拨入的非财政拨款减少或期末结转主管部门和上级单位拨入的非财政拨款预算收入额。本科目应当按照发放补助单位、补助项目、《政府收支分类科目》中"支出功能分类科目"的项级科目进行明细核算。上级补助预算收入中如有专项资金收入,还应按照具体项目进行明细核算。年末结转后,本科目应无余额。

(二)账务处理

1.取得上级补助收入

政府单位取得上级补助收入时,按照应收或实际收到的金额,借记"其他应收款""银行存款"等科目,贷记"上级补助收入"科目。同时,按照实际收到的金额,借记"资金结存——货币资金"科目,贷记"上级补助预算收入"科目。

2.实际收到上级补助收入

实际收到应收的上级补助款时,按照实际收到的金额,借记"银行存款"科目,贷记"其他应收款"科目。同时,借记"资金结存——货币资金"科目,贷记"上级补助预算收入"科目。

3.月末结转

月末,将"上级补助收入"科目本期发生额转入本期盈余,借记"上级补助收入"科目,贷记"本期盈余"科目。

4.年末结转

年末，将“上级补助预算收入”科目本年发生额中的专项资金收入转入非财政拨款结转，借记“上级补助预算收入”科目下各专项资金收入明细科目，贷记“非财政拨款结转——本年收支结转”科目；将“上级补助预算收入”科目本年发生额中的非专项资金收入转入其他结余，借记“上级补助预算收入”科目下各非专项资金收入明细科目，贷记“其他结余”科目。

【例 3-12】2×21 年 12 月，某公立医院收到银行到账通知书，系其主管部门核定拨入弥补事业开支不足的非财政补助款，其中专项资金收入为 800 000 元，非专项资金收入为 200 000 元。该公立医院本年度共发生上级补助收入 2 000 000 元，其中专项资金收入为 1 600 000 元，非专项资金收入为 400 000 元。

账务处理如下：

(1)12 月收到补助时：

	借方	贷方
借：银行存款	1 000 000	
贷：上级补助收入		1 000 000
借：资金结存——货币资金	1 000 000	
贷：上级补助预算收入——专项资金收入		800 000
——非专项资金收入		200 000

(2)12 月末结转时：

	借方	贷方
借：上级补助收入	1 000 000	
贷：本期盈余		1 000 000

(3)年末结转时：

	借方	贷方
借：上级补助预算收入——专项资金收入	1 600 000	
——非专项资金收入	400 000	
贷：非财政拨款结转——本年收支结转		1 600 000
其他结余		400 000

第三节　服务经营类收入

服务经营类收入是指政府事业单位通过业务活动服务、经营取得的各类收入。

与政府行政单位相比，它是政府事业单位特有的收入，主要包括事业收入、经营收入、投资收益、附属单位上缴收入。相应地，其预算收入由事业预算收入、经营预算收入、投资预算收益、附属单位上缴预算收入组成。

一、事业收入与事业预算收入

（一）事业收入概述

1. 事业收入含义

事业收入是指政府事业单位开展专业业务活动及辅助活动所取得的收入，包括开展专业业务活动及其辅助活动所取得的收入，从财政专户核拨给事业单位的资金和经核准不上缴国库或者财政专户的资金，开展科研及其辅助活动从非同级政府财政部门取得的经费拨款等。所谓专业业务活动，是指政府事业单位根据自身的专业特点所从事或开展的主要业务活动，像教育事业单位的教学活动、科学事业单位的科研活动、医疗卫生事业单位的医疗保健活动等，犹如企业的"主营"业务活动。所谓辅助活动，是指政府事业单位与其专业业务活动相关，直接为专业业务活动提供服务的行政管理、后勤服务等活动。

2. 事业收入的分类与确认

根据管理方式和收款方式的不同，政府事业单位事业收入可以分成不同的收入类型，其确认也有所不同。

（1）按管理方式分：事业收入分为财政专户返还收入和其他事业收入。所谓财政专户返还收入，是指采用财政专户返还方式管理取得的事业收入。承担政府规定的社会公益性服务任务的事业单位，面向社会提供的公益服务是无偿的，或只按政府指导价格收取部分费用，其事业收费需要纳入财政专户管理。如果事业单位的某项事业收费纳入了财政专户管理，事业收入需要按"收支两条线"的方式管理。在这种管理方式下，事业单位取得的各项事业性收费不能立即安排支出，需要上缴财政部门设立的财政资金专户，支出时同级财政部门按资金收支计划从财政专户中拨付。事业单位经过审批取得从财政专户核拨的款项时，方可确认事业收入。所谓其他事业收入，是指未采用财政专户返还方式管理取得的普通事业收入。许多事业单位的业务活动具有公益属性，在国家政策的支持下可以通过事业收费正常运转，提供的公益性服务不以营利为目的，但需要按成本补偿的原则制定价格并收取服务费用，其事业收费不需要纳入财政专户管理。如果事业单位的某项事业收费没有纳入财政专户管理，事业单位在收到各项服务收费时即可确认事业收入。

(2)按照收款方式的不同，事业收入分为采用预收款方式确认的事业收入和采用应收款方式确认的事业收入。采用预收款方式确认的事业收入按照合同完成进度确认；采用应收款方式确认的事业收入按照合同完成进度计算本期应收的款项确认。

根据《事业单位财务规则》的规定，事业单位确认事业收入时，应注意以下几点：一是事业单位开展业务活动的各项收费并非均属于事业收入。事业单位因代行政府职能而收取的款项需要上缴国库，形成政府的财政收入。二是事业单位收取的纳入财政专户管理的各项收入，需要先上缴财政专户，财政核拨后形成事业单位的财政专户返还收入，这时事业单位才可计入事业收入。三是经财政部门核准不上缴财政专户管理的收入，事业单位可以直接计入事业收入。所以，事业单位应当根据预算管理的要求，正确区分一项事业收费是属于事业收入，还是应缴国库款或应缴财政专户款

3.事业预算收入含义与分类

事业预算收入指事业单位开展专业业务活动及其辅助活动取得的现金流入，包括事业单位因开展科研及其辅助活动从非同级政府财政部门取得的经费拨款。按照管理方式的不同，事业预算收入分为财政专户返还方式管理的事业预算收入和其他事业预算收入。按照使用要求的不同，事业预算收入分为专项资金收入和非专项资金收入。

(二)科目设置

为了核算事业单位开展专业业务活动及其辅助活动实现的收入及现金流入，事业单位应当设置“事业收入”“事业预算收入”科目。

“事业收入”是财务会计收入类科目，贷方登记事业单位开展专业业务活动及其辅助活动实现收入的增加，包括对于因开展科研及其辅助活动从非同级政府财政部门取得的经费拨款，不包括从同级政府财政部门取得的各类财政拨款。借方登记事业单位开展专业业务活动及其辅助活动实现的收入减少及期末结转事业单位开展专业业务活动及其辅助活动实现的收入的发生额。本科目应当按照事业收入的类别、来源等进行明细核算。对于因开展科研及其辅助活动从非同级政府财政部门取得的

经费拨款，应当在本科目下单设“非同级财政拨款”明细科目进行核算。期末结转后，本科目应无余额。

“事业预算收入”是预算会计收入类科目，贷方登记事业单位开展专业业务活动及其辅助活动实现收入的现金流入增加，包括因开展科研及其辅助活动从非同级政府财政部门取得的经费拨款，不包括从同级政府财政部门取得的各类财政拨款。借方登记事业单位开展专业业务活动及其辅助活动实现收入的现金流入减少及期末结转事业单位开展专业业务活动及其辅助活动实现收入的现金流入的发生额。本科目应当按照事业预算收入类别、项目、来源、《政府收支分类科目》中“支出功能分类科目”项级科目进行明细核算。对于因开展科研及其辅助活动从非同级政府财政部门取得的经费拨款，应当在本科目下单设“非同级财政拨款”明细科目进行明细核算；事业预算收入中如有专项资金收入，还应按照具体项目进行明细核算。期末结转后，本科目应无余额。

（三）账务处理

1.采用财政专户返还方式管理取得的事业收入的账务处理

（1）取得应上缴财政专户的事业收入。事业单位发生应上缴财政专户的事业收入业务时，按照实际收到或应收的金额，借记“银行存款”“应收账款”等科目，贷记“应缴财政款”科目。注意此处的现金流入不是纳入事业单位预算管理的，不需要做双分录。

（2）向财政专户上缴款项。事业单位向财政专户上缴款项业务时，按照实际上缴的款项金额，借记“应缴财政款”科目，贷记“银行存款”科目。注意此处的现金流出不是纳入事业单位预算管理的，不需要做双分录。

（3）收到从财政专户返还的事业收入。事业单位发生收到从财政专户返还的事业收入业务时，按照实际收到的返还金额，借记“银行存款”科目，贷记“事业收入”科目。同时，借记“资金结存——货币资金”科目，贷记“事业预算收入”科目。

【例3-13】2×21年9月，某高校收到开展专业业务活动的事业服务费5 200 000元，款项已经存入银行。此款项纳入财政专户管理，按规定应该全额上缴财政专户，2×21年10月，该高校将收到的事业服务费5 200 000元全部上缴财政专户。2×21年12月，该高校收到财政专户返还的事业服务费5 000 000元。

账务处理如下：

（1）2×21年9月收到事业服务费：

借：银行存款 5 200 000

贷：应缴财政款 5 200 000

（2）2×21年10月上缴财政专户：

借：应缴财政款 5 200 000

贷：银行存款 5 200 000

（3）2×21年12月收到财政专户返还事业服务费

借：银行存款 5 000 000

贷：事业收入 5 000 000

借：资金结存——货币资金 5 000 000

贷：事业预算收入 5 000 000

2.采用预收款方式确认事业收入的账务处理

（1）实际收到预收款项。事业单位发生实际收到预收款项业务时，按照收到的款项金额，借记"银行存款"科目，贷记"预收账款"科目。同时，借记"资金结存——货币资金"科目，贷记"事业预算收入"科目。

（2）确认事业收入。事业单位发生以合同完成进度确认事业收入时，按照基于合同完成进度计算的金额，借记"预收账款"科目，贷记"事业收入"科目。

【例3-14】2×21年9月1日，某高校承接某单位委托研究的科研课题，按合同约定预收对方单位款项300 000元，款项已存入银行。2×21年12月底完成课题的50%。

账务处理如下：

（1）2×21年9月1日预收款项时：

借：银行存款 300 000

贷：预收账款 300 000

借：资金结存——货币资金 300 000

贷：事业预算收入 300 000

（2）2×21年12月底根据完成进度确认收入：

借：预收账款 150 000

贷:事业收入　　150 000

3.采用应收款方式确认事业收入的账务处理

(1)计算本期应收款项。事业单位根据合同完成进度计算本期应收的款项时,借记“应收账款”科目,贷记“事业收入”科目。

(2)实际收到款项。事业单位实际收到款项时,借记“银行存款”科目,贷记“应收账款”科目。同时,借记“资金结存——货币资金”科目,贷记“事业预算收入”科目。

【例3-15】2×21年9月20日,某研究院销售开发的一批新产品,单价100元(含税),共1 000件,适用的增值税税率为13%。2×21年10月29日,销售款项收到并存入银行,增值税于2×21年11月初缴纳,不考虑其他税费。

账务处理如下:

(1)2×21年9月20日确认应收款:

借:应收账款　　100 000

　贷:事业收入　　88 495.58

　　应交增值税——应交税金(销项税额)　　11 504.42

(2)2×21年10月29日收到价款:

借:银行存款　　100 000

　贷:应收账款　　100 000

借:资金结存——货币资金　　100 000

　贷:事业预算收入　　100 000

(3)2×21年11月初交税:

借:应交增值税——应交税金(已交税额)　　11 504.42

　贷:银行存款　　11 504.42

借:事业支出　　11 504.42

　贷:资金结存——货币资金　　11 504.42

4.采用其他方式确认事业收入的账务处理

事业单位采用其他方式确认事业收入模式时,按照实际收到的金额,借记“银行存款”“库存现金”等科目，贷记“事业收入”科目。同时，借记“资金结存——货币资金”科目，贷记“事业预算收入”科目。

【例 3-16】某研究所承接甲单位委托的科研课题经费 200 000 元，款项已收。

账务处理如下：

借：银行存款 200 000

　　贷：事业收入 200 000

借：资金结存——货币资金 200 000

　　贷：事业预算收入 200 000

上述业务如果涉及增值税业务，还要注意相关账务处理。

5. 期末/年末结转的账务处理

期末，将“事业收入”科目本期发生额转入本期盈余，借记“事业收入”科目，贷记“本期盈余”科目。

年末，将“事业预算收入”科目本年发生额中的专项资金收入转入非财政拨款结转，借记“事业预算收入”科目下各专项资金收入明细科目，贷记“非财政拨款结转——本年收支结转”科目；将“事业预算收入”科目本年发生额中的非专项资金收入转入其他结余，借记“事业预算收入”科目下各非专项资金收入明细科目，贷记“其他结余”科目。

【例 3-17】2×21 年，某公办大学取得事业收入 1 000 000 000 元，其中专项资金收入为 300 000 000 元，非专项资金收入为 700 000 000 元，期末/年末结转。

账务处理如下：

(1)期末结转：

借：事业收入 1 000 000 000

　　贷：本期盈余 1 000 000 000

(2)年末结转：

借：事业预算收入——专项资金收入 300 000 000

　　　　　　　　——非专项资金收入 700 000 000

　　贷：非财政拨款结转——本年收支结转 300 000 000

　　　　其他结余 700 000 000

二、经营收入与经营预算收入

（一）经营收入概念、分类与确认

1.经营收入的概念

经营收入是事业单位在专业业务活动及辅助活动之外开展非独立核算经营活动取得的收入。

2.经营收入的分类

按照经营业务类型分，事业单位经营收入可以分为服务收入、销售收入、租赁收入以及其他经营收入。服务收入是事业单位非独立核算部门对外提供经营服务取得的收入；销售收入是事业单位非独立核算部门开展商品生产、加工对外销售商品取得的收入；租赁收入是事业单位对外出租房屋、场地和设备等取得的收入；其他经营收入是除上述收入以外的各项经营类业务收入。

3.经营收入的确认

经营收入应当在提供服务或发出存货，同时收讫价款或者取得索取价款的凭据时，按照实际收到或应收的金额予以确认。需要注意的是：一个收入事项同时具备以上两个条件方能确认为经营收入。事业单位所属独立核算单位的各项收入，由所属独立核算单位自行组织核算，上级单位不进行记录。事业单位收到所属独立核算单位上缴的收入，属于附属单位上缴收入，不是经营收入。

（二）科目设置

为了核算事业单位在专业业务活动及其辅助活动之外开展非独立核算经营活动取得的收入及现金流入，事业单位应当设立“经营收入”与“经营预算收入”科目。

“经营收入”是财务会计收入类科目，贷方登记事业单位在专业业务活动及其辅助活动之外开展非独立核算经营活动取得的收入的增加，借方登记事业单位在专业业务活动及其辅助活动之外开展非独立核算经营活动取得的收入的减少和期末结转。本科目应当按照经营活动类别、项目和收入来源进行明细核算。期末结转后，本科目应无余额。

“经营预算收入”是预算会计收入类科目，贷方登记事业单位在专业业务活动及其辅助活动之外开展非独立核算经营活动取得的现金流入的增加，借方登记事业单位在专业业务活动及其辅助活动之外开展非独立核算经营活动取得的现金流入的减少和期末结转。本科目应当按照经营活动类别、项目、《政府收支分类科目》中“支出功能分类科目”的项级科目进行明细核算。年末结转后，本科目应无余额。

（三）账务处理

1. 取得经营收入的账务处理

事业单位发生经营收入业务时，按照确定的收入金额，借记“银行存款”“应收账款”“应收票据”科目，贷记“经营收入”科目。同时，按照实际收到的金额，借记“资金结存——货币资金”科目，贷记“经营预算收入”科目。

属于增值税一般纳税人的事业单位实现经营收入，按包含增值税的价款总额，借记“银行存款”“应收账款”“应收票据”科目，扣除除增值税销项税额后的价款金额，贷记“经营收入”科目，按增值税专用发票上注明的增值税金额，贷记“应交增值税——应交税费（销项税额）”科目。同时，按照实际收到的金额，借记“资金结存——货币资金”科目，贷记“经营预算收入”科目。

【例 3-18】某高校为增值税一般纳税人，增值税税率为 13%，其非独立核算的科技开发公司生产高新技术设备，对外销售 10 台，每台售价 300 000 元（不含税），购货单位以支票支付。该高校已将提货单和发票联交给购货单位。

账务处理如下：

科目	借方	贷方
借：银行存款	3 390 000	
贷：经营收入		3 000 000
应交增值税——应交税费（销项税额）		390 000
借：资金结存——货币资金	3 390 000	
贷：经营预算收入		3 390 000

2. 期末/年末结转的账务处理

期末，事业单位应该将“经营收入”科目本期发生额转入本期盈余，借记“经营收入”科目，贷记“本期盈余”科目。年末，事业单位应该将“经营预算收入”科目本年发生额转入经营结余，借记“经营预算收入”科目，贷记“经营结余”科目。

【例 3-19】2×21 年度，某高校共发生经营收入 50 000 000 元，期末/年末结转。

账务处理如下：

（1）期末结转：

借：经营收入　　50 000 000

　贷：本期盈余　　50 000 000

（2）年末结转：

借：经营预算收入　　50 000 000

　贷：经营结余　　50 000 000

三、投资收益与投资预算收益

（一）科目设置

为了核算事业单位股权投资和债券投资所实现的收益或发生的损失及按照规定纳入部门预算管理的属于投资收益性质的现金流入，事业单位应当设置"投资收益"与"投资预算收益"科目。

"投资收益"是财务会计收入类科目，贷方登记事业单位股权投资和债券投资所实现的收益和期末结转，借方登记事业单位股权投资和债券投资所发生的损失和期末结转。本科目应当按照投资的种类等进行明细核算，期末结转后，本科目应无余额。

"投资预算收益"是预算会计收入类科目，贷方登记事业单位按照规定纳入部门预算管理的属于投资收益性质的现金流入的增加和期末结转，借方登记按照规定纳入部门预算管理的属于投资收益性质的现金流入的减少和期末结转。本科目应当按照《政府收支分类科目》中"支出功能分类科目"的项级科目等进行明细核算，年末结转后，本科目应无余额。

（二）账务处理

1. 短期投资收益的账务处理

（1）取得短期投资持有期间的利息。事业单位发生收到短期投资持有期间的利息业务时，应该按照实际收到的金额，借记"银行存款"科目，贷记"投资收益"科目。

同时,借记“资金结存——货币资金”科目,贷记“投资预算收益”科目。

(2)处置本年度投资取得收益。事业单位发生出售或到期收回本年度取得的短期投资业务时,应该按照实际收到的金额,借记“银行存款”科目,按照出售或收回短期投资的成本,贷记“短期投资”科目,按照其差额,贷记或借记“投资收益”科目。同时,借记“资金结存——货币资金”科目,贷记“投资支出”科目,贷记或借记“投资预算收益”科目。

(3)处置以前年度投资取得收益。事业单位发生出售或到期收回以前年度取得的短期投资业务时,应该按照实际取得的价款或实际收到的本息金额,借记“银行存款”科目,按照出售或收回短期投资的成本,贷记“短期投资”科目,按照其差额,贷记或借记“投资收益”科目。同时,借记“资金结存——货币资金”科目,贷记“其他结余”科目,按照其差额,贷记或借记“投资预算收益”科目。

上述业务如果涉及增值税业务,还要注意相关账务处理。

【例 3-20】2×21 年 2 月,某事业单位用自有资金购买了 6 个月期凭证式国债,购入成本为 2 000 000 元,年利率为 6%,持有 3 个月后,出售价款为 2 100 000 元,款项已收到。

账务处理如下:

(1)购入国债时:

	借方	贷方
借:短期投资	2 000 000	
贷:银行存款		2 000 000
借:投资支出	2 000 000	
贷:资金结存——货币资金		2 000 000

(2)出售国债时:

	借方	贷方
借:银行存款	2 100 000	
贷:短期投资		2 000 000
投资收益		100 000
借:资金结存——货币资金	2 100 000	
贷:投资支出		2 000 000
投资预算收益		100 000

2.长期债券投资收益的账务处理

(1)持有长期债券投资期间利息收益。事业单位持有的长期债券投资计息时,要区分长期债券投资还本付息类型,还本付息类型不同,应收未收利息记入的会计科目也不同。

如果持有的是分期付息、一次还本的长期债券投资,按期确认利息收入时,按照计算确定的应收未收利息,借记"应计利息"科目,贷记"投资收益"科目。

如果持有的到期一次还本付息的长期债券投资,按期确认利息收入时,按照计算确定的应收未收利息,借记"长期债券投资——应计利息"科目,贷记"投资收益"科目。

注意:两种情况下都不需要进行预算会计处理,因为此时都没有发生纳入预算管理的现金流入流出业务。

【例3-21】2×21年1月,某事业单位购买了2年期分期付息、一次还本凭证式国债3 000 000元,年利率为3%,请予账务处理。

账务处理如下:

(1)购买凭证式国债时:

借:长期债券投资——本金　　3 000 000

　贷:银行存款　　3 000 000

借:投资支出　　3 000 000

　贷:资金结存——货币资金　　3 000 000

(2)每月计息:3 000 000×3%÷12=7 500(元)

借:应收利息　　7 500

　贷:投资收益　　7 500

(3)每月收到利息时:

借:银行存款　　7 500

　贷:应计利息　　7 500

借:资金结存——货币资金　　7 500

　贷:投资预算收益　　7 500

(4)到期收回本金及最后一次利息:3 000 000+7 500=3 007 500(元)

借:银行存款　　3 007 500

贷:长期债券投资——成本　　3 000 000

——应计利息　　7 500

借:资金结存——货币资金　　3 007 500

贷:其他结余　　3 000 000

投资预算收益　　7 500

(2)处置长期债券投资取得收益。处置业务包括出售或到期收回业务。事业单位持有的长期债券投资处置时,也要区分长期债券投资还本付息类型,还本付息类型不同,会计处理使用会计科目也有所不同。

出售分期付息、一次还本长期债券投资或到期收回长期债券投资本息,按照实际收到的金额,借记"银行存款"等科目,按照债券初始投资成本和已计未收利息金额,贷记"长期债券投资""应计利息"科目,按照其差额,贷记或借记"投资收益"科目。同时,按照实际收到的货币资金金额,借记"资金结存——货币资金"科目,贷记"其他结余"科目,按照其差额,贷记或借记"投资预算收益"科目。

出售到期一次还本付息长期债券投资或到期收回长期债券投资本息,按照实际收到的金额,借记"银行存款"等科目,按照债券初始投资成本和已计未收利息金额,贷记"长期债券投资——成本""长期债券投资——应计利息"科目,按照其差额,贷记或借记"投资收益"科目。同时,借记"资金结存——货币资金"科目,贷记"其他结余"科目,按照其差额,贷记或借记"投资预算收益"科目。

上述业务如果涉及增值税业务,还要注意相关涉税业务账务处理。

【例3-22】2×21年3月1日,某事业单位用银行存款1 000 000元购买了1 000 000元面值的3年期国债,年利率为6%,到期一次还本付息,另外用银行存款支付了手续费等20 000元;3年后国债到期兑付全部收回本息。

账务处理如下:

(1)购买国债:成本＝1 000 000+20 000＝1 020 000(元)

借:长期债券投资——成本　　1 020 000

贷:银行存款　　1 020 000

借:投资支出　　1 020 000

贷:资金结存——货币资金　　1 020 000

(2)月末计息:月利息＝1 000 000×6%÷12＝5 000(元)

借:长期债券投资——应计利息　　5 000

　　贷:投资收益　　5 000

(3)到期收回本息:本息＝1 000 000+180 000＝1 180 000(元)

借:银行存款　　1 180 000

　　投资收益　　20 000

　　贷:长期债券投资——成本　　1 020 000

　　　　　　　　——应计利息　　180 000

借:资金结存——货币资金　　1 180 000

　　贷:其他结余　　1 020 000

　　　　投资预算收益　　160 000

3.长期股权投资收益的账务处理

(1)长期股权投资持有期间投资收益的确认。事业单位长期股权投资持有期间投资收益的确认,随长期股权投资核算方法的不同而不同。

采用成本法核算的长期股权投资,持有期间被投资单位宣告分派现金股利或利润时,事业单位按照宣告分派的现金股利或利润中属于应享有的份额,借记“应收股利”科目,贷记“投资收益”科目。取得被投资单位分派的现金股利或利润时,事业单位按照实际收到的金额,借记“银行存款”科目,贷记“应收股利”科目。同时,借记“资金结存——货币资金”科目,贷记“投资预算收益”科目。

采用权益法核算的长期股权投资,持有期间事业单位按照应享有或应分担的被投资单位实现的净损益的份额,借记或贷记“长期股权投资——损益调整”科目,贷记或借记“投资收益”科目。如果被投资单位发生净亏损,但以后年度又实现净利润的,事业单位在其收益分享额弥补未确认的亏损分担额后,恢复确认投资收益,借记“长期股权投资——损益调整”科目,贷记“投资收益”科目。

(2)处置长期股权投资时投资收益的确认。处置长期股权投资确认投资收益时,事业单位要区分处置收益是纳入单位预算管理还是上缴财政,并根据两种不同情况进行会计处理。

处置收益纳入单位预算管理时,又要区分长期股权投资是以何种方式取得的。如果是以现金方式取得的,则处置长期股权投资时,按照实际取得的价款,借记“银行存款”；按照长期股权投资账面余额，贷记“长期股权投资”科目，按照已宣告尚未领取的现金股利，贷记“应收股利”科目；按照支付的相关税费，贷记“银行存款”；按照差额，借记或贷记“投资收益”。同时，借记“资金结存——货币资金”，贷记“投资支出”、“其他结余”(投资款)、“投资预算收益”科目。

如果是以现金以外的其他资产取得的，则处置长期股权投资时，借记“资产处置费用”科目，贷记“长期股权投资”科目，按照实际取得价款，借记“银行存款”科目；按照已宣告尚未领取的现金股利，贷记“应收股利”科目；按照取得价款减去投资账面余额、应收股利与相关税费，贷记“投资收益”科目；按照贷差，贷记“应缴财政款”科目。同时，按照取得价款减去投资账面余额与相关税费，借记“资金结存——货币资金”科目，贷记“投资预算收益”科目。

按照规定，如果处置投资收益需要上缴财政时，事业单位不能确认投资收益。

【例 3-23】某A研究院以一套自制使用的专用设备和1 000 000元现金向B科技创新公司投资，该套专用设备的账面余额为600 000元，已提固定资产折旧100 000元，经评估该套设备评估价格(不含税)为1 000 000元，用固定资产投资发生应交增值税为30 000元，及时通过银行转账方式进行了支付。投资后A研究院占该B科技创新公司的股权比例为20%，有权对其参与经营决策，按照股权比例享有净利润和其他所有者权益；B科技创新公司投资后第一年实现净利润1 000 000元，第二年实现净利润2 300 000元且其他所有者权益增加500 000元，第三年实现净利润2 500 000元并分配现金股利2 000 000元；第四年A研究院按照上级要求全部撤出该股权投资，获得撤资款3 000 000元。按照规定，该研究院处置投资资产净收入、非现金股权投资账面余额要上缴财政，收益可以留归单位。

账务处理如下：

(1)登记投资成本和注销固定资产账面余额：

投资成本＝1 000 000+1 000 000+30 000＝2 030 000(元)

借：长期股权投资——成本	2 030 000	
固定资产累计折旧	100 000	
贷：银行存款		1 000 000
固定资产		600 000
应交增值税		30 000

其他收入　　500 000

借：投资支出　　1 000 000

贷：资金结存——货币资金　　1 000 000

（2）交纳投资产生的增值税30 000（元）：

借：应交增值税　　30 000

贷：银行存款　　30 000

借：投资支出　　30 000

贷：资金结存——货币资金　　30 000

（3）投资后第一年享有净利润1 000 000×20%=200 000（元）：

借：长期股权投资——损益调整　　200 000

贷：投资收益　　200 000

（4）投资后第二年享有净利润2 300 000×20%=460 000（元），享有其他所有者权益500 000×20%=100 000（元）：

借：长期股权投资——损益调整　　460 000

——其他权益变动　　100 000

贷：投资收益　　460 000

权益法调整　　100 000

（5）投资后第三年享有净利润2 500 000×20%=500 000（元），现金股利2 000 000×20%=400 000（元）：

①享有净利：

借：长期股权投资——损益调整　　500 000

贷：投资收益　　500 000

②宣告派发现金股利：

借：应收股利　　400 000

贷：长期股权投资——损益调整　　400 000

③收到现金股利：

借：银行存款　　400 000

贷：应收股利　　400 000

借：资金结存——货币资金　　400 000

贷：投资预算收益　　400 000

（6）撤资及收到撤资款3 000 000元：

投资资产账面余额＝成本（2 030 000元）+损益调整（760 000元）+其他权益变动（100 000元）＝2 890 000（元）

	借方	贷方
借：资产处置费用	1 890 000	
银行存款	1 000 000	
贷：长期股权投资——成本		2 030 000
——损益调整		760 000
——其他权益变动		100 000
借：银行存款	2 000 000	
贷：投资收益		110 000
应缴财政款		1 890 000
借：资金结存——货币资金	1 110 000	
贷：其他结余		1 000 000
投资预算收益		110 000

（7）将资产处置收入1 890 000元上缴国库：

	借方	贷方
借：应缴财政款	1 890 000	
贷：银行存款		1 890 000

（8）恢复因股权投资中其他所有者权益变动产生的投资收益100 000元：

	借方	贷方
借：权益法调整	100 000	
贷：投资收益		100 000

4.期末/年末结转的账务处理

期末，事业单位要将“投资收益”科目本期发生额转入本期盈余，借记或贷记“投资收益”科目，贷记或借记“本期盈余”科目。

年末，事业单位要将“投资预算收益”科目本年发生额转入其他结余，借记或贷记“投资预算收益”科目，贷记或借记“其他结余”科目。

四、附属单位上缴收入与附属单位上缴预算收入

（一）科目设置

为了核算事业单位取得的附属独立核算单位按照有关规定上缴的收入及现金流入，事业单位需要设置“附属单位上缴收入”与“附属单位上缴预算收入”科目。

“附属单位上缴收入”是财务会计收入类科目，贷方登记附属独立核算单位上缴的收入增加，借方登记附属独立核算单位上缴的收入减少和期末结转额。本科目应当按照附属单位、缴款项目进行明细核算。期末结转后，本科目应无余额。

“附属单位上缴预算收入”是预算会计收入类科目，贷方登记附属独立核算单位上缴的收入的现金流入增加，借方登记附属独立核算单位上缴的收入的现金流入减少和期末结转额。本科目应当按照附属单位、缴款项目、《政府收支分类科目》中“支出功能分类科目”的项级科目进行明细核算。附属单位上缴预算收入中如有专项资金收入，还应按照具体项目进行明细核算。年末结转后，本科目应无余额。

（二）账务处理

1.确认附属单位上缴收入的账务处理

（1）事业单位确认附属单位上缴收入时，按照应收或实际收到的金额，借记“其他应收款”“银行存款”科目，贷记“附属单位上缴收入”科目。同时按照实际收到的款项，借记“资金结存——货币资金”科目，贷记“附属单位上缴预算收入”科目。

（2）实际收到应收附属单位上缴款时，按照实际收到的金额，借记“银行存款”科目，贷记“其他应收款”科目。同时，借记“资金结存——货币资金”科目，贷记“附属单位上缴预算收入”科目。

【例3-24】2×21年9月，按照规定标准，某高校所属独立核算出版社应于月底上缴收入100 000元，款项于下月初到账。

账务处理如下：

（1）月底确认应上缴款：

借：其他应收款　　100 000

贷：附属单位上缴收入　100 000

（2）下月初款项到账：

借：银行存款　100 000

贷：其他应收款——A单位　100 000

借：资金结存——货币资金　100 000

贷：附属单位上缴预算收入——专项资金收入　100 000

2.期末/年末结转的账务处理

期末，事业单位要将“附属单位上缴收入”科目本期发生额转入本期盈余，借记“附属单位上缴收入”科目，贷记“本期盈余”科目。

年末，事业单位要将“附属单位上缴预算收入”科目本年发生额中的专项资金收入转入非财政拨款结转，借记“附属单位上缴预算收入”科目下各专项资金收入明细科目，贷记“非财政拨款结转——本年收支结转”科目；将“附属单位上缴预算收入”科目本年发生额中的非专项资金收入转入其他结余，借记“附属单位上缴预算收入”科目下各非专项资金收入明细科目，贷记“其他结余”科目。

【例3-25】2×21年，某医院全年取得所属制药厂上缴收入1 000 000元，其中专项资金收入为300 000元，非专项资金收入为700 000元，期（年）末结转。

账务处理如下：

（1）期末结转：

借：附属单位上缴收入　1 000 000

贷：本期盈余　1 000 000

（2）年末结转：

借：附属单位上缴预算收入——专项资金收入　300 000

——非专项资金收入　700 000

贷：非财政拨款结转——本年收支结转　300 000

其他结余　700 000

第四节　其他收入与其他预算收入

政府单位除财政拨款收入、事业收入、上级补助收入、附属单位上缴收入、经营收入、非同级财政拨款收入、投资收益外，取得的捐赠收入、利息收入、租金收入、现金盘盈收入、按照规定纳入单位预算管理的科技成果转化收入、行政单位收回已核销的其他应收款、无法偿付的应付及预收款项、置换换出资产评估增值，本书均称为其他收入，其他收入中纳入部门预算管理的现金流入均称为其他预算收入。

一、捐赠收入与捐赠预算收入

（一）科目设置

为了核算接受其他单位或者个人捐赠取得的收入及现金流入，政府单位要设置“捐赠收入”与“捐赠预算收入”科目。

“捐赠收入”是财务会计收入类科目，贷方登记接受其他单位或者个人捐赠取得的收入的增加，借方登记接受其他单位或者个人捐赠取得的收入的减少和期末结转额。本科目应当按照捐赠资产的用途和捐赠单位等进行明细核算。期末结转后，本科目应无余额。

“捐赠预算收入”是预算会计收入类科目，贷方登记接受其他单位或者个人捐赠取得的现金流入的增加，借方登记接受其他单位或者个人捐赠取得的现金流入的减少和年末结转额。本科目应当按照捐赠收入类别、《政府收支分类科目》中“支出功能分类科目”的项级科目进行明细核算。捐赠预算收入中如有专项资金收入，还应按照具体项目进行明细核算。年末结转后，本科目应无余额。

（二）账务处理

1.接受货币资金捐赠的账务处理

政府单位收到捐赠的货币资金，要按照实际收到的金额，借记“银行存款”“库存现金”科目，贷记“捐赠收入”科目。同时，借记“资金结存——货币资金”科目，贷记“捐赠预算收入”科目。

【例3-26】2×21年6月，某行政单位接受社会组织捐赠的款项50 000元，存入单位的银行账户。

账务处理如下：

借：银行存款　　50 000

　　贷：捐赠收入　　50 000

借：资金结存——货币资金　　50 000

　　贷：捐赠预算收入　　50 000

2. 接受存货、固定资产等非现金资产捐赠的账务处理

政府单位接受捐赠的存货、固定资产等非现金资产，要按照确定的成本，借记“库存物品”“固定资产”科目，按照发生的相关税费、运输费，贷记“银行存款”等科目，按照其差额，贷记“捐赠收入”科目。同时，按照发生的相关税费、运输费，借记“其他支出”科目，贷记“资金结存”科目。

【例3-27】2×21年9月，某高校接受社会组织捐赠的价值500 000元的教学设备一套，用银行存款支付运费以及安装费等费用10 000元(不考虑增值税的影响)。

账务处理如下：

借：固定资产　　510 000

　　贷：银行存款　　10 000

　　　　捐赠收入　　500 000

借：其他支出　　10 000

　　贷：资金结存——货币资金　　10 000

3. 接受按照名义金额入账资产捐赠的账务处理

政府单位接受捐赠的资产按照名义金额入账的，要按照名义金额，借记“库存物品”“固定资产”等科目，贷记“捐赠收入”科目。同时，按照发生的相关税费、运输费等，借记“其他费用”科目，贷记“银行存款”等科目；借记“其他支出”科目，贷记“资金结存”科目。

4.期末/年末结转的账务处理

期末,将“捐赠收入”科目本期发生额转入本期盈余,借记“捐赠收入”科目,贷记“本期盈余”科目。

年末,将“捐赠预算收入”科目本年发生额中的专项资金收入转入非财政拨款结转,借记“捐赠预算收入”科目下各专项资金收入明细科目,贷记“非财政拨款结转——本年收支结转”科目;将“捐赠预算收入”科目本年发生额中的非专项资金收入转入其他结余,借记“捐赠预算收入”科目下各非专项资金收入明细科目,贷记“其他结余”科目。

【例3-28】2×21年12月,某行政单位收到捐赠收入为1 000 000元,存入银行,其中专项资金收入为300 000元,非专项资金收入为700 000元,年末结转。

账务处理如下:

(1)收到捐赠收入:

借:银行存款　　1 000 000

　　贷:捐赠收入　　1 000 000

借:资金结存——货币资金　　1 000 000

　　贷:捐赠预算收入——利息收入　　1 000 000

(2)期末结转:

借:捐赠收入　　1 000 000

　　贷:本期盈余　　1 000 000

(3)年末结转:

借:捐赠预算收入——专项资金收入　　300 000

　　　　　　　　——非专项资金收入　　700 000

　　贷:非财政拨款结转——本年收支结转　　300 000

　　　　其他结余　　700 000

二、利息收入与利息预算收入

（一）科目设置

为了核算政府单位取得的银行存款利息及现金流入，政府单位可以设置“利息收入”与“利息预算收入”科目。

“利息收入”是财务会计收入类科目，贷方登记单位取得的银行存款利息的增加，借方登记单位取得的银行存款利息的减少和期末结转额。本科目可以按照开户银行、利息收入类别等进行明细核算。期末结转后，本科目应无余额。

“利息预算收入”是预算会计收入类科目，贷方登记单位取得的银行存款利息的现金流入的增加，借方登记单位取得的银行存款利息的现金流入的减少和年末结转额。本科目应当按照利息收入的类别、《政府收支分类科目》中“支出功能分类科目”的项级科目等进行明细核算。利息预算收入中如有专项资金利息收入，还应按照具体项目进行明细核算。年末结转后，本科目应无余额。

（二）账务处理

1. 收到银行存款利息的账务处理

政府单位取得银行存款利息时，要按照实际收到的金额，借记“银行存款”科目，贷记“利息收入”科目。同时，借记“资金结存——货币资金”科目，贷记“利息预算收入”科目。

2. 期末/年末结转的账务处理

期末，要将“利息收入”科目本期发生额转入本期盈余，借记“利息收入”科目，贷记“本期盈余”科目。

年末，要将“利息预算收入”科目本年发生额中的专项资金收入转入非财政拨款结转，借记“利息预算收入”科目下各专项资金收入明细科目，贷记“非财政拨款结转——本年收支结转”科目；将“利息预算收入”科目本年发生额中的非专项资金收入转入其他结余，借记“利息预算收入”科目下各非专项资金收入明细科目，贷记“其他结余”科目。

【例 3-29】2×21 年 1 月 1 日，某医院在商业银行存入 50 000 000 元，年利率为 4.8%，利息按月支付。

账务处理如下：

(1)每月收到利息时：

借：银行存款　　200 000

　贷：利息收入　　200 000

借：资金结存——货币资金　　200 000

　贷：利息预算收入——利息收入　　200 000

(2)每月结转：

借：利息收入　　200 000

　贷：本期盈余　　200 000

(3)年末结转：

借：利息预算收入——利息收入　　2 400 000

　贷：其他结余　　2 400 000

三、租金收入与租金预算收入

(一)科目设置

为了核算经批准利用国有资产出租取得并按照规定纳入本单位预算管理的租金收入及其现金流入，政府单位应当设置“租金收入”与“租金预算收入”科目。

“租金收入”是财务会计收入类科目，贷方登记单位经批准利用国有资产出租取得并按照规定纳入本单位预算管理的租金收入增加数，借方登记单位经批准利用国有资产出租取得并按照规定纳入本单位预算管理的租金收入减少数和期末结转额。本科目应当按照出租国有资产类别和收入来源等进行明细核算。期末结转后，本科目应无余额。

“租金预算收入”是预算会计收入类科目，贷方登记单位经批准利用国有资产出租取得并按照规定纳入本单位预算管理的租金收入的现金流入增加数，借方登记单位经批准利用国有资产出租取得并按照规定纳入本单位预算管理的租金收入的现金流入的减少数和年末结转额。本科目应当按照租金收入类别、《政府收支分类科目》

中“支出功能分类科目”的项级科目等进行明细核算。租金预算收入中如有专项资金收入，还应按照具体项目进行明细核算。年末结转后，本科目应无余额。

（二）账务处理

1. 取得国有资产出租收入的账务处理

对于国有资产出租收入，政府单位应当在租赁期内各个期间按照直线法予以确认。具体账务处理随租金收取方式不同而不同。

（1）采用预收租金方式出租资产的，预收租金时，按照收到的金额，借记“银行存款”等科目，贷记“预收账款”科目；同时，借记“资金结存——货币资金”科目，贷记“租金预算收入”科目。分期确认租金收入时，按照各期租金金额，借记“预收账款”科目，贷记“租金收入”科目，此时不需要做预算会计分录。

（2）采用后付租金方式出租资产的，每期确认租金收入时，按照各期租金金额，借记“应收账款”科目，贷记“租金收入”科目，此时不需要做预算会计分录。收到租金时，按照实际收到的金额，借记“银行存款”等科目，贷记“应收账款”科目，同时，借记“资金结存——货币资金”科目，贷记“租金预算收入”科目。

（3）采用分期收取租金方式出租资产的，每期收取租金时，按照租金金额，借记“银行存款”等科目，贷记“租金收入”科目。同时，借记“资金结存——货币资金”科目，贷记“租金预算收入”科目。

涉及增值税业务的，还要注意相关账务处理。

2. 期末/年末结转的账务处理

期末，要将“租金收入”科目本期发生额转入本期盈余，借记“租金收入”科目，贷记“本期盈余”科目。

年末，要将“租金预算收入”科目本年发生额中的专项资金收入转入非财政拨款结转，借记“租金预算收入”科目下各专项资金收入明细科目，贷记“非财政拨款结转——本年收支结转”科目；将“租金预算收入”科目本年发生额中的非专项资金收入转入其他结余，借记“租金预算收入”科目下各非专项资金收入明细科目，贷记“其他结余”科目。

【例 3-30】2×21 年 1 月 1 日，某法院经批准将闲置办公楼对外出租，每年租金为 1 200 000 元，采用预收租金方式，年初一次性收取本年租金。不考虑增值税的影响。

账务处理如下：

(1)收到预付的租金：

借：银行存款　　1 200 000

　　贷：预收账款　　1 200 000

借：资金结存——货币资金　　1 200 000

　　贷：租金预算收入——租金收入　　1 200 000

(2)按照直线法分期确认租金收入时：

借：预收账款　　100 000

　　贷：租金收入　　100 000

(3)每月末结转：

借：租金收入　　100 000

　　贷：本期盈余　　100 000

(4)年末结转：

借：租金预算收入——租金收入　　1 200 000

　　贷：其他结余　　1 200 000

【例3-31】2×21年6月，经批准后，某研究所将本单位一闲置的固定资产于下月开始出租，租期为两年，按照合同约定每月租金为10 000元，本月收到承租单位预付的半年租金账款60 000元(不考虑增值税的影响)。

账务处理如下：

(1)收到预付租金：

借：银行存款　　60 000

　　贷：预收账款　　60 000

借：资金结存——货币资金　　60 000

　　贷：租金预算收入——租金收入　　60 000

(2)下月初确认租金收入时：

借：预收账款　　10 000

　　贷：租金收入　　10 000

以后每月初确认租金收入时账务处理相同。

(3)每月末结转：

借:租金收入　10 000

　贷:本期盈余　10 000

(4)第一年年末结转：

借:租金预算收入——租金收入　60 000

　贷:其他结余　60 000

以后每月、年末结转相同。

【例3-32】2×21年9月,经批准后,某高校将本单位一固定资产于10月开始出租,租期为三年,按照合同约定每月租金为100 000元,租金于每年年末支付(不考虑增值税的影响)。

账务处理如下：

(1)每月确认租金收入：

借:应收账款　100 000

　贷:租金收入　100 000

(2)每月末结转：

借:租金收入　100 000

　贷:本期盈余　100 000

(3)年末收到租金收入：

第一年：

借:银行存款　300 000

　贷:应收账款　300 000

借:资金结存——货币资金　300 000

　贷:租金预算收入——租金收入　300 000

第二、三年：

借:银行存款　1 200 000

　贷:应收账款　1 200 000

借:资金结存——货币资金　1 200 000

　贷:租金预算收入——租金收入　1 200 000

第四年：

借:银行存款 900 000

　　贷:应收账款 900 000

借:资金结存——货币资金 900 000

　　贷:租金预算收入——租金收入 900 000

(4)年末结转:

第一年:

借:租金预算收入——租金收入 300 000

　　贷:其他结余 300 000

第二、三年:

借:租金预算收入——租金收入 1 200 000

　　贷:其他结余 1 200 000

第四年:

借:租金预算收入——租金收入 900 000

　　贷:其他结余 900 000

四、其他收入与其他预算收入

(一)科目设置

为了核算政府单位取得的除财政拨款收入、事业收入、上级补助收入、附属单位上缴收入、经营收入、非同级财政拨款收入、投资收益、捐赠收入、利息收入、租金收入以外的各项收入及现金流入,包括现金盘盈收入、按照规定纳入单位预算管理的科技成果转化收入、政府单位收回已核销的其他应收款、无法偿付的应付及预收款项、置换换出资产评估增值等,政府单位应当设置"其他收入"和"其他预算收入"科目。

"其他收入"是财务会计收入类科目,贷方登记除财政拨款收入、事业收入、上级补助收入、附属单位上缴收入、经营收入、非同级财政拨款收入、投资收益、捐赠收入、利息收入、租金收入以外的各项收入的增加,借方登记其减少数和期末结转数。本科目应当按照其他收入的类别、来源等进行明细核算。期末结转后,本科目应无余额。

“其他预算收入”是预算会计收入类科目，贷方登记除财政拨款收入、事业收入、上级补助收入、附属单位上缴收入、经营收入、非同级财政拨款收入、投资收益、捐赠收入、利息收入、租金收入以外的各项收入的现金流入的增加，借方登记其现金流入的减少数和期末结转数。本科目应当按照其他收入类别、《政府收支分类科目》中“支出功能分类科目”的项级科目等进行明细核算。其他预算收入中如有专项资金收入，还应按照具体项目进行明细核算。年末结转后，本科目应无余额。

（二）账务处理

1.取得现金盘盈收入的账务处理

每日现金账款核对中发现的现金溢余，属于无法查明原因的部分，报经批准后，借记“待处理财产损溢”科目，贷记“其他收入”科目。同时，借记“资金结存——货币资金”科目，贷记“其他预算收入”科目。

【例3-33】2×21年6月1日，某事业单位当日在现金账款核对中发现现金溢余100元，未能查明原因，经批准转入其他收入。

账务处理如下：

（1）发现现金溢余时：

借：现金　100

　　贷：待处理财产损溢　100

（2）未能查明原因经批准转入其他收入时：

借：待处理财产损溢　100

　　贷：其他收入　100

借：资金结存——货币资金　100

　　贷：其他预算收入　100

2.取得科技成果转化收入的账务处理

政府单位科技成果转化所取得的收入，按规定留归本单位的，依所取得收入扣除相关费用之后的净收益，借记“银行存款”等科目，贷记“其他收入”科目。同时，借记“资金结存——货币资金”科目，贷记“其他预算收入”科目。

【例 3-34】2×21 年 6 月，某事业单位科技成果转化取得收入 250 000 元，按照规定将所有收益留归本单位。

账务处理如下：

借：银行存款　　250 000

　贷：其他收入　　250 000

借：资金结存——货币资金　　250 000

　贷：其他预算收入　　250 000

3. 收回已核销的其他应收款的账务处理

政府单位已核销的其他应收款在以后期间收回的，按照实际收回的金额，借记“银行存款”等科目，贷记“其他收入”科目。同时，借记“资金结存——货币资金”科目，贷记“其他预算收入”科目。

【例 3-35】2×21 年 6 月，某事业单位收到去年经批准核销的其他应收款，金额为 100 000 元，已存入银行。

账务处理如下：

借：银行存款　　100 000

　贷：其他收入　　100 000

借：资金结存——货币资金　　100 000

　贷：其他预算收入　　100 000

4. 无法偿付的应付及预收款项的账务处理

无法偿付或债权人豁免偿还的应付账款、预收账款、其他应付款及长期应付款，借记“应付账款”“预收账款”“其他应付款”“长期应付款”等科目，贷记“其他收入”科目。

【例 3-36】2×21 年 6 月，某事业单位一项应付账款因故无法偿付，经批准转为收入，金额为 99 000 元。

账务处理如下：

借：应付账款　　99 000

贷：其他收入　　99 000

5.置换资产评估增值的账务处理

资产置换过程中，换出资产评估增值的，按照评估价值高于资产账面价值或账面余额的金额，借记有关科目，贷记“其他收入”科目。具体账务处理可以参见“库存物品”的账务处理。

以未入账的无形资产取得的长期股权投资，按照评估价值加相关税费作为投资成本，借记“长期股权投资”科目，按照发生的相关税费，贷记“银行存款”“其他应交税费”等科目，按其差额，贷记“其他收入”科目。同时，借记“投资支出”科目，贷记“资金结存——货币资金”科目

【例 3-37】2×21 年 6 月，某事业单位以一项未入账的专利技术取得 A 公司的 10% 股权，A 公司的账面价值为 300 000 000 元，与其公允价值相等。发生相关税费 50 000 元，已用银行存款支付。该项专利技术的估值为 30 000 000 元。

账务处理如下：

借：长期股权投资　　30 050 000

　贷：银行存款　　50 000

　　其他收入　　30 000 000

借：投资支出　　50 000

　贷：资金结存——货币资金　　50 000

6.取得上述其他收入以外的其他收入的账务处理

政府单位确认上述其他收入以外的其他收入时，按照应收或实际收到的金额，借记“其他应收款”“银行存款”“库存现金”等科目，贷记“其他收入”科目。同时，借记“资金结存——货币资金”科目，贷记“其他预算收入”科目。

涉及增值税业务的，还需要注意相关账务处理。

7.期末/年末结转的账务处理

期末，要将“其他收入”科目本期发生额转入本期盈余，借记“其他收入”科目，贷记“本期盈余”科目。

年末，要将“其他预算收入”科目本年发生额中的专项资金收入转入非财政拨款

结转，借记“其他预算收入”科目下各专项资金收入明细科目，贷记“非财政拨款结转——本年收支结转”科目；将“其他预算收入”科目本年发生额中的非专项资金收入转入其他结余，借记“其他预算收入”科目下各非专项资金收入明细科目，贷记“其他结余”科目。

【例3-38】2×21年，某事业单位本期其他收入为12 000 000元，其中专项资金收入为5 000 000元，非专项资金收入7 000 000元，期末进行结转。

账务处理如下：

（1）期末结转：

借：其他收入　　12 000 000

　贷：本期盈余　　12 000 000

（2）年末结转：

借：其他预算收入——专项资金收入　　5 000 000

　　　　　　　　——非专项资金收入　　7 000 000

　贷：非财政拨款结转——本年收支结转　　5 000 000

　　　其他结余　　7 000 000

思考与练习题

一、名词解释

1. 财政拨款收入
2. 事业收入
3. 上级补助收入
4. 经营收入
5. 附属单位上缴收入
6. 非同级财政拨款收入
7. 投资收益
8. 捐赠收入
9. 利息收入
10. 租金收入

11. 其他收入

12. 财政拨款预算收入

13. 事业预算收入

14. 上级补助预算收入

15. 附属单位上缴预算收入

16. 经营预算收入

17. 非同级财政拨款预算收入

18. 投资预算收益

19. 债务预算收入

20. 其他预算收入

二、判断题

所谓收入，是指政府单位依法取得的非偿还性的资金，资金的取得会导致政府单位净资产增加、服务潜力的提供或者经济利益的流入。需要指出的是，此处的资金仅仅指货币。(　　)

三、选择题

1. 按照《政府单位会计制度——行政事业单位会计科目和报表》规定，政府单位收入项目包括(　　)、经营收入、投资收益、捐赠收入、利息收入、租金收入和其他收入等。

A. 财政拨款收入　　B. 事业收入

C. 上级补助收入　　D. 附属单位上缴收入

E. 非同级财政拨款收入

2. 按照《政府单位会计制度——行政事业单位会计科目和报表》规定，政府单位预算收入包括(　　)、经营预算收入、投资预算收益、其他预算收入、债务预算收入等。

A. 财政拨款预算收入　　B. 事业预算收入

C. 上级补助预算收入　　D. 附属单位上缴预算收入

E. 非同级财政拨款预算收入

四、问答题

1. 收入与预算收入的管理有何要求？

2. 国有资产出租有几种租金收取方式？账务处理有什么不同？

五、账务处理题

1.某行政单位收到财政部门委托其代理银行转来的《财政直接支付入账通知书》,其中包含财政部门为行政部门支付1 000 000元的日常行政活动经费,2 000 000元的在职人员工资,700 000元的为开展某项专业业务活动所发生的费用。该行政单位本年度财政直接支付的基本支出拨款预算指标数为8 000 000元,而当年财政直接支付实际基本支出为7 300 000元,年末确定该行政单位应收财政返还的资金额度为700 000元。

2.某行政单位年终进行结账,财政拨款收入贷方余额为79 000 000元。

3.某事业单位开展的咨询服务,咨询服务费100 000元,款项尚未收到。

4.某事业单位销售科研中间产品一批,单价250元,共8 000件,计2 000 000元,增值税额为340 000元,款已收到。若上述已销科研中间产品有400件因质量问题被退货,货款100 000元,增值税额为17 000元。

5.某事业单位为公众提供检测服务(没有实行独立核算),10 000元的款项已经收讫并存入银行。

6.某事业单位附属的服务部提供打印服务应收取打印费10 000元,实际收到8 000元,款项已经存入银行。

7.某事业单位利用其技术条件对外销售一批附属产品,价值2 340 000元(含税),款项尚未收到。该事业单位为增值税一般纳税人,销售商品的增值税税率为17%,增值税销项税额为340 000元。

8.某事业单位一项长期股权投资按权益法核算,年底被投资单位实现净利润600 000元,按投资份额计算,属于该事业享有的被投资单位净利润为300 000元。被投资单位次年3月宣告分配股利200 000元,属于本单位享有的股利份额为120 000元,股利尚未收到。

9.某事业单位一项短期国债投资到期兑付,其收到国债投资本息612 000元,其中短期投资成本600 000元,利息12 000元。

10.某事业单位收到主管部门拨来的补助款1 000 000元,款项已经到账。此款项是上级单位用其所集中的款项对附属单位基本支出进行的调剂。年终,结转“上级补助收入”科目,其中专项资金6 000 000元,非专项资金3 000 000元。

11.某事业单位下属的招待所为独立核算的附属单位。按事业单位与招待所签订的收入分配办法规定,2021年招待所应缴纳分成款600 000元,事业单位已收到招待所上缴的款项。

第四章　费用与预算支出

费用是政府单位履行职能、完成事业发展目标和计划的成本保障，是政府单位财务管理的重要内容。预算支出是政府单位在预算年度内依法发生并纳入预算管理的现金流出。费用和预算支出都是政府单位会计要素，而且使用频率高，本章主要探讨其基本理论与核算方法。

第一节　费用与预算支出概述

一、费用的概念

1.定义

根据《政府会计准则——基本准则》给出的定义，费用是指报告期内导致政府单位净资产减少的、含有服务潜力或者经济利益的经济资源的流出。费用是政府单位履行职能、完成事业发展目标和计划的成本保障，是政府单位财务管理的重要内容。

2.确认

作为政府单位会计要素，费用的确认应当同时满足以下条件：一是与费用相关的含有服务潜力或者经济利益的经济资源很可能流出政府单位；二是含有服务潜力或者经济利益的经济资源流出会导致政府单位资产减少或者负债增加；三是流出金额能够可靠地计量。三个条件缺一不可，否则就不能记入会计账簿。

3.分类

政府单位费用可以按照单位性质、费用内容进行分类。

(1)根据单位性质的不同，政府单位费用可以分为行政、事业单位共有费用和事业单位专有费用两类。行政、事业单位共有费用包括业务活动费用、资产处置费用和其他费用；事业单位专有费用包括单位管理费用、经营费用、上缴上级费用、对附属单位补助费用和所得税费用等。

（2）根据费用内容的不同，政府单位费用可以分为业务活动费用、单位管理费用、经营费用、资产处置费用、上缴上级费用、对附属单位补助费用、所得税费用和其他费用。

4. 各类费用内涵

政府单位费用与企业费用相比，名称不同，内涵相差也较大。

（1）业务活动费用。业务活动费用是行政、事业单位共有费用，指政府单位为实现其职能目标，依法履职或开展专业业务活动及其辅助活动所发生的各项费用。业务活动费用是政府单位主要费用。

（2）资产处置费用。资产处置费用是行政、事业单位共有费用，指政府单位经批准处置资产时发生的费用，例如无偿调拨、出售、出让、转让、置换、对外捐赠资产等发生的费用。

（3）上缴上级费用。上缴上级费用是事业单位专有费用，指事业单位按照有关法律法规，向财政部门或主管部门上缴的款项。

（4）对附属单位补助费用。对附属单位补助费用是事业单位专有费用，指事业单位用财政拨款收入之外的收入对附属单位给予的补助。

（5）经营费用。经营费用是事业单位专有费用，指事业单位在专业业务活动及其辅助活动之外开展非独立核算经营活动发生的各项费用。

（6）单位管理费用。单位管理费用是事业单位专有费用，指事业单位本级行政及后勤管理部门开展管理活动发生的各项费用，包括单位行政及后勤管理部门发生的人员经费、公用经费、资产折旧（摊销）等费用，以及由单位统一负担的离退休人员经费、工会经费、诉讼费、中介费等。

（7）所得税费用。所得税费用是事业单位专有费用，指有企业所得税缴纳义务的事业单位按规定所缴纳的企业所得税。

（8）其他费用。其他费用是行政、事业单位共有费用，指除业务活动费用、资产处置费用、上缴上级费用、对附属单位补助费用、经营费用、单位管理费用、所得税费用以外的各项费用，包括利息费用、坏账损失、罚没支出、现金资产捐赠支出以及相关税费、运输费等。

二、预算支出的概念

1.定义

预算支出是指政府单位在预算年度内依法发生并纳入预算管理的现金流出。

2.确认与计量

预算支出一般按照收付实现制原则确认，即在实际支付现金资源时予以确认，以实际支出的金额计量。

3.分类

预算支出可以根据支出内容和单位性质进行分类。

（1）按照支出内容的不同，政府单位预算支出可以分为行政支出、事业支出、经营支出、对附属单位补助支出、上缴上级支出、债务还本支出、投资支出、其他支出等。

（2）根据单位性质的不同，政府单位预算支出可以分为行政单位特有预算支出、事业单位特有预算支出和行政、事业单位共同预算支出三类。行政单位特有预算支出只有行政支出；事业单位特有预算支出包括事业支出、经营支出、对附属单位补助支出、上缴上级支出、债务还本支出、投资支出等；行政、事业单位共同预算支出只有其他支出。

下面主要介绍行政支出和事业单位特有预算支出的内涵。

行政支出是政府行政单位特有预算支出，是指行政单位为保障正常运转和完成工作任务时实际发生的各项现金流出。行政支出按照不同标准，可以分为不同类型。

①按照经济用途分，行政支出分为工资福利支出、商品和服务支出、对个人和家庭的补助、资本性支出（基本建设）、资本性支出、对社会保障补助和其他支出。此分类后的明细项目也称经济科目。

工资福利支出反映政府行政单位开支的在职职工和编制外长期聘用人员的各类劳动报酬，以及为之缴纳的各项社会保险而发生的现金流出。其款级科目包括：基本工资、津贴补贴、奖金、伙食补助费、机关事业单位基本养老保险费、职业年金缴费、职工基本医疗保险缴费、公务员医疗补助缴费、其他社会保险缴费、住房公积金、医疗费、其他工资福利支出。

商品和服务支出反映政府行政单位购买商品和服务而发生的现金流出，不包括用于购置固定资产、战略性和应急性储备而发生的现金流出，但包括军事方面的耐用消费品和设备购置、军事性建设以及军事建筑物的购置而发生的现金流出。其款级科目包括：办公费、印刷费、咨询费、手续费、水费、电费、邮电费、取暖费、物业管理费、差旅费、因公出国（境）费、维修维护费、租赁费、会议费、培训费、公务招待费、专业材料费、被装购置费、专用燃料费、劳务费、委托业务费、工会经费、福利费、公用车运行维护费、其他交通费、税金及附加费用、其他商品和服务支出。

对个人和家庭的补助反映政府行政单位用于个人和家庭的补助而发生的现金流出。其款级科目包括：离休费、退休费、退职（役）费、抚恤金、生活补助、救济费、医疗费、助学金、奖励金、个人生活补贴和其他对个人和家庭的补助而发生的现金流出。

资本性支出（基本建设）反映各级发展和改革部门安排的基本建设而发生的现金流出。其款级科目包括：房屋建筑物购建、办公设备购置、专用设备购置、基础设施建设、大型修缮、信息网络及软件购置更新、物资储备、公务用车购置、其他交通工具购置、文化陈列品购置、无形资产购置和其他基本建设支出。

资本性支出反映政府行政单位安排的资本性支出而发生的现金流出，不包括发展和改革部门安排的基本建设支出而发生的现金流出。其款级科目主要包括：房屋建筑物构建、办公设备购置、专用设备购置、基础设施建设、大型修缮、信息网络及软件购置更新、物资储备、土地补偿、安置补助、地上附着物和青苗补偿、拆迁补偿、公务用车购置、其他交通工具购置、文化陈列品购置、无形资产购置和其他资本性支出。

对社会保障补助反映政府行政单位对社会保险基金的补助以及补充全国社会保障基金的支出而发生的现金流出。其款级科目主要包括：对社会保险基金的补助和补充全国社会保障基金。

其他支出反映不能包括上述经济科目的其他支出而发生的现金流出。其款级科目主要包括：赠与、国家赔偿费用支出、对民间非营利组织和群众性自治组织补贴、其他支出。

②按部门预算管理要求分，行政支出分为基本支出和项目支出。

基本支出，是指政府行政单位为保障正常运转和完成日常工作任务而发生的现金流出，包括人员支出和日常公用支出。人员支出是指为了开展正常业务活动而用于个人方面的开支而发生的现金流出，如基本工资、津贴补贴及奖金、社会保障缴费、离休费、退休费、医疗费、助学金、住房补贴等。人员支出在"部门预算支出经济分类科目"中体现为"工资福利支出"和"对个人和家庭的补助"两部分。日常公用支出是指为了完成业务活动而用于公共管理方面的开支而发生的现金流出，包括办公费、印刷费、咨询费、水电费、邮电费、取暖费、物业管理费、差旅费、维修维护费、租赁费等。日常公用支出在"部门预算支出经济分类科目"中体现为"商品和服务支出""其他资本性支出"等科目中属于基本支出的内容。

项目支出是政府行政单位为完成其特定的工作任务而发生的现金流出，包括基本建设、专项业务、大型修缮、大型购置、大型会议等项目支出。项目支出在"部门预算支出经济分类科目"中体现为"基本建设支出""商品和服务支出""其他资本性支出"等科目。项目支出具有专项性、独立性和完整性的特点。专项性是指项目支出具有特定目标，为了完成特定工作任务而专门进行的。独立性是指每个项目支出都有支出的明确范围，各项目之间支出、项目支出与基本支出之间不能混用。完整性是指项目支出完整，体现为完成特定目标任务的全部支出内容。

③按资金类型分，行政支出分为财政拨款支出、非财政专项资金支出和其他资金支出。

财政拨款支出是政府行政单位使用财政拨款预算收入安排的行政支出而发生的现金流出。非财政专项资金支出，是行政单位使用财政拨款预算收入之外的预算收入安排的有指定项目和用途的专项资金支出而发生的现金流出。该支出应当专款专用、单独核算，并按照规定向财政部门或者主管部门报送专项资金的使用情况。项目完成后，应当报送专项资金支出决算和使用效果的书面报告，接受财政部门或者主管部门检查、验收。其他资金支出，是行政单位使用除财政拨款预算收入和非财政专项资金以外的资金安排的行政支出而发生的现金流出。该支出为行政支出中的非财政非专项资金支出。

④按照资金来源分，行政支出分为一般公共预算财政拨款支出、政府性基金预算财政拨款支出。

一般公共预算财政拨款支出，是政府行政单位使用一般公共预算财政拨款安排的行政支出而发生的现金流出。政府性基金预算财政拨款支出，是政府行政单位使用政府性基金预算财政拨款安排的行政支出而发生的现金流出。

事业单位特有预算支出包括事业支出、经营支出、对附属单位补助支出、上缴上级支出、债务还本支出、投资支出和其他支出等。

①事业支出是政府事业单位特有预算支出，是事业单位开展专业业务活动及其辅助活动时实际发生的各项现金流出，是指事业单位对各项预算收入综合安排使用的结果，是事业单位预算支出的主要内容，也是考核事业单位预算执行的重要依据。事业支出按照经济用途、部门预算管理要求、资金类型和资金来源等不同标准，可以分为不同类型。与行政支出相比，事业支出按照经济用途分类除了“工资福利支出”中包括“绩效工资”外，其他类别支出与行政支出的分类相同。

②经营支出是政府事业单位特有预算支出，指事业单位在专业业务活动及其辅助活动之外开展非独立核算经营活动而发生的现金流出。

③对附属单位补助支出是政府事业单位特有预算支出，指事业单位用财政补助收入之外的收入对附属单位的补助而发生的现金流出。

④上缴上级支出是政府事业单位特有预算支出，指事业单位按照财政部门和主管部门的规定上缴上级单位而发生的现金流出。

⑤债务还本支出是事业单位特有预算支出，指事业单位偿还自身承担的纳入预算管理的从金融机构举借的债务本金的现金流出。

⑥投资支出是事业单位特有预算支出，指事业单位以货币资金对外投资发生的现金流出，属于非财政非专项资金支出。

(3)其他支出是行政、事业单位共有预算支出，即行政、事业单位上述支出范围以外的各项支出而发生的现金流出，包括利息支出、捐赠支出、货币资金意外损失等。

三、预算支出的管理规定

1.行政单位支出管理规定

(1)行政单位应当将各项支出全部纳入单位预算。各项支出由单位财务部门按照批准的预算和有关规定审核办理。

(2)行政单位的支出应当严格执行国家规定的开支范围及标准，建立健全支出管理制度，对节约潜力大、管理薄弱的支出进行重点管理和控制。

(3)行政单位从财政部门或者上级预算单位取得的项目资金，应当按照批准的项目和用途使用，专款专用、单独核算，并按照规定向同级财政部门或者上级预算单位报告资金使用情况。项目完成后，行政单位应当向同级财政部门或者上级预算单位报送项目支出决算和使用效果的书面报告，接受财政部门和上级预算单位的检查监督。

（4）行政单位应当严格执行国库集中支付制度和政府采购制度等规定。

（5）行政单位应当加强支出的绩效管理，提高资金的使用效益。

（6）行政单位应当依法加强各类票据管理，确保票据来源合法、内容真实、使用正确，不得使用虚假票据。

2.事业单位支出管理规定

（1）事业单位应当将各项支出全部纳入单位预算，建立健全支出管理制度。

（2）事业单位的支出应当严格执行国家有关财务规章制度规定的开支范围及开支标准。国家有关财务规章制度没有统一规定的，由事业单位规定，报主管部门和财政部门备案。事业单位的规定违反法律制度和国家政策的，主管部门和财政部门应当责令改正。

（3）事业单位从财政部门和主管部门取得的有指定项目和用途的专项资金，应当专款专用、单独核算，并按照规定向财政部门或者主管部门报送专项资金使用情况；项目完成后，应当报送专项资金支出决算和使用效果的书面报告，接受财政部门或者主管部门的检查、验收。

（4）事业单位应当严格执行国库集中支付制度和政府采购制度等有关规定。

（5）事业单位应当加强支出的绩效管理，提高资金使用的有效性。

（6）事业单位应当依法加强各类票据管理，确保票据来源合法、内容真实、使用正确，不得使用虚假票据。

（7）事业单位在开展非独立核算经营活动中，应当正确归集实际发生的各项费用数；不能归集的，应当按照规定的比例合理分摊。经营支出应当与经营收入配比。

（8）事业单位应当加强经济核算，可以根据开展业务活动及其他活动的实际需要，实行内部成本核算办法。

第二节 业务活动费用与行政支出

一、科目设置

为了核算政府行政单位实现其职能目标，依法履职或开展专业业务活动及其辅助活动所发生的各项费用以及履行其职责实际发生的各项现金流出，政府行政单位需要设立“业务活动费用”与“行政支出”科目。

1.“业务活动费用”科目

“业务活动费用”是财务会计费用类科目，借方登记政府行政单位依法履职或开展专业业务活动及其辅助活动所发生的各项费用的增加数，贷方登记政府行政单位依法履职或开展专业业务活动及其辅助活动所发生的各项费用的减少数和期末结转数。本科目应当按照项目、服务或者业务类别、支付对象等进行明细核算。为了满足成本核算需要，本科目下还可按照“工资福利费用”“商品和服务费用”“对个人和家庭的补助费用”“对企业补助费用”“固定资产折旧费”“无形资产摊销费”“公共基础设施折旧（摊销）费”“保障性住房折旧费”“计提专用基金”等成本项目设置明细科目，归集能够直接计入业务活动或采用一定方法计算后计入业务活动的费用。期末结转后，本科目应无余额。

2.“行政支出”科目

“行政支出”是预算会计支出类科目，借方登记行政单位履行其职责实际发生的各项现金流出的增加数，贷方登记行政单位履行其职责实际发生的各项现金流出的减少数和年末结转数。本科目应当分别按照“财政拨款支出”“非财政专项资金支出”和“其他资金支出”以及“基本支出”和“项目支出”进行明细核算，并按照《政府收支分类科目》中“支出功能分类科目”的项级科目进行明细核算。“基本支出”和“项目支出”明细科目下应当按照《政府收支分类科目》中“部门预算支出经济分类科目”的款级科目进行明细核算，同时在“项目支出”明细科目下按照具体项目进行明细核算。

有一般公共预算财政拨款、政府性基金预算财政拨款等两种或两种以上财政拨款的行政单位，还应当在“财政拨款支出”明细科目下按照财政拨款的种类进行明细核算。

对于预付款项，可通过在“行政支出”科目下设置“待处理”明细科目进行核算，待确认具体支出项目后再转入“行政支出”科目下相关明细科目。年末结账前，应将“行政支出”科目、“待处理”明细科目余额全部转入“行政支出”科目下相关明细科目。年末结转后，“行政支出”科目应无余额。

行政支出的明细科目设置如表4-1。

表4-1　行政支出的明细科目设置

<table>
<tr><th>一级明细科目</th><th>二级明细科目</th><th>三级明细科目</th><th>四级明细科目</th><th>五级明细科目</th><th>六级明细科目</th></tr>
<tr><td rowspan="3">财政拨款支出</td><td rowspan="2">一般公共预算财政拨款</td><td rowspan="2">支出功能分类科目项级科目</td><td>基本支出</td><td rowspan="2">部门预算支出经济分类科目款级科目</td><td></td></tr>
<tr><td>项目支出</td><td>×项目</td></tr>
<tr><td>政府性基金预算财政拨款</td><td>同上</td><td>同上</td><td>同上</td><td></td></tr>
<tr><td rowspan="2">非财政专项资金支出</td><td rowspan="2">支出功能分类科目项级科目</td><td>基本支出</td><td rowspan="2">部门预算支出经济分类科目款级科目</td><td></td><td></td></tr>
<tr><td>项目支出</td><td>×项目</td><td></td></tr>
<tr><td>其他资金支出</td><td>同上</td><td>同上</td><td>同上</td><td>同上</td><td></td></tr>
</table>

二、账务处理

1. 计算支付职工薪酬业务

（1）计提薪酬。行政单位为履职或开展业务活动人员计提薪酬，按照计算确定的金额，借记“业务活动费用”科目，贷记“应付职工薪酬”科目。此时因为不涉及现金流出，所以不需要做预算会计分录。

（2）支付薪酬。行政单位向职工个人支付薪酬时，按照实际支付的金额，借记“应付职工薪酬”科目，贷记“财政拨款收入”“零余额账户用款额度”等科目。同时，借记“行政支出”科目，贷记“财政拨款预算收入”“资金结存”科目。

（3）缴纳代扣个人所得税、社保费、住房公积金。行政单位按照规定代扣代缴个人所得税以及代扣代缴或为职工缴纳职工社会保险费、住房公积金时，按照实际缴纳的金额，借记“其他应交税费——应交个人所得税”“应付职工薪酬（社会保险费、住房公积金）”科目，贷记“财政拨款收入”“零余额账户用款额度”“银行存款”等科目。同时，借记“行政支出”科目，贷记“财政拨款预算收入”“资金结存”科目。

【例 4-1】2×21 年 1 月，某行政单位应付在职人员薪酬 1 000 000 元，代扣代缴个人所得税 30 000 元，在职人员薪酬通过财政直接支付方式支付，个人所得税通过财政授权方式支付。

账务处理如下：

（1）计提薪酬时：

借：业务活动费用	1 000 000
贷：应付职工薪酬	1 000 000

（2）支付工资时：实际支付工资=1 000 000-30 000=970 000（元）

借：应付职工薪酬	1 000 000
贷：财政拨款收入	970 000
其他应交税费——应交个人所得税	30 000
借：行政支出	970 000
贷：财政拨款预算收入	970 000

（3）代缴个人所得税时：

借：其他应交税费——应交个人所得税	30 000
贷：零余额账户用款额度	30 000
借：行政支出	30 000
贷：资金结存——零余额账户用款额度	30 000

2. 计算支付外部人员劳务费业务

（1）计算确认。行政单位为履职或开展业务活动发生的外部人员劳务费，按照计算确定的金额，借记“业务活动费用”科目，按照代扣代缴个人所得税的金额，贷记“其他应交税费——应交个人所得税”科目，按照扣税后应付或实际支付的金额，贷记“其他应付款”“财政拨款收入”“零余额账户用款额度”“银行存款”等科目。同时，按照实际支付给外部人员个人的金额，借记“行政支出”科目，贷记“财政拨款预算收入”“资金结存”科目。

(2)缴纳个人所得税时，按照实际缴纳的金额，借记“其他应交税费——应交个人所得税”科目，贷记“财政拨款收入”“零余额账户用款额度”“银行存款”等科目。同时，借记“行政支出”科目，贷记“财政拨款预算收入”“资金结存”科目。

【例 4-2】2×21 年 2 月 6 日，某行政单位聘请专家参加评审工作，发生劳务费 20 000 元，代扣个人所得税 1 000 元，通过财政授权方式支付。

账务处理如下：

(1)支付人员劳务费时：实际支付金额=20 000-1 000=19 000(元)

借：业务活动费用　　20 000

　　贷：零余额账户用款额度　　19 000

　　　　其他应交税费——应交个人所得税　　1 000

借：行政支出　　19 000

　　贷：资金结存——零余额账户用款额度　　19 000

(2)实际缴纳税款时：

借：其他应交税费——应交个人所得税　　1 000

　　贷：零余额账户用款额度　　1 000

借：行政支出　　1 000

　　贷：资金结存——零余额账户用款额度　　1 000

3. 发生购买、领用存货及政府储备物资等业务

(1)行政单位为履职或开展业务活动购买存货、政府储备物资时，按照购买存货、政府储备物资成本，借记“库存物品”“政府储备物资”科目，贷记“财政拨款收入”“零余额账户用款额度”“银行存款”“应付账款”等科目。同时，按照实际支付的金额，借记“行政支出”科目，贷记“财政拨款预算收入”“资金结存”科目。

(2)行政单位为履职或开展业务活动领用库存物品，以及动用发出相关政府储备物资，按照领用库存物品或发出相关政府储备物资的账面余额，借记“业务活动费用”科目，贷记“库存物品”“政府储备物资”科目。此时因为不涉及现金流出，所以不需要做预算会计分录。

【例 4-3】2×21 年 3 月，某行政单位办公室购买并领用一批办公用品，价值为 10 000 元，通过财政授权方式支付。

账务处理如下：

(1)购买办公用品时：

借：库存物品　10 000

　贷：零余额账户用款额度　10 000

借：行政支出　10 000

　贷：资金结存——零余额账户用款额度　10 000

(2)领用办公用品时：

借：业务活动费用　10 000

　贷：库存物品　10 000

4. 发生购买固定资产、无形资产等，支付在建工程款项等业务

(1)购买付款。行政单位为履职或开展业务活动购买固定资产、无形资产以及在建工程支付相关款项时，按照购买固定资产、无形资产成本以及支付的在建工程相关款项，借记“固定资产”“无形资产”“在建工程”等科目，贷记“财政拨款收入”“零余额账户用款额度”“银行存款”“应付账款”等科目。同时，按照实际支付的金额，借记“行政支出”科目，贷记“财政拨款预算收入”“资金结存”科目。

【例 4-4】2×21 年 4 月 1 日，某行政单位购入专用设备 1 台，支付 280 000 元，扣 20 000 元质量保证金，2 年后支付，发票按照 300 000 元开具。采用财政授权方式支付。

账务处理如下：

(1)支付货款时：

借：固定资产　300 000

　贷：零余额账户用款额度　280 000

　　长期应付款　20 000

借：行政支出　280 000

　贷：资金结存——零余额账户用款额度　280 000

(2)2 年后支付质量保证金时：

借：长期应付款　　20 000

　　贷：零余额账户用款额度　　20 000

借：行政支出　　20 000

　　贷：资金结存——零余额账户用款额度　　20 000

(2)计提折旧、摊销。行政单位为履职或开展业务活动所使用的固定资产、无形资产以及所控制的公共基础设施、保障性住房计提的折旧、摊销，按照计提金额，借记“业务活动费用”科目，贷记“固定资产累计折旧”“无形资产累计摊销”“公共基础设施累计折旧(摊销)”“保障性住房累计折旧”科目。此时因为不涉及现金流出，所以不需要做预算会计录。

【例4-5】2×21年5月，某行政单位办公室新装空调原值6 000元，预计使用年限10年，预计净残值0元，使用年限平均法折旧。

账务处理如下：

每月计提固定资产累计折旧=6 000÷10÷12=50(元)

借：业务活动费用　　50

　　贷：固定资产累计折旧　　50

5.发生城市维护建设税等相关税费业务

行政单位为履职或开展业务活动发生的城市维护建设税、教育费附加、地方教育费附加、车船税、房产税、城镇土地使用税等，按照计算确定应交纳的金额，借记“业务活动费用”科目，贷记“其他应交税费”等科目。此时因为不涉及现金流出，所以不需要做预算会计分录。

行政单位实际交纳城市维护建设税、教育费附加、地方教育费附加、车船税、房产税、城镇土地使用税等时，借记“其他应交税费”等科目，贷记“财政拨款收入”“零余额账户用款额度”“银行存款”等科目，同时，按照实际支付的金额，借记“行政支出”科目，贷记“财政拨款预算收入”“资金结存”等科目。

【例4-6】2×21年6月，某行政单位经批准将闲置办公用房对外出租，按照规定缴纳上半年房产税40 000元，以财政授权方式支付。

账务处理如下：

（1）确认应缴纳的房产税时：

借：业务活动费用　40 000

　贷：其他应交税费　40 000

（2）实际支付房产税时：

借：其他应交税费　40 000

　贷：零余额账户用款额度　40 000

借：行政支出　40 000

　贷：资金结存——零余额账户用款额度　40 000

6. 发生预付款项业务

（1）发生预付账款。行政单位发生预付账款时，按照实际支付的金额，借记“预付账款”科目，贷记“财政拨款收入”“零余额账户用款额度”“银行存款”等科目。同时，借记“行政支出”科目，贷记“财政拨款预算收入”“资金结存”科目。

【例 4-7】2×21 年 7 月 1 日，某行政单位采购了一批办公用品，预付账款 10 000 元，7 月 10 日，办公用品入库，补付尾款 10 000 元，通过财政授权方式支付。

账务处理如下：

（1）7 月 1 日预付账款时：

借：预付账款　10 000

　贷：零余额账户用款额度　10 000

借：行政支出　10 000

　贷：资金结存——零余额账户用款额度　10 000

（2）7 月 10 日办公用品入库补付尾款时：

借：库存物品　20 000

　贷：零余额账户用款额度　10 000

　　预付账款　10 000

借：行政支出　10 000

　贷：资金结存——零余额账户用款额度　10 000

（2）发生暂付款项。行政单位在支付暂付款项时，借记“其他应收款”科目，贷记“零余额账户用款额度”“银行存款”“库存现金”等科目。注意，此处虽然发生现金流出，但由于是暂付款，不需要做预算会计分录，需要等到实际结算或报销时再做预算会计分录。

结算或报销时，借记“业务活动费用”科目，贷记“其他应收款”科目，同时，按照结算或报销的金额，借记“行政支出”科目，贷记“资金结存”科目。

【例4-8】2×21年8月，某行政单位员工张某出差预借差旅费10 000元，出差回来后结算报销差旅费9 000元，退回1 000元。该行政单位以银行存款收付。

账务处理如下：

（1）预借差旅费时：

借：其他应收款	10 000	
贷：银行存款		10 000

不需要做双分录。

（2）结算差旅费时：

借：库存现金	1 000	
业务活动费用	9 000	
贷：其他应收款		10 000
借：行政支出	9 000	
贷：资金结存——货币资金		9 000

7.发生当年购货退回等业务

行政单位发生当年购货退回等业务，对于已计入本年业务活动费用的，按照收回或应收的金额，借记“财政拨款收入”“零余额账户用款额度”“银行存款”“其他应收款”等科目，贷记“业务活动费用”科目。同时，按照实际收回金额，借记“财政拨款预算收入”“资金结存”科目，贷记“行政支出”科目。

【例4-9】某行政单位将上年度和本年度购买的两批专用仪器做退货处理，2×21年3月收到退货款600 000元，其中上年度和本年度各300 000元，两次仪器购买时均使用财政授权方式支付。

账务处理如下：

（1）上年度的退回：

借：零余额账户用款额度　　300 000

　　贷：以前年度盈余调整　　300 000

借：资金结存——零余额账户用款额度　　300 000

　　贷：财政拨款结转——年初余款调整　　300 000

（2）本年度的退回：

借：零余额账户用款额度　　300 000

　　贷：业务活动费用　　300 000

借：资金结存——零余额账户用款额度　　300 000

　　贷：行政支出　　300 000

8.产生其他各项费用业务

行政单位为履职或开展业务活动产生其他各项费用时，按照费用确认金额，借记“业务活动费用”科目，贷记“财政拨款收入”“零余额账户用款额度”“银行存款”“应付账款”“其他应付款”“其他应收款”等科目。同时，按照实际支付的金额，借记“行政支出”科目，贷记“财政拨款预算收入”“资金结存”科目。

【例 4-10】2×21 年 10 月，某行政单位为履职本期发生其他费用共计 50 000 元，通过财政授权方式支付。

账务处理如下：

借：业务活动费用　　50 000

　　贷：零余额账户用款额度　　50 000

借：行政支出　　50 000

　　贷：资金结存——零余额账户用款额度　　50 000

9.期末结转业务

月末，行政单位将“业务活动费用”科目本期发生额转入本期盈余，借记“本期盈余”科目，贷记“业务活动费用”科目。年末，将“行政支出”科目本年发生额中的财政拨款支出转入财政拨款结转，借记“财政拨款结转——本年收支结转”科目，贷记“行政支出”科目下各财政拨款支出明细科目；将“行政支出”科目本年发生额中的非财政专项资金支出转入非财政拨款结转，借记“非财政拨款结转——本年收支结转”科目，贷记“行政支出”科目下各非财政专项资金支出明细科目；将“行政支出”科目本年发生额中的其他资金支出（非财政非专项资金支出）转入其他结余，借记“其他结余”科目，贷记“行政支出”科目下其他资金支出明细科目。

【例 4–11】假设该行政单位全年发生的业务为【例 4–1】~【例 4–10】，则该行政单位“业务活动费用”科目 1 月借方余额 1 000 000 元，2 月借方余额 20 000 元，3 月借方余额 10 000 元，5 月借方余额 50 元，6 月借方余额 40 000 元，7 月借方余额 20 000 元，8 月借方余额 9 000 元，9 月贷方余额 300 000 元，10 月借方余额 50 000 元。“行政支出”科目截至 12 月 31 日累计借方余额 1 119 000 元（970 000+30 000+19 000+1 000+280 000+40 000+10 000+10 000+9 000–300 000+50 000），其中财政拨款支出为 1 000 000 元。其他资金支出为 119 000 元，期末/年末进行结转。

账务处理如下:

（1）期末结转：

1 月末结转：

借：本期盈余　　1 000 000

　　贷：业务活动费用　　1 000 000

2—10 月结转同理，省略。

（2）年末结转：

借：财政拨款结转——本年收支结转　　1 000 000

　　其他结余　　119 000

　　贷：行政支出　　1 119 000

第三节　业务活动费用、单位管理费用与事业支出

一、科目设置

为了核算政府事业单位实现其职能目标，开展专业业务活动及其辅助活动所发

生的各项费用以及开展专业业务活动及其辅助活动实际发生的各项现金流出，政府事业单位需要设立“业务活动费用”“单位管理费用”与“事业支出”等科目。

1.“业务活动费用”科目

“业务活动费用”是财务会计费用类科目，借方登记事业单位业务部门开展专业业务活动及其辅助活动所发生的各项费用的增加数，贷方登记事业单位业务部门开展专业业务活动及其辅助活动所发生的各项费用的减少数和期末结转数。本科目应当按照项目、服务或者业务类别、支付对象等进行明细核算。为了满足成本核算需要，本科目下还可按照“工资福利费用”“商品和服务费用”“对个人和家庭的补助费用”“对企业补助费用”“固定资产折旧费”“无形资产摊销费”“公共基础设施折旧（摊销）费”“保障性住房折旧费”“计提专用基金”等成本项目设置明细科目，归集能够直接计入业务活动或采用一定方法计算后计入业务活动的费用。期末结转后，本科目应无余额。

2.“单位管理费用”科目

“单位管理费用”是财务会计费用类科目，核算事业单位本级行政及后勤管理部门开展管理活动发生的各项费用，包括事业单位行政及后勤管理部门发生的人员经费、公用经费、资产折旧（摊销）等费用，以及由单位统一负担的离退休人员经费、工会经费、诉讼费、中介费等。借方登记事业单位本级行政及后勤管理部门开展管理活动发生的各项费用的增加数，贷方登记事业单位本级行政及后勤管理部门开展管理活动发生的各项费用的减少数和期末结转数。本科目应当按照项目、费用类别、支付对象等进行明细核算。为了满足成本核算需要，本科目下还可按照“工资福利费用”“商品和服务费用”“对个人和家庭的补助费用”“固定资产折旧费”“无形资产摊销费”等成本项目设置明细科目，归集能够直接计入单位管理活动或采用一定方法计算后计入单位管理活动的费用。期末结转后，本科目应无余额。

3.“事业支出”科目

“事业支出”是预算会计支出类科目，核算事业单位开展专业业务活动及其辅助活动实际发生的各项现金流出。借方登记事业单位开展专业业务活动及其辅助活动实际发生的各项现金流出的增加数，贷方登记事业单位开展专业业务活动及其辅助活动实际发生的各项现金流出的减少数和年末结转数。本科目应当分别按照“财政拨款支出”“非财政专项资金支出”和“其他资金支出”，“基本支出”和“项目支出”进行明细核算，并按照《政府收支分类科目》中“支出功能分类科目”的项级科目进行明细核算；“基本支出”和“项目支出”明细科目下应当按照《政府收支分类科目》中“部门预算支出经济分类科目”的款级科目进行明细核算，同时在“项目支出”明细科目下按照具体项目进行明细核算。有一般公共预算财政拨款、政府性基金预算财政拨款等两种或两种以上财政拨款的事业单位，还应当在“财政拨款支出”明细科目下按照财政拨款的种类进行明细核算。

对于预付款项，可通过在“事业支出”科目下设置“待处理”明细科目进行明细核算，待确认具体支出项目后再转入“事业支出”科目下相关明细科目。年末结账前，应将“事业支出”科目“待处理”明细科目余额全部转入“事业支出”科目下相关明细科目。年末结转后，“事业支出”科目应无余额。

政府事业单位发生教育、科研、医疗、行政管理、后勤保障等活动的，可在“事业支出”科目下设置相应的明细科目进行核算，或单设“7201 教育支出”“7202 科研支出”“7203 医疗支出”“7204 行政管理支出”“7205 后勤保障支出”等一级会计科目进行核算。

事业支出的明细科目设置如表4-2。

表4-2　事业支出的明细科目设置

<table>
<tr><th>一级明细科目</th><th>二级明细科目</th><th>三级明细科目</th><th>四级明细科目</th><th>五级明细科目</th><th>六级明细科目</th></tr>
<tr><td rowspan="3">财政拨款支出</td><td rowspan="2">一般公共预算财政拨款</td><td rowspan="2">支出功能分类科目项级科目</td><td>基本支出</td><td rowspan="2">部门预算支出经济分类科目款级科目</td><td></td></tr>
<tr><td>项目支出</td><td>×项目</td></tr>
<tr><td>政府性基金预算财政拨款</td><td>同上</td><td>同上</td><td>同上</td><td></td></tr>
<tr><td rowspan="2">非财政专项资金支出</td><td rowspan="2">支出功能分类科目项级科目</td><td>基本支出</td><td rowspan="2">部门预算支出经济分类科目款级科目</td><td></td><td></td></tr>
<tr><td>项目支出</td><td>×项目</td><td></td></tr>
<tr><td>其他资金支出</td><td>同上</td><td>同上</td><td>同上</td><td>同上</td><td></td></tr>
</table>

二、账务处理

1.计算支付职工薪酬

(1)计提职工薪酬。事业单位为开展业务活动人员或者管理活动人员计提的薪酬,按照计算确定的金额,借记“业务活动费用”或“单位管理费用”科目,贷记“应付职工薪酬”科目。此时因为不涉及现金流出,所以不需要做预算会计分录。

(2)支付职工薪酬。事业单位向职工个人支付薪酬时,按照实际支付的金额,借记“应付职工薪酬”科目,贷记“财政拨款收入”“零余额账户用款额度”等科目。同时,借记“事业支出”科目,贷记“财政拨款预算收入”“资金结存”科目。

(3)实际缴纳个人所得税和社保费、住房公积金。事业单位按照规定代扣代缴个人所得税以及为职工缴纳职工社会保险费、住房公积金时,按照实际缴纳的金额,借记“其他应交税费——应交个人所得税”“应付职工薪酬——社会保险费”“应付职工薪酬——住房公积金”科目,贷记“财政拨款收入”“零余额账户用款额度”“银行存款”等科目。同时,借记“事业支出”科目,贷记“财政拨款预算收入”“资金结存”科目。

【例4-12】2×21年1月,某事业单位计提管理人员工资10 000 000元,代扣代缴个人所得税300 000元,2月上缴个人所得税300 000元。工资和税费均使用银行存款支付。

账务处理如下:

(1)1月计提管理人员工资时:

借:单位管理费用 10 000 000

　　贷:应付职工薪酬 10 000 000

(2)1月实际支付给管理人员工资并代扣个人所得税时:

实际支付金额=10 000 000-300 000=9 700 000(元)

借:应付职工薪酬 10 000 000

　　贷:银行存款 9 700 000

　　　　其他应交税费——个人所得税 300 000

借:事业支出 9 700 000

贷:资金结存——货币资金　　9 700 000

(3)2月实际缴纳税款时:

借:其他应交税费——个人所得税　　300 000

贷:银行存款　　300 000

借:事业支出　　300 000

贷:资金结存——货币资金　　300 000

2.计算支付外部人员劳务费

(1)计算确定时。事业单位为开展业务活动或管理活动发生的外部人员劳务费,按照计算确定的金额,借记"业务活动费用"或"单位管理费用"科目,按照代扣代缴个人所得税的金额,贷记"其他应交税费——应交个人所得税"科目,按照扣税后应付金额,贷记"其他应付款"科目。

(2)实际支付时。按照实际支付的金额,借记"其他应付款"科目,贷记"财政拨款收入""零余额账户用款额度""银行存款"等科目。同时,借记"事业支出"科目,贷记"财政拨款预算收入""资金结存"等科目。

(3)实际缴纳个人所得税时。按照实际缴纳的金额,借记"其他应交税费——应交个人所得税"科目,贷记"财政拨款收入""零余额账户用款额度""银行存款"等科目。同时,借记"事业支出"科目,贷记"财政拨款预算收入""资金结存"等科目。

【例4-13】2×21年3月,某事业单位计提管理部门聘用临时人员工资费用60 000元,代扣个人所得税1 800元,2×21年4月上缴个人所得税1 800元。聘用人员工资和代扣代缴个人所得税均采用银行存款支付。

账务处理如下:

(1)3月计提临时聘用人员工资时:

借:单位管理费用　　60 000

贷:其他应付款　　60 000

(2)3月实际支付临时聘用人员工资并代扣个人所得税时:

实际支付金额=60 000−1 800=58 200(元)

借:其他应付款　　60 000

贷:银行存款　　58 200

其他应交税费——应交个人所得税　　1 800

借：事业支出　　58 200

贷：资金结存——货币资金　　58 200

（3）4月实际支付代扣个人所得税时：

借：其他应交税费——应交个人所得税　　1 800

贷：银行存款　　1 800

借：事业支出　　1 800

贷：资金结存——货币资金　　1 800

3. 发生购买、领用存货业务

（1）购买存货时。事业单位发生为开展业务活动或管理活动购买存货时，按照购买存货成本，借记“库存物品”科目，贷记“财政拨款收入”“零余额账户用款额度”“银行存款”“应付账款”等科目。同时，按照实际支付的金额，借记“事业支出”科目，贷记“财政拨款预算收入”“资金结存”科目。

（2）领用存货时。事业单位发生为开展业务活动或管理活动内部领用库存物品时，按照领用库存物品账面实际成本，借记“业务活动费用”或“单位管理费用”科目，贷记“库存物品”科目。

【例4-14】2×21年5月，某事业单位购买办公用品，价值10 000元，该批办公用品作为库存物品入库，采用财政直接支付方式支付。该事业单位后勤部门当月领用了价值为6 000元的办公用品。

账务处理如下：

（1）购买办公用品时：

借：库存物品　　10 000

贷：财政拨款收入　　10 000

借：事业支出　　10 000

贷：财政拨款预算收入　　10 000

（2）后勤部门领用公用品时：

借：单位管理费用　　6 000

贷：库存物品　　6 000

4. 发生购买固定资产、无形资产等以及支付在建工程相关款项业务

(1)购买固定资产、无形资产、支付在建工程相关款项时。事业单位发生为开展业务活动或管理活动购买固定资产、无形资产等以及在建工程支付相关款项时，按照购买固定资产、无形资产成本以及支付的在建工程相关款项，借记“固定资产”“无形资产”“在建工程”等科目，贷记“财政拨款收入”“零余额账户用款额度”“银行存款”“应付账款”等科目。同时，按照实际支付的金额，借记“事业支出”科目，贷记“财政拨款预算收入”“资金结存”科目。

【例 4-15】2×21 年 6 月，某事业单位管理部门购买了一批电脑共计 1 000 000 元，该批电脑作为固定资产入库，采用财政直接支付方式支付。

账务处理如下：

借：固定资产　　1 000 000

　贷：财政拨款收入　　1 000 000

借：事业支出　　1 000 000

　贷：财政拨款预算收入　　1 000 000

(2)计提折旧、摊销时。事业单位为开展业务活动或管理活动所使用的固定资产、无形资产计提折旧、摊销，按照计提金额，借记“业务活动费用”或“单位管理费用”科目，贷记“固定资产累计折旧”“无形资产累计摊销”科目。

【例 4-16】某事业单位管理用的办公大楼原值为 12 000 000 元，预计使用年限 20 年，预计净残值为 0，使用年限平均法折旧。2×21 年 7 月计提折旧。

账务处理如下：

每月计提固定资产折旧金额=12 000 000÷20÷12=50 000(元)

借：单位管理费用　　50 000

　贷：固定资产累计折旧　　50 000

5. 发生城市维护建设税等税费业务

(1)计提时。事业单位为开展业务活动或管理活动发生的城市维护建设税、教育

费附加、地方教育费附加、车船税、房产税、城镇土地使用税等，按照计算确定应交纳的金额，借记“业务活动费用”或“单位管理费用”科目，贷记“其他应交税费”等科目。

(2)实际交纳时。根据实际交纳金额，借记“其他应交税费”等科目，贷记“财政拨款收入”“零余额账户用款额度”“银行存款”等科目，同时，借记“事业支出”科目，贷记“财政拨款预算收入”“资金结存”等科目。

【例4-17】2×21年8月，某事业单位管理部门公务用车发生车船税5 000元，采用财政授权方式缴纳。

账务处理如下：

(1)计提时：

借：单位管理费用　　5 000

　　贷：其他应交税费——车船税　　5 000

(2)实际交纳时：

借：其他应交税费——车船税　　5 000

　　贷：零余额账户用款额度　　5 000

借：事业支出　　5 000

　　贷：资金结存——零余额账户用款额度　　5 000

6.从收入中提取专用基金并计入费用

事业单位按照规定从收入中提取专用基金并计入费用的，一般按照预算会计下基于预算收入计算提取的金额，借记“业务活动费用”或“单位管理费用”科目，贷记“专用基金”科目。

7.发生预付款项业务

(1)发生预付账款业务时。事业单位按照实际支付的金额，借记“预付账款”科目，贷记“财政拨款收入”“零余额账户用款额度”“银行存款”等科目。同时，借记“事业支出”科目，贷记“财政拨款预算收入”“资金结存”科目。

【例4-18】2×21年9月3日，某事业单位管理部门购买一批后勤用办公用品，预付账款100 000元，9月10日办公用品入库，开具发票100 000元，采用财政授权方式支付。

账务处理如下：

(1)9月3日预付账款时：

借：预付账款　　100 000

　　贷：零余额账户用款额度　　100 000

借：事业支出　　100 000

　　贷：资金结存——零余额账户用款额度　　100 000

(2)9月10日办公用品入库并开具发票时：

借：库存物品　　100 000

　　贷：预付账款　　100 000

(2)发生暂付款项业务时。事业单位在支付款项时，借记“其他应收款”科目，贷记“零余额账户用款额度”“银行存款”“库存现金”等科目。结算或报销时，借记“业务活动费用”或“单位管理费用”科目，贷记“其他应收款”科目，同时，按照结算或报销的金额，借记“事业支出”科目，贷记“资金结存”科目。

【例4-19】2×21年10月初，某事业单位管理部门借现金10 000元作为备用金，用于日常零星支出。月底结算报销，发票金额为9 000元，剩余备用金现金1 000元归还财务部门。

账务处理如下：

(1)10月初借备用金时：

借：其他应收款　　10 000

　　贷：库存现金　　10 000

(2)月底结算报销时：

借：库存现金　　1 000

　　单位管理费用　　9 000

　　贷：其他应收款　　10 000

借：事业支出　　9 000

　　贷：资金结存——货币资金　　9 000

8. 发生当年购货退回等业务

事业单位发生当年购货退回等业务，对于已计入本年业务活动费用或单位管理费用的，按照收回或应收的金额，借记“财政拨款收入”“零余额账户用款额度”“银行存款”“其他应收款”等科目，贷记“业务活动费用”或“单位管理费用”科目。同时，按照实际收回金额，借记“财政拨款预算收入”“资金结存”科目，贷记“事业支出”科目。

【例 4-20】2×21 年 11 月，某事业单位将上年度和本年度购买用于管理部门的两批办公用品做退货处理，收到退货款 20 000 元，其中上年度的 10 000 元，本年度的 10 000 元。两笔货款使用财政授权方式支付。

账务处理如下：

（1）上年度：

借：零余额账户用款额度　10 000

　贷：以前年度盈余调整　10 000

借：资金结存——零余额账户用款额度　10 000

　贷：财政拨款结转——年初余额调整　10 000

（2）本年度：

借：零余额账户用款额度　10 000

　贷：单位管理费用　10 000

借：资金结存——零余额账户用款额度　10 000

　贷：事业支出　10 000

9. 发生其他各项费用业务

事业单位为开展业务活动或管理活动发生其他各项费用时，按照费用确认金额，借记“业务活动费用”或“单位管理费用”科目，贷记“财政拨款收入”“零余额账户用款额度”“银行存款”“应付账款”“其他应付款”“其他应收款”等科目。同时，按照实际支付的金额，借记“事业支出”科目，贷记“财政拨款预算收入”“资金结存”科目。

【例 4-21】2×21 年 12 月，某事业单位管理部门发生其他与管理活动相关的费用共计 10 000 元，均为零星支出，使用库存现金支付。

账务处理如下：

借：单位管理费用　　10 000

　　贷：库存现金　　10 000

借：事业支出　　10 000

　　贷：资金结存——货币资金　　10 000

10.期末结转

(1)月末，事业单位将“业务活动费用”“单位管理费用”科目本期发生额转入本期盈余，借记“本期盈余”科目，贷记“业务活动费用”“单位管理费用”科目。

(2)年末，事业单位将“事业支出”科目本年发生额中的财政拨款支出转入财政拨款结转，借记“财政拨款结转——本年收支结转”科目，贷记“事业支出”科目下各财政拨款支出明细科目；将“事业支出”科目本年发生额中的非财政专项资金支出转入非财政拨款结转，借记“非财政拨款结转——本年收支结转”科目，贷记“事业支出”科目下各非财政专项资金支出明细科目；将“事业支出”科目本年发生额中的其他资金支出(非财政非专项资金支出)转入其他结余，借记“其他结余”科目，贷记“事业支出”科目下其他资金支出明细科目。

【例4-22】假设该事业单位全年发生的业务为【例4-12】~【例4-21】，则该事业单位“单位管理费用”科目1月借方余额10 000 000元，3月借方余额60 000元，5月借方余额6 000元，7月借方余额50 000元，8月借方余额5 000元，10月借方余额9 000元，12月借方余额10 000元。“事业支出”科目截至12月31日累计借方余额11 174 000(9 700 000+300 000+58 200+1 800 +1 000 000+5 000+100 000+9 000−10 000+10 000)元，其中财政拨款支出借方累计余额11 200 000元，其他资金支出贷方累计余额26 000元，期末/年末请予进行结转。

账务处理如下：

(1)期末结转：

1月末结转：

借：本期盈余　　10 000 000

　　贷：单位管理费用　　10 000 000

3、5、7、8、10、12月结转同理，省略。

(2)年末结转：

借:财政拨款结转——本年收支结转　　11 200 000

　贷:事业支出　　11 174 000

　　其他结余　　26 000

第四节　事业单位专有的费用与预算支出

如前所述,事业单位专有费用除单位管理费用外,还有经营费用、上缴上级费用、对附属单位补助费用和所得税费用等。事业单位专有预算支出除事业支出外,还有经营支出、对附属单位补助支出、上缴上级支出、债务还本支出、投资支出等。本节主要介绍事业单位该类专有费用和预算支出。

一、经营费用与经营支出

(一)科目设置

为了核算事业单位在专业业务活动及其辅助活动之外开展非独立核算经营活动发生的各项费用以及实际发生的各项现金流出,事业单位应当设置"经营费用"与"经营支出"科目。

1.经营费用

经营费用是财务会计费用类科目,核算事业单位在专业业务活动及其辅助活动之外开展非独立核算经营活动发生的各项费用。借方登记开展非独立核算经营活动发生的各项费用的增加数,贷方登记开展非独立核算经营活动发生的各项费用的减少数和期末结转额。本科目应当按照经营活动类别、项目、支付对象等进行明细核算。为了满足成本核算需要,本科目下还可按照"工资福利费用""商品和服务费用""对个人和家庭的补助费用""固定资产折旧费""无形资产摊销费"等成本项目设置明细科目,归集能够直接计入单位经营活动或采用一定方法计算后计入单位经营活动的费用。期末结转后,本科目应无余额。

2.经营支出

经营支出是预算会计支出类科目,核算事业单位在专业业务活动及其辅助活动之外开展非独立核算经营活动实际发生的各项现金流出。借方登记开展非独立核算经营活动实际发生的各项现金流出的增加数，贷方登记开展非独立核算经营活动实际发生的各项现金流出的减少数和年末结转额。本科目应当按照经营活动类别、项目、政府收支分类科目中“支出功能分类科目”的项级科目和“部门预算支出经济分类科目”的款级科目等进行明细核算。

对于预付款项，可通过在本科目下设置“待处理”明细科目进行明细核算，待确认具体支出项目后再转入本科目下相关明细科目。年末结账前，应将本科目“待处理”明细科目余额全部转入本科目下相关明细科目。年末结转后，本科目应无余额。

（二）账务处理

1.计提支付经营活动人员的薪酬

（1）计提薪酬。事业单位计提经营活动人员的薪酬，按照计算确定的金额，借记“经营费用”科目，贷记“应付职工薪酬”科目。

（2）支付薪酬。事业单位向职工个人支付薪酬时，按照实际支付的金额，借记“应付职工薪酬”科目，贷记“银行存款”科目。同时，借记“经营支出”科目，贷记“资金结存”科目。

（3）缴纳个人所得税、社会保险费、住房公积金。事业单位按照规定代扣代缴个人所得税以及代扣代缴或为职工缴纳职工社会保险费、住房公积金时，按照实际缴纳的金额，借记“其他应交税费——应交个人所得税”“应付职工薪酬——社会保险费”“应付职工薪酬——住房公积金”等科目，贷记“银行存款”科目。同时，借记“经营支出”科目，贷记“资金结存”科目。

【例 4-23】2×21 年 1 月，某事业单位计提支付经营活动人员工资 1 000 000 元，代扣个人所得税 30 000 元。2×21 年 2 月，上缴个人所得税 30 000 元。工资及个人所得税均采用银行存款支付。

账务处理如下：

（1）1 月计提经营活动人员工资时：

借：经营费用　　1 000 000

　　贷：应付职工薪酬　　1 000 000

（2）1 月实际支付经营活动人员工资并代扣个人所得税时：

借：应付职工薪酬　　1 000 000

贷:银行存款 970 000

其他应交税费——个人所得税 30 000

借:经营支出 970 000

贷:银行存款 970 000

(3)2月实际缴纳个人所得税税款时:

借:其他应交税费——个人所得税 30 000

贷:银行存款 30 000

借:经营支出 30 000

贷:银行存款 30 000

2.支付外部人员劳务费

(1)支付劳务费时。事业单位为经营活动支付外部人员劳务费,按照应该支付给外部人员个人的金额,借记"经营费用"科目,按照规定代扣个人所得税金额,贷记"其他应交税费——应交个人所得税",按照实际支付给外部人员个人的金额,贷记"银行存款"等科目。同时,借记"经营支出"科目,贷记"资金结存"科目。

(2)代缴个人所得税。按照规定代缴个人所得税时,按照实际缴纳的金额,借记"其他应交税费——应交个人所得税"科目,贷记"银行存款"科目。同时,借记"经营支出"科目,贷记"资金结存"科目。

3.购买、领用或发出存货

(1)购买存货时。开展经营活动过程中购买存货时,按照实际支付的金额,借记"库存物品"科目,贷记"银行存款"科目。同时,借记"经营支出"科目,贷记"资金结存"科目。

(2)领用或发出库存物品时。开展经营活动领用或发出库存物品,按照物品实际成本,借记"经营费用"科目,贷记"库存物品"科目。

【例4-24】2×21年4月,某事业单位为开展经营活动购买库存物品50 000元,当月入库并领用。购买采用银行存款支付。

账务处理如下:

(1)购买库存物品并入库时:

借:库存物品 50 000

贷:银行存款　　50 000

借:经营支出　　50 000

贷:资金结存　　50 000

(2)领用库存物品时:

借:经营费用　　50 000

贷:库存物品　　50 000

4.购买固定资产、无形资产以及支付在建工程相关款项

(1)事业单位开展经营活动过程中购买固定资产、无形资产以及支付在建工程相关款项时,按照购买支付成本,借记"固定资产""无形资产""在建工程"等科目,贷记"银行存款""应付账款"科目。同时,按照实际支付的金额,借记"经营支出"科目,贷记"资金结存"科目。

【例4-25】2×21年3月,某事业单位为了开展经营活动购买一批办公桌椅,账面价值120 000元,办公桌椅办理固定资产入库。该款项采用银行存款支付。

账务处理如下:

借:固定资产　　120 000

贷:银行存款　　120 000

借:经营支出　　120 000

贷:资金结存——货币资金　　120 000

(2)事业单位计提经营活动所使用固定资产、无形资产的折旧、摊销,按照应提折旧、摊销额,借记"经营费用"科目,贷记"固定资产累计折旧""无形资产累计摊销"科目。

【例4-26】2×21年9月,某事业单位按规定计提经营活动用无形资产摊销10 000元。

账务处理如下:

借:经营费用　　10 000

贷:无形资产累计摊销　　10 000

【例4-27】2×21年12月,某事业单位根据经营收入的10%计提修购基金50 000元。

账务处理如下:

借:经营费用　　50 000

　　贷:专用基金　　50 000

5. 发生预付款项

(1)发生预付账款时,事业单位按照实际支付的金额,借记“预付账款”科目,贷记“银行存款”等科目。同时,借记“经营支出”科目,贷记“资金结存”科目。

(2)对于暂付款项,事业单位在支付款项时,借记“其他应收款”科目,贷记“银行存款”“库存现金”等科目。结算或报销时,借记“经营费用”科目,贷记“其他应收款”科目,同时,按照结算或报销的金额,借记“经营支出”科目,贷记“资金结存”科目。

【例4-28】2×21年5月3日,某事业单位为开展经营活动委托某企业制作一批科普产品,预付账款100 000元,5月15日科普产品制作完毕并交付入库,某企业给该事业单位开具金额为110 000元的发票,某事业单位补付尾款10 000元,款项均采用银行存款支付。

账务处理如下:

(1)5月3日预付账款时:

借:预付账款　　100 000

　　贷:银行存款　　100 000

借:经营支出　　100 000

　　贷:资金结存——货币资金　　100 000

(2)5月15日支付尾款时:

借:经营费用　　110 000

　　贷:预付账款　　100 000

　　　　银行存款　　10 000

借:经营支出　　10 000

　　贷:资金结存——货币资金　　10 000

6. 发生城市维护建设税等税费业务

（1）计算确定时。事业单位开展经营活动发生城市维护建设税、教育费附加、地方教育费附加、车船税、房产税、城镇土地使用税等，按照计算确定应缴纳的金额，借记“经营费用”科目，贷记“其他应交税费”等科目。

（2）实际缴纳时。按照实际支付的金额，借记“其他应交税费”科目，贷记“银行存款”科目。同时，借记“经营支出”科目，贷记“资金结存”科目。

【例 4-29】2×21 年 6 月，某事业单位为开展经营活动发生城市维护建设税、教育费附加以及地方教育费附加 20 000 元，2×21 年 7 月上缴相关税费。采用银行存款支付。

账务处理如下：

（1）6 月确定应缴纳的城市护建设税、教育费附加以及地方教育费附加：

借：经营费用　　20 000

　　贷：其他应交税费　　20 000

（2）7 月缴纳税费：

借：其他应交税费　　20 000

　　贷：银行存款　　20 000

借：经营支出　　20 000

　　贷：资金结存——货币资金　　20 000

7. 发生的其他各项费用

事业单位发生与经营活动相关的其他各项费用时，按照费用确认金额，借记“经营费用”科目，贷记“银行存款”“其他应付款”“其他应收款”等科目。同时，按照实际支付的金额，借记“经营支出”科目，贷记“资金结存”科目。

【例 4-30】2×21 年 8 月，某事业单位为开展经营活动发生的其他各项费用共计 40 000 元，采用银行存款支付。

账务处理如下：

借：经营费用　　40 000

　　贷：银行存款　　40 000

借：经营支出　　40 000

贷:资金结存——货币资金　　40 000

8. 发生当年购货退回等业务

事业单位发生当年购货退回等业务,对于已计入本年经营费用的,按照收回或应收的金额,借记"银行存款""其他应收款"等科目,贷记"经营费用"科目。借记"资金结存"科目,贷记"经营支出"科目。

【例 4-31】某事业单位 2×21 年 10 月为开展经营活动购入价值 226 000 元物资一批,由于质量没有达到要求,遂要求退货,2×21 年 12 月货款已经退回到开户银行账户。

账务处理如下:

(1)10 月购入时:

借:库存物品　　226 000

贷:银行存款　　226 000

借:经营支出　　226 000

贷:资金结存——货币资金　　226 000

(2)12 月退货时:

借:银行存款　　226 000

贷:库存物品　　226 000

借:资金结存——货币资金　　226 000

贷:经营支出　　226 000

若该批物资为以前年度购入,则账务处理如下:

借:银行存款　　226 000

贷:以前年度盈余调整　　226 000

借:资金结存——货币资金　　226 000

贷:经营结余　　226 000

以上如涉及增值税业务,还需注意相关账务处理。

9.期末结转

月末,事业单位将“经营费用”科目本期发生额转入本期盈余,借记“本期盈余”科目,贷记“经营费用”科目。

年末,事业单位将“经营支出”科目本年发生额转入经营结余,借记“经营结余”科目,贷记“经营支出”科目。

【例4-32】假设该事业单位全年发生的业务如【例4-23】~【例4-31】,则该事业单位“经营费用”科目1月借方余额1 000 000元、4月借方余额50 000元、5月借方余额110 000元、6月借方余额20 000元、8月借方余额40 000元、9月借方余额10 000元、12月贷方余额184 000元,“经营支出”科目截至12月31日累计借方余额1 064 000(970 000+30 000+120 000+100 000+10 000+20 000+40 000-226 000)元,全部为自有资金,期末、年末进行结转。

账务处理如下:

(1)经营费用结转:

1月末:

借:本期盈余　　1 000 000

　　贷:经营费用　　1 000 000

4、5、6、8、9月结转同理(略)。

12月末:

借:经营费用　　184 000

　　贷:本期盈余　　184 000

(2)经营支出年末结转:

借:经营结余　　1 064 000

　　贷:经营支出　　1 064 000

二、上缴上级费用与上缴上级支出

(一)科目设置

为了核算事业单位按照财政部门和主管部门的规定发生上缴上级单位款项以及

发生的现金流出，事业单位应当设置“上缴上级费用”与“上缴上级支出”科目。

1.上缴上级费用

上缴上级费用是财务会计费用类科目，核算事业单位按照财政部门和主管部门的规定上缴上级单位的款项。借方登记上缴上级单位款项发生的费用的增加数，贷方登记上缴上级单位款项发生的费用的减少数和期末结转额。本科目应当按照收缴款项单位、缴款项目等进行明细核算。期末结转后，本科目应无余额。

2.上缴上级支出

上缴上级支出是预算会计支出类科目，核算事业单位按照财政部门和主管部门的规定上缴上级单位款项发生的现金流出。借方登记上缴上级单位款项发生的现金流出的增加数，贷方登记上缴上级单位款项发生的现金流出的减少数和年末结转额。本科目应当按照收缴款项单位、缴款项目、政府收支分类科目中“支出功能分类科目”的项级科目和“部门预算支出经济分类科目”的款级科目等进行明细核算。年末结转后，本科目应无余额。

（二）账务处理

1.发生上缴上级款项

事业单位发生上缴上级款项时，按照实际上缴的金额或者按照规定计算出应当上缴上级单位的金额，借记“上缴上级费用”科目，贷记“银行存款”“其他应付款”等科目。按照实际上缴的金额，借记“上缴上级支出”科目，贷记“资金结存”科目。

2.期末结转

月末，将“上缴上级费用”科目本期发生额转入本期盈余，借记“本期盈余”科目，贷记“上缴上级费用”科目。

年末，将“上缴上级支出”科目本年发生额转入其他结余，借记“其他结余”科目，贷记“上缴上级支出”科目。

【例4-33】2×21年，某事业单位按照规定应该上缴上级部门1 000 000元，该款项于当年12月份上缴，12月31日“上缴上级费用”科目和“上缴上级支出”科目累计借方余额均为1 000 000元，期末年末进行结转。

账务处理如下：

（1）确定上缴上级部门的金额：

借：上缴上级费用　　1 000 000

贷：其他应付款 1 000 000

(2)12月实际上缴上级部门的金额：

借：其他应付款 1 000 000

贷：银行存款 1 000 000

借：上缴上级支出 1 000 000

贷：资金结存——货币资金 1 000 000

(3)期末结转：

借：本期盈余 1 000 000

贷：上缴上级费用 1 000 000

(4)年末结转：

借：其他结余 1 000 000

贷：上缴上级支出 1 000 000

三、对附属单位补助费用与对附属单位补助支出

(一)科目设置

为了核算事业单位用财政拨款收入之外的收入对附属单位的补助及现金流出，事业单位需要设置"对附属单位补助费用""对附属单位补助支出"科目。

1.对附属单位补助费用

对附属单位补助费用是财务会计费用类科目，核算事业单位用财政拨款收入之外的收入对附属单位的补助。借方登记用财政拨款收入之外的收入对附属单位的补助增加数，贷方登记用财政拨款收入之外的收入对附属单位的补助的减少数及期末结转额。本科目应当按照接受补助单位、补助项目等进行明细核算。期末结转后，本科目应无余额。

2.对附属单位补助支出

对附属单位补助支出是预算会计支出类科目，是核算事业单位用财政拨款收入之外的收入对附属单位补助发生的现金流出。借方登记用财政拨款收入之外的收入对附属单位补助发生的现金流出的增加数，贷方登记用财政拨款收入之外的收入对附属单位补助发生的现金流出的减少数及年末结转额。本科目应当按照接受补助单

位、补助项目、政府收支分类科目中“支出功能分类科目”的项级科目和“部门预算支出经济分类科目”的款级科目等进行明细核算。年末结转后，本科目应无余额。

（二）账务处理

1.发生对附属单位补助

事业单位发生对附属单位补助时，按照实际补助的金额或者按照规定计算出应当对附属单位补助的金额，借记“对附属单位补助费用”科目，贷记“银行存款”“其他应付款”等科目。同时，按照实际补助的金额，借记“对附属单位补助支出”科目，贷记“资金结存”科目。

2.期末结转

月末，将“对附属单位补助费用”科目本期发生额转入本期盈余，借记“本期盈余”科目，贷记“对附属单位补助费用”科目。

年末，将“对附属单位补助支出”科目本年发生额转入其他结余，借记“其他结余”科目，贷记“对附属单位补助支出”科目。

【例4-34】2×21年，某事业单位要对下属事业单位补助10 000 000元，该补助款于3月份支付，12月31日累计“对附属单位补助费用”科目和“对附属单位补助支出”科目累计借方余额均为10 000 000元，期末年末进行结转。

账务处理如下：

（1）确定补助金额：

借：对附属单位补助费用　　10 000 000

　　贷：其他应付款　　10 000 000

（2）3月份支付补助：

借：其他应付款　　10 000 000

　　贷：银行存款　　10 000 000

借：对附属单位补助支出　　10 000 000

　　贷：资金结存——货币资金　　10 000 000

（3）3月末结转：

借：本期盈余　　10 000 000

　　贷：对附属单位补助费用　　10 000 000

(4)12月末结转：

借：其他结余　　10 000 000

　贷：对附属单位补助支出　　10 000 000

四、所得税费用、投资支出与债务还本支出

(一)所得税费用

1.科目设置

为了核算有企业所得税缴纳义务的事业单位按规定缴纳企业所得税所形成的费用，事业单位需要设置“所得税费用”科目。

“所得税费用”是财务会计费用类科目，借方登记按规定缴纳企业所得税所形成的费用的增加数，贷方登记按规定缴纳企业所得税所形成的费用的减少数和期末结转额。年末结转后，本科目应无余额。

2.账务处理

(1)计税。

发生企业所得税纳税义务的，按照税法规定计算的应交税金数额，借记“所得税费用”科目，贷记“其他应交税费——单位应交所得税”科目。

(2)实际缴纳税款。

实际缴纳税款时，按照缴纳金额，借记“其他应交税费——单位应交所得税”科目，贷记“银行存款”科目。同时，借记“非财政拨款结余——累计结余”科目，贷记“资金结存——货币资金”科目。

(3)年末结转。

年末，将“所得税费用”科目本年发生额转入本期盈余，借记“本期盈余”科目，贷记“所得税费用”科目。

【例4-35】2×21年，某事业单位汇算清缴确定应缴纳上一年度企业所得税共计100 000元，经单位相关领导批准后于5月份缴纳，12月31日“所得税费用”科目累计借方金额为100 000元，年末进行结转。

账务处理如下：

(1)确定上一年度企业所得税时：

借：所得税费用　　100 000

　　贷：其他应交税费——单位应交所得税　　100 000

(2)5月份缴纳所得税时：

借：其他应交税费——单位应交所得税　　100 000

　　贷：银行存款　　100 000

借：非财政拨款结余——累计结余　　100 000

　　贷：资金结存——货币资金　　100 000

(3)年末结转：

借：本期盈余　　100 000

　　贷：所得税费用　　100 000

(二)投资支出

1.科目设置

为了核算事业单位以货币资金对外投资发生的现金流出，事业单位需要设置“投资支出”科目。

“投资支出”是预算会计支出类科目，与其对应的财务会计科目是“短期投资”“长期股权投资”“长期债券投资”等科目。“投资支出”科目借方登记以货币资金对外投资发生的现金流出的增加数，贷方登记以货币资金对外投资发生的现金流出的减少数或年末结转额。本科目应当按照投资类型、投资对象、《政府收支分类科目》中“支出功能分类科目”的项级科目和“部门预算支出经济分类科目”的款级科目等进行明细核算。年末结转后，本科目应无余额。

2.账务处理

(1)以货币资金对外投资。

事业单位以货币资金对外投资时，按照投资金额和所支付的相关税费金额的合计数，借记有关投资科目，贷记“银行存款”科目。同时，借记“投资支出”科目，贷记“资金结存”科目。

(2)出售、对外转让或到期收回本年度以货币资金取得的对外投资。

如果按规定将投资收益纳入单位预算，按照实际收到的金额，借记“银行存款”科目，按照出售或收回短期投资的成本，贷记“短期投资”科目，按照其差额，贷记或借记“投资收益”科目。同时，按照实际收到的金额，借记“资金结存”科目，按照取得投资时“投资支出”科目的发生额，贷记“投资支出”科目，按照其差额，贷记或借记“投资预算收益”科目。

如果按规定将投资收益上缴财政，按照实际收到的金额，借记“银行存款”科目，按照出售或收回短期投资的成本，贷记“短期投资”科目，按照其差额，贷记或借记“应缴财政款”科目。同时，按照取得投资时“投资支出”科目的发生额，借记“资金结存”科目，贷记“投资支出”科目。

【例 4-36】2×21 年 1 月 20 日，某事业单位以银行存款 1 000 000 元购买有价债券（含已到付息期但尚未领取的利息 50 000 元），2 月 10 日取得利息，当年 11 月 20 日，该事业单位将该有价债券出售，取得价款 1 100 000 元并存至银行。按规定投资收益纳入单位预算管理。

账务处理如下：

（1）1 月 20 日取得有价债券：

	借方	贷方
借：短期投资	1 000 000	
贷：银行存款		1 000 000
借：投资支出	1 000 000	
贷：资金结存——货币资金		1 000 000

（2）2 月 10 日取得利息：

	借方	贷方
借：银行存款	50 000	
贷：短期投资		50 000
借：资金结存——货币资金	50 000	
贷：投资预算收益		50 000

（3）11 月 20 日出售取得价款：

	借方	贷方
借：银行存款	1 100 000	
贷：短期投资		950 000
投资收益		150 000
借：资金结存——货币资金	1 100 000	
贷：投资支出		1 000 000

投资预算收益　100 000

(3)出售、对外转让或到期收回以前年度以货币资金取得的对外投资。

如果按规定将投资收益纳入单位预算,按照实际收到的金额,借记“银行存款”科目,按照出售或收回短期投资的成本,贷记“短期投资”“长期股权投资”“长期债券投资”等科目,按照其差额,贷记或借记“以前年度盈余调整”科目。同时,按照实际收到的金额,借记“资金结存”科目,按照取得投资时“投资支出”科目的发生额,贷记“其他结余”科目,按照其差额,贷记或借记“投资预算收益”科目。

如果按规定将投资收益上缴财政的,按照实际收到的金额,借记“银行存款”科目,按照出售或收回短期投资的成本,贷记“短期投资”“长期股权投资”“长期债券投资”等科目,按照其差额,贷记或借记“应缴财政款”科目。同时,按照取得投资时“投资支出”科目的发生额,借记“资金结存”科目,贷记“其他结余”科目。

【例 4-37】某高校以银行存款 1 000 000 元在公开市场买入甲科技型公司 10% 的股份(含已宣告但尚未发放的现金股利 100 000 元),在购买过程中支付手续费 35 000 元。投资后该高校有权对甲公司参与经营决策,并按照股权比例享有净利润和其他所有者权益。投资后,甲科技型公司第一年实现净利润 150 000 元,第二年实现净利润 240 000 元,且其他所有者权益增加 50 000 元,第三年实现净利润 200 000 元并分配现金股利 500 000 元;第四年该高校按照上级要求全部撤出该股权投资,获得撤资款 1 250 000 元,按照规定,处置投资资产净收入中的股权投资账面余额上缴财政,收益留归单位。

账务处理如下:

(1)取得长期股权投资时:

借:长期股权投资——成本　935 000

　　应收股利　100 000

　　贷:银行存款　1 035 000

借:投资支出　1 035 000

　　贷:资金结存——货币资金　1 035 000

(2)收到现金股利:

借:银行存款　100 000

贷：应收股利　100 000

借：资金结存——货币资金　100 000

贷：投资支出　100 000

（3）第一年确认投资收益：

因实现净利润应确认的投资收益=150 000×10%=15 000（元）

借：长期股权投资——损益调整　15 000

贷：投资收益　15 000

（4）第二年确认投资收益及所有者权益变动：

因实现净利润应确认的投资收益=240 000×10%=24 000（元）

因其他所有者权益应确认的投资收益=50 000×10%=5 000（元）

借：长期股权投资——损益调整　24 000

——其他权益变动　5 000

贷：投资收益　24 000

权益法调整　5 000

（5）第三年确认投资收益及收到现金股利：

因实现净利润应确认的投资收益=200 000×10%=20 000（元）

分配的现金股利=500 000×10%=50 000（元）

借：长期股权投资——损益调整　20 000

贷：投资收益　20 000

借：应收股利　50 000

贷：长期股权投资——损益调整　50 000

借：银行存款　50 000

贷：应收股利　50 000

借：资金结存——货币资金　50 000

贷：投资预算收益　50 000

（6）第四年撤资：

投资资产的账面价值=935 000+15 000+24 000+5 000+20 000−50 000=949 000（元）

借：资产处置费用　949 000

贷：长期股权投资——成本　935 000

——损益调整　9 000

——其他权益变动　5 000

借:银行存款　1 250 000

　贷:应缴财政款　949 000

　　投资收益　301 000

借:权益法调整　5 000

　贷:投资收益　5 000

借:资金结存——货币资金　301 000

　贷:投资预算收益　301 000

(7)缴纳应缴财政款:

借:应缴财政款　949 000

　贷:银行存款　949 000

【例 4-38】2×21 年 4 月 18 日,某事业单位用银行存款 300 000 元购买了 300 000 元面值的 2 年期国债,年利率为 5%,到期一次还本付息,另外用银行存款支付了手续费 8 000 元;2 年后国债到期兑付全部收回本息。按规定投资收益纳入单位预算管理。

账务处理如下:

(1)取得长期债券投资时:

长期债券投资成本=300 000+8 000=308 000(元)

借:长期债券投资——成本　308 000

　贷:银行存款　308 000

借:投资支出　308 000

　贷:资金结存——货币资金　308 000

(3)每月计息:

每年月底计息=300 000×5%÷12=1 250(元)

借:长期债券投资——应付利息　1 250

　贷:投资收益　1 250

(3)到期收回本金和利息:

2 年利息=300 000×5%×2=30 000(元)

2 年本息合计=30 000+300 000=330 000(元)

借:银行存款　330 000

投资收益　　8 000

　贷:长期债券投资——成本　　308 000

　　　　　　——应计利息　　30 000

借:资金结存——货币资金　　330 000

　贷:其他结余　　308 000

　　投资预算收益　　22 000

(4)年末结转。

年末,事业单位要将“投资支出”科目本年发生额转入其他结余,借记“其他结余”科目,贷记“投资支出”科目。

【例 4-39】2×21 年 12 月 31 日,某事业单位“投资支出”科目累计借方发生额为 1 000 000 元,年末进行结转。

账务处理如下:

借:其他结余　　1 000 000

　贷:投资支出　　1 000 000

(三)债务还本支出

1.科目设置

为了核算事业单位偿还自身承担的纳入预算管理的从金融机构举借的债务本金的现金流出,事业单位需要设置“债务还本支出”科目。

“债务还本支出”科目是预算会计支出类科目,与其对应的财务会计科目是“短期借款”“长期借款”等科目。“债务还本支出”科目借方登记偿还从金融机构举借的债务本金的现金流出增加数,贷方登记偿还从金融机构举借的债务本金的现金流出减少数或年末结转额。本科目应当按照贷款单位、贷款种类、《政府收支分类科目》中“支出功能分类科目”的项级科目和“部门预算支出经济分类科目”的款级科目等进行明细核算。年末结转后,本科目应无余额。

2.账务处理

(1)偿还借款。

事业单位偿还各项短期或长期借款时,按照偿还的借款本金,借记“短期借款”

“长期借款”科目，贷记“银行存款”科目。同时，借记“债务还本支出”科目，贷记“资金结存”科目。

(2)年末结转。

年末，事业单位要将“债务还本支出”科目本年发生额转入其他结余，借记“其他结余”科目，贷记“债务还本支出”科目。

【例4-40】20×9年1月31日，某事业单位借入短期借款1 000 000元，期限为10个月，利率6%，每月偿还利息，到期还本。11月30日，该短期借款到期。12月25日，该事业单位偿还2年期的长期借款本息，该长期借款本金为2 000 000元，利率6%，到期还本付息。12月31日，该事业单位“债务还本支出”科目仅发生以上两笔借款归还，年末进行结转，该科目年底无余额。

账务处理如下：

(1)1月31日借入短期借款：

借：银行存款　　1 000 000

　　贷：短期借款　　1 000 000

借：资金结存——货币资金　　1 000 000

　　贷：债务预算收入　　1 000 000

(2)2月计算并支付借款利息：

计算应付利息：每月偿还利息金额=1 000 000×6%÷12=5 000(元)

借：其他费用　　5 000

　　贷：应付利息　　5 000

支付借款利息：

借：应付利息　　5 000

　　贷：银行存款　　5 000

借：其他支出　　5 000

　　贷：资金结存——货币资金　　5 000

3-10月账务处理同2月(略)。

(3)11月30日归还短期借款本息：

借：短期借款　　1 000 000

　　贷：银行存款　　1 000 000

借：其他费用 5 000

贷：应付利息 5 000

借：应付利息 5 000

贷：银行存款 5 000

借：债务还本支出 1 000 000

贷：资金结存——货币资金 1 000 000

借：其他支出 5 000

贷：资金结存——货币资金 5 000

(4)归还长期借款本息：

长期借款利息=2 000 000×6%×2=240 000(元)

借：长期借款——本金 2 000 000

——应计利息 240 000

贷：银行存款 2 240 000

借：债务还本支出 2 000 000

贷：资金结存——货币资金 2 000 000

借：其他支出 240 000

贷：资金结存——货币资金 240 000

(5)年底结转：

“债务还本支出”科目借方累计发生额=1 000 000+2 000 000=3 000 000(元)

借：其他结余 3000 000

贷：债务还本支出 3 000 000

第五节 政府单位共有的费用与预算支出

在政府单位会计费用类科目中，行政事业单位除共有“业务活动费用”科目外，还有“资产处置费用”“其他费用”两个共有会计科目，而在政府单位会计预算支出八个科目中，行政事业单位只有“其他支出”一个共有科目。本节就介绍“资产处置费用”与“其他费用”、“其他费用”与“其他支出”的相关会计科目的核算。

一、资产处置费用与其他支出

按照规定,政府单位资产处置的形式包括无偿调拨、出售、出让、转让、置换、对外捐赠、报废、毁损以及货币性资产损失核销等。

(一)科目设置

为了核算政府单位经批准处置资产时发生的费用,包括转销的被处置资产,以及在处置过程中发生的相关费用或者处置收入小于相关费用形成的净支出及现金流出,政府单位应当设置"资产处置费用"和"其他支出"科目。

1.资产处置费用

资产处置费用是财务会计费用类科目,核算政府单位经批准处置资产时发生的费用。其借方登记处置资产时发生的费用的增加数,贷方登记处置资产时发生的费用的减少数及期末结转额。政府单位在资产清查中查明的资产盘亏、毁损以及资产报废等,应当先通过"待处理财产损溢"科目进行核算,再将处理资产价值和处理净支出计入本科目。本科目应当按照处置资产的类别、资产处置的形式等进行明细核算。期末结转后,本科目应无余额。

2.其他支出

其他支出是预算会计支出类科目,核算政府单位除行政支出、事业支出、经营支出、上缴上级支出、对附属单位补助支出、投资支出、债务还本支出以外的各项现金流出,包括利息支出、对外捐赠现金支出、现金盘亏损失、接受捐赠(调入)和对外捐赠(调出)非现金资产发生的税费支出、资产置换过程中发生的相关税费支出、罚没支出等。借方登记因利息支出、对外捐赠现金支出、现金盘亏损失、接受捐赠(调入)和对外捐赠(调出)非现金资产发生的税费支出、资产置换过程中发生的相关税费支出、罚没支出等而产生的现金流出的增加,贷方登记其减少数及年末结转额。

本科目应当按照其他支出的类别,"财政拨款支出""非财政专项资金支出"和"其他资金支出",《政府收支分类科目》中"支出功能分类科目"的项级科目和"部门预算支出经济分类科目"的款级科目等进行明细核算。其他支出中如有专项资金支出,还应按照具体项目进行明细核算。有一般公共预算财政拨款、政府性基金预算财政拨款等两种或两种以上财政拨款的事业单位,还应当在"财政拨款支出"明细科目下按照财政拨款的种类进行明细核算。

政府单位发生利息支出、捐赠支出等其他支出金额较大或业务较多的，可单独设置“7902 利息支出”“7903 捐赠支出”科目。

年末结转后，本科目应无余额。

（二）账务处理

政府单位资产处置要区分通过“待处理财产损溢”科目核算和不通过“待处理财产损溢”科目核算两种情况。

1. 不通过“待处理财产损溢”科目核算的资产处置

（1）报经批准处置资产。政府单位按照规定报经批准处置资产时，按照处置资产的账面价值，借记“资产处置费用”科目，如果处置固定资产、无形资产、公共基础设施、保障性住房的，还应借记“固定资产累计折旧”“无形资产累计摊销”“公共基础设施累计折旧（摊销）”“保障性住房累计折旧”等科目，按照处置资产的账面余额，贷记“库存物品”“固定资产”“无形资产”“公共基础设施”“政府储备物资”“文物文化资产”“保障性住房”“其他应收款”“在建工程”等科目。

（2）处置资产过程中发生相关费用。政府单位在处置资产过程中，如果仅发生相关费用，按照实际发生金额，借记“资产处置费用”科目，贷记“银行存款”“库存现金”等科目。同时，借记“其他支出”科目，贷记“资金结存——货币资金”科目。

（3）处置资产过程中取得收入。政府单位处置资产过程中取得收入的，按照取得的价款，借记“库存现金”“银行存款”等科目，按照处置资产过程中发生的相关费用，贷记“银行存款”“库存现金”等科目，按照其差额，借记“资产处置费用”科目或贷记“应缴财政款”等科目。

如果涉及增值税业务的，还要注意相关账务处理。

【例 4-41】2×21 年 1 月，某行政单位处置一台设备，该设备已使用八年，原值 1 000 000 元，已计提累计折旧 800 000 元。处置过程中发生拆卸费用 1 000 元，已用银行存款付讫。2 月，处置该设备取得价款 6 000 元，款项已存入银行。在处置过程中发生的人工费 900 元，以银行存款支付。

账务处理如下：

（1）1 月处置设备：

借:固定资产累计折旧　800 000

　资产处置费用　200 000

　　贷:固定资产　1 000 000

借:资产处置费用　1 000

　　贷:银行存款　1 000

借:其他支出　1 000

　　贷:资金结存——货币资金　1 000

(2)1月末结转:

借:本期盈余　201 000

　　贷:资产处置费用　201 000

(3)2月处置设备取得价款并支付人工费:

借:银行存款　6 000

　　贷:银行存款　900

　　　应缴财政款　5 100

【例4-42】2×21年7月,某事业单位转让一项专利技术,该专利技术初始入账价值2 000 000元,已计提累计摊销1 200 000元,转让过程中发生相关评估费用79 000元,该款项用银行存款支付。取得转让价款850 000元,款项已收至银行账户,并于次月上缴财政专户。

账务处理如下:

(1)转销被转让专利技术账面价值:

借:资产处置费用　800 000

　无形资产累计摊销　1 200 000

　　贷:无形资产　2 000 000

(2)支付相关评估费用以及收到转让价款:

借:银行存款　850 000

　　贷:银行存款　79 000

　　　应缴财政款　771 000

(3)上缴财政款:

借:应缴财政款　771 000

贷：银行存款　771 000

(4)月末结转：

借：本期盈余　800 000

贷：资产处置费用　800 000

注意：此题不涉及预算会计账务处理。

2. 通过"待处理财产损溢"科目核算的资产处置

(1)报经批准核销现金短缺。政府单位在账款核对中发现的现金短缺，属于无法查明原因的，报经批准核销时，借记"资产处置费用"科目，贷记"待处理财产损溢"科目。

【例 4-43】2×21 年 2 月，某行政单位在账款核对中发现现金短缺 100 元，无法查明原因，报经批准予以核销。

账务处理如下：

(1)发现现金短缺：

借：待处理财产损溢　100

贷：库存现金　100

(2)报经批准核销：

借：资产处置费用　100

贷：待处理财产损溢　100

(3)2 月末结转：

借：本期盈余　100

贷：资产处置费用　100

(2)报经批准处理盘亏或者毁损、报废物资。政府单位资产在清查过程中，盘亏或者毁损、报废的存货、固定资产、无形资产、公共基础设施、政府储备物资、文物文化资产、保障性住房等，报经批准处理时，按照处理资产价值，借记"资产处置费用"科目，贷记"待处理财产损溢——待处理财产价值"科目。处理收支结清时，处理过程中所取得收入小于所发生相关费用的，按照相关费用减去处理收入后的净支出，借记"资产处置费用"科目，贷记"待处理财产损溢——处理净收入"科目。

【例4-44】2×21年7月，某事业单位在资产清查中发现一台价值为200 000元的设备已经不能继续使用，批准后将其进行报废处理。在处理过程中产生人工费用1 000元，废料收入800元。

账务处理如下：

（1）经批准处理时：

借：资产处置费用　　200 000

　　贷：待处理财产损溢——待处理财产价值　　200 000

（2）处理中发生费用并取得处置收入：

净支出=1000-800=200（元）

借：资产处置费用　　200

　　贷：待处理财产损溢——处理净收入　　200

借：其他支出　　200

　　贷：资金结存——货币资金　　200

借：本期盈余　　200 200

　　贷：资产处置费用　　200 200

3.期末结转

期末，将“资产处置费用”科目本期发生额转入本期盈余，借记“本期盈余”科目，贷记“资产处置费用”科目。

二、其他费用与其他支出

（一）科目设置

为了核算政府单位发生的除业务活动费用、单位管理费用、经营费用、资产处置费用、上缴上级费用、附属单位补助费用、所得税费用以外的各项费用，包括利息费用、坏账损失、罚没支出、现金资产捐赠支出以及相关税费、运输费及现金流出，政府单位应当设置“其他费用”和“其他支出”科目。

“其他费用”是财务会计费用类科目，核算单位发生利息费用、坏账损失、罚没支出、现金资产捐赠支出以及相关税费、运输费等。借方登记利息费用、坏账损失、罚没支出、现金资产捐赠支出以及相关税费、运输费等费用的增加数，贷方登记利息费用、坏账损失、罚没支出、现金资产捐赠支出以及相关税费、运输费等费用的减少数及期末结转额。本科目应当按照其他费用的类别进行明细核算。发生的利息费用较多的单位，可以单独设置“5701利息费用”科目。期末结转后，本科目应无余额。

“其他支出”科目设置同前所述。

（二）账务处理

1. 利息费用

（1）按期计算确认借款利息费用时，按照计算确定的金额，借记“在建工程”科目或“其他费用”科目，贷记“应付利息”“长期借款——应计利息”科目。

（2）支付银行借款利息时，按照实际支付金额，借记“应付利息”科目，贷记“银行存款”等科目。同时，借记“其他支出”科目，贷记“资金结存”科目。

【例4-45】2×21年12月，某事业单位用银行存款支付短期借款利息80 000元。

账务处理如下：

借：应付利息	80 000	
贷：银行存款		80 000
借：其他支出	80 000	
贷：资金结存——货币资金		80 000

2. 坏账损失

（1）事业单位按照规定对收回后不需上缴财政的应收账款和其他应收款计提坏账准备时，按照计提金额，借记“其他费用”科目，贷记“坏账准备”科目。

（2）年末，冲减多提的坏账准备时，按照冲减金额，借记“坏账准备”科目，贷记“其他费用”科目。

【例4-46】2×21年12月，某事业单位应收A公司账款200 000元，年末按照规定计提20 000元坏账准备。第二年确定该款项能收回。

账务处理如下：

（1）2×21年12月计提坏账准备：

借：其他费用　20 000

　　贷：坏账准备　20 000

（2）第二年收回坏账准备：

借：坏账准备　20 000

　　贷：其他费用　20 000

3. 罚没支出

（1）政府单位发生罚没支出的，按照应当缴纳的金额，借记“其他费用”科目，贷记“其他应付款”科目。

（2）按照实际缴纳金额，借记“其他应付款”科目，贷记“银行存款”科目。同时，借记“其他支出”科目，贷记“资金结存”科目。

【例 4-47】2×21 年 2 月，某行政单位由于违反相关规定被处以 100 000 元罚款。该罚款用银行存款交纳。

账务处理如下：

（1）缴纳罚款：

借：其他费用　100 000

　　贷：银行存款　100 000

借：其他支出　100 000

　　贷：资金结存——货币资金　100 000

（2）月末结转：

借：本期盈余　100 000

　　贷：其他费用　100 000

4. 现金资产捐赠

政府单位对外捐赠现金资产的，按照实际捐赠的金额，借记“其他费用”科目，贷记“银行存款”“库存现金”等科目。同时，借记“其他支出”科目，贷记“资金结存——货币资金”科目。

【例 4-48】2×21 年 1 月，某行政单位用自有资金向贫困地区某学校捐款 1 000 000

元，以支持该学校开展教学活动。

账务处理如下：

（1）用自有资金捐款：

借：其他费用　　1 000 000

　　贷：银行存款　　1 000 000

借：其他支出　　1 000 000

　　贷：资金结存——货币资金　　1 000 000

（2）月末结转：

借：本期盈余　　1 000 000

　　贷：其他费用　　1 000 000

5. 其他相关费用

（1）政府单位接受捐赠（或无偿调入）以名义金额计量的存货、固定资产、无形资产，以及成本无法可靠取得的公共基础设施、文物文化资产发生的相关税费、运输费等，按照实际支付的金额，借记“其他费用”科目，贷记“财政拨款收入”“零余额账户用款额度”“银行存款”“库存现金”等科目。同时，借记“其他支出”科目，贷记“资金结存”科目。

【例 4-49】2×21 年 3 月，某行政单位收到外界捐赠的多媒体设备一批，该批设备以名义金额确认计量，用银行存款支付运输该批设备产生的费用 10 000 元。

账务处理如下：

（1）支付运输款：

借：其他费用　　10 000

　　贷：银行存款　　10 000

借：其他支出　　10 000

　　贷：资金结存——货币资金　　10 000

（2）月末结转：

借：本期盈余　　10 000

　　贷：其他费用　　10 000

(2)政府单位发生的与受托代理资产相关的税费、运输费、保管费等,按照实际支付或应付的金额,借记“其他费用”科目,贷记“零余额账户用款额度”“银行存款”“库存现金”“其他应付款”等科目。同时,按照实际支付的金额,借记“其他支出”科目,贷记“资金结存”科目。

【例4-50】2×21年12月,某行政单位收到某民间团体委托代管的一批实物资产,账面价值1 000 000元,在管理过程中发生存放地点的迁移,运输该批物资产发生运输费用20 000元,用银行存款支出,代管期满将实物资产送还该民间团体。

账务处理如下:

(1)接收代管实物资产:

借:受托代理资产　　1 000 000

　　贷:受托代理负债　　1 000 000

(2)支付运输费:

借:其他费用　　20 000

　　贷:银行存款　　20 000

借:其他支出　　20 000

　　贷:资金结存——货币资金　　20 000

(3)送还代管实物资产:

借:受托代理负债　　1 000 000

　　贷:受托代理资产　　1 000 000

(4)月末结转:

借:本期盈余　　20 000

　　贷:其他费用　　20 000

6.期末/年末结转

期末,将“其他费用”科目本期发生额转入本期盈余,借记“本期盈余”科目,贷记“其他费用”科目。

年末,将“其他支出”科目本年发生额中的财政拨款支出转入财政拨款结转,借记“财政拨款结转——本年收支结转”科目,贷记“其他支出”科目下各财政拨款支出明细科目;将“其他支出”科目本年发生额中的非财政专项资金支出转入非财政拨款结转，借记“非财政拨款结转——本年收支结转”科目，贷记“其他支出”科目下各非财政专项资金支出明细科目；将“其他支出”科目本年发生额中的其他资金支出（非财政非专项资金支出）转入其他结余，借记“其他结余”科目，贷记“其他支出”科目下各其他资金支出明细科目。

【例4-51】假设某行政单位发生的全年业务“其他支出”科目累计借方余额1 130 000（1 000 000+100 000+10 000+20 000）元，年末进行结转。

账务处理如下：

借：其他结余　　1 130 000

　贷：其他支出　　1 130 000

思考与练习题

一、名词解释

1. 费用

2. 行政支出

3. 非财政专项资金支出

4. 事业支出

二、填空题

1. 按部门预算管理要求分，行政支出分为（　　）和（　　）。

2. 按资金类型分，行政支出分为（　　）、（　　）和（　　）。

3. 按照资金来源分，行政支出分为（　　）财政拨款支出、（　　）财政拨款支出。

4. 偿还各项短期或长期借款时，按照偿还的借款本金，借记“短期借款”“长期借款”科目，贷记“银行存款”科目。同时，借记“（　　）”科目，贷记“资金结存”科目。

三、选择题

1. 费用的确认应当同时满足的条件有（　　）。

A. 与费用相关的含有服务潜力或者经济利益的经济资源很可能流出政府单位

B. 含有服务潜力或者经济利益的经济资源流出会导致政府单位资产减少或者负债增加

C. 流出金额能够可靠地计量

2.按照费用内容的不同，政府单位费用可以分为(　　)、对附属单位补助费用、所得税费用和其他费用等。

A.业务活动费用　　B.单位管理费用

C.经营费用　　D.资产处置费用

E.上缴上级费用

四、判断题

1.行政单位特有预算支出有行政支出、经营支出。(　　)

2.政府单位对外捐赠现金资产的，按照实际捐赠的金额，借记“其他费用”科目，贷记“银行存款”“库存现金”等科目。(　　)

五、账务处理题

1.某行政单位2×21年发生如下经济业务，请予会计处理。

(1)1月，应付在职人员薪酬2 000 000元，代扣代缴个人所得税60 000元。聘请专家参加项目评审，发生劳务费100 000元，代扣个人所得税10 000元，在职人员薪酬通过财政直接支付方式支付，个人所得税和专家劳务费均通过财政授权方式支付。

(2)2月，办公室领用一批办公用品，账面价值为5 000元。

(3)3月，购入专用设备1台，支付380 000元，扣20000元质量保证金，2年后支付，发票按照400 000元开具。

(4)4月，办公室新装空调一台，原值6 000元，预计使用年限10年，净残值0元，该单位使用年限平均法折旧。

(5)6月，经批准以闲置办公用房对外出租，按照规定缴纳上半年房产税50 000元，以财政授权方式支付。

(6)7月1日，采购办公用品一批，预付账款20 000元，7月10日，办公用品入库，补付尾款10 000元，通过财政授权方式支付。

(7)8月，张某出差预借差旅费8 000元，出差回来后结算报销差旅费7 000元，退回1 000元。

(8)9月，收到退货款400 000元，系上年度和本年度购买的两批专用仪器款，其中上年度和本年度各200 000元，两笔仪器购买时均使用财政授权方式支付。

(9)10月，发生其他行政费用共计20 000元，财政授权方式支付。

(10)11月，处置一台已使用八年设备，该设备原值800 000元，已计提累计折旧600 000元。处置该设备取得价款5 000元，款项已存入银行。在处置过程中发生的人工费900元,以银行存款支付。

(11)12月在账款核对中发现的现金短缺100元,无法查明原因,报经批准予以核销。

(12)12月用自有资金向贫困地区某学校捐款100 000元,以支持该学校开展教学活动。

(13)12月由于违反相关规定被处以10 000元罚款。该罚款用银行存款缴纳。

(14)12月收到某民间团体委托代管的一批实物资产,账面价值100 000元,在管理过程中发生存放地点的迁移,运输该批物资产发生运输费用1 000元,用银行存款支出,代管期满将实物资产送还该民间团体。

(15)对上述业务进行年末结转。行政支出中财政拨款支出为2 000 000元,其他资金支出为417 000元。

2.某事业单位2×21年发生如下经济业务,请予会计处理。

(1)1月,计提管理人员工资20 000 000元,代扣代缴个人所得税500 000元。工资和税费均使用银行存款支付。

(2)2月,计提管理部门聘用临时人员产生工资费用100 000元,代扣代缴个人所得税3 000元。聘用人员工资和代扣个人所得税均采用银行存款支付。

(3)3月,后勤部门领用内部库存物品作为办公物品,其价值为5 000元。

(4)4月,管理部门购买一批电脑共计100 000元,该批电脑作为固定资产入库,采用财政直接支付方式支付。

(5)5月,计提业务部门用的办公大楼折旧,大楼原价值为6 000 000元,预计使用年限20年,预计净残值为0,使用年限平均法折旧。

(6)6月,业务部门发生车船税10 000元,采用财政授权方式缴纳。

(7)7月,3日购买一批后勤用办公用品,预付账款50 000元,10日办公用品入库,开具发票50 000元,采用财政授权方式支付。

(8)8月,管理部门月初领用备用金8 000元,用于日常零星支出,月底结算报销,发票金额为7 000元,剩余备用金1 000元归还财务部门。

(9)9月,将上年度和本年度购买用于管理部门的两批办公用品做退货处理,收到退货款10 000元,其中上年度的5 000元,本年度的5 000元。该两笔货款使用财政授权方式支付。

(10)10月,管理部门发生其他与管理活动相关的费用共计10 000元,均为零星支出，使用库存现金支付。

（11）期末/年末对相关业务进行结转。其中财政拨款支出借方累计余额2 000 000元，其他资金支出借方累计余额267 000元。

3. 某事业单位2×21年发生如下经济业务，请予会计处理（注意期末、年末结转）。

（1）按照规定应该上缴上级部门2 000 000元，于12月份用银行存款上缴。

（2）年初预算安排全年对下属事业单位补助5 000 000元，3月份用银行存款一次支付完毕。

（3）4月经汇算清缴确定应缴纳上一年度企业所得税共计200 000元，经单位相关领导批准后于5月份缴纳。

（4）5月转让一项专利技术，该专利技术初始入账价值1 000 000元，已计提累计摊销600 000元，转让过程中发生相关评估费用10 000元，该款项用银行存款支付。取得转让价款600 000元，款项已收至银行账户，并于当月上缴财政专户。

（5）6月在资产清查中发现一台价值为500 000元的设备已经不能继续使用，批准后将其进行报废处理。在处理过程中产生人工费用10 000元，废料收入8 000元。

（6）7月应收A公司账款100 000元，年末按照规定计提5 000元坏账准备。第二年确定该款项能收回。

4. 某事业单位2×21年发生如下投资筹资业务，请予会计处理。

（1）1月20日以银行存款500 000元购买有价债券（含已到付息期但尚未领取的利息20 000元），2月10日取得利息，11月20日将有价债券出售，取得价款550 000元并存至银行。

（2）2月1日以银行存款2 000 000元在公开市场买入甲科技型公司10%的股份（含已宣告但尚未发放的现金股利200 000元），在购买过程中支付手续费70 000元。投资后该单位有权对甲公司参与经营决策，并按照股权比例享有净利润和其他所有者权益。3月1日收到现金股利200 000元。投资后，甲科技型公司第一年实现净利润150 000元，第二年实现净利润240 000元，且其他所有者权益增加50 000元，第三年实现净利润200 000元并分配现金股利500 000元；第四年该单位按照上级要求全部撤出该股权投资，获得撤资款2 250 000元，按照规定，处置投资资产净收入中的股权投资账面余额上缴财政，收益留归单位。

（3）3月18日用银行存款500 000元购买了2年期国债，年利率为6%，到期一次还本付息，另外用银行存款支付了手续费等5 000元；2年后国债到期兑付全部收回本息。

(4)4月30日借入非专项短期借款1 000 000元,期限为8个月,利率6%,每月偿还利息,到期还本。12月30日,该短期借款到期。12月25日,该事业单位偿还2年期的长期借款本息,该长期借款本金为1 000 000元,利率6%,到期还本付息。

(5)有关费用支出期末/年末要进行结转。

第五章　资产(上)

资产是指政府单位依法直接支配的各类经济资源。政府单位的资产包括流动资产、固定资产、在建工程、无形资产、对外投资、公共基础设施、政府储备物资、文物文化资产、保障性住房等。本章主要探讨政府单位货币资金、投资、应收及预付款项等流动资产的理论与实务。

第一节　货币资金

货币资金是指以货币形态存在的资金,是可以立即投入流通,用以购买商品或劳务或用以偿还债务的交换媒介物,包括库存现金、银行存款和其他货币资金。货币资金是任何组织、单位运行的先决条件。随着社会再生产过程周而复始地进行,组织、单位会形成频繁的货币收支,政府单位也不例外。

一、库存现金

(一)库存现金的管理规定

我国《现金管理暂行条例》对凡在银行和其他金融机构开立账户的机关、团体、部队、企业、事业单位和其他单位现金的用途进行了规定,除该限定范围内的开支可以用现金支付外,其他开支必须通过银行转账支付。

1.现金使用范围

《现金管理暂行条例》规定的现金使用范围为八个方面:支付职工工资、各种工资性津贴;支付个人劳务报酬,包括稿费、讲课费及其他专门工作报酬;支付给个人的奖金,包括根据国家规定颁发给个人的各种科学技术、文化艺术、体育等各种奖金;各种劳动保障、福利费用以及国家规定的对个人的其他现金支出;向个人收购农副产品和其他物资支付的价款;出差人员必须随身携带的差旅费;现金支付的结算起点(1 000元)以下的零星支出;中国人民银行确定需要支付现金的其他支出。

目前政府单位的职工工资和各种津贴、奖金、福利费用、劳务报酬等一般采用财政直接支付或授权支付方式支付,出差人员使用公务卡结算,所以政府单位使用现金的范围越来越小。

2.库存现金的限额管理

政府单位为了应付日常的零星开支,需经常保持一定数量的库存现金。为防止现金积压,国家银行对各政府单位实行限额管理,各政府单位就库存现金的数量提出申请,经开户银行审批,核定限额。政府单位不得超出限额提取现金。库存现金限额原则上以3至5天的日常开支量为准,因业务量变化,单位需调整库存现金时,应向开户银行申请报批。

3.不准坐支现金

坐支现金是指从本单位现金收入中直接支付现金。按有关规定,政府单位每天收入的现金,必须当天送存银行,不能直接支用,不许任意支用,因特殊情况需要坐支现金的,应事先报开户银行审查批准,由开户银行核定坐支范围和限额,坐支单位应定期向银行报送坐支金额和使用情况。

4.钱账分管

为了防止各种错误、弊端的发生,各政府单位现金的收付、结算、审核、登记等工作,不得由一人从事,应由专职或兼职的出纳员专门负责现金的收付工作,并登记现金日记账。出纳员不得兼管收入费用、债权债务的登记工作,也不得兼任稽核和档案保管工作。会计和出纳工作要实行分管,会计管账不管钱,出纳管钱不管账。

5.严格现金收付手续

政府单位办理任何现金收支,都必须以合法的原始凭证为依据。收到现金时,属于各项收入的现金,应给交款人出具正式收据。属于暂付款结算后交回的多余现金,使用借款三联单的,由会计人员退还原借据副联,出纳人员不给对方另开收据;不使用借款三联单的,由出纳人员另出具收据。付出现金时,出纳员要在付款的原始凭证上加盖“付讫”戳记,以防止凭证重复报销。在办理现金收付业务中,必须严密手续,防止漏洞,对于收付现金的各种原始单据,根据各单位具体情况,由会计或出纳人员审核,并由出纳人员按月连续编号,作为现金出纳账的顺序号,在现金收支当天入账。

6.其他规定

政府单位现金收支存方面，除了遵守上述规定外，还需遵守如下规定：现金不准借给私人；不准白条抵库；不能编造和谎报用途套取现金；不能将单位的现金收入作为个人储蓄存入银行；不准私设“小金库”保存账外现金；必须如实反映现金库存情况；收付现金时要及时记账；对于每天办理的业务，做到日清月结，保证账款相符；出纳人员在核对账面库存与实际库存时，如发现长款或短款，应及时查明原因，作出处理等。

（二）库存现金的会计核算

1.科目设置

为了核算库存现金收支业务，政府单位需要设立“库存现金”科目。“库存现金”是财务会计资产类科目，借方反映当期政府单位各种现金的增加；贷方反映当期政府单位各种现金的减少；期末借方余额，反映单位实际持有的库存现金。政府单位如果有受托代理、代管的现金，“库存现金”科目应当设置“受托代理资产”明细科目进行核算。

2.账务处理

（1）现金存取业务。将现金存入银行等金融机构，按照实际存入金额，借记“银行存款”科目，贷记“库存现金”科目。从银行等金融机构提取现金，按照实际提取的金额，借记“库存现金”科目，贷记“银行存款”科目。根据规定从单位零余额账户提取现金，按照实际提取的金额，借记“库存现金”科目，贷记“零余额账户用款额度”科目。将现金退回单位零余额账户，按照实际退回的金额，借记“零余额账户用款额度”科目，贷记“库存现金”科目。

（2）现金借还业务。政府单位因内部职工出差等原因借出的现金，按照实际借出的现金金额，借记“其他应收款”科目，贷记“库存现金”科目。出差人员报销差旅费时，按照实际报销的金额，借记“业务活动费用”“单位管理费用”等科目，按照实际借出的现金金额，贷记“其他应收款”科目，按照其差额，借记或贷记“库存现金”科目。同时，按照实际报销的金额，借记“行政支出”“事业支出”等科目，贷记“资金结存——货币资金”科目。

（3）现金收支业务。政府单位因提供服务、物品或者其他事项收到现金，按照实际收到的金额，借记“库存现金”科目，贷记“事业收入”“应收账款”等相关科目，按照现行增值税制度规定计算的销项税额(或采用简易计税方法计算的应纳增值税额),贷记“应交增值税——应交税金——销项税额”或“应交增值税——简易计税”(小规模纳税人应贷记的科目)。同时,借记“资金结存——货币资金”科目,贷记“事业预算收入”“经营预算收入”等相关科目。

政府单位因购买服务、物品或者其他事项支付现金,按照实际支付的金额,借记“业务活动费用”“单位管理费用”“库存物品”等相关科目,对于进项税额允许抵扣的采购等业务,按照当月已认证的可抵扣增值税额,借记“应交增值税——应交税金——进项税额”科目,按照当月未认证的可抵扣增值税额,借记“应交增值税——待认证进项税额”科目;对于进项税额不得抵扣的采购等业务,如政府单位购进资产或服务等,用简易计税方法计税项目、免征增值税项目、集体福利或个人消费等,其进项税额按照现行增值税制度规定不得从销项税额中抵扣的,取得增值税专用发票时,按照待认证的增值税进项税额,借记“应交增值税——待认证进项税额”科目,贷记“库存现金”科目,同时,借记“行政支出”“事业支出”等科目,贷记“资金结存——货币资金”科目。

(4)捐赠业务。政府单位以库存现金对外捐赠,按照实际捐出的金额,借记“其他费用”科目,贷记“库存现金”科目。同时,借记“其他支出”科目,贷记“资金结存——货币资金”科目。

(5)收到或支付受托代理、代管的现金业务。政府单位收到受托代理、代管的现金,按照实际收到的金额,借记“库存现金——受托代理资产”科目,贷记“受托代理负债”科目。支付受托代理、代管的现金,按照实际支付的金额,借记“受托代理负债”科目,贷记“库存现金——受托代理资产”科目。

(6)每日账款核对中发现有待查明原因的现金短缺或溢余的,应当通过“待处理财产损溢”科目核算。

【例5-1】2×21年10月,某事业单位发生如下现金收支业务,不考虑相关税费。

(1)10月1日,开出现金支票从银行提取现金1 200元作为备用金。

(2)10月8日,本单位工作人员王欣因公出差预支现金400元。

(3)10月12日,用现金240元购买办公用品。

(4)10月15日,王欣报销差旅费300元,退回现金100元。

(5)10月20日,将本日超库存现金560元送交银行。

(6)10月30日，收到×公司委托代理货币捐赠50 000元，专用于资助某村贫困学生上学。

账务处理如下：

(1)从银行提取现金：

借：库存现金　　1 200

　贷：银行存款　　1 200

(2)王某因公出差预支现金：

借：其他应收款——王欣　　400

　贷：库存现金　　400

(3)购买办公用品：

借：库存物品　　240

　贷：库存现金　　240

借：事业支出　　240

　贷：资金结存——货币资金　　240

(4)王某报销差旅费：

借：业务活动费用　　300

　库存现金　　100

　贷：其他应收款——王某　　400

借：事业支出　　300

　贷：资金结存——货币资金　　300

(5)将本日超库存现金送交银行：

借：银行存款　　560

　贷：库存现金　　560

(6)收到×公司委托代理货币捐赠：

借：库存现金——委托代理资产　　50 000

　贷：受托代理负债　　50 000

二、银行存款

(一)银行存款的管理

1.银行存款账户的开立

根据中国人民银行《支付结算办法》规定,政府单位应在银行开立账户,以办理存款、取款和转账等结算。

2.银行存款账户的管理原则

各开户单位应加强对银行存款账户的管理,通过银行存款账户办理资金收付时,必须切实遵守如下管理原则:认真贯彻执行国家的政策法令,严格遵守银行的各项结算制度和现金管理制度,接受银行监督;银行存款账户只供本单位使用,不准出租、出借或转让给其他单位和个人使用;各种收支款凭证,必须如实填明款项来源和用途,不得巧立名目,弄虚作假,套取现金,套购物资,严禁利用账户搞非法活动;银行存款账户必须有足够的资金保证支付,加强支票管理,不准签发空头支票和其他远期支付凭证。

3.银行结算方式

根据中国人民银行《支付结算办法》规定,现行结算方式有:支票、银行汇票、银行本票、商业汇票、汇兑、委托收款、托收承付七种结算方式。

政府单位应当按照开户银行或其他金融机构、存款种类及币种等,分别设置"银行存款日记账",由出纳人员根据收付款凭证,按照业务的发生顺序逐笔登记,每日终了应结出余额。"银行存款日记账"应定期与"银行对账单"核对,至少每月核对一次。月度终了,政府单位银行存款日记账账面余额与银行对账单余额之间如有差额,应当逐笔查明原因并进行处理,按月编制"银行存款余额调节表",调节相符。

(二)银行存款的会计核算

1.科目设置

为了核算存入银行或其他金融机构的各种存款,政府单位需要设置"银行存款"科目。"银行存款"是财务会计资产类科目,借方反映当期政府单位各种存款的增加,贷方反映当期政府单位各种存款的减少,期末余额在借方,反映政府单位实际存放在银行或其他金融机构的款项。“银行存款”科目下需要按照开户银行或其他金融机构、存款种类及币种等设立明细科目，核算政府单位在不同银行或其他金融机构的各种存款。政府单位如果有受托代理、代管的银行存款，“银行存款”科目下需要设置“受托代理资产”明细科目，核算政府单位受托代理、代管的银行存款。

2.账务处理

（1）存款业务。政府单位将款项存入银行或者其他金融机构，按照实际存入的金额，借记“银行存款”科目，贷记“库存现金”相关科目。

（2）存款利息业务。政府单位收到银行存款利息，按照实际收到的金额，借记“银行存款”科目，贷记“利息收入”科目。同时，借记“资金结存——货币资金”科目，贷记“其他预算收入”科目。

（3）取款业务。政府单位从银行等金融机构提取现金，按照实际提取的金额，借记“库存现金”科目，贷记“银行存款”科目。

（4）收款业务。政府单位将收入款项存入银行或者其他金融机构，按照实际存入的金额，借记“银行存款”科目，贷记“应收账款”“事业收入”“经营收入”“其他收入”等相关科目，按照现行增值税制度规定计算的销项税额或采用简易计税方法计算的应纳增值税额，贷记“应交增值税——应交税金——销项税额”或“应交增值税——简易计税”（小规模纳税人应贷记的科目）。如果涉及纳入部门预算管理的现金收支业务，则同时借记“资金结存——货币资金”科目，贷记“事业预算收入”“经营预算收入”“其他预算收入”等相关科目。

（5）付款业务。政府单位因购买服务、物品或者其他事项用银行存款支付，按照实际支付的金额，借记“业务活动费用”“单位管理费用”“库存物品”等相关科目，对于进项税额允许抵扣的采购等业务，按照当月已认证的可抵扣增值税额，借记“应交增值税——应交税金——进项税额”科目，按照当月未认证的可抵扣增值税额，借记“应交增值税——待认证进项税额”科目；对于进项税额不得抵扣的采购等业务，如单位购进资产或服务，用于简易计税方法计税项目、免征增值税项目、集体福利或个人消费等，其进项税额按照现行增值税制度规定不得从销项税额中抵扣的，取得增值税专用发票时，按照待认证的增值税进项税额，借记“应交增值税——待认证进项税额”科目，贷记“银行存款”科目。如果涉及纳入部门预算管理的现金收支业务，则同时借记“行政支出”“事业支出”等科目，贷记“资金结存——货币资金”科目。

（6）捐赠业务。政府单位以银行存款对外捐赠，按照实际捐出的金额，借记“其他费用”科目,贷记“银行存款”科目。同时,借记“其他支出”科目,贷记“资金结存——货币资金”科目。

(7)受托代理代管业务。政府单位收到受托代理、代管的银行存款,按照实际收到的金额,借记“银行存款——受托代理资产”科目,贷记“受托代理负债”科目;支付受托代理、代管的银行存款,按照实际支付的金额,借记“受托代理负债”科目,贷记“银行存款——受托代理资产”科目。

【例5-2】2×21年3月,某事业单位发生如下银行存款收付业务,请予会计处理。

(1)收到上级部门拨入事业经费400 000元。

(2)收到经营部门销售产品货款20 000元,增值税2 600元。

(3)收回应收款10 000元,款项存入银行。

(4)开出转账支票1张,拨付所属单位待核销的经费200 000元。

(5)开出转账支票1张,支付购材料所欠货款4 680元。

(6)开出转账支票1张,支付购买办公用品款计2 000元。

账务处理如下:

(1)收到上级部门拨入事业经费:

借:银行存款　400 000

　贷:上级补助收入　400 000

借:资金结存——货币资金　400 000

　贷:上级补助预算收入　400 000

(2)收到经营部门销货款:

借:银行存款　22 600

　贷:经营收入　20 000

　　应缴增值税——应交税金——销项税额　2 600

借:资金结存　22 600

　贷:经营预算收入　22 600

(3)收回应收款:

借:银行存款　10 000

　贷:应收账款　10 000

(4)拨付所属单位待核销的经费:

借：业务活动费用　200 000

　贷：银行存款　200 000

借：事业支出　200 000

　贷：资金结存——货币资金　200 000

（5）支付购材料所欠货款：

借：应付账款　4 680

　贷：银行存款　4 680

借：经营支出　4 680

　贷：资金结存——货币资金　4 680

（6）支付购买办公用品款：

借：库存物品　2 000

　贷：银行存款　2 000

借：事业支出　2 000

　贷：资金结存——货币资金　2 000

【例5-3】2×21年3月，某行政单位发生以下银行存款收付业务，请予会计处理。

（1）3月5日以普通支票转账方式购置办公用品，共计3 000元。

（2）3月6日收到银行存款利息共计2 000元。

（3）3月10日因办理询证业务支付银行手续费200元。

账务处理如下：

（1）购置办公用品：

借：库存物品　3 000

　贷：银行存款　3 000

借：行政支出　3 000

　贷：资金结存——货币资金　3 000

（2）收到银行存款利息：

借：银行存款　2 000

　贷：利息收入　2 000

借：资金结存——货币资金　2 000

　贷：其他预算收入——利息预算收入　2 000

(3)支付银行手续费：

借：业务活动费用	200	
贷：银行存款		200
借：行政支出	200	
贷：资金结存——货币资金		200

(8)外币存款业务。政府单位发生外币业务时，应当按照业务发生当日的即期汇率，将外币金额折算为人民币金额记账，并登记外币金额和汇率。期末，各种外币账户的期末余额，应当按照期末的即期汇率折算为人民币，作为外币账户期末人民币余额。调整后的各种外币账户人民币余额与原账面余额的差额，作为汇兑损益计入当期费用。

①以外币购买物资、设备等，按照购入当日的即期汇率将支付的外币或应支付的外币折算为人民币金额，借记"库存物品""固定资产"等科目，对于进项税额允许抵扣的采购等业务，按照当月已认证的可抵扣增值税额，借记"应交增值税——应交税金——进项税额"科目，按照当月未认证的可抵扣增值税额，借记"应交增值税——待认证进项税额"科目；对于进项税额不得抵扣的采购等业务，如政府单位购进资产或服务等，用简易计税方法计税项目、免征增值税项目、集体福利或个人消费等，其进项税额按照现行增值税制度规定不得从销项税额中抵扣的，取得增值税专用发票时，按照待认证的增值税进项税额，借记"应交增值税——待认证进项税额"科目，贷记"银行存款""应付账款"等科目的外币账户。如果涉及纳入部门预算管理的现金收支业务，则同时借记"行政支出""事业支出"等科目，贷记"资金结存——货币资金"科目。

②销售物品、提供服务以外币收取相关款项等，按照收入确认当日的即期汇率，将收取的外币或应收取的外币折算为人民币金额，借记"银行存款""应收账款"等科目的外币账户，贷记"事业收入""经营收入"等相关科目，按照现行增值税制度规定计算的销项税额或采用简易计税方法计算的应纳增值税额，贷记"应交增值税——应交税金——销项税额"或"应交增值税——简易计税"(小规模纳税人应贷记的科目)。如果涉及纳入部门预算管理的现金收支业务，则同时借记"资金结存——货币资金"科目，贷记"事业预算收入""经营预算收入""其他预算收入"等相关科目。

③期末，根据各外币银行存款账户按照期末汇率调整后的人民币余额与原账面

人民币余额的差额，作为汇兑损益，借记或贷记“银行存款”科目，贷记或借记“业务活动费用”“单位管理费用”等科目。同时，借记或贷记“资金结存——货币资金”科目，贷记或借记“其他支出”“经营支出”等科目。

【例 5-4】2×21 年 11 月 1 日，某行政单位的美元银行存款账户余额 500 000 美元，共折合人民币 3 300 000 元；11 月 6 日该单位以 200 000 美元的价格从国外购进一批固定资产，当日的汇率为 1 美元＝6.53 元人民币；11 月 30 日的汇率为 1 美元＝6.50 元人民币，不涉及增值税业务。

账务处理如下：

(1)购进固定资产时：

借：固定资产　　1 306 000

　贷：银行存款——美元户　　1 306 000

借：行政支出　　1 306 000

　贷：资金结存——货币资金　　1 306 000

(2)月底计算汇兑损益时：

计算汇兑损益前“银行存款——美元户”的余额＝3 300 000－1 306 000＝1 994 000(元)

月末美元账户余额折合人民币金额＝(500 000-200 000)×6.50＝1 950 000(元)

11 月汇兑损失＝1 994 000－1 950 000＝44 000(元)

借：业务活动费用　　44 000

　贷：银行存款　　44 000

借：其他支出　　44 000

　贷：资金结存——货币资金　　44 000

(三)未达账项调整

对未达账项进行调节的方法是将本单位的“银行存款”的余额和“银行对账单”的余额各自加上对方已收而本单位未收的未达账项，减去对方已付而本单位未付的未达账项以后，检查两方余额是否相等。

【例5-5】2×21年11月30日,某行政单位银行存款日记账余额340 000元,银行对账单余额293 200元,经过对账发现以下未达账项:

(1)11月29日,单位收到的某制药厂转账支票,该厂捐赠资金50 000元,已取得银行进账单回单已入账,银行未收到对方银行的转账凭证,未记单位存款的增加。

(2)11月29日,单位开现金支票支付个人劳务费1 800元,单位按支票存根记账,而银行尚未收到支票,未登记单位存款的减少。

(3)11月30日银行已经收取的利息费用2 900元入账,但单位未拿到银行的收款通知,未记银行存款的增加。

(4)11月30日银行已经支付单位委托银行代付的网络费1 500元,银行已经付款入账,单位未收到付款凭证,未记银行存款的减少。

根据上述业务,编制银行存款余额调节表,如表5-1所示。

表5-1　银行存款余额调节表

2×21年11月30日

内容摘要	金额/元	内容摘要	金额/元
单位银行日记账余额	340 000	银行对账单余额	293 200
加:银行已收,单位未收款项	2 900	加:单位已收,银行未收款项	50 000
减:银行已付,单位未付款项	1 500	减:单位已付,银行未付款项	1 800
调节后余额	341 400	调节后余额	341 400

需要指出的是,上述业务编制的银行存款余额调节表,只是找出单位银行存款日记账余额与银行对账单余额不符的原因,不能作为编制记账凭证调整账簿记录的附件依据。账簿的调整,银行与单位都必须以实际到达的银行结算凭证为依据,只要单位与银行都入账了,且没有记账错误,银行存款日记账余额与银行对账单的余额一定相符。

三、零余额账户用款额度

(一)概述

1.零余额账户

零余额账户是指财政部门和预算单位在办理支付款项业务时,先由代理银行根据财政预算批复的拨款凭证支付指令，通过预算单位零余额账户将资金支付到供应商或收款人账户。支付的资金由代理银行在每天规定的时间内与人民银行通过国库账户进行清算，将当天支付的所有资金从人民银行国库划到代理银行账户，当天轧账后，账户的余额为零。

2.零余额账户用款额度

零余额账户用款额度是指实行国库集中支付的政府单位根据财政部门批复的用款计划收到和支用的零余额账户的用款额度。

（二）零余额账户用款额度的会计核算

1.科目设置

为了核算实行国库集中支付的政府单位根据财政部门批复的用款计划收到和支用零余额账户用款额度业务，政府单位需要设立“零余额账户用款额度”科目。“零余额账户用款额度”是财务会计资产类科目，借方反映当期政府单位零余额账户用款额度的增加，贷方反映当期政府单位零余额账户用款额度的减少，平时余额在借方，年末余额为零。

2.账务处理

（1）收到额度。政府单位收到“财政授权支付到账通知书”时，根据其所列金额，借记“零余额账户用款额度”科目，贷记“财政拨款收入”科目。同时，借记“资金结存——零余额账户用款额度”科目，贷记“财政拨款预算收入”科目。

（2）支用额度。

①支付日常活动费用时，政府单位按照支付的金额，借记“业务活动费用”“单位管理费用”等科目，贷记“零余额账户用款额度”科目。同时，借记“行政支出”“事业支出”等科目，贷记“资金结存——零余额账户用款额度”科目。

②购买库存物品或购建固定资产，政府单位按照实际发生的成本，借记“库存物品”“固定资产”“在建工程”等科目，对于进项税额允许抵扣的采购等业务，按照当月已认证的可抵扣增值税额，借记“应交增值税——应交税金——进项税额”科目，按照当月未认证的可抵扣增值税额，借记“应交增值税——待认证进项税额”科目；对于进项税额不得抵扣的采购等业务，如单位购进资产或服务，用于简易计税方法计税项目、免征增值税项目、集体福利或个人消费等，其进项税额按照现行增值税制度规定不得从销项税额中抵扣的，取得增值税专用发票时，按照待认证的增值税进项税

额,借记“应交增值税——待认证进项税额”科目,按照实际支付或应付的金额,贷记“零余额账户用款额度”“应付账款”等科目。同时,借记“行政支出”“事业支出”等科目,贷记“资金结存——零余额账户用款额度”科目。

③从零余额账户提取现金时,政府单位按照实际提取的金额,借记“库存现金”科目,贷记“零余额账户用款额度”科目。同时,借记“资金结存——货币资金”科目,贷记“资金结存——零余额账户用款额度”科目。

(3)支付额度退回。政府单位因购货退回等发生国库授权支付款项退回的,需要区分购货付款时间情况进行如下处理:

①属于本年度支付的款项,政府单位按照退回金额,借记“零余额账户用款额度”,贷记“库存物品”“固定资产”“应交增值税——应交税金——进项税额”“应交增值税——待认证进项税额”等科目。同时,借记“资金结存——零余额账户用款额度”科目,贷记“行政支出”“事业支出”等科目。

②属于以前年度支付的款项,政府单位按照退回金额,借记“零余额账户用款额度”,贷记“以前年度盈余调整”“库存物品”等有关科目;同时,借记“资金结存——零余额账户用款额度”科目,贷记“财政拨款结余——年初余额调整”科目。

(4)年末注销额度。

①年末,如果财政下达的零余额账户用款额度没有用完,政府单位应该根据代理银行提供的对账单作注销额度的账务处理,借记“财政应返还额度——财政授权支付”科目,贷记“零余额账户用款额度”科目。同时,借记“资金结存——财政应返还额度”科目,贷记“资金结存——零余额账户用款额度”科目。

②年末,如果政府单位本年度财政授权支付预算指标数大于零余额账户用款额度下达数,政府单位根据两者间的差额,借记“财政应返还额度——财政授权支付”科目,贷记“财政拨款收入”科目。同时,借记“资金结存——财政应返还额度”科目,贷记“财政拨款预算收入”科目。

(5)下年初恢复额度。下年初:①政府单位应该根据代理银行提供的上年度注销额度恢复到账通知书作恢复额度的账务处理,借记“零余额账户用款额度”科目,贷记“财政应返还额度——财政授权支付”科目。同时,借记“资金结存——零余额账户用款额度”科目,贷记“资金结存——财政应返还额度——财政授权支付”科目。②政府单位收到财政部门批复的上年末下达零余额账户用款额度,借记“零余额账户用款额度”科目,贷记“财政应返还额度——财政授权支付”科目。同时,借记“资金结存——零余额账户用款额度”科目，贷记“资金结存——财政应返还额度——财政授权支付”科目。

【例5-6】2×21年4月，某行政单位发生以下经济业务，请予会计处理。

(1)4月1日收到财政授权支付额度到账通知书，收到财政拨款200 000元。

(2)4月5日使用零余额账户用款额度50 000元购进一批存货。

(3)4月7日使用零余额账户用款额度购买打印机一台，价款13 000元，打印机直接交付使用。

(4)4月8日从零余额账户提取现金10 000元，并支付管理部门保洁费用，价款10 000元，采用转账汇款方式。

(5)4月10日部分存货因质量问题退回，购买价格为20 000元，其中上年支付购进的10 000元，本年支付购进的10 000元。已经退回到零余额账户。

(6)12月31日注销未用完财政授权支付额度18 000元和未下达的用款额度20 000元。

(7)2×22年1月1日恢复未用完财政授权支付额度18 000元和未下达用款额度20 000元。

账务处理如下：

(1)收到财政授权支付额度到账通知书：

借：零余额账户用款额度　　200 000

　　贷：财政拨款收入　　200 000

借：资产结存——零余额账户用款额度　　200 000

　　贷：财政拨款预算收入　　200 000

(2)购进一批存货：

借：库存物品　　50 000

　　贷：零余额账户用款额度　　50 000

借：行政支出　　50 000

　　贷：资金结存——零余额账户用款额度　　50000

(3)购买打印机一台：

借：固定资产　　13 000

　　贷：零余额账户用款额度　　13 000

借:行政支出　13 000

　　贷:资金结存——零余额账户用款额度　13 000

(4)①提取现金:

借:库存现金　10 000

　　贷:零余额账户用款额度　10 000

借:资金结存——货币资金　10 000

　　贷:资金结存——零余额账户用款额度　10 000

②支付管理部门保洁费用:

借:业务活动费用　10 000

　　贷:零余额账户用款额度　10 000

借:行政支出　10 000

　　贷:资金结存——零余额账户用款额度　10 000

(5)①上年度的购货退回:

借:零余额账户用款额度　10 000

　　贷:库存物品　10 000

借:资金结存——零余额账户用款额度　10 000

　　贷:财政拨款结余——年初余额调整　10 000

②本年度的购货退回:

借:零余额账户用款额度　10 000

　　贷:库存物品　10 000

借:资金结存——零余额账户用款额度　10 000

　　贷:行政支出　10 000

(6)①12月31日注销未用完财政授权支付额度:

借:财政应返还额度——财政授权支付　18 000

　　贷:零余额账户用款额度　18 000

借:资金结存——财政应返还额度　18 000

　　贷:资金结存——零余额账户用款额度　18 000

②12月31日注销未下达的用款额度:

借:财政应返还额度——财政授权支付　20 000

　　贷:财政拨款收入　20 000

借:资金结存——零余额账户用款额度　　20 000

　　贷:财政拨款预算收入　　20 000

(7)①2×22年1月1日恢复未用完财政授权支付额度:

借:零余额账户用款额度　　18 000

　　贷:财政应返还额度——财政授权支付　　18 000

借:资金结存——零余额账户用款额度　　18 000

　　贷:资金结存——财政应返还额度　　18 000

②2×22年1月1日恢复未下达用款额度:

借:零余额账户用款额度　　20 000

　　贷:财政应返还额度——财政授权支付　　20 000

借:资金结存——零余额账户用款额度　　20 000

　　贷:资金结存——财政应返还额度　　20 000

四、其他货币资金

(一)科目设置

为了核算外埠存款、银行本票存款、银行汇票存款、信用卡存款等各种其他货币资金,政府单位可以根据需要设置"其他货币资金"科目。"其他货币资金"是财务会计资产类科目,借方反映当期政府单位各种其他货币资金的增加,贷方反映当期政府单位各种其他货币资金的减少,期末余额在借方,反映政府单位实际持有的其他货币资金。"其他货币资金"科目下应当设置"外埠存款""银行本票存款""银行汇票存款""信用卡存款"等明细科目,进行明细核算。

政府单位通过支付宝、微信等方式取得相关收入的,对于尚未转入银行存款的支付宝、微信收付款等第三方支付平台账户的余额,应当通过"其他货币资金"科目核算。

(二)账务处理

1.其他货币资金的形成业务

(1)政府单位按照有关规定需要在异地开立银行账户,将款项委托本地银行汇往异地开立账户时，借记“其他货币资金”科目，贷记“银行存款”科目。

(2)政府单位按照有关规定需要将款项交存银行取得银行本票、银行汇票，按照取得的银行本票、银行汇票金额，借记“其他货币资金”科目，贷记“银行存款”科目。

(3)政府单位按照有关规定需要将款项交存银行取得信用卡，按照交存金额，借记“其他货币资金”科目，贷记“银行存款”科目。

2. 发生其他货币资金支付业务。政府单位收到采购员交来供应单位发票账单等报销凭证或使用银行本票、银行汇票和信用卡购买购物时，借记“库存物品”“固定资产”等科目，对于进项税额允许抵扣的采购等业务，按照当月已认证的可抵扣增值税额，借记“应交增值税——应交税金——进项税额”科目，按照当月未认证的可抵扣增值税额，借记“应交增值税——待认证进项税额”科目；对于进项税额不得抵扣的采购等业务，如单位购进资产或服务等，用于简易计税方法计税项目、免征增值税项目、集体福利或个人消费等，其进项税额按照现行增值税制度规定不得从销项税额中抵扣的，取得增值税专用发票时，按照待认证的增值税进项税额，借记“应交增值税——待认证进项税额”科目，贷记“其他货币资金”科目。同时，借记“行政支出”“事业支出”等科目，贷记“资金结存——货币资金”科目。

3. 其他货币资金余款退回业务。政府单位将多余的外埠存款转回本地银行时，根据银行的收账通知，借记“银行存款”科目，贷记“其他货币资金”科目；如有余款或因本票、汇票超过付款期等原因而退回款项，按照退款金额，借记“银行存款”科目，贷记“其他货币资金”科目。

【例 5-7】某行政单位信用卡在使用过程中，由于业务需要，需向其账户续存资金 100 000 元。

账务处理如下：

借：其他货币资金——信用卡存款　　100 000

　　贷：银行存款　　100 000

【例 5-8】2×21 年 2 月 1 日，某事业单位使用银行本票购买一批库存物品，款项共计 50 000 元。2×21 年 2 月 10 日购买的库存物品因销售折扣，退回 2 500 元存入银行。

账务处理如下：

借：库存物品　　50 000

贷：其他货币资金——银行本票存款　　50 000

借：事业支出　　50 000

贷：资金结存——货币资金　　50 000

借：银行存款　　2 500

贷：库存物品　　2 500

借：资金结存——货币资金　　2 500

贷：事业支出　　2 500

第二节　投　资

一、投资概述

（一）相关概念

1. 投资

投资是指政府单位按规定以货币资金、实物资产、无形资产等方式形成的债权或股权投资。投资分为短期投资和长期投资。

2. 短期投资

短期投资是指政府会计主体取得的持有时间不超过 1 年（含 1 年）的投资。短期投资相对于长期投资，通常具有以下三个特征：投资目的很明确，是政府单位为了提高暂时闲置资金的使用效率和效益而进行的对外投资，也包括赚取差价；投资时间短，政府单位为了能够实现及时变现的目的，通常投资于二级市场上公开交易的股票、债券、基金等，这些资产在市场上极易变现；投资标的资产既可能是债权性的，也可能是股权性的。

3. 长期投资

长期投资是指政府会计主体取得的除短期投资以外的债权和股权性质的投资。长期投资分为长期股权投资和长期债券投资。长期股权投资是指政府单位按照规定取得的，持有时间超过 1 年（不含 1 年）的股权性质的投资。长期债券投资是指政府单位按照规定取得的，持有时间超过 1 年（不含 1 年）的债券投资。

(二)投资管理要求

(1)事业单位应当严格控制对外投资。

(2)利用国有资产对外投资应当有利于事业发展和实现国有资产保值增值,符合国家有关规定,经可行性研究和集体决策,按照规定的权限和程序进行。

(3)不得使用财政拨款及其结余进行对外投资,不得从事股票、期货、基金、企业债券等投资,国家另有规定的除外。

(4)应当明确对外投资形成的股权及其相关权益管理责任,按照国家有关规定将对外投资形成的股权纳入经营性国有资产集中统一监管体系。

二、短期投资

(一)科目设置

为了核算按照规定取得的、持有时间不超过1年(含1年)的投资,以货币资金对外投资发生的现金流出,投资所实现的收益或发生的损失以及取得的按照规定纳入部门预算管理的属于投资收益性质的现金流入,政府单位应当设置“短期投资”“投资支出”“投资收益”“投资预算收益”等科目。

1.短期投资

“短期投资”是财务会计资产类科目,核算政府单位按照规定取得的、持有时间不超过1年(含1年)的投资。借方登记政府单位按照规定取得的、持有时间不超过1年(含1年)的投资的增加数,贷方登记政府单位按照规定取得的、持有时间不超过1年(含1年)的投资的减少数和短期投资成本的回收额。本科目应当按照投资的种类进行明细核算。本科目期末借方余额,反映政府单位持有短期投资的成本。

2.投资支出

“投资支出”是预算会计支出类科目,主要核算政府单位以货币资金对外投资发生的现金流出。借方登记以货币资金对外投资发生的现金流出的增加数,贷方登记以货币资金对外投资发生的现金流出的减少数或年末结转额。本科目应当按照投资类型、投资对象、《政府收支分类科目》中“支出功能分类科目”的项级科目和“部门预算支出经济分类科目”的款级科目进行明细核算。年末结转后,本科目应无余额。

3. 投资收益

“投资收益”是财务会计收入类科目，主要核算政府单位股权投资和债券投资所实现的收益或发生的损失。贷方登记政府单位股权投资和债券投资所实现的收益和期末结转，借方登记政府单位股权投资和债券投资所发生的损失和期末结转。本科目应当按照投资的种类进行明细核算。期末结转后，本科目应无余额。

4. 投资预算收益

“投资预算收益”是预算会计收入类科目，主要核算政府单位取得的按照规定纳入部门预算管理的属于投资收益性质的现金流入，包括股权投资收益、出售或收回债券投资所取得的收益和债券投资利息收入。贷方登记政府单位按照规定纳入部门预算管理的属于投资收益性质的现金流入的增加数和期末结转数，借方登记按照规定纳入部门预算管理的属于投资收益性质的现金流入的减少数和期末结转数。本科目应当按照《政府收支分类科目》中“支出功能分类科目”的项级科目进行明细核算。年末结转后，本科目应无余额。

（二）确认和计量

（1）取得短期投资时，政府单位应当按照包括购买价款和相关税费的实际成本作为初始投资成本。实际支付价款中包含的已到付息期但尚未领取的利息，应当于收到时冲减短期投资成本。

（2）持有短期投资期间的利息，政府单位应当于实际收到时确认为投资收益。

（3）期末，短期投资应当按照账面余额计量。

（4）政府单位按规定出售或到期收回短期投资，应当将收到的价款扣除短期投资账面余额和相关税费后的差额计入投资损益。

（三）账务处理

1. 取得短期投资时

（1）确认投资成本。政府单位取得短期投资时，按照包括购买价款和相关税费确定的投资成本，借记“短期投资”科目，贷记“银行存款”等科目。同时，按照投资金额和所支付的相关税费金额的合计数，借记“投资支出”科目，贷记“资金结存——货币资金”科目。

（2）收到取得投资时实际支付价款中包含的已到付息期但尚未领取的利息。政府单位按照实际收到的金额,借记“银行存款”科目,贷记“短期投资”科目。同时,借记“资金结存——货币资金”科目,贷记“投资支出”科目。

2. 收到短期投资持有期间的利息时

政府单位按照实际收到的金额,借记“银行存款”科目,贷记“投资收益”科目。同时,借记“资金结存——货币资金”科目,贷记“投资预算收益”科目。

3. 处置短期投资时

(1)出售短期投资或到期收回短期投资本息,如产生转让收益,按照实际收到的金额,借记“银行存款”科目,按照出售或收回短期投资的账面余额,贷记“短期投资”科目,按照应纳税额,贷记“应交增值税——转让金融商品应交增值税”科目,按照其差额,贷记“投资收益”科目。同时,借记“资金结存——货币资金”科目,贷记“投资支出”“投资预算收益”科目。

(2)出售短期投资或到期收回短期投资本息,如产生转让损失,按照实际收到的金额,借记“银行存款”科目,按照可结转下月抵扣税额,借记“应交增值税——转让金融商品应交增值税”科目,按照出售或收回短期投资的账面余额,贷记“短期投资”科目,按照其差额,借记“投资收益”科目。同时,借记“资金结存——货币资金”科目,贷记“投资支出”科目。

(3)出售短期投资或到期收回短期投资本息,交纳增值税时,应借记“应交增值税——转让金融商品应交增值税”科目,贷记“银行存款”等科目。同时,借记“投资支出”科目,贷记“资金结存——货币资金”科目。年末,“应交增值税——转让金融商品应交增值税”科目如有借方余额,则借记“投资收益”科目,贷记“应交增值税——转让金融商品应交增值税”科目。

【例5-9】2×21年,某事业单位发生如下业务,不考虑相关税费,请予会计处理。

(1)3月1日,以银行存款购买500 000元的有价债券(包括已到付息期但尚未领取的利息50 000元),准备9个月之内出售。

(2)4月1日,收到持有债券利息50 000元。

(3)9月30日,收到有价债券三季度利息20 000元。

(4)10月28日,出售3月1日购买的有价债券,收到505 000元。

账务处理如下:

(1)3月1日购买有价债券时:

借:短期投资　　500 000

　贷:银行存款　　500 000

借:投资支出　　500 000

　贷:资金结存——货币资金　　500 000

(2)4月1日收到持有债券利息:

借:银行存款　　50 000

　贷:短期投资　　50 000

借:资金结存——货币资金　　50 000

　贷:投资支出　　50 000

(3)9月30日,收到三季度利息:

借:银行存款　　20 000

　贷:投资收益　　20 000

借:资金结存——货币资金　　20 000

　贷:投资预算收益　　20 000

(4)出售有价债券:

借:银行存款　　505 000

　贷:短期投资　　450 000

　　投资收益　　55 000

借:资金结存——货币资金　　505 000

　贷:投资支出　　450 000

　　投资预算收益　　55 000

三、长期股权投资

(一)科目设置

为了核算事业单位按照规定取得的、持有时间超过1年(不含1年)的股权性质的投资,以及持有长期股权投资应当收取的现金股利或应当分得的利润,事业单位应当设置“长期股权投资”“应收股利”科目。

“长期股权投资”是财务会计资产类科目,借方登记持有时间超过1年(不含1

年)的股权性质的投资的增加额,贷方登记持有时间超过1年(不含1年)的股权性质的投资的减少额和收回额。本科目应当按照被投资单位和长期股权投资取得方式进行明细核算。长期股权投资采用权益法核算的,还应当按照"成本""损益调整""其他权益变动"设置明细科目,进行明细核算。期末借方余额,反映事业单位持有的长期股权投资的价值。

"应收股利"是财务会计资产类科目,借方登记取得长期股权投资,按照支付的价款中所包含的已宣告但尚未发放的现金股利以及被投资单位宣告发放现金股利或利润应享有的份额,贷方登记收到取得投资时实际支付价款中所包含的已宣告但尚未发放的现金股利和实际收到的现金股利或利润,本科目应当按照被投资单位进行明细核算。本科目期末借方余额,反映事业单位应当收取但尚未收到的现金股利或利润。

(二)确认和计量

1.初始确认和计量

长期股权投资在取得时,应当按照其实际成本作为初始投资成本。实际成本的确定随长期股权投资取得方式不同而不同,具体确定如下:

(1)以支付现金方式取得的长期股权投资,按照实际支付的全部价款,包括购买价款和相关税费等,作为实际成本。

实际支付价款中包含的已宣告但尚未发放的现金股利,应当单独确认为应收股利,不计入长期股权投资初始投资成本。

(2)以现金以外的其他资产置换方式取得的长期股权投资,其成本按照换出资产的评估价值加上支付的补价或减去收到的补价,加上换入长期股权投资发生的其他相关支出确定。

(3)接受捐赠方式取得的长期股权投资,其成本按照有关凭据注明的金额加上相关税费确定;没有相关凭据可供取得,但按规定经过资产评估的,其成本按照评估价值加上相关税费确定;没有相关凭据可供取得、也未经资产评估的,其成本比照同类或类似资产的市场价格加上相关税费确定。

(4)无偿调入方式取得的长期股权投资,其成本按照调出方账面价值加上相关税费确定。

2.后续计量

长期股权投资的后续计量是指在持有长期股权投资期间,政府单位根据对被投资单位的财务和经营政策的影响程度的不同,分别采用成本法和权益法确定长期股权投资成本及账面余额。

(1)长期股权投资在持有期间,通常应当采用权益法进行核算。权益法,是指投资最初以投资成本计量,以后根据政府单位在被投资单位所享有的所有者权益份额的变动对投资的账面余额进行调整的方法。

(2)政府单位无权决定被投资单位的财务和经营政策或无权参与被投资单位的财务和经营政策决策的,应当采用成本法进行核算。成本法,是指投资按照投资成本计量的方法。

(3)权益法改成本法。政府单位因处置部分长期股权投资等原因无权再决定被投资单位的财务和经营政策或者参与被投资单位的财务和经营政策决策的,应当对处置后的剩余股权投资改按成本法核算,并以该剩余股权投资在权益法下的账面余额作为按照成本法核算的初始投资成本。其后,被投资单位宣告分派现金股利或利润时,属于已计入投资账面余额的部分,作为成本法下长期股权投资成本的收回,冲减长期股权投资的账面余额。

(4)成本法改权益法。政府单位因追加投资等原因对长期股权投资的核算从成本法改为权益法的,应当自有权决定被投资单位的财务和经营政策或者参与被投资单位的财务和经营政策决策时,按成本法下长期股权投资的账面余额加上追加投资的成本作为按照权益法核算的初始投资成本。

(三)账务处理

1.取得长期股权投资时

(1)以现金方式取得的长期股权投资,按照确定的投资成本,借记“长期股权投资”科目或“长期股权投资——成本”科目,按照支付的价款中包含的已宣告但尚未发放的现金股利,借记“应收股利”科目,按照实际支付的全部价款,贷记“银行存款”等科目。同时,按照支付的价款,借记“投资支出”科目,贷记“资金结存——货币资金”科目。

实际收到取得投资时所支付价款中包含的已宣告但尚未发放的现金股利时,借记“银行存款”科目,贷记“应收股利”科目。同时,借记“资金结存——货币资金”科目,贷记“投资支出”科目。

(2)以现金以外的其他资产置换取得的长期股权投资,按照确定的成本,借记“长期股权投资”科目或“长期股权投资——成本”科目,按照换出资产的账面余额,贷记相关资产科目,如果换出资产为固定资产、无形资产的,还应当借记“固定资产累计折旧”“无形资产累计摊销”科目,按照置换过程中发生的其他相关支出,贷记“银行存款”科目,按照借贷方差额,借记“资产处置费用”科目或贷记“其他收入”科目。同时,按照实际支付的其他相关支出价款,借记“其他支出”科目,贷记“资金结存——货币资金”科目。

涉及补价的,分别以下情况处理:

①支付补价的,按照确定的成本,借记“长期股权投资”科目或“长期股权投资——成本”科目,按照换出资产的账面余额,贷记相关资产科目,如果换出资产为固定资产、无形资产的,还应当借记“固定资产累计折旧”“无形资产累计摊销”科目,按照支付的补价和置换过程中发生的其他相关支出,贷记“银行存款”等科目,按照借贷方差额,借记“资产处置费用”科目或贷记“其他收入”科目。同时,按照实际支付的其他相关支出价款,借记“其他支出”科目,贷记“资金结存——货币资金”科目。

②收到补价的,按照确定的成本,借记“长期股权投资”科目或“长期股权投资——成本”科目,按照收到的补价,借记“银行存款”等科目,按照换出资产的账面余额,贷记相关资产科目,如果换出资产为固定资产、无形资产的,还应当借记“固定资产累计折旧”“无形资产累计摊销”科目,按照置换过程中发生的其他相关支出,贷记“银行存款”等科目,按照补价扣减其他相关支出后的净收入,贷记“应缴财政款”科目,按照借贷方差额,借记“资产处置费用”科目或贷记“其他收入”科目。同时,按照实际支付的其他相关支出大于收到的补价的差额,借记“其他支出”科目,贷记“资金结存——货币资金”科目。

(3)以未入账的无形资产取得的长期股权投资,按照评估价值加相关税费作为投资成本,借记“长期股权投资”科目,按照发生的相关税费,贷记“银行存款”“其他应交税费”等科目,按其差额,贷记“其他收入”科目。同时,按照实际支付的相关税费,借记“其他支出”科目,贷记“资金结存——货币资金”科目。

(4)接受捐赠的长期股权投资,按照确定的投资成本,借记“长期股权投资”科目或“长期股权投资——成本”科目,按照发生的相关税费,贷记“银行存款”等科目,按照其差额,贷记“捐赠收入”科目。同时,按照实际支付的相关税费,借记“其他支出”

科目,贷记“资金结存——货币资金”科目。

(5)无偿调入的长期股权投资,按照确定的投资成本,借记“长期股权投资”科目或“长期股权投资——成本”科目,按照发生的相关税费,贷记“银行存款”等科目,按照其差额,贷记“无偿调拨净资产”科目。同时,按照实际支付的相关税费,借记“其他支出”科目,贷记“资金结存——货币资金”科目。

2. 持有长期股权投资期间

政府单位持有长期股权投资期间,应当按照对被投资单位的财务和经营政策影响程度的不同,分别采用成本法或权益法进行核算。

(1)采用成本法核算的会计处理原则。在成本法下,长期股权投资的账面余额通常保持不变,但追加或收回投资时,应当相应调整其账面余额。长期股权投资持有期间,被投资单位宣告发放现金股利或利润,政府单位应当按照宣告分派的现金股利或利润中属于政府单位应享有的份额确认为投资收益。

(2)采用成本法核算的具体账务处理。被投资单位宣告发放现金股利或利润时,政府单位按照应收的金额,借记“应收股利”科目,贷记“投资收益”科目。收到现金股利或利润时,按照实际收到的金额,借记“银行存款”等科目,贷记“应收股利”科目。同时,借记“资金结存——货币资金”科目,贷记“投资预算收益”科目。

(3)采用权益法核算会计处理原则。采用权益法核算的长期股权投资,按照下列原则进行会计处理:

①政府单位取得长期股权投资后,对于被投资单位所有者权益的变动,应当按照下列规定处理:

A. 按照应享有或应分担的被投资单位实现的净损益的份额,确认为投资损益,同时调整长期股权投资的账面余额;

B. 按照被投资单位宣告分派的现金股利或利润计算应享有的份额,确认为应收股利,同时减少长期股权投资的账面余额;

C. 按照被投资单位除净损益和利润分配以外的所有者权益变动的份额,确认为净资产,同时调整长期股权投资的账面余额。

②政府单位确认被投资单位发生的净亏损,应当以长期股权投资的账面余额减记至零为限,政府单位负有承担额外损失义务的除外。被投资单位发生的净亏损,但以后年度又实现净利润的,政府单位应当在其收益分享额弥补未确认的亏损分担额等后,恢复确认投资收益。

(4)采用权益法核算的长期股权投资具体账务处理:

①被投资单位实现净利润的,政府单位按照应享有的份额,借记“长期股权投资——损益调整”科目,贷记“投资收益”科目。

②被投资单位发生净亏损的,政府单位按照应分担的份额,借记“投资收益”科目,贷记“长期股权投资——损益调整”科目,但以“长期股权投资”科目的账面余额减记至零为限。

③发生亏损的被投资单位以后年度又实现净利润的,政府单位按照收益分享额弥补未确认的亏损分担额等后的金额,借记“长期股权投资——损益调整”科目,贷记“投资收益”科目。

④被投资单位宣告分派现金股利或利润的,政府单位按照应享有的份额,借记“应收股利”科目,贷记“长期股权投资——损益调整”科目。

⑤被投资单位发生除净损益和利润分配以外的所有者权益变动的,政府单位按照应享有或应分担的份额,借记或贷记“权益法调整”科目,贷记或借记“长期股权投资——其他权益变动”科目。

3.成本法与权益法的转换

(1)权益法改成本法核算。因处置部分长期股权投资等原因,政府单位再无权决定被投资单位的财务和经营政策或者参与被投资单位的财务和经营政策的,应当对处置后的剩余股权投资由权益法改按成本法核算。

首先,应当按照权益法下“长期股权投资”科目账面余额作为成本法下“长期股权投资——成本”科目账面余额。其后,被投资单位宣告分派现金股利或利润时,属于单位已计入投资账面余额的部分,按照应分得的现金股利或利润份额,借记“应收股利”科目,贷记“长期股权投资——损益调整”科目。

(2)成本法改为权益法核算。因追加投资等原因,政府单位有权决定被投资单位的财务和经营政策或者参与被投资单位的财务和经营政策的,政府单位应当对长期股权投资的核算从成本法改为权益法,按照成本法下长期股权投资的账面余额加上追加投资的成本作为按照权益法核算的初始投资成本。

政府单位因追加投资等原因对长期股权投资的核算从成本法改为权益法的,应当按照成本法下“长期股权投资”科目账面余额与追加投资成本的合计金额,借记“长期股权投资——成本”科目,按照成本法下“长期股权投资”科目账面余额,贷记“长期股权投资”科目,按照追加投资的成本,贷记“银行存款”等科目。同时,按照实际支付的金额，借记“投资支出”科目，贷记“资金结存——货币资金”等科目。

4. 长期股权投资处置

政府单位按照规定报经批准处置长期股权投资时，应当冲减长期股权投资的账面余额，并按规定将处置价款扣除相关税费后的余额做应缴款项处理，或者按规定将处置价款扣除相关税费后的余额与长期股权投资账面余额的差额计入当期投资损益。采用权益法核算的长期股权投资，因被投资单位除净损益和利润分配以外的所有者权益变动而将应享有的份额计入净资产的，处置该项投资时，还应当将原计入净资产的相应部分转入当期投资损益。

(1)政府单位按照规定报经批准出售(转让)长期股权投资时，应当区分长期股权投资取得方式分别进行处理。

①处置以现金取得的长期股权投资，按照实际取得的价款，借记“银行存款”等科目，按照被处置长期股权投资的账面余额，贷记“长期股权投资”科目，按照尚未领取的现金股利或利润，贷记“应收股利”科目，按照发生的相关税费等支出，贷记“银行存款”等科目，按照借贷方差额，借记或贷记“投资收益”科目。同时，按照实际取得的价款减去实际支付的相关税费税后金额，借记“资金结存——货币资金”科目，贷记“投资支出”“其他结余”“投资预算收益”等科目。

【例 5-10】2×21 年 12 月，某事业单位对外转让一项股权投资，该投资系 2×19 年 1 月以银行存款出资取得，实际收到价款 2 000 000 元，该长期股权投资账面余额为 1 200 000 元，尚未领取现金股利 200 000 元，用银行存款支付相关税费 60 000 元。

账务处理如下：

科目	借方	贷方
借：银行存款	2 000 000	
贷：长期股权投资		1 200 000
应收股利		200 000
银行存款		60 000
投资收益		540 000
借：资金结存——货币资金	1 940 000	
贷：其他结余		1 200 000
投资预算收益		740 000

②处置以现金以外的其他资产取得的长期股权投资，要分两种情况核算：

一是处置净收入上缴财政的，按照被处置长期股权投资的账面余额，借记“资产处置费用”科目，贷记“长期股权投资”科目；同时，按照实际取得的价款，借记“银行存款”等科目，按照尚未领取的现金股利或利润，贷记“应收股利”科目，按照发生的相关税费等支出，贷记“银行存款”等科目，按照贷方差额，贷记“应缴财政款”科目。同时，按照实际获得的现金股利或利润，借记“资金结存——货币资金”科目，贷记“投资预算收益”科目。

【例 5-11】2×21 年 12 月，某事业单位对外转让一项股权投资，该投资系 2019 年 1 月以设备出资取得，实际收到价款 2000 000 元，该长期股权投资账面余额为 1200 000 元，尚未领取现金股利 200 000 元，用银行存款支付相关税费 60 000 元。按照规定，该股权投资的处置净收入应上缴财政。

账务处理如下：

	借方	贷方
借：资产处置费用	1 200 000	
贷：长期股权投资		1 200 000
借：银行存款	2 000 000	
贷：应收股利		200 000
银行存款		60 000
应缴财政款		1 740 000
借：资金结存——货币资金	200 000	
贷：投资预算收益		200 000

二是按照规定将处置时取得的投资收益纳入本单位预算管理的，按照被处置长期股权投资的账面余额，借记“资产处置费用”科目，贷记“长期股权投资”科目；同时，按照实际取得的价款，借记“银行存款”等科目，按照尚未领取的现金股利或利润，贷记“应收股利”科目，按照发生的相关税费等支出，贷记“银行存款”等科目，按照所取得价款大于被处置长期股权投资账面余额、应收股利账面余额和相关税费支出合计的差额，贷记“投资收益”科目，按照贷方差额，贷记“应缴财政款”科目。同时，按照所取得价款扣除长期股权投资账面余额和相关税费后的差额，借记“资金结存——货币资金”科目，贷记“投资预算收益”科目。

【例 5-12】2×21 年 12 月，某事业单位对外转让一项股权投资，该投资系 2019 年 1 月以设备出资取得，实际收到价款 20 000 000 元，该长期股权投资账面余额为 12 000 000 元，尚未领取现金股利 2 000 000 元，用银行存款支付相关税费 600 000 元。按照规定，该单位将投资收益纳入单位预算管理。

账务处理如下：

借：资产处置费用　　12000 000

　贷：长期股权投资　　12000 000

借：银行存款　　20 000 000

　贷：应收股利　　2 000 000

　　银行存款　　600 000

　　投资收益　　5 400 000

　　应缴财政款　　12 000 000

借：资金结存——货币资金　　7 400 000

　贷：投资预算收益　　7 400 000

(2)采用权益法核算无偿划转的处理。因改革需要，政府单位按规定将持有的长期股权投资无偿划转给政府其他单位持有，无偿调出长期股权投资时，调出方应当按照所持有长期股权投资的账面余额(即“长期股权投资”科目所属各明细科目余额的合计数)，借记“无偿调拨净资产”科目，贷记“长期股权投资—成本、损益调整、其他权益变动、新旧制度转换调整”科目；同时还应结转原直接计入净资产的相关金额，借记或贷记“权益法调整”科目，贷记或借记“投资收益”科目。调入方应当按照该长期股权投资在调出方的账面余额，借记“长期股权投资——成本”科目，贷记“无偿调拨净资产”科目，预算会计不需要会计处理。

(3)因被投资单位破产清算等原因，有确凿证据表明长期股权投资发生损失，按照规定报经批准后予以核销时，按照予以核销的长期股权投资的账面余额，借记“资产处置费用”科目，贷记“长期股权投资”科目。

(4)报经批准置换转出长期股权投资时，按照置换转出长期股权投资的账面余额及实际支付的其他相关支出之和，借记“库存物品”“固定资产”“无形资产”等科目，按照置换转出长期股权投资的账面余额，贷记“长期股权投资”，按照实际支付的其他相关支出，贷记“银行存款”等科目，按照差额，借记“资产处置费用”科目(借差)或贷记“其他收入”科目(贷差)。同时,按照实际支付的其他相关支出,借记“其他支出”科目,贷记“资金结存”科目。

涉及补价的:

①支付补价时,按照置换转出长期股权投资的账面余额、实际支付的其他相关支出与支付补价之和,借记“库存物品”“固定资产”“无形资产”等科目,按照置换转出长期股权投资的账面余额,贷记“长期股权投资”,按照实际支付的其他相关支出与支付补价之和,贷记“银行存款”等科目,按照差额,借记“资产处置费用”科目(借差)或贷记“其他收入”科目(贷差)。同时,按照实际支付的其他相关支出与支付补价之和,借记“其他支出”科目,贷记“资金结存”科目。

②收到补价时,按照置换转出长期股权投资的账面余额与实际支付的其他相关支出之和,减去收到的补价,借记“库存物品”“固定资产”“无形资产”等科目,按照收到的补价,借记“银行存款”等科目,按照置换转出长期股权投资的账面余额,贷记“长期股权投资”,按照实际支付的其他相关支出,贷记“银行存款”等科目,按照收到的补价减去其他相关支出的差额,贷记“应缴财政款”科目,按照差额,借记“资产处置费用”科目(借差)或贷记“其他收入”科目(贷差)。同时,按照实际支付的其他相关支出大于收到补价的差额,借记“其他支出”科目,贷记“资金结存”科目。

(5)采用权益法核算的长期股权投资的处置,除进行上述账务处理外,还应结转原直接计入净资产的相关金额,借记或贷记“权益法调整”科目,贷记或借记“投资收益”科目。

【例5-13】甲事业单位发生如下投资业务,不考虑相关税费,请予会计处理:

(1)2×18年1月,甲以银行存款1 000 000元在公开市场买入乙公司10%的股份(含已宣告但尚未发放的现金股利10 000元),在购买过程中支付手续费2 500元。20×8年2月,实际收到现金股利10 000元。

(2)2×18年3月,经与乙公司商议,甲又将一机器设备投入乙公司。该机器设备原始价值为1 500 000元,已经计提折旧200 000元,预计使用年限为10年,持股比例增加至20%,双方协商价1 100 000元。

(3)2×18年4月,乙公司宣告发放现金股利,甲收到投资乙公司发放的现金股利100 000元。

(4)2×19年1月,经与乙公司商议,甲又将接受捐赠的一套价值3 000 000元的进口设备投资乙公司，持股比例增加到40%，此时，甲有权参与乙公司的财务和经营决策。发生相关税费100 000元。

(5)2×20年3月，乙公司宣告发放2×19年现金股利500 000元，分配甲2×19年净利润为300 000元。2×19年乙公司发生除净损益和利润分配以外的所有者权益变动100 000元。

(6)2×20年6月，将机器设备投资入股所持有的乙公司10%的股权转让，该股权投资的账面余额为1 100 000元，实际转让时收到价款为1 500 000元，支付手续费100 000元。处置净收入上缴财政。

(7)2×20年6月，将以银行存款1 000 000元在公开市场买入乙公司10%的股份的股权转让，该股权投资的账面余额为992 500元，实际转让时收到价款为1 202 500元，支付手续费100 000元。

账务处理如下：

(1)买入乙公司股份和实际收到现金股利：

①2×08年1月买入乙公司股份时：

借：长期股权投资——成本——乙公司　　992 500

　应收股利　　10 000

　贷：银行存款　　1 002 500

借：投资支出　　1 002 500

　贷：资金结存——货币资金　　1 002 500

②2×08年2月实际收到现金股利时：

借：银行存款　　10 000

　贷：应收股利　　10 000

借：资金结存——货币资金　　10 000

　贷：投资支出　　10 000

(2)2×08年3月投入机器设备：

借：长期股权投资——成本——乙公司　　1 100 000

　固定资产累计折旧　　200 000

　资产处置费用　　200 000

　贷：固定资产　　1 500 000

(3)宣告并收到现金股利：

①企业宣告发放现金股利时：

借：应收股利 100 000

　贷：投资收益 100 000

②收到现金股利时：

借：银行存款 100 000

　贷：应收股利 100 000

借：资金结存——货币资金 100 000

　贷：投资预算收益 100 000

(4)追加投资成本法改为权益法：

成本法下的长期股权投资成本=992 500+1 100 000=2 092 500元。

权益法下的长期股权投资成本=2 092 500+3 000 000+100 000=5 192 500元。

借：长期股权投资——成本——乙公司 5 192 500

　贷：长期股权投资——成本——乙公司 2 092 500

　　银行存款 100 000

　　捐赠收入 3 000 000

借：其他支出 100 000

　贷：资金结存 100 000

(5)宣告发放现金股利和净利润：

①宣告发放现金股利：

甲应收现金股利=500 000×40%=200 000元

甲应收净利润=300 000元

借：应收股利 500 000

　贷：长期股权投资——损益调整 500 000

②甲享有乙公司所有者权益变动额=100 000×40%=40 000(元)。

借：权益法调整 40 000

　贷：长期股权投资——其他权益变动 40 000

(6)10%的股权转让：

①处置资产：

借：资产处置费用 1 100 000

　贷：长期股权投资——成本——乙公司 1 100 000

②处置净收入上缴财政：

借：银行存款　　1 500 000

　贷：银行存款　　100 000

　　投资收益　　300 000

　　应缴财政款　　1 100 000

借：资金结存——货币资金　　300 000

　贷：投资预算收益　　300 000

(7)股权转让：

借：银行存款　　1 202 500

　贷：长期股权投资——成本——乙公司　　992 500

　　银行存款　　100 000

　　投资收益　　110 000

借：资金结存——货币资金　　1 102 500

　贷：其他结余　　992 500

　　投资预算收益　　110 000

三、长期债券投资

长期债券投资是指政府事业单位按照规定取得的，持有时间超过1年（不含1年）的债券投资。

（一）科目设置

为了核算政府事业单位按照规定取得的，持有时间超过1年（不含1年）的债券投资以及应当收取的利息，政府单位应当设置“长期债券投资”“应收利息”科目。

“长期债券投资”是财务会计资产类科目，借方登记按照规定取得的、持有时间超过1年（不含1年）的债券投资的增加额，贷方反映按照规定取得的，持有时间超过1年（不含1年）的债券投资的减少额和回收额。本科目应当设置“成本”和“应计利息”明细科目，并按照债券投资的种类进行明细核算。本科目期末余额一般在借方，反映政府事业单位持有的长期债券投资的价值。

“应收利息”科目是财务会计资产类科目，借方登记取得长期债券投资支付的价款中包含的已到付息期但尚未领取的利息，以及分期付息、一次还本的长期债券投资按照以票面金额和票面利率计算确定的应收未收利息金额。需要注意的是：事业单位购入的到期一次还本付息的长期债券投资持有期间的利息，通过“长期债券投资——应计利息”科目核算，不通过“应收利息”科目核算。贷方反映收到取得投资时实际支付价款中所包含的已到付息期但尚未领取的利息及实际收到应收未收利息。本科目应当按照被投资单位进行明细核算。本科目期末余额一般在借方，反映政府事业单位应收未收的长期债券投资利息。

(二)确认和计量

1.取得长期债券投资

政府事业单位应当按照实际成本作为初始投资成本。实际支付价款中包含的已到付息期但尚未领取的债券利息，应当单独确认为应收利息，不计入长期债券投资初始投资成本。

2.持有长期债券投资期间

政府事业单位应当按期以票面金额与票面利率计算确认利息收入。对于分期付息、一次还本的长期债券投资，应当将计算确定的应收未收利息确认为应收利息，计入投资收益；对于一次还本付息的长期债券投资，应当将计算确定的应收未收利息计入投资收益，并增加长期债券投资的账面余额。

3.按规定出售或到期收回长期债券投资

政府事业单位应当将实际收到的价款扣除长期债券投资账面余额和相关税费后的差额计入投资损益。

(三)账务处理

1.取得长期债券投资时

政府事业单位按照确定的投资成本，借记“长期债券投资——成本”科目，按照支付的价款中包含的已到付息期但尚未领取的利息，借记“应收利息”科目，按照实际支付的金额，贷记“银行存款”等科目。同时，借记“投资支出”科目，贷记“资金结存——货币资金”科目。

实际收到取得债券时所支付价款中包含的已到付息期但尚未领取的利息时，借记“银行存款”科目，贷记“应收利息”科目。同时，借记“资金结存——货币资金”科目,贷记“投资支出”“其他结余”等科目。

2.长期债券投资持有期间

政府事业单位按期以债券票面金额与票面利率计算确认利息收入时,如为到期一次还本付息的债券投资,借记“长期债券投资——应计利息”科目,贷记“投资收益”科目;如为分期付息、到期一次还本的债券投资,借记“应收利息”科目,贷记“投资收益”科目。

收到分期支付的利息时,按照实收的金额,借记“银行存款”等科目,贷记“应收利息”科目。同时,借记“资金结存——货币资金”科目,贷记“投资预算收益”科目。

3.到期收回长期债券投资

政府事业单位按照实际收到的金额,借记“银行存款”科目,按照长期债券投资的账面余额,贷记“长期债券投资”科目,按照相关应收利息金额,贷记“应收利息”科目,按照其差额,贷记“投资收益”科目。同时,借记“资金结存——货币资金”科目,贷记“投资支出”“其他结余”“投资预算收益”等科目。

4.对外出售长期债券投资

政府事业单位按照实际收到的金额,借记“银行存款”科目,按照长期债券投资的账面余额,贷记“长期债券投资”科目,按照已记入“应收利息”科目但尚未收取的金额,贷记“应收利息”科目,按照其差额,贷记或借记“投资收益”科目。同时,借记“资金结存——货币资金”科目,贷记“投资支出”“其他结余”“投资预算收益”等科目。

涉及增值税业务的,相关账务处理参见“应交增值税”章节。

【例5-14】某事业单位发生如下经济业务,不考虑相关税费,请予会计处理。

(1)2×21年1月,购入3年期的国库券,实际支付价款1 010 000元(包含已到付息期但尚未领取的利息10 000元),款项以银行存款支付。

(2)2×21年3月,购入3年期分年计息、到期一次还本付息的国库券,实际成本为1 000 000元,持有该国库券满一年后计提利息40 000元。

(3)接(2),若该国库券为分期付息、到期一次还本的债券。

(4)接(3),该单位实际收到分期支付的利息时。

(5)2×21年8月,因资金周转困难,将持有的未到期的国库券转让,该国库券的账面余额为1 000 000元(其中投资成本为960 000元,应计利息为40 000元),转让价款990 000元,款项已存入银行。

账务处理如下:

(1)2×21年1月购入3年期的国库券:

①购入国库券时:

借:长期债券投资——成本——国库券　1 000 000

　应收利息　10 000

　贷:银行存款　1 010 000

借:投资支出　1 010 000

　贷:资金结存——货币资金　1 010 000

②实际收到上述已到付息期但尚未领取的利息时:

借:银行存款　10 000

　贷:应收利息　10 000

借:资金结存——货币资金　10 000

　贷:投资支出　10 000

(2)2×21年3月购入3年期分年计息、到期一次还本付息的国库券,持有该国库券满一年后计提利息:

①2×21年3月购入国库券时:

借:长期债券投资——成本——国库券　1 000 000

　贷:银行存款　1 000 000

借:投资支出　1 000 000

　贷:资金结存——货币资金　1 000 000

②一年后计提利息

借:长期债券投资——应计利息——国库券　40 000

　贷:投资收益　40 000

(3)接(2),若该国库券为分期付息、到期一次还本的债券,分期计提利息时:

借:应收利息　40 000

　贷:投资收益　40 000

(4)接(3),实际收到分期支付的利息时:

借:银行存款　40 000

　贷:应收利息　40 000

借:资金结存——货币资金　40 000

贷:投资预算收益 40 000

(5)将持有的未到期的国库券转让:

借:银行存款 990 000

投资收益 10 000

贷:长期债券投资——成本——国库券 960 000

——应计利息——国库券 40 000

借:资金结存——货币资金 990 000

投资预算收益 10 000

贷:投资支出 1 000 000

第三节　应收及预付款项

应收及预付款项是指政府单位在开展业务活动中形成的各项债权,包括财政应返还额度、应收票据、应收账款、预付账款、应收股利、应收利息、其他应收款等。本节主要探讨它们的核算。

一、财政应返还额度

(一)概述

财政应返还额度是指实行国库集中支付的政府单位,年度终了应收年末未使用、财政下年度返还的资金额度,即反映结转下年使用的用款额度。实行国库集中支付的政府单位,在年度预算被批准后,其年度的财政直接支付和财政授权支付的预算指标就被确定了。预算年度内政府单位对这些财政资金预算指标的使用,全部实行用款计划管理,并采用财政直接支付和财政授权支付两种方式实现支付。

在财政直接支付方式下,财政应返还额度(年末未使用资金额度)是指当年财政直接支付预算指标数与财政直接支付实际支出数的差额。

在财政授权支付方式下,财政应返还额度(年末未使用资金额度)包括未下达授权支付额度和未使用授权支付额度两个部分:未下达授权支付额度是当年财政授权支付预算指标数与零余额账户用款额度下达数的差额;未使用授权支付额度是当年零余额账户用款额度下达数与零余额账户用款额度实际使用数的差额。年度终了时，对于上述的国库集中支付尚未使用资金额度和尚未下达授权支付额度，各单位应先返还财政部门，下年初再由财政部门予以恢复下达。

(二)科目设置

为了核算实行国库集中支付政府单位应收财政返还的资金额度，政府单位应该设置“财政应返还额度”科目。“财政应返还额度”是财务会计资产类科目，借方登记应收财政返还的资金额度的增加数，贷方登记应收财政返还的资金额度的减少数。本科目应当设置“财政直接支付”“财政授权支付”两个明细科目进行明细核算。本科目期末余额一般在借方，反映政府单位应收财政返还的资金额度。

(三)账务处理

1.财政直接支付方式下的处理

(1)年末，政府单位根据本年度财政直接支付预算指标数大于当年财政直接支付实际发生数的差额，借记“财政应返还额度——财政直接支付”科目，贷记“财政拨款收入”科目。同时，借记“资金结存——财政应返还额度”科目，贷记“财政拨款预算收入”科目。

(2)下一年，政府单位使用以前年度财政直接支付额度支付款项时，借记“业务活动费用”“单位管理费用”等科目，贷记“财政应返还额度——财政直接支付”科目。同时，借记“行政支出”“事业支出”等科目，贷记“资金结存——财政应返还额度”科目。

2.财政授权支付方式下的处理

(1)年末的处理。①财政授权支付预算指标数已下达，但没有使用完。政府单位根据代理银行提供的对账单作注销额度的相关账务处理，借记“财政应返还额度——财政授权支付”科目，贷记“零余额账户用款额度”科目。同时，借记“资金结存——财政应返还额度”科目，贷记“资金结存——零余额账户用款额度”科目。

②财政授权支付预算指标数未下达完毕。政府单位存在本年度财政授权支付预算指标数大于零余额账户用款额度下达数的，根据未下达的用款额度，借记“财政应返还额度——财政授权支付”科目，贷记“财政拨款收入”科目。同时，借记“资金结存——财政应返还额度”科目，贷记“财政拨款预算收入”科目。

(2)下年初的处理。①上年度零余额账户用款额度没有使用完的恢复处理。政府单位根据代理银行提供的上年度注销额度恢复到账通知书作恢复额度的相关账务处理,借记“零余额账户用款额度”科目,贷记“财政应返还额度——财政授权支付”科目。同时,借记“资金结存——零余额账户用款额度”科目,贷记“资金结存——财政应返还额度”科目。

②上年度财政授权支付预算指标数未下达完毕的恢复处理。政府单位根据财政部门批复的上年未下达零余额账户用款额度通知书,借记“零余额账户用款额度”科目,贷记“财政应返还额度——财政授权支付”科目。同时,借记“资金结存——零余额账户用款额度”科目,贷记“资金结存——财政应返还额度”科目。

【例 5-15】某行政单位是实行国库集中支付的单位,2×21 年年度终了时通过对账确认本年度财政直接支付预算指标数为 10 000 000 元,当年财政直接支付实际支出数为 9 500 000 元。2×22 年年初,收到代理银行转来的“财政直接支付入账通知书”,使用上年尚未使用的财政直接支付额度 500 000 元支付物业管理费。

账务处理如下:

(1)确认 2×21 年财政直接支付预算指标数与实际支出数差额:

借:财政应返还额度——财政直接支付　　500 000

　贷:财政拨款收入　　500 000

借:资金结存——财政应返还额度　　500 000

　贷:财政拨款预算收入　　500 000

(2)2×22 初收到“财政直接支付入账通知书”:

借:业务活动费用　　500 000

　贷:财政应返还额度——财政直接支付　　500 000

借:行政支出　　500 000

　贷:资金结存——财政应返还额度　　500 000

【例 5-16】2×21 年年末,某事业单位收到代理银行转来的“财政授权支付注销额度到账通知书”列示应注销的额度为 1 000 000 元。2×22 年年初,收到代理银行转来的 1 000 000 元“财政授权支付额度恢复到账通知单”。

账务处理如下:

(1)2×21年年末收到代理银行转来的"财政授权支付注销额度到账通知书":

借:财政应返还额度——财政授权支付　　1 000 000

　　贷:零余额账户用款额度　　1 000 000

借:资金结存——财政应返还额度　　1 000 000

　　贷:资金结存——零余额账户用款额度　　1 000 000

(2)2×22年年初收到代理银行转来的"财政授权支付额度恢复到账通知单":

借:零余额账户用款额度　　1 000 000

　　贷:财政应返还额度——财政授权支付　　1 000 000

借:资金结存——零余额账户用款额度　　1 000 000

　　贷:资金结存——财政应返还额度　　1 000 000

二、应收票据

(一)应收票据的概念及分类

1.概念

应收票据是指政府单位因从事经营活动销售产品而收到的商业票据。商业票据是一种载有固定付款日期、付款地点、付款金额和付款人的无条件支付的流通证券,也是一种可以由持票人自由转让给他人的债权凭证。会计上作为应收票据处理的是指单位采用商业汇票结算方式销售商品、产品而收到的商业汇票。

2.分类

(1)商业汇票按承兑人分,可以分为商业承兑汇票和银行承兑汇票两种。

商业承兑汇票是指由收款人签发,经付款人承兑,或由付款人签发并承兑的票据。商业承兑汇票到期时,如付款人账户不足支付,银行则将商业承兑汇票退给收款人,由购销双方自行解决,银行不负责任。

银行承兑汇票是由收款人或承兑申请人签发,并由承兑申请人向银行申请,由银行审查并承兑的票据。银行承兑汇票到期时,如购货单位未能将应收票据交存银行,则银行向收款人或贴现银行无条件支付票款。

(2)应收票据按是否计息分,可以分为带息票据和不带息票据。

带息票据是指注明利率及付息日期的票据,带息票据可在票据到期时一次付息。

不带息票据是指到期只按面额支付，无须支付利息的票据。无论票据是否带息，应收票据都应于收到或开出并承兑时，以其票面金额入账。

（二）科目设置

为了核算政府单位因开展经营活动销售产品、提供有偿服务而收到的商业汇票，包括银行承兑汇票和商业承兑汇票，政府单位应当设置“应收票据”科目。

“应收票据”是财务会计资产类科目，是借方登记收到的商业汇票的增加额，贷方登记收到的商业汇票的减少额。本科目应当按照开出、承兑商业汇票的单位等进行明细核算。本科目期末余额一般在借方，反映政府单位持有的商业汇票票面金额。

政府单位应当设置“应收票据备查簿”，逐笔登记每一应收票据的种类、号数、出票日期、到期日、票面金额、交易合同号和付款人、承兑人、背书人姓名或单位名称、背书转让日、贴现日期、贴现率和贴现净额、收款日期、收回金额和退票情况等。应收票据到期结清票款或退票后，应当在备查簿内逐笔注销。

（三）账务处理

1.取得商业汇票

政府单位因销售产品、提供服务等收到商业汇票，按照商业汇票的票面金额，借记“应收票据”科目，按照确认的收入金额，贷记“经营收入”等科目，按照现行增值税制度规定计算的销项税额或采用简易计税方法计算的应纳增值税额，贷记“应交增值税——应交税金——销项税额”科目或“应交增值税——简易计税”科目（小规模纳税人适用）。

【例5-17】某事业单位销售A产品一批给甲公司，货已发出，价款为200 000元，增值税款为26 000元。按合同约定2个月后付款，甲公司交给该事业单位一张两个月到期的商业承兑汇票，面值为226 000元。2个月到期时，甲公司因资金困难无法按时支付票款，该事业单位遂收到银行退回的商业承兑汇票，与甲公司协商后同意其延期支付货款。

账务处理如下：

（1）收到商业承兑汇票：

借：应收票据——甲公司　　226 000

贷:经营收入　200 000

应交增值税——应交税金——销项税额　26 000

(2)同意其延期支付货款:

借:应收账款——甲公司　226 000

贷:应收票据——甲公司　226 000

2. 贴现

政府单位持未到期的商业汇票向银行贴现,按照实际收到的金额(即扣除贴现息后的净额),借记“银行存款”科目,按照贴现息金额,借记“经营费用”等科目,按照商业汇票的票面金额,如果商业汇票无追索权,贷记“应收票据”科目,如果商业汇票有追索权,则贷记“短期借款”科目。同时,按照实际收到的金额,借记“资金结存——货币资金”科目,贷记“经营预算收入”等科目。

附追索权的商业汇票到期未发生追索事项的,按照商业汇票的票面金额,借记“短期借款”科目,贷记“应收票据”科目。

【例5-18】某事业单位持有一张1个月之前收到的甲公司2个月到期的无追索权商业承兑无息汇票到银行贴现。该汇票票面金额为50 000元,银行贴现率为12%。

账务处理如下:

贴现息＝50 000×12%×1/12＝500(元)

扣除贴现息后的净额＝50 000-500＝49 500(元)

借:银行存款　49 500

经营费用　500

贷:应收票据——甲公司　50 000

借:资金结存——货币资金　49 500

贷:经营预算收入　49 500

3. 背书转让

政府单位将持有的商业汇票背书转让以取得所需物资时,按照取得物资的成本,借记“库存物品”“固定资产”等科目,对于进项税额允许抵扣的,按照当月已认证的可抵扣增值税额,借记“应交增值税——应交税金——进项税额”科目,按照当月未认证的可抵扣增值税额,借记“应交增值税——待认证进项税额”科目;对于进项税额不得抵扣的,如单位购进资产或服务等,用于简易计税方法计税项目、免征增值税项目、集体福利或个人消费等,其进项税额按照现行增值税制度规定不得从销项税额中抵扣的,取得增值税专用发票时,按照待认证的增值税进项税额,借记“应交增值税——待认证进项税额”科目,按照商业汇票的票面金额,贷记“应收票据”科目,如有差额,借记或贷记“银行存款”等科目。同时,按照支付的金额,借记“经营支出”科目,贷记“资金结存——货币资金”等科目。

【例5-19】某事业单位将持有的账面价值为46 800元的商业承兑汇票背书转让以取得50 000元、增值税额为6 500元的库存物品一批,差价款以银行存款支付。

账务处理如下:

借:库存物品	50 000	
应交增值税——应交税金——进项税额	6 500	
贷:应收票据		46 800
银行存款		9 700
借:经营支出	9 700	
贷:资金结存——货币资金		9 700

4.商业汇票到期时,应当分别按以下情况处理

(1)收回票款时,按照实际收到的商业汇票票面金额,借记“银行存款”科目,贷记“应收票据”科目。同时,借记“资金结存——货币资金”科目,贷记“经营预算收入”科目。

(2)因付款人无力支付票款,收到银行退回的商业承兑汇票、委托收款凭证、未付票款通知书或拒付款证明等,按照商业汇票的票面金额,借记“应收账款”科目,贷记“应收票据”科目。

三、应收账款

(一)应收账款概念

应收账款是指政府事业单位因提供劳务、开展有偿服务以及销售产品等业务形成的应向客户收取的款项以及政府单位出租资产、出售物资等应当收取而尚未收取的款项。不包括借出款、备用金、应向职工收取的各种垫付款项等。

(二)科目设置

为了核算因提供劳务、开展有偿服务以及销售产品等业务形成的应向客户收取的款项以及出租资产、出售物资等应当收取而尚未收取的款项,政府单位需要设置“应收账款”科目,为了核算政府事业单位对收回后不需上缴财政的应收账款和其他应收款提取的坏账准备,事业单位还需要设置“坏账准备”科目。

1.“应收账款”科目

“应收账款”是财务会计资产类科目,借方登记因提供劳务、开展有偿服务以及销售产品等业务形成的应向客户收取的款项以及出租资产、出售物资等应当收取而尚未收取的款项的增加数,贷方登记因提供劳务、开展有偿服务以及销售产品等业务形成的应向客户收取的款项以及出租资产、出售物资等应当收取而尚未收取的款项的减少数。本科目应当按照债务单位(或个人)进行明细核算。本科目期末余额一般在借方,反映政府单位尚未收回的应收账款。

2.“坏账准备”科目

“坏账准备”是财务会计资产类科目,是“应收账款”和“其他应收款”的备抵科目。借方登记账龄超过规定年限并确认无法收回的应收账款、其他应收款,报经批准的无法收回的金额,贷方登记提取的坏账准备及已核销的应收账款、其他应收款在以后期间又实际收回的金额。本科目应当分别应收账款和其他应收款进行明细核算。本科目期末贷方余额,反映政府事业单位提取的坏账准备金额。

事业单位应当于每年年末,对收回后不需上缴财政的应收账款和其他应收款进行全面检查,分析其可收回性,对预计可能产生的坏账损失计提坏账准备、确认坏账损失。

事业单位可以采用应收款项余额百分比法、账龄分析法、个别认定法等方法计提坏账准备。坏账准备计提方法一经确定,不得随意变更。如需变更,应当按照规定报经批准,并在财务报表附注中予以说明。当期应补提或冲减的坏账准备金额的计算公式如下:

当期应补提或冲减的坏账准备=按照期末应收账款和其他应收款计算应计提的坏账准备金额−"坏账准备"科目期末贷方余额(或+"坏账准备"科目期末借方余额)。

(三)账务处理

1.应收账款收回后不需上缴财政

政府事业单位发生应收账款时,按照应收未收金额,借记"应收账款"科目,贷记"事业收入""经营收入""租金收入""其他收入"等科目,按照现行增值税制度规定计算的销项税额或采用简易计税方法计算的应纳增值税额,贷记"应交增值税——应交税金——销项税额"科目或贷记"应交增值税——简易计税"科目(小规模纳税人适用)。

收回应收账款时,按照实际收到的金额,借记"银行存款"等科目,贷记"应收账款"科目。同时,借记"资金结存——货币资金"科目,贷记"事业预算收入""经营预算收入""其他预算收入"等科目。

2.应收账款收回后需上缴财政

(1)政府事业单位出租资产发生应收未收租金款项时,按照应收未收金额,借记"应收账款"科目,贷记"应缴财政款"科目,按照现行增值税制度规定计算的销项税额或采用简易计税方法计算的应纳增值税额,贷记"应交增值税——应交税金——销项税额"科目或贷记"应交增值税——简易计税"科目(小规模纳税人适用)。

收回应收账款时,按照实际收到的金额,借记"银行存款"科目,贷记"应收账款"科目。

(2)政府事业单位出售物资发生应收未收款项时,按照应收未收金额,借记"应收账款"科目,贷记"应缴财政款"科目,按照现行增值税制度规定计算的销项税额或采用简易计税方法计算的应纳增值税额,贷记"应交增值税——应交税金——销项税额"科目或贷记"应交增值税——简易计税"科目(小规模纳税人适用)。

收回应收账款时,按照实际收到的金额,借记"银行存款"等科目,贷记"应收账款"科目。

3.政府事业单位应当于每年年末,对收回后不需上缴财政的应收账款进行全面

检查,如发现不能收回的迹象,应当计提坏账准备

(1)对于账龄超过规定年限、确认无法收回的应收账款,按照规定报经批准后予以核销。按照核销金额,借记“坏账准备”科目,贷记“应收账款”科目。核销的应收账款应在备查簿中保留登记。

(2)已核销的应收账款在以后期间又收回的,按照实际收回金额,借记“应收账款”科目,贷记“坏账准备”科目;同时,借记“银行存款”科目,贷记“应收账款”科目;借记“资金结存——货币资金”科目,贷记“非财政拨款结余”科目。

4.政府行政单位应当于每年年末,对收回后应当上缴财政的应收账款进行全面检查

(1)对于账龄超过规定年限、确认无法收回的应收账款,按照规定报经批准后予以核销。按照核销金额,借记“应缴财政款”科目,贷记“应收账款”科目。核销的应收账款应当在备查簿中保留登记。

(2)已核销的应收账款在以后期间又收回的,按照实际收回金额,借记“银行存款”等科目,贷记“应缴财政款”科目。

【例5-20】某事业单位2×21年发生如下经济业务,请予会计处理。

(1)2月1日,向甲公司销售商品获得收入500 000元,增值税税额为65 000元。按照合同约定,为了鼓励甲公司早日付款,该事业单位提供的现金折扣条件为2/10,1/20,N/30(计算现金折扣时不考虑增值税税额)。2月16日,甲公司支付了这笔款项。

(2)3月1日,出售物资获得收入300 000元,20日款项收到。按照规定,该项收入在收到后应全部上缴财政。

(3)4月1日,对应收账款的账龄进行分析,发现超过规定年限尚未收回的应收账款余额为270 000元。经调查,B公司因破产所欠房租款150 000元已经无法收回,将无法收回的应收账款余额上报财政部门审批,予以核销。该房租属于需上缴财政的收入。

(4)5月1日,B公司因破产清算,转来房租款50 000元,已存入银行。

(5)6月1日,对应收账款的账龄进行分析,发现超过规定年限尚未收回的应收账款余额为120 000元。经调查,C公司因拖欠货款50 000元已经无法收回,将无法收回的应收账款余额上报财政部门审批,予以核销。该货款属于不需上缴财政的

收入。

(6)7月,收到C公司拖欠货款50 000元,已存入银行。

账务处理如下:

(1)2月份:

①2月1日销售商品确认收入时:

借:应收账款——甲公司　565 000

　贷:经营收入　500 000

　　应交增值税——应交税金——销项税额　65 000

②2月16日收到款项时:现金折扣＝565 000×1%＝5 650(元)

借:银行存款　559 350

　经营支出　5 650

　贷:应收账款——甲公司　565 000

借:资金结存——货币资金　559 350

　贷:经营预算收入　559 350

(2)3月份:

①确认收入:

借:应收账款　300 000

　贷:应缴财政款　300 000

②收到款项:

借:银行存款　300 000

　贷:应收账款　300 000

(3)4月,B公司因破产所欠房租款予以核销:

借:应缴财政款　150 000

　贷:应收账款——B公司　150 000

(4)5月,收回50 000元:

借:银行存款　50 000

　贷:应缴财政款　50 000

(5)6月,C公司因拖欠货款50 000元已经无法收回,予以核销:

借:坏账准备　50 000

　贷:应收账款——C公司　50 000

(6)7月,收回C公司拖欠货款50 000元:

借:应收账款　　50 000

　　贷:坏账准备　　50 000

借:银行存款　　50 000

　　贷:应收账款　　50 000

借:资金结存——货币资金　　50 000

　　贷:非财政拨款结余　　50 000

四、预付账款

预付账款是指政府单位按照购货、服务合同或协议约定预付给供应单位(或个人)的款项,以及按照合同约定向承包工程的施工企业预付的备料款和工程款。

(一)科目设置

为了核算按照购货、服务合同或协议约定预付给供应单位(或个人)的款项,以及按照合同约定向承包工程的施工企业预付的备料款和工程款,政府单位应当设置"预付账款"科目。

"预付账款"是财务会计资产类科目,借方登记预付款项的增加数,贷方登记预付款项的减少数。本科目应当按照供应单位(或个人)及具体项目进行明细核算;对于基本建设项目发生的预付账款,还应当在本科目所属基建项目明细科目下设置"预付备料款""预付工程款""其他预付款"等明细科目,进行明细核算。本科目期末余额一般在借方,反映单位实际预付但尚未结算的款项。

(二)账务处理

1.购买货物或服务预付款项时

根据购货、服务合同或协议约定,按照预付金额,借记"预付账款"科目,贷记"财政拨款收入""零余额账户用款额度""银行存款"等科目。同时,借记"行政支出""事业支出"等科目,贷记"财政拨款预算收入""资金结存"等科目。

【例5-21】2×21年1月,某行政单位与某会展中心签订合同,为拟举办的大型会议预订场地。根据合同约定，场地租金共计50 000元，预订时交纳定金10 000元，会议结束后，支付差额款40 000元。该行政单位通过零余额账户支付定金和差额款。

账务处理如下：

（1）交纳定金：

借：预付账款——会展中心　　10 000

　贷：零余额账户用款额度　　10 000

借：行政支出　　10 000

　　贷：资金结存——零余额账户用款额度　　10 000

（2）支付差额款：

借：业务活动费用　　50 000

　贷：预付账款——会展中心　　10 000

　　　零余额账户用款额度　　40 000

借：行政支出　　40 000

　贷：资金结余——零余额账户用款额度　　40 000

2.收到所购资产或接受服务时

按照购入资产或服务的成本，借记“库存物品”“固定资产”“无形资产”“业务活动费用”等相关科目，对于进项税额允许抵扣的，按照当月已认证的可抵扣增值税额，借记“应交增值税——应交税金——进项税额”科目，按照当月未认证的可抵扣增值税额，借记“应交增值税——待认证进项税额”科目；对于进项税额不得抵扣的，按照待认证的增值税进项税额，借记“应交增值税——待认证进项税额”科目，按照相关预付账款的账面余额，贷记“预付账款”科目，按照实际补付的金额，贷记“财政拨款收入”“零余额账户用款额度”“银行存款”等科目。同时，按照实际补付的金额，借记“行政支出”“事业支出”等科目，贷记“财政拨款预算收入”“资金结存”等科目。

3.根据工程进度结算工程价款及备料款时

按照结算金额，借记“在建工程”科目，按照相关预付账款的账面余额，贷记“预付账款”科目，按照实际补付的金额，贷记“财政拨款收入”“零余额账户用款额度”“银行存款”等科目。同时，按照实际补付的金额，借记“行政支出”“事业支出”等科目，贷记“财政拨款预算收入”“资金结存”等科目。

【例 5-22】某事业单位的一项基本建设项目进入第一次工程结算阶段,按照工程进度应结算的金额为 1 000 000 元,建设初期已预付部分工程款 300 000 元,补付的价款通过银行存款支付。

账务处理如下:

借:在建工程　1 000 000

　贷:预付账款——预付工程款　300 000

　　银行存款　700 000

借:事业支出　700 000

　贷:资金结存——货币资金　700 000

4. 发生预付账款退回时

(1)当年预付的账款退回的,按照实际退回金额,借记"财政拨款收入""零余额账户用款额度""银行存款"等科目,贷记"预付账款"科目。同时,借记"财政拨款预算收入""资金结存"等科目,贷记"行政支出""事业支出"等科目。

【例 5-23】某事业单位 2×21 年 1 月份向 B 公司预付设备款 8 000 元,因项目内容变更,需要更换设备,因此预付账款于 2×21 年 8 月份退回。用零余额用款额度支付。

账务处理如下:

借:零余额账户用款额度　8 000

　贷:预付账款　8 000

借:资金结存——零余额账户用款额度　8 000

　贷:事业支出　8 000

(2)以前年度预付的账款退回的,按照实际退回金额,借记"财政应返还额度""零余额账户用款额度""银行存款"等科目,贷记"预付账款"科目。同时,借记"资金结存"科目,贷记"财政拨款结余——年初余额调整""财政拨款结转——年初余额调整"等科目。

【例 5-24】某事业单位去年向 A 公司预付的工程款 10 000 元,因合同内容变更,于今年退回。去年用零余额用款额度支付。

账务处理如下：

借：财政应返还额度　10 000

　贷：预付账款　10 000

借：资金结存　10 000

　贷：财政拨款结转——年初余额调整　10 000

5.年末账务处理

政府单位应当于每年年末，对预付账款进行全面检查。如果有确凿证据表明预付账款不再符合预付款项性质，或者因供应单位破产、撤销等原因可能无法收到所购货物、服务的，应当先将其转入其他应收款，再按照规定进行处理。将预付账款账面余额转入其他应收款时，借记“其他应收款”科目，贷记“预付账款”科目。

【例 5-25】某事业单位经核查确认，四年前向A公司预付的采购技术设备款100 000元因其被撤销已无望再收到所购物资，也确实无法收回预付账款。

账务处理如下：

借：其他应收款　100 000

　贷：预付账款——A公司　100 000

五、其他应收款

其他应收款是指除财政应返还额度、应收票据、应收账款、预付账款、应收股利、应收利息以外的其他各项应收及暂付款项，如职工预借的差旅费、已经偿还银行尚未报销的本单位公务卡欠款、拨付给内部有关部门的备用金、应向职工收取的各种垫付款项、支付的可以收回的订金或押金、应收的上级补助和附属单位上缴款项等。

（一）科目设置

为了核算除财政应返还额度、应收票据、应收账款、预付账款、应收股利、应收利息以外的其他各项应收及暂付款项，政府单位应当设置“其他应收款”科目。为了核算事业单位对年末不能及时收回其他应收款提取的坏账准备，事业单位还需要设置“坏账准备”科目。

“其他应收款”是财务会计资产类科目，借方登记其他各项应收及暂付款项的增加数，贷方登记其他各项应收及暂付款项的减少数。本科目应当按照其他应收款的类别以及债务单位(或个人)进行明细核算。本科目期末余额一般在借方，反映政府单位尚未收回的其他应收款。

(二)账务处理

1.发生其他各种应收及暂付款项时

按照实际发生金额，借记“其他应收款”科目，贷记“零余额账户用款额度”“银行存款”“库存现金”“上级补助收入”“附属单位上缴收入”等科目，涉及增值税业务的，按照现行增值税制度规定计算的销项税额或采用简易计税方法计算的应纳增值税额，贷记“应交增值税——应交税金——销项税额”科目或“应交增值税——简易计税”科目(小规模纳税人适用)。

【例 5-26】某行政单位职工刘某因公务外出预借差旅费 3 000 元，通过零余额账户予以支付。刘某出差回来后报销差旅费，报销金额为 3 500 元，报销差额 500 元以现金补付。

账务处理如下：

(1)预借差旅费：

	借方	贷方
借：其他应收款——刘某	3 000	
贷：零余额账户用款额度		3 000

(2)报销差旅费：

	借方	贷方
借：单位管理费用	3 500	
贷：其他应收款——刘某		3 000
库存现金		500
借：行政支出	3 500	
贷：资金结存——货币资金		3 500

2.收回其他各种应收及暂付款项时

按照收回的金额，借记“库存现金”“银行存款”等科目，贷记“其他应收款”科目。

3.单位内部实行备用金制度时

单位内部实行备用金制度的，有关部门使用备用金以后应当及时到财务部门报销并补足备用金。

财务部门核定并发放备用金时，按照实际发放金额，借记“其他应收款”科目，贷记“库存现金”等科目。根据报销金额用现金补足备用金定额时，借记“业务活动费用”“单位管理费用”等科目，贷记“库存现金”等科目，报销数和拨补数都不再通过“其他应收款”科目核算。同时，按照实际报销金额，借记“行政支出”“事业支出”等科目，贷记“资金结存”科目。

【例5-27】某事业单位内部实行备用金制度，其财务部门以库存现金发放备用金30 000元。月末根据报销情况，用现金10 000元补足备用金定额30 000元。

账务处理如下：

（1）以库存现金发放备用金时：

借：其他应收款——备用金	30 000	
贷：库存现金		30 000

（2）用现金补足备用金时：

借：单位管理费用	10 000	
贷：库存现金		10 000
借：事业支出	10 000	
贷：资金结存——货币资金		10 000

4.偿还尚未报销的本单位公务卡欠款时

按照偿还的款项，借记“其他应收款”科目，贷记“零余额账户用款额度”“银行存款”等科目；持卡人报销时，按照报销金额，借记“业务活动费用”“单位管理费用”等科目，贷记“其他应收款”科目。同时，按照实际报销金额，借记“行政支出”“事业支出”等科目，贷记“资金结存”科目。

【例5-28】某高校某月公务卡还款日为教职工偿还公务卡欠款50 000元，其中教学业务活动款项30 000元，行政管理业务款项20 000元，付款方式为财政授权支付。3日后持卡人持有关发票报销了相关费用。

账务处理如下:

(1)偿还公务卡欠款时:

借:其他应收款——教职工　　50 000

　　贷:零余额账户用款额度　　50 000

(2)持卡人报销时:

借:业务活动费用　　30 000

　　单位管理费用　　20 000

　　贷:其他应收款——教职工　　50 000

借:事业支出　　50 000

　　贷:资金结存——零余额账户用款额度　　50 000

5.将预付账款账面余额转入其他应收款时

将预付账款账面余额转入其他应收款时,借记“其他应收款”科目,贷记“预付账款”科目。具体说明参见“预付账款”科目。

6.年末事业单位的处理

事业单位应当于每年年末,对其他应收款进行全面检查,如发生不能收回的迹象,应当计提坏账准备。

(1)对于账龄超过规定年限、确认无法收回的其他应收款,按照规定报经批准后予以核销。按照核销金额,借记“坏账准备”科目,贷记“其他应收款”科目。核销的其他应收款应当在备查簿中保留登记。

(2)已核销的其他应收款在以后期间又收回的,按照实际收回金额,借记“其他应收款”科目,贷记“坏账准备”科目;同时,借记“银行存款”科目,贷记“其他应收款”科目,借记“资金结存——货币资金”科目,贷记“其他预算收入”科目。

【例5-29】某事业单位年初经核查发现3年前为职工张某垫付的水电费30 000元,因其离开本单位不知去向确实无法收回,这笔款项按规定报经批准后予以核销,已知单位在此期间已将该笔款项全额计提减值准备。张某年末回来归还该笔款项。

账务处理如下:

(1)按规定报经批准后予以核销:

借:坏账准备　　30 000

贷：其他应收款——张某 30 000

(2)张某年末回来归还款项：

借：其他应收款——张某 30 000

贷：坏账准备 30 000

借：银行存款 30 000

贷：其他应收款——张某 30 000

借：资金结存——货币资金 30 000

贷：其他预算收入 30 000

【例 5-30】某事业单位按照应收款项余额百分比法计提坏账准备，坏账提取比例为应收款项的10%。该单位年初应收款项余额为200 000元，已计提坏账准备20 000元，当年新增应收账款50 000元，收回应收账款100 000元，新增其他应收款80 000元，无其他影响应收款项变动的事项。

账务处理如下：

当年末应补提的坏账准备＝(200 000+50 000-100 000+80 000)×10%-20 000＝3 000(元)

借：其他费用 3 000

贷：坏账准备 3 000

【例 5-31】某事业单位年末发现坏账准备账面有50 000元，其中一笔有5 000元，经核实无收回的可能，报经批准后核销了5 000元。而在去年核销坏账准备3 000元，当年又收回了500元。

账务处理如下：

(1)报经批准后核销了5 000元：

借：坏账准备 5 000

贷：其他应收款 5 000

(2)当年又收回坏账准备500元：

借：其他应收款 500

贷：坏账准备 500

借：银行存款 500

贷:其他应收款　　500

借:资金结存——货币资金　　500

贷:非财政拨款结余　　500

7.年末行政单位的处理

行政单位应当于每年年末,对其他应收款进行全面检查。对于超过规定年限、确认无法收回的其他应收款,应当按照有关规定报经批准后予以核销。核销的其他应收款应在备查簿中保留登记。

(1)经批准核销其他应收款时,按照核销金额,借记“资产处置费用”科目,贷记“其他应收款”科目。

(2)已核销的其他应收款在以后期间又收回的,按照收回金额,借记“银行存款”等科目,贷记“其他收入”科目。同时,借记“资金结存——货币资金”科目,贷记“其他预算收入”科目。

【例5-32】某行政单位年初经核查确认3年前以非财政拨款收入为职工张某代垫的房租5 000元因其下落不明确实无法收回,这笔款项按规定报经批准后予以核销。张某年末回来归还了上述款项。

账务处理如下:

(1)年初报经批准后予以核销:

借:资产处置费用　　5 000

贷:其他应收款——张某　　5 000

(2)年末回来归还款项:

借:银行存款　　5 000

贷:其他收入　　5 000

借:资金结存——货币资金　　5 000

贷:其他预算收入　　5 000

思考与练习题

一、名词解释

1. 货币资金

2. 零余额账户用款额度

3. 财政应返还额度

二、填空题

1. 政府单位发生外币业务的，应当按照业务发生当日的（　　），将外币金额折算为人民币金额记账，并登记（　　）和（　　）。

2. 期末，政府单位各种外币账户的期末余额，应当按照期末的（　　）折算为人民币，作为外币账户期末人民币余额。调整后的各种外币账户人民币余额与原账面余额的差额，作为汇兑损益计入（　　）。

3. 政府单位通过支付宝、微信等方式取得相关收入的，对于尚未转入银行存款的支付宝、微信收付款等第三方支付平台账户的余额，应当通过（　　）科目核算。

4. 政府单位取得短期投资时，按照确定的投资成本，借记（　　）科目，贷记"银行存款"科目。同时，按照投资金额和所支付的相关税费金额的合计数，借记（　　）科目，贷记"资金结存——货币资金"科目。

5. 收到短期投资持有期间的利息。按照实际收到的金额，借记"银行存款"科目，贷记（　　）科目。同时，借记"资金结存——货币资金"科目，贷记（　　）科目。

三、判断题

1. 政府单位根据经济业务编制的银行存款余额调节表，可以作为编制记账凭证调整账簿记录的附件依据。（　　）

2. 政府单位以支付现金方式取得的长期股权投资，按照实际支付的全部价款（包括购买价款和相关税费）作为实际成本。实际支付价款中包含的已宣告但尚未发放的现金股利，也计入长期股权投资初始投资成本。（　　）

3. 长期股权投资在持有期间，通常应当采用权益法进行核算。（　　）

4. 政府单位无权决定被投资单位的财务和经营政策或无权参与被投资单位的财务和经营政策决策的，应当采用成本法进行核算。（　　）

5. 政府单位因追加投资等原因对长期股权投资的核算从成本法改为权益法的，

应当自有权决定被投资单位的财务和经营政策或者参与被投资单位的财务和经营政策决策时，按成本法下长期股权投资的账面余额加上追加投资的成本作为按照权益法核算的初始投资成本。(　　)

6.“坏账准备”科目期末贷方余额，反映政府单位提取的坏账准备金额。(　　)

四、问答题

1. 政府单位投资管理有何要求？

2. 政府单位短期投资概念与特点是什么？

3. 政府单位短期投资确认和计量是如何规定的？

六、账务处理题

1. 某事业单位因开展非独立核算经营活动提供有偿服务，收取现金927元(含税)。

2. 某事业单位购买办公用品一批，价款928元，以现金支付。其中用于开展专业活动428元、开展行政及后勤管理活动400元、开展事业经营活动100元。

3. 某事业单位收到职工交来的转赠地震灾区的捐款20 000元(现金)。单位将职工为地震灾区的捐款汇往灾区。

4. 某事业单位月末盘点现金，发现现金溢余100元。

5. 某行政单位月末盘点现金，发现现金短款100元。经查明，现金短款50元是由出纳人员工作失误造成的，应由其赔偿。另外50元无法查明原因，报经批准核销。

6. 某事业单位以银行存款支付专业活动部门保洁员工资200 000元，通过银行转账向地震灾区捐赠500 000元。

7. 某行政单位用银行存款从美国采购技术设备一台，价值共计5 000美元，用于开展专业活动。假设购入设备当日美元对人民币的汇率为1美元=6.6245人民币。月末，该行政单位的“银行存款——美元户”账面余额为20 000美元，合人民币130 566.20元。月末，美元对人民币的汇率为1美元=6.51381人民币。

8. 某事业单位收到“财政授权支付额度到账通知书”，列明本月授权支付额度为2 000 000元。本月购买计算机10台，价款100 000元，款项通过单位零余额账户支付，计算机直接交付使用。

9. 某事业单位通过财政授权支付方式，支付日常办公费50 000元。其中开展专业活动20 000元、开展行政及后勤管理活动30 000元。

10. 某行政单位采用财政授权支付方式为专业活动采购的电脑耗材因质量问题

予以退回,共计50 000元。其中,30 000元属于上年度支付的款项,20 000元属于本年度支付的款项。相关款项50 000元已退回单位零余额账户。

11. 某事业单位采用财政授权支付方式为专业活动采购的一批复印纸因质量问题予以退回,共计5 000元。其中,3 000元属于上年度支付的款项,2 000元属于本年度支付的款项。相关款项5 000元已退回单位零余额账户。

12. 某事业单位购买1年期国债50 000元,以银行存款付讫。购买的6个月期限的国债到期,收回本金60 000元,利息1 200元,以银行存款收讫;如果该国债为去年取得呢?

13. 某行政单位下年度初收到代理银行转来的"财政直接支付入账通知书",使用上年尚未使用的财政直接支付额度支付款项100 000元购买办公用笔记本电脑10台,已直接交付使用。

14. 某实行国库集中支付的行政单位,年末通过对账确认本年度财政授权支付预算指标数为5 000 000元,零余额账户用款额度下达数4 000 000元,零余额账户用款额度支用数3 500 000元。

15. 上例中的行政单位下年度初收到代理银行转来的500 000元财政授权支付额度恢复到账通知书和财政部门批复的上年度未下达零余额账户用款额度1 000 000元。

16. 某事业单位2×21年6月1日,因销售商品收到A公司的一张无息商业承兑汇票,面值为10 000元,含增值税300元,付款期限为6个月。同年9月10日将该票据背书转让给一家公司购买一批材料,取得增值税专用发票上记载的金额为10 000元,税额为1 600元,差额款项以银行存款支付。

17. 某事业单位的非独立核算部门2×21年3月1日向B公司销售产品取得收入10 300元,含增值税300元,款项同年5月10日收到。

18. 某行政单位经批准2×21年4月1日向A单位出租办公室1间,期限6个月,租金每月4 000元,尚未收到A单位租金。该租金收回后一半需要上缴财政,一半不需要上缴财政,增值税率3%。租金同年10月1日收到。

19. 某事业单位2×21年1月1日向D公司采购大巴1辆用于开展专业活动,价值400 000元。按照合同约定预付货款50%,货到后结算其余货款。该单位通过财政直接预付50%货款200 000元。同年3月10日收到大巴1辆,且通过财政直接补付货款200 000元。

20. 某事业单位2×19年11月1日将办公楼的建筑安装发包给A施工企业,工期6

个月,总价款400 000元。按合同约定,2×19年11月1日和2×20年2月1日分别通过财政部门零余额账户和单位零余额账户各预付200 000元(其中,建筑工程款140 000元和备料款60 000元)。2×20年4月1日工程完工,A施工企业转来“工程价款结算账单”,应结算工程款共计380 000元。2×20年4月10日收到A施工企业退回的2×19年和2×20年的预付账款各10 000元,已退回相关账户。

21. 某行政单位2×21年4月14日通过单位零余额账户偿还尚未报销的本单位职工公务卡欠款200 000元。同年4月20日,职工持公务卡报销差旅费200 000元。

22. 某事业单位2×20年年末经核查确认3年前出租资产的租金收入50 000元(该租金收入收回后应当上缴财政)因承租企业陷入财务困境确实无法收回,按照规定报经批准后予以核销。2×21年承租企业财务状况恢复良好,又归还了所欠的租金50 000元。

23. 某事业单位采用应收款项余额百分比法计提坏账准备。2×19年年末收回后不需上缴财政的应收账款和其他应收款余额共计200 000元,估计坏账准备计提比例为1%。2×20年发生坏账8 000元(全部为应收账款),该年末应收账款和其他应收款余额300 000元。2×21年发生坏账损失3 000元(全部为其他应收款),上年冲销的应收账款中有6 000元本年度又收回,该年度末应收账款余额450 000元。假设坏账准备科目在2×19年初余额为0。

24. 某事业单位将两年前购买的分年付息、到期一次还本的国库券出售,取得价款200 600元(含增值税600元),该国库券成本180 000元,应收利息5 000元。

25. 某事业单位自公开市场中买入A公司10万股,实际支付价款610 000元,其中包含已到期尚未支付的现金股利10 000元。另外,在购买过程中支付手续费等相关费用2 000元。

26. 某事业单位对长江公司投资业务如下:

(1)2×20年3月2日,以银行存款购入长江公司10%的股份,并准备长期持有,实际支付价款800 000元。无权决定被投资单位的财务和经营政策,采用成本法进行核算。

(2)2×20年4月10日,长江公司宣告发放的现金股利1 200 000元。

(3)2×20年4月18日,单位收到现金股利120 000元。

(4)2×21年2月15日,单位将持有的长江公司的股份全部出售,取得价款880 000元存入银行。

27.某事业单位对黄河公司投资业务如下：

（1）2×19年3月2日，该单位以银行存款购入黄河公司60%的股份共计100万股，每股价格6.20元，其中包含已到期尚未支付的现金股利0.20元。该单位准备长期持有，且有权决定被投资单位的财务和经营政策，采用权益法进行核算。

（2）2×19年3月10日，收到黄河公司发放的现金股利20万元。

（3）2×19年12月31日，黄河公司实现净利润400万元。

（4）2×20年4月15日，黄河公司宣告发放2×19年现金股利160万元，并于4月18日发放。

（5）2×20年7月22日，黄河公司增加资本公积30万元。

（6）2×20年12月31日，黄河公司发生亏损100万元。

（7）2×21年4月15日，公司将持有的黄河公司的股份全部出售，取得价款785万元存入银行。

28.某事业单位发生如下业务：

（1）2×18年4月1日，用银行存款购入3年期、到期一次还本付息的国库券300 000元，票面利率为8%。

（2）确认2×18年12月31日长期债券投资利息收入。

（3）确认2×19年12月31日长期债券投资利息收入。

（4）确认2×20年12月31日长期债券投资利息收入。

（5）确认2×20年3月31日长期债券投资利息收入。

（6）2×21年4月1日收回长期债券投资本息，存入银行。

第六章　资产(中)

本章主要探讨政府单位存货、固定资产、无形资产等资产核算理论与实务。

第一节　存　货

一、存货概述

(一)存货的概念

存货是指政府单位在开展业务活动及其他活动中为耗用或出售而储存的资产，如材料、产品、包装物和低值易耗品等，以及未达到固定资产标准的用具、装具、动植物等。

政府储备物资、收储土地等，不属于存货的范畴。

(二)存货的管理要求

1.健全存货的管理机构

存货的管理通常由政府单位的后勤部门负责，政府单位应配备专职或兼职的存货计划人员、采购人员和保管人员，做好存货的采购、入库、保管等工作。

2.建立严格的存货管理责任制度

政府单位应建立和健全存货计划、采购、验收、保管、领发的责任制度，明确各自的权限和责任，各司其职，各负其责。

3.加强存货的清查盘点工作

政府单位的存货每年至少应当清点一次，保证存货的安全和完整，做到账实相符。如发生盘亏、盘盈，应当查明原因，分清责任，然后进行账务处理。

4. 建立和完善存货的定额管理

为了促使合理储备、节约使用存货，政府单位应当逐步建立存货的储备定额，有条件的单位，还可建立重点存货的定额消耗。

二、存货的确认和计量

（一）存货的确认

政府单位存货同时满足下列条件的，应当予以确认：一是与该存货相关的服务潜力很可能实现或者经济利益很可能流入政府单位；二是该存货的成本或者价值能够可靠地计量。

（二）存货的初始计量

政府单位存货在取得时应当按照成本进行初始计量。

（1）购买取得的存货，初始成本包括购买价款、相关税费、运输费、装卸费、保险费以及使得存货达到目前场所和状态所发生的归属于存货成本的其他支出。

（2）自行加工的存货，初始成本包括耗用的直接材料费用、发生的直接人工费用和按照一定方法分配的与存货加工有关的间接费用。

（3）委托加工的存货，初始成本包括委托加工前的存货成本、委托加工的成本（如委托加工费以及按规定应计入委托加工存货成本的相关税费等）以及使存货达到目前场所和状态所发生的归属于存货成本的其他支出。

（4）置换换入的存货，初始成本包括换出资产的评估价值，加上支付的补价或减去收到的补价，加上为换入存货发生的其他相关支出。

（5）接受捐赠取得的存货，初始成本按照有关凭据注明的金额加上相关税费、运输费等确定；没有相关凭据可供取得，但按规定经过资产评估的存货，其成本按照评估价值加上相关税费、运输费等确定；没有相关凭据可供取得、也未经资产评估的存货，其成本比照同类或类似资产的市场价格加上相关税费、运输费等确定；没有相关凭据且未经资产评估、同类或类似资产的市场价格也无法可靠取得的存货，按照名义金额入账，相关税费、运输费等计入当期费用。

（6）无偿调入的存货，初始成本按照调出方账面价值加上相关税费、运输费等确定。

(7)盘盈的存货,按规定经过资产评估的,其初始成本按照评估价值确定;未经资产评估的,其初始成本按照重置成本确定。

值得注意的是下列各项应当在发生时确认为当期费用,不计入存货成本:一是非正常消耗的直接材料、直接人工和间接费用,二是仓储费用(不包括在加工过程中为达到下一个加工阶段所必需的费用),三是不能归属于使存货达到目前场所和状态所发生的其他支出。

(三)存货的后续计量

1.计量原则

政府单位应当根据实际情况采用先进先出法、加权平均法或者个别计价法确定发出存货的实际成本。计价方法一经确定,不得随意变更。

对于性质和用途相似的存货,应当采用相同的成本计价方法确定发出存货的成本。

对于不能替代使用的存货、为特定项目专门购入或加工的存货,通常采用个别计价法确定发出存货的成本。

2.计量方法

(1)先进先出法。先进先出法是以先购进的材料先消耗为假定前提,并根据这一假定对领用的材料及结存材料进行计价的一种方法。收入材料时要逐笔登记购进的每一批材料的数量、单价和金额;发出时按先进先出的原则确定单价,逐笔登记材料发出和结存金额。期末结存材料的账面价值,反映较后购进材料的实际成本。该方法用于永续盘存制时,可确定材料存货数量。

(2)加权平均法。加权平均法是按收入各批材料的平均成本对材料进行计价。在计算平均成本时,以月初库存材料金额加上本月收入材料金额,除以月初库存材料数量加上本月收入材料数量,求得材料平均单价,作为本月发出材料和结存材料的单价。在存货品种、数量较多情况下,该方法简化了核算流程,计价结果也较均衡;但是由于只在月末计算,不能随时计算、登记存货发出和结存成本,因此该方法不利于单位对存货的日常管理。

(3)个别计价法。个别计价法,亦称个别认定法、具体辨认法、分批实际法,把每一种存货的实际成本作为计算发出存货成本和期末存货成本的基础。该方法注重所发出存货具体项目的实物流转与成本流转之间的联系，逐一辨认各批发出存货和期末存货所属的购进批别或生产批别，分别按其购入或生产时所确定的单位成本计算各批发出存货和期末存货的成本。对于不能替代使用的存货、为特定项目专门购入或制造的存货以及提供的劳务，通常采用个别计价法确定发出存货的成本。

【例6-1】某事业单位2×21年9月A材料明细账如表6-1所示。

表6-1　材料明细账

材料类别：　　　　　计量单位：千克

材料编号：　　　　　最高存量：

名称：A　　　　　　最低存量：

2×21年		凭证	摘要	购进			发出			结存		
月	日	编号		数量	单价/元	金额/元	数量	单价/元	金额/元	数量	单价/元	金额/元
9	1	略	期初							60	5	300
	10		购入	180	6	1080				60	5	300
										180	6	1080
	11		发出				60	5	300	80		
							100	6	600		6	480
	18		购入	120	7	840				80	6	480
										120	7	840
	20		发出				80	6	480	40	7	280
							80	7	560			
	23		购入	40	8	320				40	7	280
										40	8	320
	31		合计	340		2240	320		1940	40	7	280
										40	8	320

账务处理如下：

(1)在采用先进先出法时，11日发出材料的会计分录为：

借：业务活动费用　　900

　　贷：库存物品　　900

20日发出材料的会计分录为：

借:业务活动费　　1 040

　　贷:库存物品　　1 040

(2)用全月一次加权平均法计算材料加权平均单价、本月发出材料成本、月末库存材料成本。

材料加权平均单价＝(300+1 080+840+320)÷(60+180+120+40)＝6.35(元)

本月发出材料成本＝320×6.35＝2 032(元)

月末库存材料成本＝80×6.35＝508(元)

(3)用移动加权平均法计算材料的移动加权平均单价、本月发出材料成本、月库存材料成本。

10日购货后的移动加权平均单位成本为:

(300+1080)÷(60+180)＝5.75(元)

则11日发出的160千克材料的成本为:

5.75×160＝920(元)

18日购货后的移动加权平均单位成本为:

(80×5.75+840)÷(80+120)＝6.50(元)

20日发出160千克材料的成本为:

6.50×160＝1040(元)

23日购货后移动加权平均单位成本为:

(6.5×40+8×40)÷(40+40)＝7.25(元)

该种材料月末结存80件,月末存货成本为:80×7.25＝580(元),本月发出材料的成本合计为1 960(920+1 040)(元)。

3.已发出的存货成本处理

对于已发出的存货,应当将其成本结转为当期费用或者计入相关资产成本。按规定报经批准对外捐赠、无偿调出的存货,应当将其账面余额予以转销,对外捐赠、无偿调出中发生的归属于捐出方、调出方的相关费用应当计入当期费用。

4.低值易耗品、包装物摊销

政府单位应当采用一次转销法或者五五摊销法对低值易耗品、包装物进行摊销,将其成本计入当期费用或者相关资产成本。

5.存货毁损、盘亏损失的处理

对于发生的存货毁损,应当将存货账面余额转销计入当期费用,并将毁损存货处置收入扣除相关处置税费后的差额按规定作应缴款项处理(差额为净收益时)或计入当期费用(差额为净损失时)。存货盘亏造成的损失,按规定报经批准后应当计入当期费用。

三、存货的会计核算

(一)在途物品

1.科目设置

为了核算采购材料等物资货款已付或已开出商业汇票但尚未验收入库的在途物品的采购成本,政府单位应当设置"在途物品"科目。

"在途物品"是财务会计资产类科目,借方登记货款已付或已开出商业汇票但尚未验收入库的在途物品的采购成本的增加额,贷方登记货款已付或已开出商业汇票但尚未验收入库的在途物品的采购成本的减少额,期末余额一般在借方,反映单位在途物品的采购成本。本科目可按照供应单位和物品种类进行明细核算。

2.账务处理

(1)购入物品在途时。政府单位购入材料等物品,按照确定的物品采购成本的金额,借记"在途物品"科目,对于进项税额允许抵扣的,按照当月已认证的可抵扣增值税额,借记"应交增值税——应交税金——进项税额"科目,按照当月未认证的可抵扣增值税额,借记"应交增值税——待认证进项税额"科目;对于进项税额不得抵扣的,按照待认证的增值税进项税额,借记"应交增值税——待认证进项税额"科目,按照实际支付的金额,贷记"财政拨款收入""零余额账户用款额度""银行存款"科目。同时,借记"行政支出""事业支出"科目,贷记"财政拨款预算收入""资金结存"科目。

(2)购入物品验收入库时。所购材料等物品到达验收入库,按照确定的库存物品成本金额,借记"库存物品"科目,按照物品采购成本金额,贷记"在途物品"科目,按照使得入库物品达到目前场所和状态所发生的其他支出,贷记"银行存款"科目。同时,借记"其他支出"科目,贷记"资金结存"科目。

【例6-2】2×21年1月,某行政单位采购了一批专用物资,价款为1 000 000元,发生增值税130 000元,款项全部使用零余额账户进行支付,该商品尚未验收入库。不考虑其他税费因素的影响。2月，该批物资已全部验收入库。

账务处理如下：

(1)1月：

借：在途物品——专用物资　1 000 000

　应交增值税——应交税金(进项税额)　130 000

　贷：零余额账户用款额度　1 130 000

借：行政支出　1 130 000

　贷：资金结存——零余额账户用款额度　1 130 000

(2)2月：

借：库存物品——专用物资　1 000 000

　贷：在途物品——专用物资　1 000 000

【例6-3】2×21年1月，某事业单位为增值税一般纳税人，其非独立核算部门为专门活动采购了一批专用物资，价款为1 000 000元，发生增值税130 000元，款项全部使用零余额账户进行支付，该商品尚未验收入库。不考虑其他税费因素的影响。2月，该批物资已全部验收入库。

账务处理如下：

(1)1月：

借：在途物品——专用物资　1 000 000

　应交增值税——应交税金(进项税额)　130 000

　贷：零余额账户用款额度　1 130 000

借：事业支出　1 130 000

　贷：资金结存——零余额账户用款额度　1 130 000

(2)2月：

借：库存物品——专用物资　1 000 000

　贷：在途物品——专用物资　1 000 000

(二)库存物品

1.科目设置

为了核算政府单位在开展业务活动及其他活动中为耗用或出售而储存的各种材

料、产品、包装物、低值易耗品，以及达不到固定资产标准的用具、装具、动植物等的成本，政府单位应当设置“库存物品”科目。

“库存物品”是财务会计资产类科目，借方登记单位在开展业务活动及其他活动中为耗用或出售而储存的各种材料、产品、包装物、低值易耗品，以及达不到固定资产标准的用具、装具、动植物等的成本的增加额，贷方登记其减少额，期末余额一般在借方，反映单位库存物品的实际成本。

“库存物品”科目应当按照库存物品的种类、规格、保管地点等进行明细核算。政府单位储存的低值易耗品、包装物较多的，可以在“库存物品”科目（低值易耗品、包装物）下按照“在库”“在用”和“摊销”等进行明细核算。

按照政府单位会计制度规定，已完成的测绘、地质勘察、设计成果等的成本，也通过“库存物品”科目核算。

为了简化相关核算，政府单位随买随用的零星办公用品，可以在购进时直接列作费用，不通过“库存物品”科目核算。

需要注意的是，下列单位物资不通过“库存物品”科目核算，而是通过相关科目核算。一是政府单位控制的政府储备物资，通过“政府储备物资”科目核算；二是政府单位受托存储保管的物资和受托转赠的物资，通过“受托代理资产”科目核算；三是政府单位为在建工程购买和使用的材料物资，通过“工程物资”科目核算。

2.账务处理

(1)取得时。

①外购的库存物品验收入库，按照确定的成本，借记“库存物品”科目，对于进项税额允许抵扣的，按照当月已认证的可抵扣增值税额，借记“应交增值税——应交税金——进项税额”科目，按照当月未认证的可抵扣增值税额，借记“应交增值税——待认证进项税额”科目；对于进项税额不得抵扣的，按照待认证的增值税进项税额，借记“应交增值税——待认证进项税额”科目，贷记“财政拨款收入”“零余额账户用款额度”“银行存款”“应付账款”“在途物品”等科目。同时，借记“行政支出”“事业支出”“经营支出”等科目，贷记“财政拨款预算收入”“资金结存”等科目。

【例 6-4】某事业单位为小规模纳税人，购买专业实验用 A 材料 2 000 千克，每千克 500 元，增值税额为 60 000 元，材料款项实行财政直接支付。

账务处理如下：

借:库存物品——A材料　　1 060 000

　　贷:财政拨款收入　　1 060 000

借:事业支出　　1 060 000

　　贷:财政拨款预算收入　　1 060 000

②自制的库存物品加工完成并验收入库,按照确定的成本,借"库存物品"科目,贷记"加工物品——自制物品"科目。

③委托外单位加工收回的库存物品验收入库,按照确定的成本,借记"库存物品"科目,贷记"加工物品——委托加工物品"科目。

【例6-5】某行政单位委托外单位加工专用B材料,费用共计5 000元,专用材料加工完成,验收合格并入库。

账务处理如下:

借:库存物品——B材料　　5 000

　　贷:加工物品——委托加工物品　　5 000

④接受捐赠的库存物品验收入库,按照确定的成本,借记"库存物品"科目,按照发生的相关税费、运输费等,贷记"银行存款"科目,按照其差额,贷记"捐赠收入"科目。同时,按照实际支付的相关税费,借记"其他支出"科目,贷记"资金结存"科目。

接受捐赠的库存物品按照名义金额入账的,按照名义金额,借记"库存物品"科目,贷记"捐赠收入"科目;同时,按照发生的相关税费、运输费等,借记"其他费用"科目,贷记"银行存款"科目;按照实际支付的相关税费,借记"其他支出"科目,贷记"资金结存"科目。

【例6-6】某行政单位接收甲公司捐赠的装具一批,价值50 000元,运输过程中发生相关费用400元,以现金支付。

账务处理如下:

借:库存物品——装具　　50 400

　　贷:库存现金　　400

　　　　捐赠收入　　50 000

借:其他支出　　400

　　贷:资金结存——货币资金　　400

⑤无偿调入的库存物品验收入库,按照确定的成本,借记"库存物品"科目,按照发生的相关税费、运输费等,贷记"银行存款"等科目,按照其差额,贷记"无偿调拨净资产"科目。同时,按照实际支付的相关税费,借记"其他支出"科目,贷记"资金结存"科目。

【例6-7】某政府单位接收兄弟单位无偿调入的一批材料并验收入库,双方确定的成本是31 000元,发生运输费1 000元,用银行存款支付。

账务处理如下:

借:库存物品——材料　　32 000

　　贷:银行存款　　1 000

　　　　无偿调拨净资产　　31 000

借:其他支出　　1 000

　　贷:资金结存——货币资金　　1 000

⑥置换换入的库存物品验收入库,按照确定的成本,借记"库存物品"科目,按照换出资产的账面余额,贷记相关资产科目(换出资产为固定资产、无形资产的,还应当借记"固定资产累计折旧""无形资产累计摊销"科目),按照置换过程中发生的其他相关支出,贷记"银行存款"科目,按照借贷方差额,借记"资产处置费用"科目或贷记"其他收入"科目。同时,按照实际支付的其他相关支出,借记"其他支出"科目,贷记"资金结存"科目。涉及补价的,分别以下情况处理:

A.支付补价的,按照确定的成本,借记"库存物品"科目,按照换出资产的账面余额,贷记相关资产科目(换出资产为固定资产、无形资产的,还应当借记"固定资产累计折旧""无形资产累计摊销"科目),按照支付的补价和置换过程中发生的其他相关支出,贷记"银行存款"科目,按照借贷方差额,借记"资产处置费用"科目或贷记"其他收入"科目。同时,按照实际支付的补价和其他相关支出,借记"其他支出"科目,贷记"资金结存"科目。

【例6-8】A事业单位与B事业单位置换一批专用材料，A事业单位用A材料换入B事业单位的B材料。换入的B材料价值为4 000元，换出的A材料账面余额5 000元，评估价值为3 000元，支付补价1 000元，发生运输费用500元，补价和运输费用均用银行存款支付。

A事业单位账务处理如下：

借：库存物品——B材料　　4 500

　资产处置费用　　2 000

　贷：库存物品——A材料　　5 000

　　银行存款　　1 500

借：其他支出　　1 500

　贷：资金结存——货币资金　　1 500

B.收到补价的，按照确定的成本，借记"库存物品"科目，按照收到的补价，借记"银行存款"科目，按照换出资产的账面余额，贷记相关资产科目（换出资产为固定资产、无形资产的，还应当借记"固定资产累计折旧""无形资产累计摊销"科目），按照置换过程中发生的其他相关支出，贷记"银行存款"科目，按照补价扣减其他相关支出后的净收入，贷记"应缴财政款"科目，按照借贷方差额，借记"资产处置费用"科目或贷记"其他收入"科目。同时，按照其他相关支出大于收到的补价的差额，借记"其他支出"科目，贷记"资金结存"科目。

【例6-9】A事业单位与B事业单位置换一批专用材料，A事业单位用本单位的A设备换入B事业单位的B材料。A设备原值100 000元，已计提折旧40 000元，经专家评估其价值为80 000元。B事业单位支付补价10 000元，通过银行转账收讫。置换过程中另发生其他相关费用5 000元，用银行存款付讫。

A事业单位账务处理如下：

借：库存物品——B材料　　80 000

　固定资产累计折旧　　40 000

　银行存款　　10 000

　贷：固定资产——A设备　　100 000

　　银行存款　　5 000

应缴财政款 5 000

其他收入 20 000

(2)发出时。

①政府单位开展业务活动等领用、按照规定自主出售发出或加工发出库存物品,按照领用、出售等发出物品的实际成本,借记“业务活动费用”“单位管理费用”“经营费用”“加工物品”等科目,贷记“库存物品”科目。

采用一次转销法摊销低值易耗品、包装物的,在首次领用时将其账面余额一次性摊销计入有关成本费用,借记有关科目,贷记“库存物品”科目。

采用五五摊销法摊销低值易耗品、包装物的,首次领用时,将其账面余额的50%摊销计入有关成本费用,借记有关科目,贷记“库存物品”科目;使用完时,将剩余的账面余额转销计入有关成本费用,借记有关科目,贷记“库存物品”科目。

【例6-10】某事业单位领用专业活动用甲材料500千克,每千克980元;领用管理活动用丙材料500千克,每千克480元。

账务处理如下:

借:业务活动费用 490 000

单位管理费用 240 000

贷:库存物品——甲材料 490 000

——丙材料 240 000

②经批准对外出售的库存物品(不含可自主出售的库存物品)发出时,按照库存物品的账面余额,借记“资产处置费用”科目,贷记“库存物品”科目;同时,按照收到的价款,借记“银行存款”科目,按照处置过程中发生的相关费用,贷记“银行存款”科目,按照其差额,贷记“应缴财政款”科目。

【例6-11】某事业单位的一批库存物品经批准后对外出售,取得价款300 000元,出售过程中发生相关费用10 000元。已知出售前该批库存物品的账面余额为280 000元。

账务处理如下:

借:资产处置费用　　280 000

　　贷:库存物品　　280 000

借:银行存款　　300 000

　　贷:银行存款　　10 000

　　　　应缴财政款　　290 000

③经批准对外捐赠的库存物品发出时,按照库存物品的账面余额和对外捐赠过程中发生的归属于捐出方的相关费用合计数,借记“资产处置费用”科目,按照库存物品账面余额,贷记“库存物品”科目,按照对外捐赠过程中发生的归属于捐出方的相关费用,贷记“银行存款”科目。同时,按照实际支付的相关费用,借记“其他支出”科目,贷记“资金结存”科目。

【例6-12】某事业单位的一批库存物品经批准后对外捐赠,捐赠过程中发生相关费用10 000元。已知该批库存物品的账面余额为280 000元。

账务处理如下:

借:资产处置费用　　290 000

　　贷:库存物品　　280 000

　　　　银行存款　　10 000

借:其他支出　　10 000

　　贷:资金结存　　10 000

④经批准无偿调出的库存物品发出时,按照库存物品的账面余额,借记“无偿调拨净资产”科目,贷记“库存物品”科目;同时,按照无偿调出过程中发生的归属于调出方的相关费用,借记“资产处置费用”科目,贷记“银行存款”科目;按照实际支付的相关费用,借记“其他支出”科目,贷记“资金结存”科目。

【例6-13】某事业单位为增值税一般纳税人,准备将之前购入的甲非自用材料无偿调给兄弟单位。该材料账面余额为50 000元,购入时增值税专用发票上注明的增值税税额为6 500元。调出过程中用银行存款支付相关费用10 000元。

账务处理如下:

借:无偿调拨净资产　　56 500

　贷:库存物品——甲材料　　50 000

　　应交增值税——应交税金——进项税额转出　　6 500

借:资产处置费用　　10 000

　贷:银行存款　　10 000

借:其他支出　　10 000

　贷:资金结存——货币资金　　10 000

⑤经批准置换转出的库存物品,按照置换转出库存物品的评估价值及实际支付的其他相关支出之和,借记"固定资产""无形资产"等相关资产科目,按照置换转出库存物品的账面价值,贷记"库存物品",按照实际支付的其他相关支出,贷记"银行存款"科目,按照差额,借记"资产处置费用"科目(借差)或贷记"其他收入"科目(贷差)。同时,按照实际支付的其他相关支出,借记"其他支出"科目,贷记"资金结存"科目。涉及补价的:

A.支付补价时,按照置换转出库存物品的评估价值、实际支付的其他相关支出与支付补价之和,借记"固定资产""无形资产"等相关资产科目,按照置换转出库存物品的账面价值,贷记"库存物品",按照实际支付的其他相关支出与支付补价之和,贷记"银行存款"科目,按照差额,借记"资产处置费用"科目(借差)或贷记"其他收入"科目(贷差)。同时,按照实际支付的其他相关支出与支付补价之和,借记"其他支出"科目,贷记"资金结存"科目。

B.收到补价时,按照置换转出库存物品的评估价值与实际支付的其他相关支出之和,减去收到的补价,借记"固定资产""无形资产"等相关资产科目,按照收到的补价,借记"银行存款"科目,按照置换转出库存物品的账面价值,贷记"库存物品",按照实际支付的其他相关支出,贷记"银行存款"科目,按照收到的补价减去其他相关支出的差额,贷记"应缴财政款"科目,按照差额,借记"资产处置费用"科目(借差)或贷记"其他收入"科目(贷差)。同时,按照实际支付的其他相关支出大于收到补价的差额,借记"其他支出"科目,贷记"资金结存"科目。

(3)库存物品定期盘点及毁损、报废时。单位应当定期对库存物品进行清查盘点,每年至少盘点一次。对于已发生的库存物品盘盈、盘亏或者报废、毁损,应当先计入"待处理财产损溢"科目,按照规定报经批准后及时进行后续账务处理。

①盘盈的库存物品,其成本按照有关凭据注明的金额确定;没有相关凭据但按照规定经过资产评估的,其成本按照评估价值确定;没有相关凭据也未经过评估的,其成本按照重置成本确定。如无法采用上述方法确定盘盈的库存物品成本的,按照名义金额入账。

盘盈的库存物品,按照确定的入账成本,借记"库存物品"科目,贷记"待处理财产损溢"科目。

【例6-14】某事业单位为增值税小规模纳税人,在年终盘点库存材料时,发现事业用甲材料溢余20千克,该类材料的市场价格为每千克1 000元,尚未入账。

账务处理如下:

借:库存物品——甲材料　　20 000

　　贷:待处理财产损溢　　20 000

②盘亏或者毁损、报废的库存物品,按照待处理库存物品的账面余额,借记"待处理财产损溢"科目,贷记"库存物品"科目。

属于增值税一般纳税人的单位,若因非正常原因导致的库存物品盘亏或毁损,还应当将与该库存物品相关的增值税进项税额转出,按照其增值税进项税额,借记"待处理财产损溢"科目,贷记"应交增值税——应交税金——进项税额转出"科目。

【例6-15】某事业单位为增值税一般纳税人,在年终盘点库存材料时,发现A非自用材料发生毁损。该材料的账面余额为5 000元,增值税进项税额为650元。

账务处理如下:

借:待处理财产损溢　　5 650

　　贷:库存物品——A材料　　5 000

　　　　应交增值税——应交税金——进项税额转出　　650

(三)加工物品

1.科目设置

为了核算自制或委托外单位加工的各种物品的实际成本,政府单位需要设置"加工物品"总账科目。"加工物品"是财务会计资产类科目,借方登记政府单位自制或委托外单位加工的各种物品的实际成本的增加，贷方登记其减少，期末余额在借方，反映政府单位自制或委托外单位加工但尚未完工的各种物品的实际成本。未完成的测绘、地质勘察、设计成果的实际成本，也通过本科目核算。

"加工物品"总账科目应当设置"自制物品""委托加工物品"两个一级明细科目，并按照物品类别、品种、项目等设置明细账，进行明细核算。

"自制物品"一级明细科目下应当设置"直接材料""直接人工""其他直接费用"等二级明细科目，归集自制物品发生的直接材料、直接人工（专门从事物品制造人员的人工费）等直接费用；对于自制物品发生的间接费用，应当在"自制物品"一级明细科目下单独设置"间接费用"二级明细科目予以归集。期末，再按照一定的分配标准和方法，分配计入有关物品的成本。

2.自制物品的账务处理

（1）为自制物品领用材料，按照材料成本，借记"加工物品——自制物品——直接材料"科目，贷记"库存物品"科目。

（2）专门从事物品制造的人员发生的直接人工费用，按照实际发生的金额，借记"加工物品——自制物品——直接人工"科目，贷记"应付职工薪酬"科目。

（3）为自制物品发生的其他直接费用，按照实际发生的金额，借记"加工物品——自制物品——其他直接费用"科目，贷记"财政拨款收入""零余额账户用款额度""银行存款"等科目。同时，按照实际支付金额，借记"事业支出""经营支出"等科目，贷记"财政拨款预算收入""资金结存"等科目。

（4）为自制物品发生的间接费用，按照实际发生的金额，借记"加工物品——自制物品——间接费用"科目，贷记"财政拨款收入""零余额账户用款额度""银行存款""应付职工薪酬""固定资产累计折旧""无形资产累计摊销"等科目。同时，按照实际支付金额，借记"事业支出""经营支出"等科目，贷记"财政拨款预算收入""资金结存"等科目。

间接费用一般按照生产人员工资、生产人员工时、机器工时、耗用材料的数量和成本、直接费用（直接材料和直接人工）和产品产量等进行分配。政府单位可根据具体情况自行选择间接费用的分配方法，分配方法一经确定，不得随意变更。

（5）已经制造完成并验收入库的物品，按照所发生的实际成本（包括耗用的直接材料费用、直接人工费用、其他直接费用和分配的间接费用），借记"库存物品"科目，贷记"加工物品——自制物品"科目。

【例 6-16】某事业单位自行加工专用材料,领用 B 材料 10 000 元,以现金支付人工费 1 500 元,专用材料加工完成,验收合格并入库。

账务处理如下:

(1)支付料工费时:

借:加工物品——自制物品——专用材料　　11 500

　　贷:库存物品——B 材料　　10 000

　　　　库存现金　　1 500

借:事业支出　　1 500

　　贷:资金结存——货币资金　　1 500

(2)加工完成验收入库时:

借:库存物品——自制物品——专用材料　　11 500

　　贷:加工物品——自制物品——专用材料　　11 500

3. 委托加工物品的账务处理

(1)发给外单位加工的材料等,按照其实际成本,借记"加工物品——委托加工物品"科目,贷记"库存物品"科目。

(2)支付加工费、运输费等费用,按照实际支付的金额,借记"加工物品——委托加工物品"科目,贷记"零余额账户用款额度""银行存款"等科目。涉及增值税业务的,相关账务处理参见"应交增值税"章节。

(3)委托加工完成的材料验收入库,按照加工前发出材料的成本和加工、运输成本,借记"库存物品"科目,贷记"加工物品——委托加工物品"科目。

【例 6-17】某行政单位委托加工专用材料,共使用原材料甲 20 000 元,应支付委托加工费用 2 000 元。委托加工完成后验收入库。

账务处理如下:

(1)发出委托加工商品:

借:加工物品——委托加工物品　　20 000

　　贷:库存物品——甲材料　　20 000

(2)支付委托加工费:

借:加工物品——委托加工物品　　2 000

贷：银行存款 2 000

借：行政支出 2 000

贷：资金结存——货币资金 2 000

(3)委托加工完成后验收入库：

借：库存物品 22 000

贷：加工物品——委托加工物品 22 000

【例 6-18】某事业单位自行加工专用材料，共领用原材料甲100 000元，应支付生产工人工资10 000元，以银行存款支付其他直接费用4 000元，专用于生产该材料的设备在此期间累计发生折旧1 000元。专用材料加工完成后验收入库。

账务处理如下：

(1)领用材料进行加工：

借：加工物品——自制物品——直接材料 100 000

——直接人工 10 000

——其他直接费用 4 000

——间接费用 1 000

贷：库存物品——甲材料 100 000

应付职工薪酬 10 000

银行存款 4 000

固定资产累计折旧 1 000

借：事业支出 4 000

贷：资金结存——货币资金 4 000

(2)该专用材料制造完成并验收入库时：

借：库存物品——自制物品 1 150 000

贷：加工物品——自制物品 1 150 000

四、存货的清查盘点

1. 期末存货数量的确定

(1)确定原则。政府单位存货期末数量的确定，是计算存货期末结存金额的关键,是存货计价的基础。确定存货的实物数量有实地盘存制和永续盘存制两种方法。

(2)实地盘存制。又称定期盘存制,是根据对材料实物的定期清查盘点结果来确定材料期末数量的盘存的核算方法。采用实地盘存制,应在收到材料时,依据有关原始凭证在材料明细账上逐笔登记,但对材料发出,平时不进行账面记录。期末通过对材料实地盘点,将盘点结果作为材料期末账面结存数量的依据,并按一定计价方法计算期末材料金额,最后确定本期材料发出数量和金额。

计算公式:本期减少(发出)数量=期初账面结存数量+本期增加(收入)数量-期末账面结存数量。

(3)永续盘存制。永续盘存制又称账面盘存法,指用经常性的明细记录,对每种材料的收发进行逐笔或逐日登记,以便随时反映其结存数量。

计算公式:期末账面结存数量=期初账面结存数量+本期增加(收入)数量-本期减少(发出)数量。

2.存货清查的会计核算

盘盈的库存物品,其成本按照有关凭据注明的金额确定;没有相关凭据但按照规定经过资产评估的,其成本按照评估价值确定;没有相关凭据也未经过评估的,其成本按照重置成本确定。如无法采用上述方法确定盘盈的库存物品成本的,按照名义金额入账。盘盈的库存物品,按照确定的入账成本,借记相关存货科目,贷记"待处理财产损溢"科目。

盘亏或者毁损、报废的库存物品,按照待处理库存物品的账面余额,借记"待处理财产损溢"科目,贷记相关存货科目。

五、存货的披露

政府单位应当在附注中披露与存货有关的下列信息:

(1)各类存货的期初和期末账面余额。

(2)确定发出存货成本所采用的方法。

(3)以名义金额计量的存货名称、数量以及以名义金额计量的理由。

(4)其他有关存货变动的重要信息。

第二节　固定资产

一、概述

1. 固定资产概念

固定资产是指政府单位为满足自身开展业务活动或其他活动需要而控制的，使用年限超过1年(不含1年)，单位价值在规定标准以上，并在使用过程中基本保持原有物质形态的资产，一般包括房屋及构筑物、专用设备、通用设备等。

单位价值虽未达到规定标准，但是使用年限超过1年(不含1年)的大批同类物资，如图书、家具、用具、装具等，应当确认为固定资产。

政府单位固定资产不包括公共基础设施、政府储备物资、保障性住房、自然资源资产等。

2. 固定资产的特征

(1)固定资产是政府单位正常公务活动中拥有的实物资产，是供政府单位使用而不是供出售的资产。

(2)固定资产使用寿命有限，当寿命终结时必须废弃或进行重置。

(3)固定资产的价值来自取得合法财产使用权的交换能力，而不是来自履行契约的能力。

(4)固定资产是非货币性资产，使用期限较长，一般在1年以上。固定资产能在连续若干生产周期中发挥作用，并保持其原有实物形态。

(5)固定资产单位价值比较大。一般设备单位价值在1 000元以上，专用设备单位价值在1 500元以上。

3. 固定资产的分类

政府单位的固定资产有多种不同分类。

(1)按使用情况分，政府单位固定资产可以分为在用固定资产和闲置固定资产两类。

在用固定资产是指使用中的固定资产，包括正在使用中的固定资产和修理中的固定资产以及季节性暂时停用的固定资产。

闲置固定资产是指不使用的固定资产,包括多余的固定资产、不适用的固定资产和待报废固定资产。

这种分类可以反映固定资产的实际利用情况,能发现固定资产使用中的浪费问题,有利于加强固定资产的管理,促使单位合理使用固定资产,发挥资产的使用效能。

(2)按经济用途分类,政府单位固定资产可以分为房屋及构筑物,通用设备,专用设备,文物和陈列品,图书、档案,家具、用具、装具及动植物等六类。

房屋包括政府单位拥有的办公用房、生活用房(食堂、医务用房、职工宿舍等)、库房等;构筑物包括水塔、道路、围墙、雕塑等。

通用设备是指单位通用性设备,如电脑、打印机、复印机、传真机、家具、汽车、摩托车、电动车等。

专用设备是指因业务需要购置的具有特定专业用途的设备,如侦查设备、检测设备、监控设备、气象设备、防空设备等。

文物和陈列品包括政府单位接管、接受捐赠、购置的具有特别价值的文物和陈列品,如古物、字画等。

图书、档案专指政府单位在图书室、阅览室里长期存放的图书、档案,不包括各单位办公室中购买的业务用书。

家具、用具、装具及动植物是指政府单位在使用中的家具、用具、装具及动植物。

这种分类可以反映政府单位固定资产的组成结构,已有的固定资产是否与单位公务活动相适应,有利于加强固定资产的合理配置,更好地使用预算资金。

(3)按经营情况分类,政府单位固定资产可以分为非经营性固定资产和经营性固定资产两类。

非经营性固定资产是指政府单位为完成公务和开展业务活动所占有、使用的固定资产。

经营性固定资产是指政府单位用于从事营利性活动的固定资产。

这种分类可以反映政府单位闲置固定资产用于经营的情况,有利于加强资产的管理和经营资产收入的监督。

4.固定资产的管理要求

(1)履行固定资产购置的审批手续。由于固定资产具有金额大、使用时间长的特点,且国家对固定资产投资设有宏观控制要求,因此对固定资产购置有特定的报批手续。随着国家预算管理体制的改革,还实行了政府采购制度,因此,对固定资产的购置有两项手续必须切实履行。

一是执行政府采购制度。政府采购是各级政府和实行预算管理的社会组织,为开展日常政务活动或出于为公众提供服务的需要,在财政的监督下,以《中华人民共和国政府采购法》及配套的法规为依据,按照特定的方法和程序,从国内外市场购买货物、出包工程、寻求服务的行为。采购范围分为三大类:一是货物类,包括办公用品、机械设备、燃料、油料、公务车辆、体育健身器材、教学仪器、发电机组等;二是工程类,包括由政府提供的系统集成及网络工程、消防工程、环境绿化工程、城市亮化工程、装饰装潢工程等;三是服务类,包括会议、接待、印刷、保险、软件开发等各种服务。具体的采购目录由各级人民政府规定。采购一般程序为:由单位申请,委托采购中心集中招标采购,财政直接付款或单位付款。

二是房屋构筑物的立项审批和预算、结算、决算制度。政府单位的房屋构筑物基本建设,应根据基本建设的规范要求,办理立项审批、设计预算、施工验收、竣工验收、交付使用、工程结算、竣工决算等一系列手续。一般情况下,基建项目都实行单独核算,执行《基本建设会计制度》,工程竣工决算后,移交给政府单位管理。

(2)执行固定资产保管责任到人的制度。固定资产的日常管理,应当实行"统一领导,分级负责,归口管理,责任到人"。

统一领导是指由政府单位分管领导统一组织、协调,职能部门统一管理、财务统一核算。

分级负责是指政府单位领导负整体管理责任,相关部门负职责范围内的管理责任,使用人负直接保管责任。

归口管理是指由于固定资产的特殊性能等要求,有必要实行归口管理,如:计算机网络、汽车等可以分别由计算机管理中心、车队管理。这种专业化的管理,有利于管好固定资产,从而发挥其应有的使用功能。

责任到人是指政府单位的固定资产直接由使用人负责保管,这是管好固定资产的最有效办法。

(3)遵循固定资产处置程序。政府单位固定资产的处置是资产管理的重要环节,必须按程序严格执行内部审批手续和程序。固定资产通常有报废、毁损、失窃、赠送、出售和转作经营性投资、无偿调出等情况。

报废:固定资产报废应填制固定资产报废申请表,经过技术鉴定,获得报废审批。

毁损:固定资产毁损应填制固定资产毁损报告单(附毁损处理文字意见),再由相关部门人员签批。

失窃:固定资产失窃应先报案,根据受案部门意见,填制固定资产失窃报告单,再由相关部门人员签批。

赠送:固定资产赠送由政府单位会议决定,再填制固定资产调拨单,经过相关部门人员签字赠出,最后获得接收单位回执。

出售和转作经营性投资:将固定资产出售和转作经营性投资,应由政府单位会议决定,再获得国有资产管理部门批准文件,填制固定资产调拨单,由相关部门人员签字,开具收款票据,最后交付固定资产。

无偿调出:无偿调出固定资产应由政府单位会议决定,获得国有资产管理部门批准文件后,填制固定资产调拨单,由相关部门人员签字,交付固定资产,最后获得接收单位回执。

(4)加强固定资产清查和产权登记。为了反映固定资产实存情况,保证固定资产安全完整,政府单位应当对固定资产每年进行一次清查盘点。对盘点中出现的盘盈、盘亏应查明原因,作出相应的处理,保证账实相符。根据国有资产产权登记的有关规定,政府单位的固定资产发生变动,每年要到国有资产管理部门办理国有资产产权变更登记。

二、固定资产的确认

(1)固定资产同时满足下列条件的,应当予以确认:

①与该固定资产相关的服务潜力很可能实现或者经济利益很可能流入政府单位;

②该固定资产的成本或者价值能够可靠地计量。

(2)通常情况下,购入、换入、接受捐赠、无偿调入不需安装的固定资产,在固定资产验收合格时确认;购入、换入、接受捐赠、无偿调入需要安装的固定资产,在固定资产安装完成交付使用时确认;自行建造、改建、扩建的固定资产,在建造完成交付使用时确认。

(3)确认固定资产时,应当考虑以下情况:

①固定资产的各组成部分具有不同使用年限或者以不同方式为政府单位实现服

务潜力或提供经济利益，适用不同折旧率或折旧方法且可以分别确定各自原价的，应当分别将各组成部分确认为单项固定资产。

②应用软件构成相关硬件不可缺少的组成部分的，应当将该软件的价值包括在所属的硬件价值中，一并确认为固定资产；不构成相关硬件不可缺少的组成部分的，应当将该软件确认为无形资产。

③购建房屋及构筑物时，不能分清购建成本中的房屋及构筑物部分与土地使用权部分的，应当全部确认为固定资产；能够分清购建成本中的房屋及构筑物部分与土地使用权部分的，应当将其中的房屋及构筑物部分确认为固定资产，将其中的土地使用权部分确认为无形资产。

(4)固定资产在使用过程中发生的后续支出，符合确认条件的，应当计入固定资产成本；不符合确认条件的，应当在发生时计入当期费用或者相关资产成本。

将发生的固定资产后续支出计入固定资产成本的，应当同时从固定资产账面价值中扣除被替换部分的账面价值。

三、固定资产的初始计量

(1)固定资产初始计量原则。固定资产在取得时应当按照成本进行初始计量。

(2)外购的固定资产初始计量。

①政府单位外购的固定资产，其成本包括购买价款、相关税费以及固定资产交付使用前所发生的可归属于该项资产的运输费、装卸费、安装费和专业人员服务费等。

②以一笔款项购入多项没有单独标价的固定资产，应当按照各项固定资产同类或类似资产市场价格的比例对总成本进行分配，分别确定各项固定资产的成本。

(3)自行建造的固定资产初始计量。

①政府单位自行建造的固定资产，其成本包括该项资产至交付使用前所发生的全部必要支出。

②在原有固定资产基础上进行改建、扩建、修缮后的固定资产，其成本按照原固定资产账面价值加上改建、扩建、修缮发生的支出，再扣除固定资产被替换部分的账面价值后的金额确定。

③为建造固定资产借入的专门借款的利息，属于建设期间发生的，计入在建工程成本；不属于建设期间发生的，计入当期费用。

④已交付使用但尚未办理竣工决算手续的固定资产,应当按照估计价值入账,待办理竣工决算后再按实际成本调整原来的暂估价值。

(4)置换取得的固定资产初始计量。政府单位通过置换取得的固定资产,其成本按照换出资产的评估价值加上支付的补价或减去收到的补价,加上换入固定资产发生的其他相关支出确定。

(5)接受捐赠的固定资产初始计量。政府单位接受捐赠的固定资产,其成本按照有关凭据注明的金额加上相关税费、运输费等确定;没有相关凭据可供取得,但按规定经过资产评估的,其成本按照评估价值加上相关税费、运输费等确定;没有相关凭据可供取得、也未经资产评估的,其成本比照同类或类似资产的市场价格加上相关税费、运输费等确定;没有相关凭据且未经资产评估、同类或类似资产的市场价格也无法可靠取得的,按照名义金额入账,相关税费、运输费等计入当期费用。

如受赠的系旧的固定资产,在确定其初始入账成本时应当考虑该项资产的新旧程度。

(6)无偿调入的固定资产初始计量。政府单位无偿调入的固定资产,其成本按照调出方账面价值加上相关税费、运输费等确定。

(7)盘盈的固定资产初始计量。政府单位盘盈的固定资产,按规定经过资产评估的,其成本按照评估价值确定;未经资产评估的,其成本按照重置成本确定。

(8)融资租赁取得的固定资产初始计量。政府单位融资租赁取得的固定资产,其成本按照其他相关政府会计准则确定。

四、固定资产的后续计量

(一)固定资产的折旧

政府单位应当对固定资产计提折旧,政府会计准则规定可以不计提折旧的固定资产除外。所谓折旧,是指在固定资产的预计使用年限内,按照确定的方法对应计的折旧额进行系统分摊。固定资产应计的折旧额为其成本,计提固定资产折旧时不考虑预计净残值。政府单位应当对暂估入账的固定资产计提折旧,实际成本确定后不需调整原已计提的折旧额。

政府单位的下列固定资产不计提折旧:文物和陈列品,动植物,图书、档案,单独计价入账的土地，以名义金额计量的固定资产。

固定资产的折旧年限的确定分以下几种情况：

（1）通常情况下，政府单位应当按照表6–2规定确定各类应计提折旧的固定资产的折旧年限。

表6–2　政府固定资产折旧年限表

固定资产类别	内容		折旧年限/年
房屋及构筑物	业务及管理用房	钢结构	不低于50
		钢筋混凝土结构	不低于50
		砖混结构	不低于30
		砖木结构	不低于30
	简易房		不低于8
	房屋附属设施		不低于8
	构筑物		不低于8
通用设备	计算机设备		不低于6
	办公设备		不低于6
	车辆		不低于8
	图书档案设备		不低于5
	机械设备		不低于10
	电气设备		不低于5
	雷达、无线电和卫星导航设备		不低于10
	通信设备		不低于5
	广播、电视、电影设备		不低于5
	仪器仪表		不低于5
	电子和通信测量设备		不低于5
	计量标准器具及量具、衡器		不低于5
专用设备	探矿、采矿、选矿和造块设备		10～15
	石油天然气开采专用设备		10～15
	石油和化学工业专用设备		10～15
	炼焦和金属冶炼轧制设备		10～15

续　表

固定资产类别	内容	折旧年限/年
专用设备	电力工业专用设备	20 ~ 30
	非金属矿物制品工业专用设备	10 ~ 20
	核工业专用设备	20 ~ 30
	航空航天工业专用设备	20 ~ 30
	工程机械	10 ~ 15
	农业和林业机械	10 ~ 15
	木材采集和加工设备	10 ~ 15
	食品加工专用设备	10 ~ 15
	饮料加工设备	10 ~ 15
	烟草加工设备	10 ~ 15
	粮油作物和饲料加工设备	10 ~ 15
	纺织设备	10 ~ 15
	缝纫、服饰、制革和毛皮加工设备	10 ~ 15
	造纸和印刷机械	10 ~ 20
	化学药品和中药专用设备	5 ~ 10
	医疗设备	5 ~ 10
	电工、电子专用生产设备	5 ~ 10
	安全生产设备	10 ~ 20
	邮政专用设备	10 ~ 15
	环境污染防治设备	10 ~ 20
	公安专用设备	3 ~ 10
	水工机械	10 ~ 20
	殡葬设备及用品	5 ~ 10
	铁路运输设备	10 ~ 20
	水上交通运输设备	10 ~ 20
	航空器及其配套设备	10 ~ 20
	专用仪器仪表	5 ~ 10
	文艺设备	5 ~ 15
	体育设备	5 ~ 15
	娱乐设备	5 ~ 15

续 表

固定资产类别	内容	折旧年限/年
家具、用具及装具	家具	不低于15
	用具、装具	不低于5

(2)国务院有关部门在遵循表6-2所规定的固定资产折旧年限的情况下,可以根据实际需要进一步细化本行业固定资产的类别,具体确定各类固定资产的折旧年限,并报财政部审核批准。

(3)政府单位应当根据相关规定以及固定资产的性质和使用情况,合理确定固定资产的使用年限。政府单位具体确定固定资产使用年限,应当考虑下列因素:一是预计实现服务潜力或提供经济利益的期限;二是预计有形损耗和无形损耗;三是法律或者类似规定对资产使用的限制。

(4)固定资产的使用年限一经确定,不得随意变更。固定资产因改建、扩建或修缮等原因而延长其使用年限的,应当按照重新确定的固定资产的成本以及重新确定的折旧年限计算折旧额。

(5)政府单位盘盈、无偿调入、接受捐赠以及置换的固定资产,应当考虑该项资产的新旧程度,按照其尚可使用的年限计提折旧。

政府单位一般应当采用年限平均法或者工作量法计提固定资产折旧。在确定固定资产的折旧方法时,应当考虑与固定资产相关的服务潜力或经济利益的预期实现方式。固定资产折旧方法一经确定,不得随意变更。

固定资产应当按月计提折旧,并根据用途计入当期费用或者相关资产成本。当月增加的固定资产,当月开始计提折旧;当月减少的固定资产,当月不再计提折旧。

固定资产提足折旧后,无论能否继续使用,均不再计提折旧;提前报废的固定资产,也不再补提折旧。已提足折旧的固定资产,可以继续使用的,应当继续使用,规范实物管理。

(二)固定资产的处置

政府单位按规定报经批准出售、转让固定资产或固定资产报废、毁损的,应当将固定资产账面价值转销,计入当期费用,并将处置收入扣除相关处置税费后的差额按规定作应缴款项处理(差额为净收益时)或计入当期费用(差额为净损失时)。

政府单位按规定报经批准对外捐赠、无偿调出固定资产的,应当将固定资产的账面价值予以转销,对外捐赠、无偿调出中发生的归属于捐出方、调出方的相关费用应当计入当期费用。

政府单位按规定报经批准以固定资产对外投资的,应当将该固定资产的账面价值予以转销,并将固定资产在对外投资时的评估价值与其账面价值的差额计入当期收入或费用。

固定资产盘亏造成的损失,按规定报经批准后应当计入当期费用。

五、账务处理

(一)科目设置

1.固定资产

为了核算固定资产的原值,政府单位需要设置“固定资产”总账科目。“固定资产”是财务会计资产类科目,借方登记固定资产价值的增加数,贷方登记固定资产价值的减少数,期末余额在借方,反映单位固定资产的原值。本科目应当按照固定资产类别和项目进行明细核算。

按照固定资产类别,“固定资产”总账科目下可以设置“房屋及构筑物”“专用设备”“通用设备”“文物和陈列品”“图书、档案”“家具、用具、装具及动植物”等一级明细科目。

2.固定资产累计折旧

为了核算计提的固定资产累计折旧,政府单位需要设置“固定资产累计折旧”总账科目。“固定资产累计折旧”是“固定资产”科目的备抵科目。贷方登记固定资产折旧的增加数,借方登记固定资产折旧的减少数,期末余额在贷方,反映政府单位计提的固定资产折旧累计数。

(二)账务处理

1.固定资产的账务处理应注意事项

(1)购入需要安装的固定资产,应当先通过“在建工程”科目核算,安装完毕交付使用时再转入“固定资产”科目核算。

(2)以借入、经营租赁租入方式取得的固定资产,不通过“固定资产”科目核算,应当设置备查簿进行登记。

(3)采用融资租赁方式取得的固定资产,通过"固定资产"科目核算,并在"固定资产"科目下设置"融资租入固定资产"明细科目。

(4)经批准在境外购买具有所有权的土地,作为固定资产,通过"固定资产"科目核算;单位应当在"固定资产"科目下设置"境外土地"明细科目,进行相应明细核算。

2. 固定资产取得时

(1)外购固定资产。

①购入不需安装的固定资产,验收合格时,政府单位按照确定的固定资产成本,借记"固定资产"科目,对于进项税额允许抵扣的,按照当月已认证的可抵扣增值税额,借记"应交增值税——应交税金——进项税额"科目,按照当月未认证的可抵扣增值税额,借记"应交增值税——待认证进项税额"科目;对于进项税额不得抵扣的,按照待认证的增值税进项税额,借记"应交增值税——待认证进项税额"科目,贷记"财政拨款收入""零余额账户用款额度""应付账款""银行存款"等科目。同时,按照实际支付金额,借记"行政支出""事业支出""经营支出"等科目,贷记"财政拨款预算收入""资金结存"等科目。

②购入需要安装的固定资产,购入验收合格时,借记"在建工程"科目,对于进项税额允许抵扣的,按照当月已认证的可抵扣增值税额,借记"应交增值税——应交税金——进项税额"科目,按照当月未认证的可抵扣增值税额,借记"应交增值税——待认证进项税额"科目;对于进项税额不得抵扣的,按照待认证的增值税进项税额,借记"应交增值税——待认证进项税额"科目,贷记"财政拨款收入""零余额账户用款额度""应付账款""银行存款"等科目。同时,按照实际支付金额,借记"行政支出""事业支出""经营支出"等科目,贷记"财政拨款预算收入""资金结存"等科目。安装完毕交付使用时,借记"固定资产"科目,贷记"在建工程"科目。

③购入固定资产扣留质量保证金的,应当在取得固定资产时,按照确定的固定资产成本,借记"固定资产"科目(不需安装)或"在建工程"科目(需要安装),对于进项税额允许抵扣的,按照当月已认证的可抵扣增值税额,借记"应交增值税——应交税金——进项税额"科目,按照当月未认证的可抵扣增值税额,借记"应交增值税——待认证进项税额"科目;对于进项税额不得抵扣的,按照待认证的增值税进项税额,借记"应交增值税——待认证进项税额"科目,按照实际支付或应付的金额,贷记"财政拨款收入""零余额账户用款额度""应付账款(不含质量保证金)""银行存款"等科

目,按照扣留的质量保证金数额,贷记“其他应付款”(扣留期在1年以内,含1年)或“长期应付款”(扣留期超过1年)科目。同时,按照实际支付金额,借记“行政支出”“事业支出”“经营支出”科目,贷记“财政拨款预算收入”“资金结存”科目。

④质保期满支付质量保证金时,借记“其他应付款”(扣留期在1年以内,含1年)、“长期应付款”(扣留期超过1年)科目,贷记“财政拨款收入”“零余额账户用款额度”“银行存款”等科目。同时,按照实际支付金额,借记“行政支出”“事业支出”“经营支出”科目,贷记“财政拨款预算收入”“资金结存”科目。

【例6-19】某行政单位2×21年3月1日购买需要安装的专用设备一台,价款为4 000 000元。3月31日安装完毕并验收合格。购入时,扣留质量保证金200 000元,约定质保期1年后支付。款项均通过财政直接支付方式支付。

账务处理如下:

(1)3月1日购买设备时:

借:在建工程	4 000 000	
贷:财政拨款收入		3 800 000
其他应付款		200 000
借:行政支出	3 800 000	
贷:财政拨款预算收入		3 800 000

(2)3月31日安装完毕时:

借:固定资产	4 000 000	
贷:在建工程		4 000 000

(3)一年后支付质量保证金时:

借:其他应付款	200 000	
贷:财政拨款收入		200 000
借:行政支出	200 000	
贷:财政拨款预算收入		200 000

(2)自行建造的固定资产。

①固定资产交付使用时,按照在建工程成本,借记“固定资产”科目,贷记“在建工程”科目。

②已交付使用但尚未办理竣工决算手续的固定资产，按照估计价值入账，待办理竣工决算后再按照实际成本调整原来的暂估价值。

(3)融资租赁取得的固定资产。

融资租赁取得的固定资产，其成本按照租赁协议或者合同确定的租赁价款、相关税费以及固定资产交付使用前所发生的可归属于该项资产的运输费、途中保险费、安装调试费等确定。

融资租入的固定资产，按照确定的成本，借记“固定资产”科目(不需安装)或“在建工程”科目(需安装)，按照租赁协议或者合同确定的租赁付款额，贷记“长期应付款”科目，按照支付的运输费、途中保险费、安装调试费等金额，贷记“财政拨款收入”“零余额账户用款额度”“银行存款”等科目。同时，按照实际支付金额，借记“行政支出”“事业支出”“经营支出”等科目，贷记“财政拨款预算收入”“资金结存”等科目。

定期支付租金时，按照实际支付金额，借记“长期应付款”科目，贷记“财政拨款收入”“零余额账户用款额度”“银行存款”等科目。同时，借记“行政支出”“事业支出”“经营支出”等科目，贷记“财政拨款预算收入”“资金结存”等科目。

跨年度分期付款购入固定资产的账务处理，同理。

【例6-20】某行政单位融资租入一台不需要安装的进口实验设备，设备价款为20 000 000元，合同约定租赁期为10年，租金每年支付，该行政单位支付相关税费和运输费100 000元，租金及税费均采用财政授权支付。

账务处理如下：

(1)融资租入时：

借：固定资产　　20 100 000

　　贷：长期应付款　　20 000 000

　　　　零余额账户用款额度　　100 000

借：行政支出　　100 000

　　贷：资金结存——零余额账户用款额度　　100 000

(2)每年支付租金时：

借：长期应付款　　2 000 000

　　贷：零余额账户用款额度　　2 000 000

借：行政支出　　2 000 000

贷:资金结存——零余额账户用款额度　　2 000 000

(4)接受捐赠的固定资产。

①按照确定的固定资产成本,借记“固定资产”科目(不需安装)或“在建工程”科目(需安装),按照发生的相关税费、运输费等,贷记“财政拨款收入”“零余额账户用款额度”“银行存款”等科目,按照其差额,贷记“捐赠收入”科目。同时,按照实际支付的相关税费、运输费等,借记“其他支出”科目,贷记“财政拨款预算收入”“资金结存”等科目。

②按照名义金额入账的,按照名义金额,借记“固定资产”科目,贷记“捐赠收入”科目;按照发生的相关税费、运输费等,借记“其他费用”科目,贷记“零余额账户用款额度”“银行存款”等科目。同时,按照实际支付的相关税费、运输费等,借记“其他支出”科目,贷记“资金结存”科目。

【例 6-21】某社会团体向某行政单位捐赠一台不需要安装的设备,价值为 500 000 元,发生运输等相关费用 10 000 元。

账务处理如下:

借:固定资产　　510 000

　贷:捐赠收入　　500 000

　　银行存款　　10 000

借:其他支出　　10 000

　贷:资金结存——货币资金　　10 000

(5)无偿调入的固定资产。无偿调入的固定资产,按照确定的固定资产成本,借记“固定资产”科目(不需安装)或“在建工程”科目(需安装),按照发生的相关税费、运输费等,贷记“零余额账户用款额度”“银行存款”等科目,按照其差额,贷记“无偿调拨净资产”科目。同时,按照实际支付的相关税费、运输费等,借记“其他支出”科目,贷记“资金结存”科目。

【例 6-22】某事业单位从另外一家单位无偿调入一台不需要安装的设备,价值为 1 000 000 元,发生运输等相关费用 10 000 元。

账务处理如下：

借：固定资产　　1 010 000

　　贷：无偿调拨净资产　　1 000 000

　　　　银行存款　　10 000

借：其他支出　　10 000

　　贷：资金结存——货币资金　　10 000

(6)置换取得的固定资产。置换换入的固定资产验收入库，按照确定的成本，借记“固定资产”科目(不需安装)或“在建工程”科目(需安装)，按照换出资产的账面余额，贷记相关资产科目(换出资产为固定资产、无形资产的，还应当借记“固定资产累计折旧”“无形资产累计摊销”科目)，按照置换过程中发生的其他相关支出，贷记“银行存款”等科目，按照借贷方差额，借记“资产处置费用”科目或贷记“其他收入”科目。同时，按照实际支付的其他相关支出，借记“其他支出”科目，贷记“资金结存”科目。涉及补价的，分别以下情况处理：

①支付补价的，按照确定的成本，借记“固定资产”科目(不需安装)或“在建工程”科目(需安装)，按照换出资产的账面余额，贷记相关资产科目(换出资产为固定资产、无形资产的，还应当借记“固定资产累计折旧”“无形资产累计摊销”科目)，按照支付的补价和置换过程中发生的其他相关支出，贷记“银行存款”等科目，按照借贷方差额，借记“资产处置费用”科目或贷记“其他收入”科目。同时，按照实际支付的补价和其他相关支出，借记“其他支出”科目，贷记“资金结存”科目。

②收到补价的，按照确定的成本，借记“固定资产”科目(不需安装)或“在建工程”科目(需安装)，按照收到的补价，借记“银行存款”等科目，按照换出资产的账面余额，贷记相关资产科目(换出资产为固定资产、无形资产的，还应当借记“固定资产累计折旧”“无形资产累计摊销”科目)，按照置换过程中发生的其他相关支出，贷记“银行存款”科目，按照补价扣减其他相关支出后的净收入，贷记“应缴财政款”科目，按照借贷方差额，借记“资产处置费用”科目或贷记“其他收入”科目。同时，按照其他相关支出大于收到的补价的差额，借记“其他支出”科目，贷记“资金结存”科目。

3.固定资产的后续计量

(1)折旧的计提。按月计提固定资产折旧时，按照应计提折旧金额，借记“业务活动费用”“单位管理费用”“经营费用”“加工物品”“在建工程”等科目，贷记“固定资产累计折旧”科目。

【例6-23】某行政单位购入一台进口设备，价值1 200 000元，计划使用年限10年，按月计提折旧。

账务处理如下：

每月计提折旧时：

借：业务活动费用　　10 000

　贷：固定资产累计折旧　　10 000

(2)与固定资产有关的其他后续支出。

①符合固定资产确认条件的后续支出。通常情况下，将固定资产转入改建、扩建时，按照固定资产的账面价值，借记“在建工程”科目，按照固定资产已计提折旧，借记“固定资产累计折旧”科目，按照固定资产的账面余额，贷记“固定资产”科目。

为增加固定资产使用效能或延长其使用年限而发生的改建、扩建等后续支出，借记“在建工程”科目，贷记“财政拨款收入”“零余额账户用款额度”“银行存款”等科目。同时，借记“行政支出”“事业支出”“经营支出”等科目，贷记“财政拨款预算收入”“资金结存”等科目。

固定资产改建、扩建等完成交付使用时，按照在建工程成本，借记“固定资产”科目，贷记“在建工程”科目。

【例6-24】某行政单位为改善办公条件，决定对一栋旧办公楼进行改扩建。该楼原价1 000万元，已提折旧600万元。为旧楼改造陆续购进并耗费各种材料共计300万元，支付人工费用共计50万元。工程改造完成，交付使用，各种费用均通过零余额账户支付完毕。

账务处理如下：

(1)将旧办公楼转为在建工程：

借：在建工程　　4 000 000

　　固定资产累计折旧　　6 000 000

　贷：固定资产　　10 000 000

(2)支付材料及人工费：

借:在建工程　　3 500 000

　　贷:零余额账户用款额度　　3 500 000

借:行政支出　　3 500 000

　　贷:资金结存——零余额账户用款额度　　3 500 000

(3)完工交付使用:

借:固定资产　　7 500 000

贷:在建工程　　7 500 000

②不符合固定资产确认条件的后续支出。为保证固定资产正常使用发生的日常维修等支出,借记“业务活动费用”“单位管理费用”等科目,贷记“财政拨款收入”“零余额账户用款额度”“银行存款”等科目。同时,借记“行政支出”“事业支出”“经营支出”等科目,贷记“财政拨款预算收入”“资金结存”等科目。

4.固定资产的处置

(1)报经批准出售、转让固定资产。按照被出售、转让固定资产的账面价值,借记“资产处置费用”科目,按照固定资产已计提的折旧,借记“固定资产累计折旧”科目,按照固定资产账面余额,贷记“固定资产”科目;同时,按照收到的价款,借记“银行存款”科目,按照处置过程中发生的相关费用,贷记“银行存款”科目,按照其差额,贷记“应缴财政款”科目。

【例6-25】某事业单位转让实验室的一台设备,该设备账面余额为5 000 000元,累计折旧3 000 000元,处置固定资产收到价款500 000元。

账务处理如下:

借:资产处置费用　　2 000 000

　　固定资产累计折旧　　3 000 000

　　贷:固定资产　　5000 000

借:银行存款　　500 000

　　贷:应缴财政款　　500 000

(2)报经批准对外捐赠固定资产。按照固定资产已计提的折旧,借记“固定资产累计折旧”科目,按照被处置固定资产账面余额,贷记“固定资产”科目,按照捐赠过程中发生的归属于捐出方的相关费用,贷记“银行存款”等科目,按照其差额,借记

“资产处置费用”科目。同时,按照实际支付的相关费用,借记“其他支出”科目,贷记“资金结存”科目。

【6-26】某事业单位将实验室的一台设备无偿捐赠给某单位使用,该设备账面余额为1 000 000元,累计折旧600 000元,发生相关的运输费用10 000元,用银行存款支付。

账务处理如下:

借:资产处置费用　　400 000

　固定资产累计折旧　　600 000

　贷:固定资产　　1 000 000

借:资产处置费用　　10 000

　贷:银行存款　　10 000

借:其他支出　　10 000

　贷:资金结存——货币资金　　10 000

(3)报经批准无偿调出固定资产。按照固定资产已计提的折旧,借记“固定资产累计折旧”科目,按照被处置固定资产账面余额,贷记“固定资产”科目,按照其差额,借记“无偿调拨净资产”科目;同时,按照无偿调出过程中发生的归属于调出方的相关费用,借记“资产处置费用”科目,贷记“银行存款”科目。同时,按照实际支付的相关费用,借记“其他支出”科目,贷记“资金结存”科目。

【例6-27】某事业单位将实验室的一台设备无偿调拨给下属单位使用,该设备账面余额为5 000 000元,累计折旧3 000 000元,发生相关的运输费用100 000元,用银行存款支付。

账务处理如下:

借:无偿调拨资产　　2 000 000

　固定资产累计折旧　　3 000 000

　贷:固定资产　　5 000 000

借:资产处置费用　　100 000

　贷:银行存款　　100 000

借：其他支出　　100 000

　　贷：资金结存——货币资金　　100 000

(4)报经批准置换转出固定资产。经批准置换转出的固定资产，按照置换转出固定资产的评估价值及实际支付的其他相关支出之和，借记“固定资产”“无形资产”“库存物品”等相关资产科目，按照置换转出固定资产的账面净值，贷记“固定资产”，按照实际支付的其他相关支出，贷记“银行存款”科目，按照差额，借记“资产处置费用”科目(借差)或贷记“其他收入”科目(贷差)。同时，按照实际支付的其他相关支出，借记“其他支出”科目，贷记“资金结存”科目。涉及补价的，分别按以下情况处理：

①支付补价时，按照置换转出固定资产的评估价值、实际支付的其他相关支出与支付补价之和，借记“固定资产”“无形资产”“库存物品”等相关资产科目，按照置换转出固定资产的账面净值，贷记“固定资产”，按照实际支付的其他相关支出与支付补价之和，贷记“银行存款”科目，按照差额，借记“资产处置费用”科目(借差)或贷记“其他收入”科目(贷差)。同时，按照实际支付的其他相关支出与支付补价之和，借记“其他支出”科目，贷记“资金结存”科目。

②收到补价时，按照置换转出固定资产的评估价值与实际支付的其他相关支出之和，减去收到的补价，借记“固定资产”“无形资产”“库存物品”等相关资产科目，按照收到的补价，借记“银行存款”科目，按照置换转出固定资产的账面净值，贷记“固定资产”，按照实际支付的其他相关支出，贷记“银行存款”等科目，按照收到的补价减去其他相关支出的差额，贷记“应缴财政款”科目，按照差额，借记“资产处置费用”科目(借差)或贷记“其他收入”科目(贷差)。同时，按照实际支付的其他相关支出大于收到补价的差额，借记“其他支出”科目，贷记“资金结存”科目。

固定资产处置时涉及增值税业务的，相关账务处理参见“应交增值税”章节。

六、固定资产的清查

政府单位应当定期对固定资产进行清查盘点，每年至少盘点一次。

1.固定资产的清查方法

(1)账实核对法，即根据固定资产账目与实物进行逐一核对以查明固定资产实存数量的一种方法。

(2)抄列实物清单法,即在进行清查时,直接根据单位的固定资产实物,实地逐项登记各种财产物资的品种、数量、价值等,以此查明单位固定资产实存数量的方法。

(3)卡实直接核对法,即将固定资产实物与固定资产卡片进行逐项核对,以查明固定资产卡实是否相符并查明固定资产实有数量的一种方法。

2. 固定资产清查的会计处理

对于发生的固定资产盘盈、盘亏或毁损、报废,应当先记入"待处理财产损溢"科目,按照规定报经批准后及时进行后续账务处理。

(1)盘盈的固定资产,其成本按照有关凭据注明的金额确定;没有相关凭据、但按照规定经过资产评估的,其成本按照评估价值确定;没有相关凭据、也未经过评估的,其成本按照重置成本确定。如无法采用上述方法确定盘盈固定资产成本的,按照名义金额入账。盘盈的固定资产,按照确定的入账成本,借记"固定资产"科目,贷记"待处理财产损溢"科目。

(2)盘亏、毁损或报废的固定资产,按照待处理固定资产的账面价值,借记"待处理财产损溢"科目,按照已计提折旧,借记"固定资产累计折旧"科目,按照固定资产的账面余额,贷记"固定资产"科目。

【例 6-28】某事业单位购入一台进口设备,价值为 12 000 000 元,供实验研究使用,预计使用年限为 10 年,按月计提折旧,在使用 6 年后,由于该设备无法满足实验研究需求,该单位欲将该设备处置掉,目前存入仓库中,暂停使用。

账务处理如下:

(1)每月计提折旧时:

借:业务活动费用　　100 000

　　贷:固定资产累计折旧　　100 000

(2)6 年后暂停使用:

借:待处理财产损溢　　6 000 000

　　固定资产累计折旧　　6 000 000

　　贷:固定资产　　12 000 000

七、固定资产的披露

政府单位应当在附注中披露与固定资产有关的下列信息：

（1）固定资产的分类和折旧方法。

（2）各类固定资产的使用年限、折旧率。

（3）各类固定资产账面余额、累计折旧额、账面价值的期初、期末数及其本期变动情况。

（4）以名义金额计量的固定资产名称、数量，以及以名义金额计量的理由。

（5）已提足折旧的固定资产名称、数量等情况。

（6）接受捐赠、无偿调入的固定资产名称、数量等情况。

（7）出租、出借固定资产以及以固定资产投资的情况。

（8）固定资产对外捐赠、无偿调出、毁损等重要资产处置的情况。

（9）暂估入账的固定资产账面价值变动情况。

第三节　无形资产

一、无形资产概述

1.无形资产的概念

无形资产是指政府单位控制的没有实物形态的可辨认非货币性资产，如专利权、商标权、著作权、土地使用权、非专利技术等。

资产满足下列条件之一的，可以视为符合无形资产定义中的可辨认性标准：（1）能够从政府单位中分离或者划分出来，并能单独或者与相关合同、资产或负债一起，用于出售、转移、授予许可、租赁或者交换。（2）源自合同性权利或其他法定权利，无论这些权利是否可以从政府单位或其他权利和义务中转移或者分离。

2.无形资产的特征

（1）没有实物形态。无形资产不具有实物形态，通常体现的是一种权力或一种技术。在某些高新科技领域，无形资产很重要。它一般没有实物形态，却有较高的价值。

(2)非货币性长期资产。无形资产没有实物形态,货币性资产如应收账款、银行存款等也没有实物形态。因此仅仅以无实物形态将无形资产与其他资产加以区分是不够的。无形资产是非货币性长期资产,主要是因为其能在超过政府单位的一个会计年度内为政府单位服务。那些虽然具有无形资产其他特征但不能在超过一个会计年度内为政府单位服务的资产,不能作为政府单位的无形资产核算。

(3)具有可辨认性。政府单位的无形资产具有可辨认性,主要体现在能够从政府单位中分离或划分出来或者源自合同性权利或其他法定权利。

3.无形资产的分类

(1)按取得方式分类。无形资产可以分为外部取得的无形资产和内部自创的无形资产。外部取得的无形资产是指政府单位从外单位或个人购得、置换换入、接受捐赠及无偿调入等方式取得的无形资产。内部自创的无形资产是指政府单位自行研究开发而取得的无形资产。

(2)按有无期限分类。无形资产可以分为使用寿命有限的无形资产和使用寿命不确定的无形资产。使用寿命有限的无形资产是指有法律或合同约定的有有效期的无形资产,如专利权等,使用寿命有限的无形资产应进行摊销。使用寿命不确定的无形资产是指法律或合同等没有规定也不能确定其有效期限的无形资产,使用寿命不确定的无形资产不应摊销。

二、无形资产的确认

1.确认原则

无形资产同时满足下列条件的,应当予以确认:

(1)与该无形资产相关的服务潜力很可能实现或者经济利益很可能流入政府单位。政府单位在判断无形资产的服务潜力或经济利益是否可能实现或流入时,应当对无形资产在预计使用年限内可能存在的各种社会、经济、科技因素做出合理估计,并且应当有确凿的证据支持。

(2)该无形资产的成本或者价值能够可靠地计量。

2.具体确认方法

政府单位购入的不构成相关硬件不可缺少组成部分的软件,应当确认为无形资产。

政府单位自行研究开发项目的支出,应当区分研究阶段支出与开发阶段支出。研究是指为获取并理解新的科学或技术知识而进行的独创性的有计划调查。开发是指在进行生产或使用前,将研究成果或其他知识应用于某项计划或设计,以生产出新的或具有实质性改进的材料、装置、产品等。

政府单位自行研究开发项目研究阶段的支出,应当于发生时计入当期费用。政府单位自行研究开发项目开发阶段的支出,先按合理方法进行归集,如果最终形成无形资产的,应当确认为无形资产;如果最终未形成无形资产的,应当计入当期费用。政府单位自行研究开发项目尚未进入开发阶段,或者确实无法区分研究阶段支出和开发阶段支出,但按法律程序已申请取得无形资产的,应当将依法取得时发生的注册费、聘请律师费等费用确认为无形资产。

政府单位自创商誉及内部产生的品牌、报刊名等,不应确认为无形资产。

与无形资产有关的后续支出,符合无形资产确认条件的,应当计入无形资产成本;不符合无形资产确认条件的,应当在发生时计入当期费用或者相关资产成本。

三、无形资产的初始计量

1.计量原则

无形资产在取得时应当按照成本进行初始计量。

2.具体计量方法

(1)政府单位外购的无形资产,其成本包括购买价款、相关税费以及可归属于该项资产达到预定用途前所发生的其他支出。

政府单位委托软件公司开发的软件,视同外购无形资产确定其成本。

(2)政府单位自行开发的无形资产,其成本包括自该项目进入开发阶段后达到预定用途前所发生的支出总额。

(3)政府单位通过置换取得的无形资产,其成本按照换出资产的评估价值加上支付的补价或减去收到的补价,加上换入无形资产发生的其他相关支出确定。

(4)政府单位接受捐赠的无形资产,其成本按照有关凭据注明的金额加上相关税费确定;没有相关凭据可供取得,但按规定经过资产评估的,其成本按照评估价值加上相关税费确定;没有相关凭据可供取得,也未经资产评估的,其成本比照同类或类似资产的市场价格加上相关税费确定;没有相关凭据且未经资产评估、同类或类似资产的市场价格也无法可靠取得的,按照名义金额入账,相关税费计入当期费用。

确定接受捐赠无形资产的初始入账成本时,应当考虑该项资产可为政府单位带来服务潜力或经济利益的能力。

(5)政府单位无偿调入的无形资产,其成本按照调出方账面价值加上相关税费确定。

四、无形资产的后续计量

1.无形资产的摊销

(1)政府单位应当于取得或形成无形资产时合理确定其使用年限。无形资产的使用年限是有限的,应当估计该使用年限。无法预见无形资产为政府单位提供服务潜力或者带来经济利益期限的,应当视为使用年限不确定的无形资产。

(2)政府单位应当对使用年限有限的无形资产进行摊销,但已摊销完毕仍继续使用的无形资产和以名义金额计量的无形资产除外。摊销是指在无形资产使用年限内,按照确定的方法对应摊销金额进行系统分摊。

(3)对于使用年限有限的无形资产,政府单位应当按照以下原则确定无形资产的摊销年限:法律规定了有效年限的,按照法律规定的有效年限作为摊销年限;法律没有规定有效年限的,按照相关合同,单位申请书中的受益年限作为摊销年限;法律没有规定有效年限、相关合同或单位申请书也没有规定受益年限的,应当根据无形资产为政府单位带来服务潜力或经济利益的实际情况,预计其使用年限;非大批量购入、单价小于1 000元的无形资产,可以于购买的当期将其成本一次性全部转销。

(4)政府单位应当按月对使用年限有限的无形资产进行摊销,并根据用途计入当期费用或者相关资产成本。政府单位应当采用年限平均法或者工作量法对无形资产进行摊销,应摊销金额为其成本,不考虑预计残值。

(5)因发生后续支出而增加无形资产成本的,对于使用年限有限的无形资产,应当按照重新确定的无形资产成本以及重新确定的摊销年限计算摊销额。

(6)使用年限不确定的无形资产不应摊销。

2.无形资产的处置

(1)政府单位按规定报经批准出售无形资产,应当将无形资产账面价值转销计入当期费用，并将处置收入大于相关处置税费后的差额按规定计入当期收入或者做应缴款项处理，将处置收入小于相关处置税费后的差额计入当期费用。

（2）政府单位按规定报经批准对外捐赠、无偿调出无形资产的，应当将无形资产的账面价值予以转销，对外捐赠、无偿调出中发生的归属于捐出方、调出方的相关费用应当计入当期费用。

（3）政府单位按规定报经批准以无形资产对外投资的，应当将该无形资产的账面价值予以转销，并将无形资产在对外投资时的评估价值与其账面价值的差额计入当期收入或费用。

（4）无形资产预期不能为政府单位带来服务潜力或者经济利益的，应当在报经批准后将该无形资产的账面价值予以转销。

五、无形资产会计核算

（一）科目设置

为了核算无形资产的原值、累计摊销、自行研究开发项目研究阶段和开发阶段发生的各项支出等，政府单位需要设置“无形资产”“无形资产累计摊销”“研发支出”等总账科目。

1. 无形资产

“无形资产”是财务会计资产类科目，借方登记无形资产价值的增加数，贷方登记无形资产价值的减少数，期末余额在借方，反映单位无形资产的成本。本科目应当按照无形资产类别和项目进行明细核算。

2. 无形资产累计摊销

“无形资产累计摊销”是“无形资产”科目的备抵科目。贷方登记无形资产累计摊销的增加数，借方登记无形资产累计摊销的减少数，期末余额在贷方，反映单位计提的无形资产摊销累计数。本科目应当按照所对应无形资产的明细分类进行明细核算。

3. 研发支出

“研发支出”是财务会计资产类科目，借方登记自行研究开发项目研究阶段和开发阶段发生的各项支出的增加数，贷方登记自行研究开发项目研究阶段和开发阶段发生的各项支出的减少数,期末余额在借方,反映单位预计能达到预定用途的研究开发项目在开发阶段发生的累计支出数。本科目应当按照自行研究开发项目,分别以“研究支出”“开发支出”进行明细核算。建设项目中的软件研发支出,应当通过“在建工程”科目核算,不通过本科目核算。

(二)账务处理

1.无形资产取得时

(1)外购的无形资产,按照确定的成本,借记“无形资产”科目,贷记“财政拨款收入”“零余额账户用款额度”“应付账款”“银行存款”等科目。同时,借记“行政支出”“事业支出”“经营支出”等科目,贷记“财政拨款预算收入”“资金结存”等科目。

【例6-29】某行政单位购入一项专利权,价格为20 000元,发生相关手续费4 000元,款项用银行存款支付。

账务处理如下:

借:无形资产——专利权　　24 000

　　贷:银行存款　　24 000

借:行政支出　　24 000

　　贷:资金结存——货币资金　　24 000

(2)委托软件公司开发软件,视同外购无形资产进行处理。

合同中约定预付开发费用的,按照预付金额,借记“预付账款”科目,贷记“财政拨款收入”“零余额账户用款额度”“银行存款”等科目。同时,借记“行政支出”“事业支出”“经营支出”等科目,贷记“财政拨款预算收入”“资金结存”等科目。

软件开发完成交付使用并支付剩余或全部软件开发费用时,按照软件开发费用总额,借记“无形资产”科目,按照相关预付账款金额,贷记“预付账款”科目,按照支付的剩余金额,贷记“财政拨款收入”“零余额账户用款额度”“银行存款”等科目。同时,按照支付的剩余款项金额,借记“行政支出”“事业支出”“经营支出”等科目,贷记“财政拨款预算收入”“资金结存”等科目。

【例6-30】某事业单位委托软件公司开发一款软件,按照合同约定,合同签订时支付50 000元，待交付使用的时候，再支付剩下的50 000元，款项用零余额账户用款额度支付。

账务处理如下：

(1)合同签订时：

借：预付账款　　50 000

　　贷：零余额账户用款额度　　50 000

借：事业支出　　50 000

　　贷：资金结存——零余款账户用款额度　　50 000

(2)交付使用时，支付余款：

借：无形资产　　100 000

　　贷：预付账款　　50 000

　　　　零余额账户用款额度　　50 000

借：事业支出　　50 000

　　贷：资金结存——零余额账户用款额度　　50 000

(3)自行研究开发。

①自行研究开发项目研究阶段的支出，应当先在“研发支出——研究支出”科目归集。按照从事研究及其辅助活动人员计提的薪酬，研究活动领用的库存物品，发生的与研究活动相关的管理费、间接费和其他各项费用，借记“研发支出——研究支出”科目，贷记“应付职工薪酬”“库存物品”“财政拨款收入”“零余额账户用款额度”“固定资产累计折旧”“银行存款”等科目。同时，按照实际支付的款项，借记“事业支出”“经营支出”等科目，贷记“财政拨款预算收入”“资金结存”等科目。

月末，应当将“研发支出——研究支出”科目归集的研究阶段的支出金额转入当期费用，借记“业务活动费用”科目，贷记“研发支出——研究支出”科目。

②自行研究开发项目开发阶段的支出，先通过“研发支出——开发支出”科目进行归集。按照从事开发及其辅助活动人员计提的薪酬，开发活动领用的库存物品，发生的与开发活动相关的管理费、间接费和其他各项费用，借记“研发支出——开发支出”科目，贷记“应付职工薪酬”“库存物品”“财政拨款收入”“零余额账户用款额度”“固定资产累计折旧”“银行存款”等科目。同时，按照实际支付的款项，借记“事业支出”“经营支出”等科目，贷记“财政拨款预算收入”“资金结存”等科目。

自行研究开发项目完成,达到预定用途形成无形资产的,按照“研发支出——开发支出”科目归集的开发阶段的支出金额,借记“无形资产”科目,贷记“研发支出——开发支出”科目。

政府单位应于每年年度终了评估研究开发项目是否能达到预定用途,如预计不能达到预定用途,即无法最终完成开发项目并形成无形资产的,应当将已发生的开发支出金额全部转入当期费用,借记“业务活动费用”科目,贷记“研发支出——开发支出”科目。

自行研究开发项目时涉及增值税业务的,相关账务处理参见“应交增值税”科目。

【例6-31】某大学自行研究开发一套软件系统,2×21年3月5日,该软件系统研制属于研究阶段,共计提职工薪酬50 000元,领用实验用材料30 000元。9月,该软件系统进入开发阶段,计提职工薪酬80 000元,领用实验材料50 000元,财政直接支付委托的合同款200 000元。12月,经评估该系统已经完成,达到预定用途。如果年末评估,研发项目预计不能达到预定用途。不考虑相关税费,请予以会计处理。

账务处理如下:

(1)3月5日,发生各项支出:

	借方	贷方
借:研发支出——研究支出	80 000	
贷:应付职工薪酬		50 000
库存物品		30 000

(2)3月末,结转各项支出:

	借方	贷方
借:业务活动费用	80 000	
贷:研发支出——研究支出		80 000

(3)9月,发生各项支出:

	借方	贷方
借:研发支出——开发支出	330 000	
贷:应付职工薪酬		80 000
库存物品		50 000
财政拨款收入		200 000
借:事业支出	200 000	
贷:财政拨款预算收入		200 000

(4)12月,经评估,该系统已经完成,达到预定用途:

借：无形资产　　330 000

　　贷：研发支出——开发支出　　330 000

(5)如果年末评估，研发项目预计不能达到预定用途：

借：业务活动费用　　330 000

　　贷：研发支出——开发支出　　330 000

(4)接受捐赠的无形资产，按照确定的无形资产成本，借记“无形资产”科目，按照发生的相关税费等，贷记“零余额账户用款额度”“银行存款”等科目，按照其差额，贷记“捐赠收入”科目。同时，按照支付的相关税费等，借记“其他支出”科目，贷记“资金结存”科目。

接受捐赠的无形资产按照名义金额入账的，按照名义金额，借记“无形资产”科目，贷记“捐赠收入”科目；同时，按照发生的相关税费等，借记“其他费用”科目，贷记“零余额账户用款额度”“银行存款”等科目。同时，按照支付的相关税费等，借记“其他支出”科目，贷记“资金结存”科目。

(5)无偿调入的无形资产，按照确定的无形资产成本，借记“无形资产”科目，按照发生的相关税费等，贷记“零余额账户用款额度”“银行存款”等科目，按照其差额，贷记“无偿调拨净资产”科目。同时，按照支付的相关税费等，借记“其他支出”科目，贷记“资金结存”科目。

(6)置换取得的无形资产，按照确定的成本，借记“无形资产”科目，按照换出资产的账面余额，贷记相关资产科目(换出资产为固定资产、无形资产的，还应当借记“固定资产累计折旧”“无形资产累计摊销”科目)，按照置换过程中发生的其他相关支出，贷记“银行存款”科目，按照借贷方差额，借记“资产处置费用”科目或贷记“其他收入”科目。同时，按照实际支付的其他相关支出，借记“其他支出”科目，贷记“资金结存”科目。涉及补价的，分别以下情况处理：

①支付补价的，按照确定的成本，借记“无形资产”科目，按照换出资产的账面余额，贷记相关资产科目(换出资产为固定资产、无形资产的，还应当借记“固定资产累计折旧”“无形资产累计摊销”科目)，按照支付的补价和置换过程中发生的其他相关支出，贷记“银行存款”等科目，按照借贷方差额，借记“资产处置费用”科目或贷记“其他收入”科目。同时，按照实际支付的补价和其他相关支出，借记“其他支出”科目，贷记“资金结存”科目。

②收到补价的，按照确定的成本，借记“无形资产”科目，按照收到的补价，借记“银行存款”科目，按照换出资产的账面余额，贷记相关资产科目（换出资产为固定资产、无形资产的，还应当借记“固定资产累计折旧”“无形资产累计摊销”科目），按照置换过程中发生的其他相关支出，贷记“银行存款”科目，按照补价扣减其他相关支出后的净收入，贷记“应缴财政款”科目，按照借贷方差额，借记“资产处置费用”科目或贷记“其他收入”科目。同时，按照其他相关支出大于收到的补价的差额，借记“其他支出”科目，贷记“资金结存”科目。

无形资产取得时涉及增值税业务的，相关账务处理参见“应交增值税”科目。

2. 与无形资产有关的后续支出

（1）符合无形资产确认条件的后续支出。为增加无形资产的使用效能对其进行升级改造或扩展其功能时，如需暂停对无形资产进行摊销，按照无形资产的账面价值，借记“在建工程”科目，按照无形资产已摊销金额，借记“无形资产累计摊销”科目，按照无形资产的账面余额，贷记“无形资产”科目。

无形资产后续支出符合无形资产确认条件的，按照支出的金额，借记“无形资产”科目（无需暂停摊销的）或“在建工程”科目（需暂停摊销的），贷记“财政拨款收入”“零余额账户用款额度”“银行存款”等科目。同时，按照实际支付的资金，借记“行政支出”“事业支出”“经营支出”等科目，贷记“财政拨款预算收入”“资金结存”等科目。

暂停摊销的无形资产升级改造或扩展功能等完成交付使用时，按照在建工程成本，借记“无形资产”科目，贷记“在建工程”科目。

（2）不符合无形资产确认条件的后续支出。为保证无形资产正常使用发生的日常维护等支出，借记“业务活动费用”“单位管理费用”等科目，贷记“财政拨款收入”“零余额账户用款额度”“银行存款”等科目。同时，借记“行政支出”“事业支出”“经营支出”等科目，贷记“财政拨款预算收入”“资金结存”等科目。

（3）按月对无形资产进行摊销时，按照应摊销金额，借记“业务活动费用”“单位管理费用”“加工物品”“在建工程”等科目，贷记“无形资产累计摊销”科目。

【例 6-32】某市公安局购入一套专利权，价格为150 000元，发生相关费用30 000元，款项通过零余额账户支付，预计使用年限为10年，按月进行摊销。

账务处理如下：

（1）购入专利权：

借：无形资产　180 000

　　贷：零余额账户用款额度　180 000

借：行政支出　180 000

　　贷：资金结存——零余额账户用款额度　180 000

（2）每月计提摊销：

借：业务活动费用　1 500

　　贷：无形资产累计摊销　1 500

3. 按照规定报经批准处置的无形资产

（1）报经批准出售、转让无形资产，按照被出售、转让无形资产的账面价值，借记“资产处置费用”科目，按照无形资产已计提的摊销，借记“无形资产累计摊销”科目，按照无形资产账面余额，贷记“无形资产”科目；同时，按照收到的价款，借记“银行存款”科目，按照处置过程中发生的相关费用，贷记“银行存款”科目，按照其差额，如果按照规定应上缴无形资产转让净收入的，贷记“应缴财政款”科目，如果按照规定将无形资产转让收入纳入本单位预算管理的，贷记“其他收入”科目。如果转让收入按照规定纳入本单位预算，同时，借记“资金结存”科目，贷记“其他预算收入”科目。

【例6-33】某医院将其拥有的一款软件使用权以100 000元转让给某公司，该专利权账面余额为500 000元，累计摊销额为400 000元。

账务处理如下：

借：资产处置费用　100 000

　　无形资产累计摊销　400 000

　　贷：无形资产　500 000

借：银行存款　100 000

　　贷：其他收入　100 000

借：资金结存　100 000

　　贷：其他预算收入　100 000

（2）报经批准对外捐赠无形资产，按照无形资产已计提的摊销，借记“无形资产累计摊销”科目，按照被处置无形资产账面余额，贷记“无形资产”科目，按照捐赠过程中发生的归属于捐出方的相关费用，贷记“银行存款”等科目，按照其差额，借记

“资产处置费用”科目。同时,按照捐赠过程中发生的归属于捐出方的相关费用,借记“其他支出”科目,贷记“资金结存”科目。

(3)报经批准无偿调出的无形资产,按照无形资产已计提的摊销,借记“无形资产累计摊销”科目,按照被处置无形资产账面余额,贷记“无形资产”科目,按照其差额,借记“无偿调拨净资产”科目;同时,按照无偿调出过程中发生的归属于调出方的相关费用,借记“资产处置费用”科目,贷记“银行存款”科目。同时,按照无偿调出过程中发生的归属于捐出方的相关费用,借记“其他支出”科目,贷记“资金结存”科目。

【例 6-34】某市公安局购入一套专利权,价格为 150 000 元,发生相关费用 30 000 元,款项通过零余额账户支付,预计使用年限为 10 年,按月进行摊销。使用 5 年后,该公安局欲将该专利权无偿调拨给下属单位使用。

账务处理如下:

(1)购入专利权:

科目	借方	贷方
借:无形资产	180 000	
贷:零余额账户用款额度		180 000
借:行政支出	180 000	
贷:资金结存——零余额账户用款额度		180 000

(2)每月计提摊销:

科目	借方	贷方
借:业务活动费用	1 500	
贷:无形资产累计摊销		1 500

(3)使用 5 年后,无偿调拨给下属单位:

科目	借方	贷方
借:无偿调拨净资产	90 000	
无形资产累计摊销	90 000	
贷:无形资产		180 000

(4)报经批准置换转出无形资产,按照置换转出无形资产的评估价值及实际支付的其他相关支出之和,借记“固定资产”“无形资产”“无形资产累计摊销”等相关资产科目,按照置换转出无形资产的账面价值,贷记“无形资产”,按照实际支付的其他相关支出,贷记“银行存款”科目,按照差额,借记“资产处置费用”科目(借差)或贷记“其他收入”科目(贷差)。同时,按照实际支付的其他相关支出,借记“其他支出”科

目，贷记“资金结存”科目。涉及补价的，分别按以下情况处理：

①支付补价时，按照置换转出无形资产的评估价值、实际支付的其他相关支出与支付补价之和，借记“固定资产”“无形资产”“无形资产累计摊销”等相关资产科目，按照置换转出无形资产的账面价值，贷记“无形资产”科目，按照实际支付的其他相关支出与支付补价之和，贷记“银行存款”科目，按照差额，借记“资产处置费用”科目（借差）或贷记“其他收入”科目（贷差）。同时，按照实际支付的其他相关支出与支付补价之和，借记“其他支出”科目，贷记“资金结存”科目。

②收到补价时，按照置换转出无形资产的评估价值与实际支付的其他相关支出之和，减去收到的补价，借记“固定资产”“无形资产”“无形资产累计摊销”等相关资产科目，按照收到的补价，借记“银行存款”科目，按照置换转出无形资产的账面价值，贷记“无形资产”，按照实际支付的其他相关支出，贷记“银行存款”科目，按照收到的补价减去其他相关支出的差额，贷记“应缴财政款”科目，按照差额，借记“资产处置费用”科目（借差）或贷记“其他收入”科目（贷差）。同时，按照实际支付的其他相关支出大于收到补价的差额，借记“其他支出”科目，贷记“资金结存”科目。

（5）无形资产预期不能为政府单位带来服务潜力或经济利益，按照规定报经批准核销时，按照待核销无形资产的账面价值，借记“资产处置费用”科目，按照已计提摊销，借记“无形资产累计摊销”科目，按照无形资产的账面余额，贷记“无形资产”科目。

【例6-35】某研究院因为升级新的软件系统，导致拥有的一款软件使用权不再具有使用价值。该软件使用权账面余额为300 000元，累计摊销280 000元，经批准核销该专利使用权。

账务处理如下：

借：资产处置费用	20 000
无形资产累计摊销	280 000
贷：无形资产	300 000

无形资产处置时涉及增值税业务的，相关账务处理参见“应交增值税”科目。

六、无形资产清查盘点

政府单位应当定期对无形资产进行清查盘点,每年至少盘点一次。政府单位资产清查盘点过程中发现的无形资产盘盈、盘亏等,参照"固定资产"科目相关规定进行账务处理。

七、无形资产的披露

政府单位应当按照无形资产的类别在附注中披露与无形资产有关的下列信息:

(1)无形资产账面余额,累计摊销额,账面价值的期初、期末数,及其本期变动情况。

(2)自行开发无形资产的名称、数量,以及账面余额和累计摊销额的变动情况。

(3)以名义金额计量的无形资产名称、数量,以及以名义金额计量的理由。

(4)接受捐赠、无偿调入无形资产的名称、数量等情况。

(5)使用年限有限的无形资产,其使用年限的估计情况;使用年限不确定的无形资产,其使用年限不确定的确定依据。

(6)无形资产出售、对外投资等重要资产处置的情况。

思考与练习题

一、名词解释

1. 先进先出法

2. 加权平均法

3. 个别计价法

4. 实地盘存制

5. 永续盘存制

6. 固定资产

7. 无形资产

二、填空题

1.政府单位置换换入的存货,初始成本包括换出资产的(　　),加上(　　)或减去(　　),加上为换入存货发生的(　　)。

2.政府单位应当采用(　　)或者(　　)对低值易耗品、包装物进行摊销,将其成本计入当期费用或者相关资产成本。

3.按照政府单位会计制度规定,已完成的测绘、地质勘察、设计成果等的成本,也通过(　　)科目核算。

4.下列政府单位物资不通过"库存物品"科目核算,而是通过相关科目核算。一是单位控制的政府储备物资,通过(　　)科目核算;二是单位受托存储保管的物资和受托转赠的物资,通过(　　)科目核算;三是单位为在建工程购买和使用的材料物资,通过(　　)科目核算。

5.按使用情况分,政府单位固定资产可以分为(　　)和(　　)两类。

6.按经济用途分类,固定资产可以分为(　　)、(　　)、(　　)、(　　)、(　　)、(　　)等六类。

7.按经营情况分类,固定资产可以分为(　　)和(　　)两类。

8.政府单位一般应当采用(　　)或者(　　)计提固定资产折旧。在确定固定资产的折旧方法时,应当考虑与固定资产相关的(　　)或(　　)的预期实现方式。固定资产折旧方法一经确定,不得随意变更。

9.经批准在境外购买具有所有权的土地,作为(　　),通过(　　)科目核算;单位应当在(　　)科目下设置"境外土地"明细科目,进行相应明细核算。

10.政府单位建设项目中的软件研发支出,应当通过(　　)科目核算,不通过(　　)科目核算。

三、判断题

1.政府储备物资、收储土地等,属于存货的范畴。(　　)

2.政府单位固定资产包括公共基础设施、政府储备物资、保障性住房、自然资源资产等。(　　)

3.政府单位固定资产应计的折旧额为其成本,计提固定资产折旧时要考虑预计净残值。(　　)

4.政府单位应当对暂估入账的固定资产计提折旧,实际成本确定后需要调整原已计提的折旧额。(　　)

5.政府单位固定资产应当按月计提折旧,并根据用途计入当期费用或者相关资

产成本。当月增加的固定资产,当月开始计提折旧;当月减少的固定资产,当月不再计提折旧。（　　）

6.以借入、经营租赁租入方式取得的固定资产,通过“固定资产”科目核算,应当设置备查簿进行登记。（　　）

7.政府单位使用寿命有限的和使用年限不确定的无形资产不应摊销。（　　）

8.政府单位自创商誉及内部产生的品牌、报刊名等,应确认为无形资产。（　　）

9.政府单位应当采用年限平均法或者工作量法对无形资产进行摊销,应摊销金额为其成本,不考虑预计残值。（　　）

10.政府会计准则规定政府会计主体无须对公共基础设施计提折旧。（　　）

四、选择题

1.下列各项应当在发生时确认为当期费用,不计入存货成本有(　　)。

A.非正常消耗的直接材料、直接人工和间接费用

B.仓储费用(不包括在加工过程中为达到下一个加工阶段所必需的费用)

C.不能归属于使存货达到目前场所和状态所发生的其他支出

D.购买取得的存货发生的相关税费

2.政府单位下列哪些物资不通过“库存物品”科目核算,而是通过相关科目核算。（　　）

A.政府单位控制的政府储备物资

B.政府单位受托存储保管的物资和受托转赠的物资

C.政府单位为在建工程购买和使用的材料物资

D.政府单位已完成的测绘、地质勘察、设计成果等的成本

3.下列不计提折旧的固定资产有(　　)。

A.文物和陈列品

B.动植物

C.图书、档案

D.单独计价入账的土地

E.以名义金额计量的固定资产

4.政府单位应当根据相关规定以及固定资产的性质和使用情况,合理确定固定资产的使用年限。政府单位具体确定固定资产使用年限,应当考虑的因素有(　　)。

A.预计实现服务潜力或提供经济利益的期限

B.预计有形损耗和无形损耗

C.法律或者类似规定对资产使用的限制

D.市场因素

五、问答题

1.政府单位存货的管理有哪些要求?

2.政府单位存货确认条件有哪些?

3.政府单位接受捐赠取得的存货初始成本如何计量?

4.政府单位存货的后续计量原则有哪些?

5.政府单位固定资产的特征有哪些?

6.政府单位自行建造的固定资产如何初始计量?

7.固定资产的清查方法有哪些?

8.政府单位无形资产有哪些特征?

9.对于使用年限有限的无形资产,政府单位应当如何确定无形资产的摊销年限?

六、账务处理题

1.某事业单位开展活动领用甲材料,实际成本200 000元,其中用于专业活动100 000元、用于行政部门管理活动30 000元、用于后勤管理活动50 000元、用于经营活动20 000元。

2.某事业单位经上级批准将闲置的C材料出售,该材料的账面余额为10 000元,出售价款为5 000元,款项已存入银行。假设不考虑相关税费。

3.某事业单位经批准向地震灾区捐赠B材料一批,该材料账面余额为58 500元,承担并支付运输费2 200元,以银行存款付讫。假设不考虑相关税费。

4.某事业单位经批准将一批E材料无偿调给兄弟单位,该材料账面余额为58 500元,承担并支付运输费2 200元,以银行存款付讫。假设不考虑相关税费。

5.某事业单位在年终清理中盘点存货,发现用于专业活动的甲材料溢余尚未入账,有关凭据注明的金额为20 000元;用于管理活动的乙材料短缺,账面余额2 000元。盘盈的甲材料和盘亏的乙材料报经批准后可以处理。

6.某事业单位在年终清理中盘点存货,发现用于专业活动的丙材料质量已经不能满足业务需要予以报废。丙材料的账面余额为50 000元,取得变价收入2 000元,已存入银行。另以现金支付清理费用500元。假设不考虑相关税费。

7.某工业研究院(属于小规模纳税人)从事经营活动,本年发生委托加工物品业务如下：

(1)发给A公司一批加工材料，价款400 000元。

(2)以现金支付加工物品往返运输费10 800元。

(3)以银行存款支付加工费150 000元。

(4)委托加工物品完成，已经交付经营部门验收。

8. 某政府行政单位2×21年发生固定资产业务如下：

(1)财政直接支付购入打印机10部，价值52 000元，经验收合格交付使用。

(2)财政直接支付购入一套专用设备，价值2 000 000元，扣除质保金20%后全额支付。设备交付使用。

(3)接受国际友人捐赠的固定资产两件，经评估确认价值100 000元。

(4)质保期满，用财政资金直接支付质保金400 000元。

9. 因公车改革，经上级主管部门批准，某行政单位将3辆小汽车转让，经拍卖转让取得价款60 000元存入银行。该汽车原价320 000元，已计提折旧110 000元。

10. 年度终了，某行政单位进行盘点发现盘亏笔记本电脑2部，其账面成本9 400元，已计提折旧7 000元。经查，属于搬家丢失，按规定程序批准后予以销账。

11. 某高校2×21年发生如下有关无形资产的经济业务：

(1)用财政资金直接支付新校区土地使用权10 000 000元。

(2)为开展经营业务活动购入专利权一项，价款800 000元，以银行存款支付。

(3)委托某软件公司开发教学管理软件，按合同约定用财政资金直接支付预付开发费300 000元。

(4)接受校友捐赠一项著作权，经过评估，确认评估价值150 000元，另以银行存款支付评估费及相关税费3 000元。

(5)委托某软件公司开发教学管理软件已经交付使用，按合同约定用财政资金直接支付剩余开发费250 000元。

12. 某研究院2×21年成功研发了一项专利，有关资料如下：

(1)前期研究阶段共发生费用15 000元，以银行存款付讫。

(2)开发阶段共发生开发费用30 000元，其中包含开发人员工资21 000元，消耗物品3 500元，固定资产折旧1 500元，以银行存款支付其他费用4 000元。

(3)发生的注册费、聘请律师费等费用1 800元。

(4)2×21年12月取得了专利权，确认为无形资产的成本。

13.某高校发生与无形资产后续计量有关支出如下：

（1）以前年度购入的新校区土地使用权，按规定本月应摊销额28 000元。

（2）转让一项专利权，其账面成本为80 000元，已计提摊销30 000元，转让时取得价款61 800元（含增值税1 800元）存入银行。

（3）有一项专利权被新的专利所取得，其账面成本为30 000元，已计提摊销20 000元，经批准予以核销。

第七章　资产(下)

政府单位除前两章所述资产外,还有待摊费用、在建工程、政府单位特有资产、待处理财产损溢等资产,下面主要探讨它们的理论与实务。

第一节　待摊费用

待摊费用是指已经支出但应由本期和以后各期分别负担的各项费用,如预付航空保险费、预付租金、预付报纸杂志订阅费、以经营租赁方式租入的固定资产发生的改良支出等。根据待摊时间长短不同,待摊费用可以分为短期待摊费用和长期待摊费用,短期待摊费用表示待摊期在1年以内(含1年)分期摊入的费用,长期待摊费用表示待摊期在1年以上(不含1年)分期摊入的费用。

一、短期待摊费用

(一)科目设置

为了核算已经支付,但应当由本期和以后各期分别负担的分摊期在1年以内(含1年)的各项费用,如预付航空保险费、预付租金、预付报纸杂志订阅费等,政府单位应当设置"待摊费用"科目。摊销期限在1年以上的租入固定资产改良支出和其他费用,应当通过"长期待摊费用"科目核算,不通过本科目核算。

"待摊费用"是财务会计资产类科目,借方登记已经支付,但应当由本期和以后各期分别负担的分摊期在1年以内(含1年)的各项费用的增加数,贷方登记其减少数,期末余额在借方,反映政府单位各种已支付但尚未摊销的分摊期在1年以内(含1年)的费用。本科目应当按照待摊费用种类进行明细核算。

（二）账务处理

发生待摊费用时。按照实际预付的金额，借记“待摊费用”科目，贷记“财政拨款收入”“零余额账户用款额度”“银行存款”等科目。同时，借记“事业支出”“行政支出”等科目，贷记“财政拨款预算收入”“资金结存”等科目。

按照受益期限分期平均摊销时。按照摊销金额，借记“业务活动费用”“单位管理费用”“经营费用”等科目，贷记“待摊费用”科目。

一次全部转入当期费用时。如果某项待摊费用已经不能使单位受益，应当将其摊余金额一次全部转入当期费用。按照摊销金额，借记“业务活动费用”“单位管理费用”“经营费用”等科目，贷记“待摊费用”科目。

【例 7-1】某事业单位使用零余额账户预付 1 年的办公用房租金 1 200 000 元。该单位每月采用平均分摊法分摊租金，但在第 7 个月的时候决定将剩余的租金一次性全部转入当期费用。请予会计处理。

账务处理如下：

（1）预付租金时：

借：待摊费用——办公用房租金　　1 200 000

　　贷：零余额账户用款额度　　1 200 000

借：事业支出　　1 200 000

　　贷：资金结存——零余额账户用款额度　　1 200 000

（2）每月分摊租金：

借：单位管理费用　　100 000

　　贷：待摊费用——办公用房租金　　100 000

（3）将剩余的租金一次性全部转入当期费用：

借：单位管理费用　　600 000

　　贷：待摊费用——办公用房租金　　600 000

二、长期待摊费用

(一)科目设置

为了核算已经支出,但应由本期和以后各期负担的分摊期限在1年以上(不含1年)的各项费用,如以经营租赁方式租入的固定资产发生的改良支出等,政府单位应当设置“长期待摊费用”科目。“长期待摊费用”是财务会计资产类科目,借方登记已经支出但应由本期和以后各期负担的分摊期限在1年以上(不含1年)的各项费用的增加数,贷方登记其减少数,科目余额在借方,反映单位尚未摊销完毕的长期待摊费用。本科目应当按照费用项目进行明细核算。

(二)账务处理

发生长期待摊费用时,按照支出金额,借记“长期待摊费用”科目,贷记“财政拨款收入”“零余额账户用款额度”“银行存款”等科目。同时,借记“事业支出”“行政支出”等科目,贷记“财政拨款预算收入”“资金结存”等科目。

按照受益期间摊销长期待摊费用时,按照摊销金额,借记“业务活动费用”“单位管理费用”“经营费用”等科目,贷记“长期待摊费用”科目。

如果某项长期待摊费用已经不能使政府单位受益,应当将其摊余金额一次全部转入当期费用。按照摊销金额,借记“业务活动费用”“单位管理费用”“经营费用”等科目,贷记“长期待摊费用”科目。

【例7-2】某行政单位以经营租赁的方式租入甲设备一套,以出包方式发生改良支出60 000元,租赁期为2年,以银行存款支付,采用租赁期每年摊销的方式。

账务处理如下:

(1)租入甲设备发生改良支出时:

借:长期待摊费用	60 000	
贷:银行存款		60 000
借:行政支出	60 000	
贷:资金结存		60 000

（2）每年摊销时：

借：业务活动费用　　30 000

　贷：长期待摊费用　　30 000

第二节　在建工程

一、在建工程概念

在建工程是指政府单位已经发生必要支出，但尚未达到交付使用状态的建设项目工程，包括各种建筑（如新建、改建、扩建、修缮等）、设备安装工程和信息系统建设工程等。在建工程完工以后，转为固定资产、无形资产、公共基础设施、保障性住房等。

二、科目设置

（一）工程物资

为了核算为在建工程准备的各种物资的成本，包括工程用材料、设备等，政府单位应当设置“工程物资”科目。“工程物资”是财务会计资产类科目，借方登记为在建工程准备的各种物资成本的增加数，贷方登记为在建工程准备的各种物资成本的减少数。期末余额在借方，反映单位尚未用完的为在建工程准备的各种物资的实际成本。

（二）在建工程

为了核算在建的建设项目工程的实际成本，政府单位需要设置“在建工程”科目。“在建工程”是财务会计资产类科目，借方登记在建的建设项目工程的实际成本的增加数，贷方登记在建的建设项目工程的实际成本的减少数。期末余额在借方，反映政府单位尚未完工的建设项目工程发生的实际成本。

“在建工程”科目下应设“建筑安装工程投资”“设备投资”“待摊投资”“其他投资”“待核销基建支出”“基建转出投资”等明细科目，并按照具体项目进行明细核算，具体核算内容如下。

1.建筑安装工程投资

核算政府单位发生的构成建设项目实际支出的建筑工程和安装工程的实际成本,不包括被安装设备本身的价值以及按照合同约定支付给施工单位的预付备料款和预付工程款。本明细科目应当设置“建筑工程”和“安装工程”两个三级明细科目进行明细核算。

2.设备投资

核算政府单位发生的构成建设项目实际支出的各种设备的实际成本。

3.待摊投资

核算政府单位发生的构成建设项目实际支出的、按照规定应当分摊计入有关工程成本和设备成本的各项间接费用和税费支出。本明细科目应当按照下述费用项目进行明细核算,其中有些费用(如项目建设管理费等),还应当按照更为具体的费用项目进行明细核算。本明细科目的具体核算费用项目包括以下方面:

(1)勘察费、设计费、研究试验费、可行性研究费及项目其他前期费用。

(2)土地征用及迁移补偿费、土地复垦及补偿费、森林植被恢复费及其他为取得土地使用权、租用权而发生的费用。

(3)土地使用税、耕地占用税、契税、车船税、印花税及按照规定缴纳的其他税费。

(4)项目建设管理费、代建管理费、临时设施费、监理费、招投标费、社会中介审计(审查)费及其他管理性质的费用。

项目建设管理费是指项目建设单位从项目筹建之日起至办理竣工财务决算之日止发生的管理性质的费用,包括不在原单位发工资的工作人员工资及相关费用、办公费、办公场地租用费、差旅交通费、劳动保护费、工具用具使用费、固定资产使用费、招募生产工人费、技术图书资料费(含软件)、业务招待费、施工现场津贴、竣工验收费等。

(5)项目建设期间发生的各类专门借款利息费用或融资费用。

(6)工程检测费、设备检验费、负荷联合试车费及其他检验检测类费用。

(7)固定资产损失、器材处理亏损、设备盘亏及毁损、单项工程或单位工程报废、毁损净损失及其他损失。

(8)系统集成等信息工程发生的费用。

(9)其他待摊性质费用。

4. 其他投资

核算政府单位发生的构成建设项目实际支出的房屋购置支出，基本畜禽、林木等购置、饲养、培育支出，办公生活用家具、器具购置支出，软件研发和不能计入设备投资的软件购置等支出。

政府单位为进行可行性研究而购置的固定资产，以及取得土地使用权支付的土地出让金，也通过本明细科目核算。

本明细科目应当设置“房屋购置”“基本畜禽支出”“林木支出”“办公生活用家具、器具购置”“可行性研究固定资产购置”“无形资产”等明细科目。

5. 待核销基建支出

核算建设项目发生的江河清障、航道清淤、飞播造林、补助群众造林、水土保持、城市绿化、取消项目的可行性研究费以及项目整体报废等不能形成资产部分的基建投资支出。本明细科目应按照待核销基建支出的类别进行明细核算。

6. 基建转出投资

核算为建设项目配套而建成的、产权不归属本单位的专用设施的实际成本。本明细科目应按照转出投资的类别进行明细核算。

三、账务处理

（一）工程物资

1. 购入为工程准备的物资

政府单位按照确定的物资成本，借记“工程物资”科目，贷记“财政拨款收入”“零余额账户用款额度”“银行存款”“应付账款”等科目。同时，借记“行政支出”“事业支出”“经营支出”等科目，贷记“财政拨款预算入”“资金结存”等科目。

2. 领用工程物资

政府单位按照物资成本，借记“在建工程”科目，贷记“工程物资”科目。工程完工后将领出的剩余物资退库，做相反的会计分录。

3. 工程完工后将剩余的工程物资转作本单位存货

政府单位按照物资成本，借记“库存物品”科目，贷记“工程物资”科目。

涉及增值税业务的，相关账务处理参见“应交增值税”章节。

【例7-3】某行政单位将对办公室大楼进行加固整修,2×21年3月5日购入工程物资,价值为1 000 000元,采用零余额账户用款额度进行支付。3月20日,领用了800 000元。9月30日,办公室加固整修完成,剩下的工程物资价值为200 000元,该行政单位决定不退回,转为存货。

账务处理如下:

(1)3月5日购入工程物资时:

借:工程物资　1 000 000

　　贷:零余额账户用款额度　1 000 000

借:行政支出　1 000 000

　　贷:资金结存——零余额账户用款额度　1 000 000

(2)3月20日发出工程物资时:

借:在建工程　800 000

　　贷:工程物资　800 000

(3)9月30日剩下工程物资转入存货:

借:库存物品　200 000

　　贷:工程物资　200 000

(二)在建工程

1.建筑安装工程投资

"建筑安装工程投资"明细科目核算政府单位发生的构成建设项目实际支出的建筑工程和安装工程的实际成本,不包括被安装设备本身的价值以及按照合同约定支付给施工单位的预付备料款和预付工程款。

(1)固定资产改建、扩建。政府单位将固定资产等资产转入改建、扩建时,按照固定资产等资产的账面价值,借记"在建工程——建筑安装工程投资"科目,按照已计提的折旧或摊销,借记"固定资产累计折旧"科目,按照固定资产等资产的原值,贷记"固定资产"科目。

固定资产等资产改建、扩建过程中涉及替换(或拆除)原资产的某些组成部分的,按照被替换(或拆除)部分的账面价值,借记"待处理财产损溢"科目,贷记"在建工程——建筑安装工程投资"科目。

(2)外包建筑安装工程。政府单位对于发包建筑安装工程,根据建筑安装工程价款结算账单与施工企业结算工程价款时,按照应承付的工程价款,借记"在建工程——建筑安装工程投资"科目,按照预付工程款余额,贷记"预付账款"科目,按照其差额,贷记"财政拨款收入""零余额账户用款额度""银行存款""应付账款"等科目。同时,按照实际支付的资金,借记"事业支出""行政支出"等科目,贷记"财政拨款预算收入""资金结存——零余额账户用款额度"科目。

(3)自行施工的小型建筑安装工程。政府单位按照发生的各项支出金额,借记"在建工程——建筑安装工程投资"科目,贷记"工程物资""零余额账户用款额度""银行存款""应付职工薪酬"等科目。

(4)工程竣工。政府单位办妥竣工验收交接手续交付使用时,按照建筑安装工程成本(含应分摊的待摊投资),借记"固定资产"科目,贷记"在建工程——建筑安装工程投资"科目。

【例 7-4】某行政单位在2×21年2月份决定对现有的仓库进行改扩建,该仓库原账面余额为1 000 000元,累计折旧600 000元。该行政单位将原仓库的通风设备进行了拆除,变卖取得收入50 000元,用于更换购买新的通风设备。原仓库的通风设备账面价值200 000元。

账务处理如下:

(1)将仓库转入改扩建时:

借:在建工程——建筑安装工程投资	400 000	
固定资产累计折旧	600 000	
贷:固定资产		1 000 000

(2)取得变价收入:

借:银行存款	50 000	
贷:在建工程——待摊投资		50 000
借:资金结存——货币资金	50 000	
贷:其他预算收入		50 000

(3)原仓库的通风设备拆除:

借:待处理财产损溢	200 000	
贷:在建工程——建筑安装工程投资		200 000

【例 7-5】某事业单位 2×21 年 2 月份决定对现有的仓库进行改扩建，从银行贷款 1 000 000 元，约定年利率 6%，按年支付，贷款 2 年，3 月份款项到账，立即开工，该仓库原账面余额为 800 000 元，累计折旧 600 000 元。该事业单位将原仓库的通风设备进行了拆除，变卖取得收入 50 000 元，用于更换购买新的通风设备，12 月份支付利息 50 000 元。

账务处理如下：

(1)3 月银行贷款到账：

借：在建工程——待摊投资　　1 000 000

　贷：长期借款　　1 000 000

借：事业支出　　1 000 000

　贷：资金结存——货币资金　　1 000 000

(2)将固定资产等转入改扩建时：

借：在建工程——建筑安装工程投资　　200 000

　固定资产累计折旧　　600 000

　贷：固定资产　　800 000

(3)取得变价收入：

借：银行存款　　50 000

　贷：在建工程——待摊投资　　50 000

借：资金结存——货币资金　　50 000

　贷：其他预算收入　　50 000

(4)支付利息时：

借：在建工程——待摊投资　　50 000

　贷：银行存款　　50 000

借：事业支出　　50 000

　贷：资金结存——货币资金　　50 000

【例 7-6】某事业单位建造一个实验室，将建筑工程部分外包给建筑公司，根据合同约定，2×21 年 1 月 1 日签订合同时，预付合同款 5 000 000 元，按照工程进度，11 月 1 日结算工程款，并支付 5 000 000 元。11 月该事业单位自行装潢完成施工，领用工程材料 200 000 元，发生其他费用支出金额 100 000 元。12 月份支付人员薪酬 1 000 000

元，购买实验室的空气净化设备5 000 000元。12月份，工程竣工验收，购买的空气设备也安装完毕。款项均采用零余额账户用款额度支付。

账务处理如下：

(1)1月1日签订合同时：

借：预付账款　　5 000 000
　贷：零余额账户用款额度　　5 000 000
借：事业支出　　5 000 000
　贷：资金结存——零余额账户用款额度　　5 000 000

(2)11月1日结算工程款时：

借：在建工程——建筑安装工程投资　　10 000 000
　贷：预付账款　　5 000 000
　　零余额账户用款额度　　5 000 000
借：事业支出　　5 000 000
　贷：资金结存——零余额账户用款额度　　5 000 000

(3)11月单位自行装潢施工：

借：在建工程——建筑安装工程投资　　300 000
　贷：工程物资　　200 000
　　零余额账户用款额度　　100 000
借：事业支出　　100 000
　贷：资金结存——零余额账户用款额度　　100 000

(4)12月份计提并支付职工薪酬：

借：在建工程——建筑安装工程投资　　1 000 000
　贷：应付职工薪酬　　1 000 000
借：应付职工薪酬　　1 000 000
　贷：零余额账户用款额度　　1 000 000
借：事业支出　　1 000 000
　贷：资金结存——零余额账户用款额度　　1 000 000

(5)12月份购买空气净化设备：

借：在建工程——设备投资　　5 000 000
　贷：零余额账户用款额度　　5 000 000

借:事业支出　　5 000 000

　贷:资金结存——零余额账户用款额度　　5 000 000

(6)工程竣工验收:

借:固定资产　　16 300 000

　贷:在建工程——建筑安装工程投资　　11 300 000

　　在建工程——设备投资　　5 000 000

2. 设备投资

"设备投资"明细科目核算政府单位发生的构成建设项目实际支出的各种设备的实际成本。

(1)购入设备时,政府单位按照购入成本,借记"在建工程——设备投资"科目,贷记"财政拨款收入""零余额账户用款额度""银行存款"等科目。同时,借记"事业支出""行政支出"科目,贷记"财政拨款预算收入""资金结存"等科目。

(2)设备安装完毕,办妥竣工验收交接手续交付使用时,政府单位按照设备投资成本(含设备安装工程成本和分摊的待摊投资),借记"固定资产"科目,贷记"在建工程——设备投资""在建工程——建筑安装工程投资——安装工程"科目。

(3)不需要安装的设备和达不到固定资产标准的工具、器具交付使用时,政府单位按照相关设备、工具、器具的实际成本,借记"固定资产""库存物品"等科目,贷记"在建工程——设备投资"科目。

【例 7-7】某事业单位 2×21 年 3 月 1 日购入一批需要安装新设备,购入价为 100 000 元,运杂费 3 000 元,3 月 15 日安装完毕,交付使用,发生安装费 1 000 元,有关款项已通过零余额账户用款额度支付。

账务处理如下:

(1)3 月 1 日购入设备时:

借:在建工程——设备投资　　103 000

　贷:零余额账户用款额度　　103 000

借:事业支出　　103 000

　贷:资金结存——零余额账户用款额度　　103 000

(2)3 月 15 日安装完毕,交付使用:

借：在建工程——待摊投资　1 000
　贷：零余额账户用款额度　1 000
借：事业支出　1 000
　贷：资金结存——零余额账户用款额度　1 000
借：固定资产　104 000
　贷：在建工程——设备投资　103 000
　　在建工程——待摊投资　1 000

3. 待摊投资

“待摊投资”明细科目核算政府单位发生的构成建设项目实际支出的、按照规定应当分摊计入有关工程成本和设备成本的各项间接费用和税费支出。建设工程办妥竣工验收手续交付使用时，再按照合理的分配方法，将“待摊投资”分摊计入相关工程成本、安装设备成本等。

（1）构成待摊投资的各类费用发生时。政府单位按照实际发生金额，借记“在建工程——待摊投资”科目，贷记“财政拨款收入”“零余额账户用款额度”“银行存款”“应付利息”“长期借款”“其他应交税费”“固定资产累计折旧”“无形资产累计摊销”等科目。同时，按照实际支付的金额，借记“事业支出”“行政支出”等科目，贷记“财政拨款预算收入”“资金结存”等科目。

（2）建设过程中试生产、设备调试等产生的收入。政府单位按照取得的收入金额，借记“银行存款”科目，依据有关规定应当冲减建设工程成本的部分，贷记“在建工程——待摊投资”科目，按照其差额，贷记“应缴财政款”或“其他收入”科目。按照实际收到不用上缴财政的金额，借记“资金结存”科目，贷记 “其他预算收入”科目。

（3）报经批准后计入工程成本的工程报废或毁损。由于自然灾害、管理不善等原因造成的单项工程或单位工程报废或毁损，扣除残料价值和过失人或保险公司等赔款后的净损失，报经批准后计入继续施工的工程成本的，按照工程成本扣除残料价值和过失人或保险公司等赔款后的净损失，借记“在建工程——待摊投资”科目，按照残料变价收入、过失人或保险公司赔款等，借记“银行存款”“其他应收款”等科目，按照报废或毁损的工程成本，贷记“在建工程——建筑安装工程投资”科目。

（4）待摊投资分配。工程完工交付使用时，政府单位按照合理的分配方法分配待摊投资，借记“在建工程——建筑安装工程投资”“在建工程——设备投资”科目，贷记“在建工程——待摊投资”科目。

待摊投资的分配方法,可按照下列公式计算:

①按照实际分配率分配。适用于建设工期较短、整个项目的所有单项工程一次竣工的建设项目。

实际分配率=待摊投资明细科目余额÷(建筑工程明细科目余额+安装工程明细科目余额+设备投资明细科目余额)×100%。

②按照概算分配率分配。适用于建设工期长、单项工程分期分批建成投入使用的建设项目。

概算分配率=(概算中各待摊投资项目的合计数-其中可直接分配部分)÷(概算中建筑工程+安装工程+设备投资)×100%。

某项固定资产应分配的待摊投资=该项固定资产的建筑工程成本或该项固定资产(设备)的(采购成本+安装成本)×分配率。

【例7-8】某事业单位进行小型基建工程,其中发生待摊投资500 000元,在工程交付使用时,将400 000元分摊在建筑安装工程投资,将100 000元分摊在设备投资中。

账务处理如下:

借:在建工程——建筑安装工程投资　　400 000

　　　　　　——设备投资　　100 000

　贷:在建工程——待摊投资　　500 000

4.其他投资

“其他投资”明细科目核算政府单位为建设工程发生的房屋购置支出,基本畜禽、林木等的购置、饲养、培育支出,办公生活用家具、器具购置支出,软件研发和不能计入设备投资的软件购置等支出。

(1)实际发生其他投资时。政府单位按照实际发生金额,借记“在建工程——其他投资”科目,贷记“财政拨款收入”“零余额账户用款额度”“银行存款”等科目。同时,借记“事业支出”“行政支出”等科目,贷记“财政拨款预算收入”“资金结存”等科目。

(2)工程完成时。工程完成后将形成的房屋、基本畜禽、林木等各种财产以及无形资产交付使用时，政府单位按照其实际成本，借记"固定资产""无形资产"等科目，贷记"在建工程——其他投资"科目。

5.待核销基建支出

(1)不能形成资产的各类支出发生时。建设项目发生的江河清障、航道清淤、飞播造林、补助群众造林、水土保持、城市绿化等不能形成资产的各类待核销基建支出，政府单位按照实际发生金额，借记"在建工程——待核销基建支出"科目，贷记"财政拨款收入""零余额账户用款额度""银行存款"等科目。同时，借记"事业支出""行政支出"等科目，贷记"财政拨款预算收入""资金结存"等科目。

(2)取消的建设项目发生的可行性研究费。政府单位按照实际发生金额，借记"在建工程——待核销基建支出"科目，贷记"在建工程——待摊投资"科目。

(3)建设项目整体报废所形成的净损失。由于自然灾害等原因发生的建设项目整体报废所形成的净损失，报经批准后转入待核销基建支出，政府单位按照项目整体报废所形成的净损失，借记"在建工程——待核销基建支出"科目，按照报废工程回收的残料变价收入、保险公司赔款等，借记"银行存款""其他应收款"等科目，按照报废的工程成本，贷记"在建工程——建筑安装工程投资"科目。

(4)建设项目竣工验收交付使用时。建设项目竣工验收交付使用时，政府单位对发生的待核销基建支出进行冲销，借记"资产处置费用"科目，贷记"在建工程——待核销基建支出"科目。

【例7-9】某事业单位2×21年开展的基础设施建设项目因为自然灾害报废，共发生支出如下：其他待摊投资350 000元，土建部分500 000元，不需要安装设备投资120 000元，获得残值收入100 000元，经审批同意冲销该项目。

账务处理如下：

借：在建工程——建筑安装工程投资	350 000	
贷：在建工程——待摊投资		350 000
借：在建工程——待核销基建支出	870 000	
银行存款	100 000	
贷：在建工程——建筑安装工程投资		850 000
——设备投资		120 000
借：资产处置费用	870 000	

贷:在建工程——待核销基建支出　　870 000

6.基建转出投资

为建设项目配套而建成的、产权不归属本单位的专用设施,在项目竣工验收交付使用时,政府单位按照转出的专用设施的成本,借记“在建工程——基建转出投资”科目,贷记“在建工程——建筑安装工程投资”科目;同时,借记“无偿调拨净资产”科目,贷记“在建工程——基建转出投资”科目。

【例7-10】某事业单位对办公楼进行大修,发生改建支出3 000 000元,并安装专用设备1 500 000元,项目管理费为200 000元,该办公楼产权属于地方政府。

账务处理如下:

借:在建工程——建筑安装工程投资　　200 000

　贷:在建工程——待摊投资　　200 000

借:在建工程——基建转出投资　　4 700 000

　贷:在建工程——建筑安装工程投资　　3 200 000

　　　　　　——设备投资　　1 500 000

借:无偿调拨净资产　　4 700 000

　贷:在建工程——基建转出投资　　4 700 000

第三节　政府特有资产

政府特有资产是与企业资产相比较而言的,主要包括公共基础设施、政府储备物资、保障性住房、文物文化资产、受托代理资产等。

一、公共基础设施

(一)公共基础设施的概念

公共基础设施是指政府单位为满足社会公共需求而控制的,同时具有以下特征的有形资产:一是一个有形资产系统或网络的组成部分;二是具有特定用途;三是一般不可移动。

公共基础设施主要包括市政基础设施,如城市道路、桥梁、隧道、公交场站、路灯、广场、公园绿地、室外公共健身器材,以及环卫、排水、供水、供电、供气、供热、污水处理、垃圾处理系统等;交通基础设施,如公路、航道、港口等;水利基础设施,如大坝、堤防、水闸、泵站、渠道等。

需要注意的是下列设施不属于政府会计准则所称的公共基础设施:一是独立于公共基础设施、不构成公共基础设施使用不可缺少组成部分的管理维护用房屋建筑物、设备、车辆等;二是属于文物文化资产的公共基础设施;三是采用政府和社会资本合作模式(即PPP模式)形成的公共基础设施。

(二)公共基础设施的确认

通常情况下,符合《政府会计准则第5号——公共基础设施》规定的公共基础设施,应当按规定对其负有管理维护职责的政府单位予以确认。

多个政府单位共同管理维护的公共基础设施,应当由对该资产负有主要管理维护职责或者承担后续主要支出责任的政府单位予以确认。

分为多个组成部分由不同政府单位分别管理维护的公共基础设施,应当由各个政府单位分别对其负责管理维护的公共基础设施的相应部分予以确认。

负有管理维护公共基础设施职责的政府单位通过政府购买服务方式委托企业或其他会计主体代为管理维护公共基础设施的,该公共基础设施应当由委托方予以确认。

公共基础设施同时满足下列条件的,应当予以确认:(1)与该公共基础设施相关的服务潜力很可能实现或者经济利益很可能流入政府单位;(2)该公共基础设施的成本或者价值能够可靠地计量。

通常情况下,对于自建或外购的公共基础设施,政府单位应当在该项公共基础设施验收合格并交付使用时确认;对于无偿调入、接受捐赠的公共基础设施,政府单位应当在开始承担该项公共基础设施管理维护职责时确认。

政府单位应当根据公共基础设施提供公共产品或服务的性质或功能特征对其进行分类确认。

公共基础设施的各组成部分具有不同使用年限或者以不同方式提供公共产品或服务,适用不同折旧率或折旧方法且可以分别确定各自原价的,应当分别将各组成部分确认为该类公共基础设施的一个单项公共基础设施。

政府单位在购建公共基础设施时，能够分清购建成本中的构筑物部分与土地使用权部分的，应当将其中的构筑物部分和土地使用权部分分别确认为公共基础设施；不能分清购建成本中的构筑物部分与土地使用权部分的，应当整体确认为公共基础设施。

公共基础设施在使用过程中发生的后续支出，符合规定的确认条件的，应当计入公共基础设施成本；不符合《政府会计准则第5号——公共基础设施》第五条规定的确认条件的，应当在发生时计入当期费用。

通常情况下，为增加公共基础设施使用效能或延长其使用年限而发生的改建、扩建等后续支出，应当计入公共基础设施成本；为维护公共基础设施的正常使用而发生的日常维修、养护等后续支出，应当计入当期费用。

(三)公共基础设施的初始计量

公共基础设施在取得时应当按照成本进行初始计量。

政府单位自行建造的公共基础设施，其成本包括完成批准的建设内容所发生的全部必要支出，包括建筑安装工程投资支出、设备投资支出、待摊投资支出和其他投资支出。

在原有公共基础设施的基础上进行改建、扩建等建造活动后的公共基础设施，其成本按照原公共基础设施账面价值加上改建、扩建等建造活动发生的支出，再扣除公共基础设施被替换部分的账面价值后的金额确定。

为建造公共基础设施借入的专门借款的利息，属于建设期间发生的，计入该公共基础设施在建工程成本；不属于建设期间发生的，计入当期费用。

已交付使用但尚未办理竣工决算手续的公共基础设施，应当按照估计价值入账，待办理竣工决算后再按照实际成本调整原来的暂估价值。

政府单位接受其他单位无偿调入的公共基础设施，其成本按照该项公共基础设施在调出方的账面价值加上归属于调入方的相关费用确定。

政府单位接受捐赠的公共基础设施，其成本按照有关凭据注明的金额加上相关费用确定；没有相关凭据可供取得，但按规定经过资产评估的，其成本按照评估价值加上相关费用确定；没有相关凭据可供取得、也未经资产评估的，其成本比照同类或类似资产的市场价格加上相关费用确定。

如受赠的系旧的公共基础设施，在确定其初始入账成本时应当考虑该项资产的新旧程度。

政府单位外购的公共基础设施，其成本包括购买价款、相关税费以及公共基础设施交付使用前所发生的可归属于该项资产的运输费、装卸费、安装费和专业人员服务费等。

对于包含不同组成部分的公共基础设施，其只有总成本、没有单项组成部分成本的，政府单位可以按照各单项组成部分同类或类似资产的成本或市场价格比例对总成本进行分配，分别确定公共基础设施中各单项组成部分的成本。

（四）公共基础设施的后续计量

1.公共基础设施的折旧或摊销

（1）政府单位应当对公共基础设施计提折旧，但政府单位持续进行良好的维护使得其性能得到永久维持的公共基础设施和确认为公共基础设施的单独计价入账的土地使用权除外。

公共基础设施应计提的折旧总额为其成本，计提公共基础设施折旧时不考虑预计净残值。

政府单位应当对暂估入账的公共基础设施计提折旧，实际成本确定后不需调整原已计提的折旧额。

（2）政府单位应当根据公共基础设施的性质和使用情况，合理确定公共基础设施的折旧年限。政府单位确定公共基础设施折旧年限，应当考虑下列因素：设计使用年限或设计基准期；预计实现服务潜力或提供经济利益的期限；预计有形损耗和无形损耗；法律或者类似规定对资产使用的限制。

公共基础设施的折旧年限一经确定，不得随意变更，但因改建、扩建等原因而延长公共基础设施使用年限的除外。

对于政府单位接受的无偿调入、捐赠的公共基础设施，应当考虑该项资产的新旧程度，按照其尚可使用的年限计提折旧。

（3）政府单位一般应当采用年限平均法或者工作量法计提公共基础设施折旧。在确定公共基础设施的折旧方法时，应当考虑与公共基础设施相关的服务潜力或经济利益的预期实现方式。公共基础设施折旧方法一经确定，不得随意变更。

（4）公共基础设施应当按月计提折旧，并计入当期费用。当月增加的公共基础设施,当月开始计提折旧;当月减少的公共基础设施,当月不再计提折旧。

(5)处于改建、扩建等建造活动期间的公共基础设施,应当暂停计提折旧。因改建、扩建等原因而延长公共基础设施使用年限的,应当按照重新确定的公共基础设施的成本和重新确定的折旧年限计算折旧额,不需调整原已计提的折旧额。

(6)公共基础设施提足折旧后,无论能否继续使用,均不再计提折旧;已提足折旧的公共基础设施,可以继续使用的,应当继续使用,并规范实物管理。提前报废的公共基础设施,不再补提折旧。

(7)对于确认为公共基础设施的单独计价入账的土地使用权,政府单位应当按照《政府会计准则第4号——无形资产》的相关规定进行摊销。

2.公共基础设施的处置

(1)政府单位按规定报经批准无偿调出、对外捐赠公共基础设施的,应当将公共基础设施的账面价值予以转销,无偿调出、对外捐赠中发生的归属于调出方、捐出方的相关费用应当计入当期费用。

(2)公共基础设施报废或遭受重大毁损的,政府单位应当在报经批准后将公共基础设施账面价值予以转销,并将报废、毁损过程中取得的残值变价收入扣除相关费用后的差额按规定做应缴款项处理(差额为净收益时)或计入当期费用(差额为净损失时)。

(五)公共基础设施的会计核算

1.科目设置

为了核算控制的公共基础设施的原值、累计折旧和累计摊销,政府单位应当设置“公共基础设施”“公共基础设施累计折旧(摊销)”等科目。

“公共基础设施”是财务会计资产类科目,借方登记公共基础设施价值的增加数,贷方登记公共基础设施价值的减少数,期末余额在借方,反映公共基础设施的原值。本科目应当按照公共基础设施的类别、项目等进行明细核算。

政府单位应当根据行业主管部门对公共基础设施的分类规定,制定适合于本单位管理的公共基础设施目录、分类方法,作为公共基础设施核算的依据。

“公共基础设施累计折旧(摊销)”是“公共基础设施”科目的备抵科目。贷方登记公共基础设施累计折旧(摊销)的增加数,借方登记公共基础设施累计折旧(摊销)的减少数,期末余额在贷方,反映单位提取的公共基础设施折旧和摊销的累计数。

本科目应当按照所对应公共基础设施的明细分类进行明细核算。

2. 账务处理

(1)公共基础设施在取得时,应当按照其成本入账。

①自行建造的公共基础设施完工交付使用时,按照在建工程的成本,借记“公共基础设施”科目,贷记“在建工程”科目。

已交付使用但尚未办理竣工决算手续的公共基础设施,按照估计价值入账,待办理竣工决算后再按照实际成本调整原来的暂估价值。

②接受其他单位无偿调入的公共基础设施,按照确定的成本,借记“公共基础设施”科目,按照发生的归属于调入方的相关费用,贷记“财政拨款收入”“零余额账户用款额度”“银行存款”等科目,按照其差额,贷记“无偿调拨净资产”科目。同时,按照支付的归属于调入方的相关费用,借记“其他支出”科目,贷记“财政拨款预算收入”“资金结存”等科目。

无偿调入的公共基础设施成本无法可靠取得的,按照发生的相关税费、运输费等金额,借记“其他费用”科目,贷记“财政拨款收入”“零余额账户用款额度”“银行存款”等科目。同时,按照支付的相关税费,借记“其他支出”科目,贷记“财政拨款预算收入”“资金结存”等科目。

③接受捐赠的公共基础设施,按照确定的成本,借记“公共基础设施”科目,按照发生的相关费用,贷记“财政拨款收入”“零余额账户用款额度”“银行存款”等科目,按照其差额,贷记“捐赠收入”科目。同时,按照支付的归属于捐入方的相关费用,借记“其他支出”科目,贷记“财政拨款预算收入”“资金结存”等科目。

接受捐赠的公共基础设施成本无法可靠取得的,按照发生的相关税费等金额,借记“其他费用”科目,贷记“财政拨款收入”“零余额账户用款额度”“银行存款”等科目。同时,按照支付的归属于捐入方的相关费用,借记“其他支出”科目,贷记“财政拨款预算收入”“资金结存”等科目。

④外购的公共基础设施,按照确定的成本,借记“公共基础设施”科目,贷记“财政拨款收入”“零余额账户用款额度”“银行存款”等科目。同时,借记“行政支出”“事业支出”等科目,贷记“财政拨款预算收入”“资金结存”等科目。

⑤对于成本无法可靠取得的公共基础设施,政府单位应当设置备查簿进行登记,待成本能够可靠确定后按照规定及时入账。

(2)与公共基础设施有关的后续支出。

①按月计提公共基础设施折旧时，按照应计提的折旧额，借记“业务活动费用”科目，贷记“公共基础设施累计折旧（摊销）”科目。

②按月对确认为公共基础设施的单独计价入账的土地使用权进行摊销时，按照应计提的摊销额，借记“业务活动费用”科目，贷记“公共基础设施累计折旧（摊销）”科目。

③将公共基础设施转入改建、扩建时，按照公共基础设施的账面价值，借记“在建工程”科目，按照公共基础设施已计提折旧，借记“公共基础设施累计折旧（摊销）”科目，按照公共基础设施的账面余额，贷记“公共基础设施”科目。

④为增加公共基础设施使用效能或延长其使用年限而发生的改建、扩建等后续支出，借记“在建工程”科目，贷记“财政拨款收入”“零余额账户用款额度”“银行存款”等科目。同时，按照实际支付的金额，借记“行政支出”“事业支出”等科目，贷记“财政拨款预算收入”“资金结存”等科目。

⑤公共基础设施改建、扩建完成，竣工验收交付使用时，按照在建工程成本，借记“公共基础设施”科目，贷记“在建工程”科目。

⑥为保证公共基础设施正常使用发生的日常维修等支出，借记“业务活动费用”“单位管理费用”等科目，贷记“财政拨款收入”“零余额账户用款额度”“银行存款”等科目。同时，按照实际支付的金额，借记“行政支出”“事业支出”等科目，贷记“财政拨款预算收入”“资金结存”等科目。

（3）按照规定报经批准处置公共基础设施，分别以以下情况处理：

①报经批准对外捐赠的公共基础设施，按照公共基础设施已计提的折旧或摊销，借记“公共基础设施累计折旧（摊销）”科目，按照被处置公共基础设施账面余额，贷记“公共基础设施”科目，按照捐赠过程中发生的归属于捐出方的相关费用，贷记“银行存款”科目，按照其差额，借记“资产处置费用”科目。同时，按照支付的归属于捐出方的相关费用，借记“其他支出”科目，贷记“资金结存”科目。

②报经批准无偿调出公共基础设施，按照公共基础设施已计提的折旧或摊销，借记“公共基础设施累计折旧（摊销）”科目，按照被处置公共基础设施账面余额，贷记“公共基础设施”科目，按照其差额，借记“无偿调拨净资产”科目；同时，按照无偿调出过程中发生的归属于调出方的相关费用，借记“资产处置费用”科目，贷记“银行存款”等科目。同时，按照支付的归属于调出方的相关费用，借记“其他支出”等科目，贷记“资金结存”等科目。

(4)单位应当定期对公共基础设施进行清查盘点。对于发生的公共基础设施盘盈、盘亏、毁损或报废,应当先记入"待处理财产损溢"科目,按照规定报经批准后及时进行后续账务处理。

①盘盈的公共基础设施,其成本按照有关凭据注明的金额确定;没有相关凭据、但按照规定经过资产评估的,其成本按照评估价值确定;没有相关凭据也未经过评估的,其成本按照重置成本确定。盘盈的公共基础设施成本无法可靠取得的,政府单位应当设置备查簿进行登记,待成本确定后按照规定及时入账。

盘盈的公共基础设施,按照确定的入账成本,借记"公共基础设施"科目,贷记"待处理财产损溢"科目。

②盘亏、毁损或报废的公共基础设施,按照待处置公共基础设施的账面价值,借记"待处理财产损溢"科目,按照已计提折旧或摊销,借记"公共基础设施累计折旧(摊销)"科目,按照公共基础设施的账面余额,贷记"公共基础设施"科目。

【例7-11】某行政单位应上级主管部门要求,于2×21年2月份接管一条公路,该公路目前的账面价值为20 000 000元,相关手续办理花费50 000元,用银行存款方式支付。3月份,为延长该公路使用年限,对其进行扩建,花费8 000 000元,用财政直接方式支付,8月份竣工验收。

账务处理如下:

(1)2月份接管公路:

借:公共基础设施　　20 050 000

　贷:无偿调拨净资产　　20 000 000

　　银行存款　　50 000

借:其他支出　　50 000

　贷:资金结存——货币资金　　50 000

(2)3月份进行扩建:

借:在建工程　　8 000 000

　贷:财政拨款收入　　8 000 000

借:在建工程　　20 050 000

　贷:公共基础设施　　20 050 000

借:行政支出　　8 000 000

　　贷:财政拨款预算收入　　8 000 000

(3)8月份竣工验收:

借:公共基础设施　　28 050 000

　　贷:在建工程　　28 050 000

【例7-12】某事业单位管理的广场健身器材,由于广场规划,由该事业单位无偿调拨给某小区使用。器材的账面原值为500 000元,已计提折旧200 000元,拆卸花费支出5 000元,报废无法使用的器材价值10 000元。

账务处理如下:

借:待处理财产损溢　　10 000

　　无偿调拨净资产　　290 000

　　公共基础设施累计折旧　　200 000

　　贷:公共基础设施　　500 000

借:资产处置费用　　5 000

　　贷:银行存款　　5 000

借:其他支出　　5 000

　　贷:资金结存——货币资金　　5 000

【例7-13】某行政单位管理一座桥梁,该桥梁原值为20 000 000元,预计使用20年,按年计提折旧。使用10年后,该行政单位决定将这座桥梁转让处置,处置时该桥梁已计提折旧10 000 000元。

账务处理如下:

(1)按年计提折旧:

借:业务活动费用　　1 000 000

　　贷:公共基础设施累计折旧(摊销)　　1 000 000

(2)转让处置:

借:待处理财产损溢　　10 000 000

　　公共基础设施累计折旧(摊销)　　10 000 000

　　贷:公共基础设施　　20 000 000

(六)公共基础设施的披露

政府单位应当在附注中披露与公共基础设施有关的下列信息:

(1)公共基础设施的分类和折旧方法。

(2)各类公共基础设施的折旧年限及其确定依据。

(3)各类公共基础设施账面余额、累计折旧额(或摊销额)、账面价值的期初、期末数及其本期变动情况。

(4)各类公共基础设施的实物量。

(5)公共基础设施在建工程的期初、期末金额及其增减变动情况。

(6)确认为公共基础设施的单独计价入账的土地使用权的账面余额、累计摊销额及其变动情况。

(7)已提足折旧继续使用的公共基础设施的名称、数量等情况。

(8)暂估入账的公共基础设施账面价值变动情况。

(9)无偿调入、接受捐赠的公共基础设施名称、数量等情况。

(10)公共基础设施对外捐赠、无偿调出、报废、重大毁损等处置情况。

(11)公共基础设施年度维护费用和其他后续支出情况。

二、政府储备物资

(一)政府储备物资的概念

政府储备物资,是指政府单位为满足实施国家安全与发展战略、进行抗灾救灾、应对公共突发事件等特定公共需求而控制的,同时具有下列两个特征的有形资产:一是在应对可能发生的特定事件或情形时动用;二是其购入、存储保管、更新(轮换)、动用等由政府及相关部门发布的专门管理制度规范。

政府储备物资包括战略及能源物资、抢险抗灾救灾物资、农产品、医药物资和其他重要商品物资,通常情况下由政府单位委托承储单位存储。

企业以及纳入企业财务管理体系的事业单位接受政府委托收储并按企业会计准则核算的储备物资,不属于政府储备物资。

(二)政府储备物资的确认

通常情况下,符合《政府会计准则第6号——政府储备物资》规定的政府储备物资,应当按规定由对其负有行政管理职责的政府单位予以确认。

所谓行政管理职责,主要指提出或拟定收储计划、更新(轮换)计划、动用方案等。相关行政管理职责由不同政府单位行使的政府储备物资,由负责提出收储计划的政府单位予以确认。对政府储备物资不负有行政管理职责但接受委托具体负责执行其存储保管等工作的政府单位,应当将受托代储的政府储备物资作为受托代理资产核算。

政府储备物资同时满足下列条件的,应当予以确认:一是与该政府储备物资相关的服务潜力很可能实现或者经济利益很可能流入政府单位;二是该政府储备物资的成本或者价值能够可靠地计量。

(三)政府储备物资的初始计量

政府储备物资在取得时应当按照成本进行初始计量。

政府单位购入的政府储备物资,其成本包括购买价款和政府单位承担的相关税费、运输费、装卸费、保险费、检测费以及使政府储备物资达到目前场所和状态所发生的归属于政府储备物资成本的其他支出。

政府单位委托加工的政府储备物资,其成本包括委托加工前物料成本、委托加工的成本(如委托加工费以及按规定应计入委托加工政府储备物资成本的相关税费等)以及政府单位承担的使政府储备物资达到目前场所和状态所发生的归属于政府储备物资成本的其他支出。

政府单位接受捐赠的政府储备物资,其成本按照有关凭据注明的金额加上政府单位承担的相关税费、运输费等确定;没有相关凭据可供取得,但按规定经过资产评估的,其成本按照评估价值加上政府单位承担的相关税费、运输费等确定;没有相关凭据可供取得也未经资产评估的,其成本比照同类或类似资产的市场价格加上政府单位承担的相关税费、运输费等确定。

政府单位接受无偿调入的政府储备物资,其成本按照调出方账面价值加上归属于政府单位的相关税费、运输费等确定。

下列各项不计入政府储备物资成本:仓储费用;日常维护费用;不能归属于使政

府储备物资达到目前场所和状态所发生的其他支出。

政府单位盘盈的政府储备物资,其成本按照有关凭据注明的金额确定;没有相关凭据,但按规定经过资产评估的,其成本按照评估价值确定;没有相关凭据也未经资产评估的,其成本按照重置成本确定。

(四)政府储备物资的后续计量

政府单位应当根据实际情况采用先进先出法、加权平均法或者个别计价法确定政府储备物资发出的成本。计价方法一经确定,不得随意变更。

对于性质和用途相似的政府储备物资,政府单位应当采用相同的成本计价方法确定发出物资的成本。

对于不能替代使用的政府储备物资、为特定项目专门购入或加工的政府储备物资,政府单位通常应采用个别计价法确定发出物资的成本。

因动用而发出无需收回的政府储备物资的,政府单位应当在发出物资时将其账面余额予以转销,计入当期费用。

因动用而发出需要收回或者预期可能收回的政府储备物资的,政府单位应当在按规定的质量验收标准收回物资时,将未收回物资的账面余额予以转销,计入当期费用。

因行政管理主体变动等原因而将政府储备物资调拨给其他主体的,政府单位应当在发出物资时将其账面余额予以转销。

政府单位对外销售政府储备物资的,应当在发出物资时将其账面余额转销计入当期费用,并按规定确认相关销售收入或将销售取得的价款大于所承担的相关税费后的差额做应缴款项处理。

政府单位采取销售采购方式对政府储备物资进行更新(轮换)的,应当将物资轮出视为物资销售,按照对外销售政府储备物资规定处理;将物资轮入视为物资采购,按照购入的政府储备物资规定处理。

政府储备物资报废、毁损的,政府单位应当按规定报经批准后将报废、毁损的政府储备物资的账面余额予以转销,确认应收款项(确定追究相关赔偿责任的)或计入当期费用(因储存年限到期报废或非人为因素致使报废、毁损的);同时,将报废、毁损过程中取得的残值变价收入扣除政府单位承担的相关费用后的差额按规定作应缴款项处理(差额为净收益时)或计入当期费用(差额为净损失时)。

政府储备物资盘亏的,政府单位应当按规定报经批准后将盘亏的政府储备物资的账面余额予以转销,确定追究相关赔偿责任的,确认应收款项;属于正常耗费或不可抗力因素造成的,计入当期费用。

(五)政府储备物资会计处理

1.科目设置

为了核算政府单位控制的政府储备物资的成本,政府单位应该设置“政府储备物资”科目。“政府储备物资”是财务会计资产类科目,借方登记政府储备物资的成本的增加数,贷方登记政府储备物资的成本的减少数,期末余额在借方,反映政府储备物资的成本。本科目应当按照政府储备物资的种类、品种、存放地点等进行明细核算。政府单位根据需要,可在本科目下设置“在库”“发出”等明细科目进行明细核算。

对政府储备物资不负有行政管理职责但接受委托具体负责执行其存储保管等工作的政府单位,其受托代储的政府储备物资应当通过“受托代理资产”科目核算,不通过“政府储备物资”科目核算。

2.账务处理

(1)政府储备物资取得时,应当按照其成本入账。

①购入的政府储备物资验收入库,按照确定的成本,借记“政府储备物资”科目,贷记“财政拨款收入”“零余额账户用款额度”“银行存款”等科目。同时,借记“行政支出”“事业支出”科目,贷记“财政拨款预算收入”“资金结存”科目。

②涉及委托加工政府储备物资业务的,相关账务处理参照“加工物品”科目。

③接受捐赠的政府储备物资验收入库,按照确定的成本,借记“政府储备物资”科目,按照政府单位承担的相关税费、运输费等,贷记“零余额账户用款额度”“银行存款”等科目,按照其差额,贷记“捐赠收入”科目。同时,按照支付的相关税费、运输费等的现金流出,借记“其他支出”科目,贷记“财政拨款预算收入”“资金结存”科目。

④接受无偿调入的政府储备物资验收入库,按照确定的成本,借记“政府储备物资”科目,按照单位承担的相关税费、运输费等,贷记“零余额账户用款额度”“银行存款”等科目,按照其差额,贷记“无偿调拨净资产”科目。同时,按照支付的相关税费、运输费等的现金流出,借记“其他支出”科目,贷记“财政拨款预算收入”“资金结存”科目。

(2)政府储备物资发出时,分别以下情况处理:

①因动用而发出无需收回的政府储备物资的，按照发出物资的账面余额，借记“业务活动费用”科目，贷记“政府储备物资”科目。

②因动用而发出需要收回或者预期可能收回的政府储备物资的，在发出物资时，按照发出物资的账面余额，借记“政府储备物资——发出”科目，贷记“政府储备物资——在库”科目；按照规定的质量验收标准收回物资时，按照收回物资原账面余额，借记“政府储备物资——在库”科目，按照未收回物资的原账面余额，借记“业务活动费用”科目，按照物资发出时登记在“政府储备物资”科目所属“发出”明细科目中的余额，贷记“政府储备物资——发出”科目。

③因行政管理主体变动等原因而将政府储备物资调拨给其他主体的，按照无偿调出政府储备物资的账面余额，借记“无偿调拨净资产”科目，贷记“政府储备物资”科目。

④对外销售政府储备物资并将销售收入纳入单位预算统一管理的，发出物资时，按照发出物资的账面余额，借记“业务活动费用”科目，贷记“政府储备物资”科目；实现销售收入时，按照确认的收入金额，借记“银行存款”“应收账款”等科目，贷记“事业收入”科目。同时，按照收到的销售价款，借记“资金结存”科目，贷记“事业预算收入”科目；或者按照支付的相关税费，借记“行政支出”“事业支出”等科目，贷记“资金结存”科目。

⑤对外销售政府储备物资并按照规定将销售净收入上缴财政的，发出物资时，按照发出物资的账面余额，借记“资产处置费用”科目，贷记“政府储备物资”科目；取得销售价款时，按照实际收到的款项金额，借记“银行存款”科目，按照发生的相关税费，贷记“银行存款”科目，按照销售价款大于所承担的相关税费后的差额，贷记“应缴财政款”科目。

(3)政府单位应当定期对政府储备物资进行清查盘点，每年至少盘点一次。对于发生的政府储备物资盘盈、盘亏或者报废、毁损，应当先记入“待处理财产损溢”科目，按照规定报经批准后及时进行后续账务处理。

①盘盈的政府储备物资，按照确定的入账成本，借记“政府储备物资”科目，贷记“待处理财产损溢”科目。

②盘亏或者毁损、报废的政府储备物资，按照待处理政府储备物资的账面余额，借记“待处理财产损溢”科目，贷记“政府储备物资”科目。

【例7-14】某行政单位为夏季防汛做物资储备,2×21年4月份自行购入防汛器材1 000 000元,采用财政直接支付方式支付;同时,其接收省级政府某行政单位无偿调入的一批价值200 000元的防汛用器材,并用银行存款支付运输费40 000元,以及接收市内的某器材公司捐赠的一批价值50 000元的防汛用器材,用银行存款支付运输费10 000元。5月份从仓库中调出无需收回的防汛器材使用,价值100 000元;6月份调出了需要收回的防汛器材,价值80 000元,7月份按照规定的质量验收标准收回物资时,有20 000元物资损毁;8月份因为行政管理职能变动,将价值50 000元的防汛器材调拨给市内其他行政单位。

账务处理如下:

(1)自行购入防汛器材1 000 000元:

借:政府储备物资　　1 000 000

　　贷:财政拨款收入　　1 000 000

借:行政支出　　1 000 000

　　贷:财政拨款预算收入　　1 000 000

(2)接收某行政单位无偿调入的防汛用器材:

借:政府储备物资　　240 000

　　贷:无偿调拨净资产　　200 000

　　　　银行存款　　40 000

借:其他支出　　40 000

　　贷:资金结存——货币资金　　40 000

(3)接收市内的某器材公司捐赠的一批防汛用器材:

借:政府储备物资　　60 000

　　贷:捐赠收入　　50 000

　　　　银行存款　　10 000

借:其他支出　　10 000

　　贷:资金结存——货币资金　　10 000

(4)5月份调出无需收回的防汛器材:

借:业务活动费用　　100 000

　　贷:政府储备物资　　100 000

(5)6月份调出了需要收回的防汛器材:

借：政府储备物资——发出　　80 000

　　贷：政府储备物资——在库　　80 000

（6）7月份按照规定的质量验收标准收回物资，有20 000元物资损毁：

借：政府储备物资——在库　　60 000

　　业务活动费用　　20 000

　　贷：政府储备物资——发出　　80 000

（7）8月份因行政管理职能变动调拨防汛器材：

借：无偿调拨净资产　　50 000

　　贷：政府储备物资　　50 000

【例7-15】某事业单位将一批防汛器材销售，账面价值为200 000元，收到器材款300 000元，销售过程中发生相关税费20 000元，该销售收入纳入本单位预算；并且该单位处置了一批临期防汛物资，账面价值为80 000元，收到价款100 000元，发生相关税费10 000元，该物资款需上缴财政。年末对仓库管理的防汛物资进行盘点，发现毁损及报废的防汛物资价值20 000元。

账务处理如下：

（1）销售防汛器材：

借：业务活动费用　　200 000

　　贷：政府储备物资　　200 000

借：银行存款　　300 000

　　贷：事业收入　　300 000

借：资金结存——货币资金　　300 000

　　贷：其他预算收入　　300 000

借：业务活动费用　　20 000

　　贷：银行存款　　20 000

借：事业支出　　20 000

　　贷：资金结存——货币资金　　20 000

（2）处置临期防汛物资：

借：资产处置费用　　80 000

　　贷：政府储备物资　　80 000

借:银行存款　　　　100 000
　　贷:银行存款　　　　10 000
　　　　应缴财政款　　　　90 000

(3)年末盘点,发现毁损及报废的防汛物资价值20 000元:

借:待处理财产损溢　　　　20 000
　　贷:政府储备物资　　　　20 000

(六)政府储备物资的披露

政府单位应当在附注中披露与政府储备物资有关的下列信息:

(1)各类政府储备物资的期初和期末账面余额。

(2)因动用而发出需要收回或者预期可能收回,但期末尚未收回的政府储备物资的账面余额。

(3)确定发出政府储备物资成本所采用的方法。

(4)其他有关政府储备物资变动的重要信息。

三、保障性住房

(一)概念

保障性住房是指政府为中低收入住房困难家庭所提供的限定标准、限定价格或租金的住房,一般由廉租住房,经济适用住房、政策性租赁住房、定向安置房等构成。

(二)保障性住房的初始与后续计量

保障性住房在取得时,应当按其成本入账。

外购的保障性住房,其成本包括购买价款、相关税费以及可归属于该项资产达到预定用途前所发生的其他支出。

自行建造的保障性住房,其成本包括该项资产至交付使用前所发生的全部必要支出。在原有保障性住房基础上进行改建、扩建、修缮后的保障性住房,其成本按照原保障性住房账面价值加上改建、扩建、修缮发生的支出,再扣除保障性住房被替换部分的账面价值后的金额确定。

接受其他单位无偿调入的保障性住房，其成本按照该项资产在调出方的账面价值加上归属于调入方的相关费用确定。

接受捐赠取得的保障性住房，其成本按照有关凭据注明的金额加上相关税费、运输费等确定；没有相关凭据可供取得，但按规定经过资产评估的，其成本按照评估价值加上相关税费、运输费等确定；没有相关凭据可供取得也未经资产评估的，其成本比照同类或类似资产的市场价格加上相关税费、运输费等确定；没有相关凭据且未经资产评估、同类或类似资产的市场价格也无法可靠取得的，按照名义金额入账，相关税费、运输费等计入当期费用。

融资租赁取得的保障性住房，其成本按照其他相关政府会计准则确定。

置换取得的保障性住房，其成本按照换出资产的评估价值加上支付的补价或减去收到的补价，加上换入保障性住房发生的其他相关支出确定。

盘盈的保障性住房，按规定经过资产评估的，其成本按照评估价值确定；未经资产评估的，其成本按照重置成本确定。

政府单位应当对保障性住房计提折旧，准则规定可以不计提的除外。政府单位应当参照《政府会计准则第3号——固定资产》及其应用指南的相关规定，按月对其控制的保障性住房计提折旧。

（三）会计核算

1.科目设置

为了核算政府单位为满足社会公共需求而控制的保障性住房的原值、累计折旧，政府单位应该设置“保障性住房”“保障性住房累计折旧”等科目。

“保障性住房”是财务会计资产类科目，借方登记保障性住房的原值增加数，贷方登记其减少数。期末余额在借方，反映保障性住房的原值。本科目应当按照保障性住房的类别、项目等进行明细核算。

“保障性住房累计折旧”是“保障性住房”科目的备抵科目。贷方登记保障性住房折旧的增加数，借方登记保障性住房折旧的减少数，期末余额在贷方，反映单位计提的保障性住房折旧累计数。本科目应当按照所对应保障性住房的类别进行明细核算。

2.账务处理

（1）保障性住房在取得时，应当按其成本入账。

①外购的保障性住房,按照确定的成本,借记“保障性住房”科目,贷记“财政拨款收入”“零余额账户用款额度”“银行存款”等科目。同时,借记“行政支出”“事业支出”等科目,贷记“财政拨款预算收入”“资金结存”等科目。

②自行建造的保障性住房交付使用时,按照在建工程成本,借记“保障性住房”科目,贷记“在建工程”科目。

已交付使用但尚未办理竣工决算手续的保障性住房,按照估计价值入账,待办理竣工决算后再按照实际成本调整原来的暂估价值。

③无偿调入的保障性住房,按照确定的成本,借记“保障性住房”科目,按照发生的归属于调入方的相关费用,贷记“零余额账户用款额度”“银行存款”等科目,按照其差额,贷记“无偿调拨净资产”科目。同时,按照支付的相关税费,借记“其他支出”科目,贷记“资金结存”科目。

④接受捐赠取得的保障性住房,按照确定的保障性住房成本,借记“保障性住房”科目,按照发生的相关税费,贷记“财政拨款收入”“零余额账户用款额度”“银行存款”等科目,按照其差额,贷记“捐赠收入”科目。同时,按照实际支付的相关税费,借记“其他支出”科目,贷记“财政拨款预算收入”“资金结存”等科目。

按照名义金额入账的,按照名义金额,借记“保障性住房”科目,贷记“捐赠收入”科目;按照发生的相关税费,借记“其他费用”科目,贷记“零余额账户用款额度”“银行存款”等科目。同时,按照实际支付的相关税费,借记“其他支出”科目,贷记“资金结存”科目。

【例 7-16】某公司向某行政单位捐赠10套保障性住房,价值为10 000 000元,发生相关税费1 000 000元。

账务处理如下:

借:保障性住房	11 000 000	
贷:捐赠收入		10 000 000
银行存款		1 000 000
借:其他支出	1 000 000	
贷:资金结存——货币资金		1 000 000

⑤融资租赁取得的保障性住房,其成本按照租赁协议或者合同确定的租赁价款、

相关税费以及保障性住房交付使用前所发生的可归属于该项资产的相关费用等确定。

融资租入的保障性住房，按照确定的成本，借记“保障性住房”科目，按照租赁协议或者合同确定的租赁付款额，贷记“长期应付款”科目，按照支付的相关费用等金额，贷记“财政拨款收入”“零余额账户用款额度”“银行存款”等科目。同时，按照实际支付金额，借记“行政支出”“事业支出”“经营支出”等科目，贷记“财政拨款预算收入”“资金结存”等科目。

定期支付租金时，按照实际支付金额，借记“长期应付款”科目，贷记“财政拨款收入”“零余额账户用款额度”“银行存款”等科目。同时，借记“行政支出”“事业支出”“经营支出”等科目，贷记“财政拨款预算收入”“资金结存”等科目。

跨年度分期付款购入保障性住房的账务处理，同理。

【例 7-17】2×21 年某行政单位融资租入 20 套保障性住房，价款为 20 000 000 元，合同约定租赁期为 10 年，租金每年支付，该行政单位支付相关税费 100 000 元，租金及税费均采用财政授权支付。

账务处理如下：

（1）融资租入时：

	借方	贷方
借：保障性住房	20 100 000	
贷：长期应付款		20 000 000
零余额账户用款额度		100 000
借：行政支出	100 000	
贷：资金结存——零余额账户用款额度		100 000

（2）每年支付租金时：

	借方	贷方
借：长期应付款	2 000 000	
贷：零余额账户用款额度		2 000 000
借：行政支出	2 000 000	
贷：资金结存——零余额账户用款额度		2 000 000

（2）保障性住房有关的后续支出，与“固定资产”相关处理规定同理。

①按月计提保障性住房折旧时，按照应计提的折旧额，借记“业务活动费用”科

目,贷记“保障性住房”科目。

②符合保障性住房确认条件的后续支出。通常情况下,将保障性住房转入改建、扩建时,按照保障性住房的账面价值,借记“在建工程”科目,按照保障性住房已计提折旧,借记“保障性住房累计折旧”科目,按照保障性住房的账面余额,贷记“保障性住房”科目。

为增加保障性住房使用效能或延长其使用年限而发生的改建、扩建等后续支出,借记“在建工程”科目,贷记“财政拨款收入”“零余额账户用款额度”“银行存款”等科目。同时,借记“行政支出”“事业支出”“经营支出”等科目,贷记“财政拨款预算收入”“资金结存”等科目。

保障性住房改建、扩建等完成交付使用时,按照在建工程成本,借记“保障性住房”科目,贷记“在建工程”科目。

③不符合保障性住房确认条件的后续支出。为保证保障性住房正常使用发生的日常维修等支出,借记“业务活动费用”“单位管理费用”等科目,贷记“财政拨款收入”“零余额账户用款额度”“银行存款”等科目。同时,借记“行政支出”“事业支出”“经营支出”等科目,贷记“财政拨款预算收入”“资金结存”等科目。

(3)按照规定出租保障性住房并将出租收入上缴同级财政,按照收取的租金金额,借记“银行存款”科目,贷记“应缴财政款”科目。

【例7-18】某行政单位为解决职工住宿问题,外购政府开发的保障性住房10套,共值9 000 000元,用财政直接支付的方式支付。该住房用于出租给本单位职工,月租金为1 000元。

账务处理如下:

(1)购买保障性住房时:

借:保障性住房　　9 000 000

　　贷:财政拨款收入　　9 000 000

借:行政支出　　9 000 000

　　贷:财政拨款预算收入　　9 000 000

(2)出租保障性住房,收取房租时:

借:银行存款　　10 000

　　贷:应缴财政款　　10 000

(4)按照规定报经批准处置保障性住房,应当分别按以下情况处理:

①报经批准无偿调出保障性住房,按照保障性住房已计提的折旧,借记“保障性住房累计折旧”科目,按照被处置保障性住房账面余额,贷记“保障性住房”科目,按照其差额,借记“无偿调拨净资产”科目;同时,按照无偿调出过程中发生的归属于调出方的相关费用,借记“资产处置费用”科目,贷记“银行存款”科目。同时,按照支付的归属于调出方的相关税费,借记“其他支出”科目,贷记“资金结存”科目。

②报经批准出售保障性住房,按照被出售保障性住房的账面价值,借记“资产处置费用”科目,按照保障性住房已计提的折旧,借记“保障性住房累计折旧”科目,按照保障性住房账面余额,贷记“保障性住房”科目;同时,按照收到的价款,借记“银行存款”科目,按照出售过程中发生的相关费用,贷记“银行存款”科目,按照其差额,贷记“应缴财政款”科目。

【例7-19】某行政单位将自行建造的保障性住房出售给本单位职工,共10套,每套价值200 000元。该保障性住房原账面价值为6 000 000元,已计提折旧4 000 000元。

账务处理如下:

借:资产处置费用	2 000 000	
保障性住房累计折旧	4 000 000	
贷:保障性住房		6 000 000
借:银行存款	2 000 000	
贷:应缴财政款		2 000 000

(5)政府单位应当定期对保障性住房进行清查盘点。对于发生的保障性住房盘盈、盘亏、毁损或报废等,参照“固定资产”科目相关规定进行账务处理。

【例7-20】某行政单位在盘查保障性住房时,发现有一处房屋因为遭受过火灾,已经无法继续使用。该处房屋账面价值500 000元,已计提折旧400 000元。

账务处理如下:

借:待处理财产损溢	100 000	
保障性住房累计折旧	400 000	
贷:保障性住房		500 000

四、文物文化资产

(一)概述

1. 概念

文物文化资产是指用于展览、教育或研究等目的的历史文物、艺术品以及其他具有文化或历史价值并作长期或永久保存的典藏等。其中,文物资产是指用于纪念和展出等目的、具有一定价值和历史意义的并作长期或者永久保存的古董和历史文物等;文化资产是指用于纪念和展出等目的、具有一定价值和文化内涵的并作长期或者永久保存的艺术品和文化用品等。由于文物文化资产不介入企业生产经营过程,故政府不能将文物文化资产作为存货、固定资产、金融资产、无形资产等进行核算。

2. 特征

与其他资产相比,文物文化资产一般具有如下显著特征:在文化、环境、教育和历史方面的价值不可能在纯粹以市场价格为依据的财务价值中得到完全反映;法律或法定义务可能禁止或严厉限制其通过销售进行处置;通常具有不可替代性,即使它们的实体状态恶化,其价值却可能日益增长;使用寿命可能难以估计,有些可能会长达几百年甚至无限期。

(二)文物文化资产的初始计量

外购的文物文化资产,其成本包括购买价款、相关税费以及可归属于该项资产达到预定用途前所发生的其他支出(如运输费、安装费、装卸费等)。

接受其他单位无偿调入的文物文化资产,其成本按照该项资产在调出方的账面价值加上归属于调入方的相关费用确定。

接受捐赠的文物文化资产,其成本按照有关凭据注明的金额加上相关费用确定;没有相关凭据可供取得,但按照规定经过资产评估的,其成本按照评估价值加上相关费用确定;没有相关凭据可供取得也未经评估的,其成本比照同类或类似资产的市场价格加上相关费用确定。

对于成本无法可靠取得的文物文化资产,单位应当设置备查簿进行登记,待成本能够可靠确定后按照规定及时入账。

（三）文物文化资产的后续计量

文物文化资产有关的后续支出，参照“公共基础设施”科目相关规定进行处理。

（四）会计核算

1.科目设置

为了核算政府单位为满足社会公共需求而控制的文物文化资产的成本，政府单位应该设置“文物文化资产”科目。“文物文化资产”是财务会计资产类科目，借方登记文物文化资产的成本增加数，贷方登记其减少数。期末余额在借方，反映文物文化资产的成本。本科目应当按照文物文化资产的类别、项目等进行明细核算。

需要注意的是：政府单位为满足自身开展业务活动或其他活动需要而控制的文物和陈列品，应当通过“固定资产”科目核算，不通过本科目核算。

2.账务处理

（1）文物文化资产在取得时，应当按照其成本入账。

①外购的文物文化资产，按照确定的成本，借记“文物文化资产”科目，贷记“财政拨款收入”“零余额账户用款额度”“银行存款”等科目。同时，借记“行政支出”“事业支出”等科目，贷记“财政拨款预算收入”“资金结存”等科目。

②接受其他单位无偿调入的文物文化资产，按照确定的成本，借记“文物文化资产”科目，按照发生的归属于调入方的相关费用，贷记“零余额账户用款额度”“银行存款”等科目，按照其差额，贷记“无偿调拨净资产”科目。同时，按照支付的归属于调入方的相关费用，借记“其他支出”科目，贷记“财政拨款预算收入”“资金结存”等科目。

无偿调入的文物文化资产成本无法可靠取得的，按照发生的归属于调入方的相关费用，借记“其他费用”科目，贷记“零余额账户用款额度”“银行存款”等科目。同时，按照支付的归属于调入方的相关费用，借记“其他支出”科目，贷记“财政拨款预算收入”“资金结存”等科目。

③接受捐赠的文物文化资产，按照确定的成本，借记“文物文化资产”科目，按照发生的相关税费、运输费等金额，贷记“零余额账户用款额度”“银行存款”等科目，按照其差额，贷记“捐赠收入”科目。同时，按照支付的归属于捐入方的相关费用，借记“其他支出”科目，贷记“财政拨款预算收入”“资金结存”等科目。

接受捐赠的文物文化资产成本无法可靠取得的,按照发生的相关税费、运输费等金额,借记"其他费用"科目,贷记"零余额账户用款额度""银行存款"等科目。同时,按照支付的归属于捐入方的相关费用,借记"其他支出"科目,贷记"财政拨款预算收入""资金结存"等科目。

(2)文物文化资产有关的后续支出,参照"公共基础设施"科目相关规定进行处理。

(3)按照规定报经批准处置文物文化资产,应当分别以下情况处理:

①报经批准对外捐赠文物文化资产,按照被处置文物文化资产账面余额和捐赠过程中发生的归属于捐出方的相关费用合计数,借记"资产处置费用"科目,按照被处置文物文化资产账面余额,贷记"文物文化资产"科目,按照捐赠过程中发生的归属于捐出方的相关费用,贷记"银行存款"科目。同时,按照支付的归属于捐出方的相关费用,借记"其他支出"科目,贷记"财政拨款预算收入""资金结存"等科目。

②报经批准无偿调出文物文化资产,按照被处置文物文化资产账面余额,借记"无偿调拨净资产"科目,贷记"文物文化资产"科目;同时,按照无偿调出过程中发生的归属于调出方的相关费用,借记"资产处置费用"科目,贷记"银行存款"科目。同时,按照支付的归属于调出方的相关费用,借记"其他支出"等科目,贷记"财政拨款预算收入""资金结存"等科目。

(4)政府单位应当定期对文物文化资产进行清查盘点,每年至少盘点一次。对于发生的文物文化资产盘盈、盘亏、毁损或报废等,参照"公共基础设施"科目相关规定进行账务处理。

【例7-21】某高校在2×21年2月份接受私人捐赠的一套书稿陈列品,价值500 000元,发生相关手续费用5 000元。3月份该高校无偿调拨一套书稿陈列品给省博物馆,价值200 000元,发生相关手续费用3 000元。

账务处理如下:

(1)接受捐赠文物:

借:文物文化资产	5 05 000	
贷:捐赠收入		500 000
银行存款		5 000
借:其他支出		5 000

贷：资金结存——货币资金　5 000

(2)无偿调拨文物：

借：无偿调拨净资产　203 000

贷：文物文化资产　200 000

银行存款　3 000

借：其他支出　3 000

贷：资金结存——货币资金　3 000

五、受托代理资产

(一)概念

受托代理资产是指政府单位接受委托方委托管理的各项资产，包括受托指定转赠的物资、受托储存管理的物资等。在受托代理交易过程中，政府单位通常只是从委托方收到受托资产，并按照委托人的意愿将资产转赠给指定的其他组织或个人，或者按照有关规定将资产转交给指定的其他组织或个人，政府单位本身并不拥有受托资产的所有权和使用权，只是在交易中起中介作用。

(二)会计核算

1.科目设置

为了核算接受委托方委托管理的各项资产，包括受托指定转赠的物资、受托存储保管的物资等的成本，政府单位需要设置"受托代理资产"科目。"受托代理资产"是财务会计资产类科目，借方登记委托管理的各项资产成本的增加数，贷方登记其减少数，期末余额在借方，反映政府单位受托代理实物资产的成本。本科目应当按照资产的种类和委托人进行明细核算；属于转赠资产的，还应当按照受赠人进行明细核算。

需要注意的是：政府单位管理的罚没物资也应当通过本科目核算；政府单位收到的受托代理资产为现金和银行存款的，不通过本科目核算，应当通过"库存现金""银行存款"科目进行核算。

2.账务处理

(1)受托转赠物资。

①接受委托人委托需要转赠给受赠人的物资,其成本按照有关凭据注明的金额确定。接受委托转赠的物资验收入库,按照确定的成本,借记“受托代理资产”科目,贷记“受托代理负债”科目。

受托协议约定由受托方承担相关税费、运输费等的,还应当按照实际支付的相关税费、运输费等金额,借记“其他费用”科目,贷记“银行存款”科目。同时,按照实际支付的相关税费、运输费等,借记“其他支出”科目,贷记“财政拨款预算收入”“资金结存”等科目。

②将受托转赠物资交付受赠人时,按照转赠物资的成本,借记“受托代理负债”科目,贷记“受托代理资产”科目。

③转赠物资的委托人取消了对捐赠物资的转赠要求,且不再收回捐赠物资时,应当将转赠物资转为政府单位的存货、固定资产等。按照转赠物资的成本,借记“受托代理负债”科目,贷记“受托代理资产”科目;同时,借记“库存物品”“固定资产”等科目,贷记“其他收入”科目。

(2)受托存储保管物资。

①接受委托人委托存储保管的物资,其成本按照有关凭据注明的金额确定。接受委托储存的物资验收入库,按照确定的成本,借记“受托代理资产”科目,贷记“受托代理负债”科目。

②发生由受托单位承担的与受托存储保管的物资相关的运输费、保管费等费用时,按照实际发生的费用金额,借记“其他费用”科目,贷记“银行存款”科目。同时,按照实际支付的相关税费、运输费等,借记“其他支出”科目,贷记“财政拨款预算收入”“资金结存”等科目。

③根据委托人要求交付或发出受托存储保管的物资时,按照发出物资的成本,借记“受托代理负债”科目,贷记“受托代理资产”科目。

(3)罚没物资。

①取得罚没物资时,其成本按照有关凭据注明的金额确定。罚没物资验收入库,按照确定的成本,借记“受托代理资产”科目,贷记“受托代理负债”科目。罚没物资成本无法可靠确定的,单位应当设置备查簿进行登记。

②按照规定处置或移交罚没物资时,按照罚没物资的成本,借记“受托代理负债”

科目，贷记“受托代理资产”科目。处置时取得款项的，按照实际取得的款项金额，借记“银行存款”科目，贷记“应缴财政款”科目。

政府单位受托代理的其他实物资产，参照上面有关受托转赠物资、受托存储保管物资的规定进行账务处理。

【例7-22】某行政单位收到某社会团体委托代管的实物资产一批，价值2 000 000元人民币，根据代管协议，该物资次年用于西部某项目。次年，发生运输等相关费用50 000元，并将物资交付西部当地的志愿者组织。账务处理如下：

（1）收到委托代管的实物资产：

借：受托代理资产　　2 000 000

　　贷：受托代理负债　　2 000 000

（2）次年将该批物资运往西部时：

借：其他费用　　50 000

　　贷：银行存款　　50 000

借：受托代理负债　　2 000 000

　　贷：受托代理资产　　2 000 000

借：其他支出　　50 000

　　贷：资金结存——货币资金　　50 000

【例7-23】某行政单位委托代管某社区团体捐赠的医疗器材，价值1 000 000元，用于西南地区白内障老年人的治疗。但在次年捐赠的时候，该社会团体决定取消对捐赠物资的转赠要求，改为给该行政单位离退休人员使用，且不再收回。

账务处理如下：

借：受托代理负债　　1 000 000

　　贷：受托代理资产　　1 000 000

借：库存物品　　1 000 000

　　贷：其他收入　　1 000 000

第四节　待处理财产损溢

一、待处理财产损溢的概念

待处理财产损溢是指政府单位处理资产而发生的资产盘盈、盘亏和毁损的价值。政府单位资产的处理包括资产的出售、报废、毁损、盘盈、盘亏,以及货币性资产损失核销等。

二、科目设置

为了核算政府单位在资产清查过程中查明的各种资产盘盈、盘亏和报废、毁损的价值,政府单位需要设置“待处理财产损溢”科目。“待处理财产损溢”是财务会计资产类科目,借方登记各种资产盘盈、盘亏和报废、毁损的价值的增加数,贷方登记其减少数。期末余额有可能在借方,也有可能在贷方,如为借方余额,反映尚未处理完毕的各种资产的净损失;如为贷方余额,反映尚未处理完毕的各种资产净溢余。年末,经批准处理后,本科目一般应无余额。

本科目应当按照待处理的资产项目进行明细核算;对于在资产处理过程中取得收入或发生相关费用的项目,还应当设置“待处理财产价值”“处理净收入”明细科目,进行明细核算。

需要注意的是:政府单位资产清查中查明的资产盘盈、盘亏、报废和毁损,一般应当先记入本科目,按照规定报经批准后及时进行账务处理。年末结账前一般应处理完毕。

三、账务处理

(一)账款核对时发现的库存现金短缺或溢余

每日账款核对中发现现金短缺或溢余,属于现金短缺,按照实际短缺的金额,借记“待处理财产损溢”科目，贷记“库存现金”科目。同时，借记“其他支出”科目，贷记“资金结存——货币资金”科目。属于现金溢余，按照实际溢余的金额，借记“库存现金”科目，贷记“待处理财产损溢”科目。同时，借记“资金结存——货币资金”科目，贷记“其他预算收入”科目。

如为现金短缺，属于应由责任人赔偿或向有关人员追回的，借记“其他应收款”科目，贷记“待处理财产损溢”科目。收到责任人赔偿或有关人员交回现金时，借记“库存现金”科目，贷记“其他应收款”科目；同时，借记“资金结存——货币资金”科目，贷记“其他支出”科目。属于无法查明原因的，报经批准核销时，借记“资产处置费用”科目，贷记“待处理财产损溢”科目。

如为现金溢余，属于应支付给有关人员或单位的，借记“待处理财产损溢”科目，贷记“其他应付款”科目。将溢余现金支付给有关人员或单位时，借记“其他应付款”科目，贷记“库存现金”科目；同时，借记“其他预算收入”科目，贷记“资金结存——货币资金”科目。属于无法查明原因的，报经批准后，借记“待处理财产损溢”科目，贷记“其他收入”科目。

（二）资产清查过程中发现的存货、固定资产、无形资产、公共基础设施、政府储备物资、文物文化资产、保障性住房等各种资产盘盈、盘亏或报废、毁损

1.盘盈的各类资产

（1）转入待处理资产时，按照确定的成本，借记“库存物品”“固定资产”“无形资产”“公共基础设施”“政府储备物资”“文物文化资产”“保障性住房”等科目，贷记“待处理财产损溢”科目。

（2）按照规定报经批准后处理时，对于盘盈的流动资产，借记“待处理财产损溢”科目，事业单位贷记“单位管理费用”科目，行政单位贷记“业务活动费用”科目。对于盘盈的非流动资产，如属于本年度取得的，按照当年新取得相关资产进行账务处理；如属于以前年度取得的，按照前期差错处理，借记“待处理财产损溢”科目，贷记“以前年度盈余调整”科目。

2.盘亏或者毁损、报废的各类资产

（1）转入待处理资产时，借记“待处理财产损溢——待处理财产价值”科目［盘亏、毁损、报废固定资产、无形资产、公共基础设施、保障性住房的，还应借记“固定资

产累计折旧”“无形资产累计摊销”“公共基础设施累计折旧(摊销)”“保障性住房累计折旧”科目],贷记“库存物品”“固定资产”“无形资产”“公共基础设施”“政府储备物资”“文物文化资产”“保障性住房”“在建工程”等科目。

涉及增值税业务的,相关账务处理参见“应交增值税”科目。

报经批准处理时,借记“资产处置费用”科目,贷记“待处理财产损溢——待处理财产价值”科目。

(2)处理毁损、报废实物资产过程中取得的残值或残值变价收入、保险理赔和过失人赔偿等,借记“库存现金”“银行存款”“库存物品”“其他应收款”等科目,贷记“待处理财产损溢——处理净收入”科目;处理毁损、报废实物资产过程中发生的相关费用,借记“待处理财产损溢——处理净收入”科目,贷记“库存现金”“银行存款”等科目。

处理收支结清,如果处理收入大于相关费用的,按照处理收入减去相关费用后的净收入,借记“待处理财产损溢——处理净收入”科目,贷记“应缴财政款”科目;如果处理收入小于相关费用的,按照相关费用减去处理收入后的净支出,借记“资产处置费用”科目,贷记“待处理财产损溢——处理净收入”科目。同时,按照支付的处理净支出,借记“其他支出”科目,贷记“资金结存”等科目。

【例7-24】某行政单位在年末盘点库存物品时,盘盈了部分库存物品,价值1 000元,报经批准处理。

账务处理如下:

(1)年末盘点:

借:库存物品　　1 000

　　贷:待处理财产损溢　　1 000

(2)报经批准后:

借:待处理财产损溢　　1 000

　　贷:以前年度盈余调整　　1 000

【例7-25】某事业单位年末盘查固定资产时,对一台专用设备进行报废处理。该设备价值10 000元,已提折旧8 000元。报经批准后,将该设备进行变卖,发生相关费用500元,取得残值收入1 000元。

账务处理如下：

（1）年末盘查待报废：

借：待处理财产损溢——待处理财产价值　　2 000

　　固定资产累计折旧　　8 000

　　贷：固定资产　　10 000

（2）报经批准处理时：

借：资产处置费用　　2 000

　　贷：待处理财产损溢——待处理财产价值　　2 000

借：银行存款　　1 000

　　贷：待处理财产损溢——处理净收入　　1 000

借：待处理财产损溢——处理净收入　　500

　　贷：银行存款　　500

借：待处理财产损溢——处理净收入　　500

　　贷：应缴财政款　　500

【例 7-26】接上例，如果报经批准后，将该设备进行变卖，发生相关费用 1 500 元，取得残值收入 1 000 元。

账务处理如下：

借：银行存款　　1 000

　　贷：待处理财产损溢——处理净收入　　1 000

借：待处理财产损溢——处理净收入　　1 500

　　贷：银行存款　　1 500

借：资产处置费用　　500

　　贷：待处理财产损溢——处理净收入　　500

借：其他支出　　500

　　贷：资金结存——货币资金　　500

思考与练习题

一、名词解释

1. 在建工程

2. 政府储备物资

3. 公共基础设施

4. 保障性住房

5. 文物文化资产

6. 受托代理资产

7. 待处理财产损溢

二、填空题

1. 为了核算单位已经支出,但应由本期和以后各期负担的分摊期限在1年以上(不含1年)的各项费用,如以经营租赁方式租入的固定资产发生的改良支出等,政府单位应当设置(　　)科目。

2. “在建工程”科目下应设“(　　)”“设备投资”“(　　)”“其他投资”(　　)(　　)等明细科目,并按照具体项目进行明细核算。

3. 政府单位为进行可行性研究而购置的固定资产,以及取得土地使用权支付的土地出让金,通过“在建工程”的(　　)明细科目核算。

4. 政府单位一般应当采用(　　)或者(　　)计提公共基础设施折旧。

5. 政府单位应当根据实际情况采用(　　)、(　　)或者(　　)确定政府储备物资发出的成本。计价方法一经确定,不得随意变更。

6. 对政府储备物资不负有行政管理职责但接受委托具体负责执行其存储保管等工作的政府单位,其受托代储的政府储备物资应当通过(　　)科目核算,不通过(　　)科目核算。

7. 盘盈的保障性住房,按规定经过资产评估的,其成本按照(　　)确定;未经资产评估的,其成本按照(　　)确定。

8. 政府单位为满足自身开展业务活动或其他活动需要而控制的文物和陈列品,应当通过(　　)科目核算,不通过(　　)科目核算。

9. 政府单位管理的罚没物资也应当通过(　　)科目核算;政府单位收到的受托

代理资产为现金和银行存款的,不通过(　　)科目核算,应当通过“库存现金”“银行存款”科目进行核算。

三、选择题

1.“在建工程”科目下应设以下哪几种等明细科目,并按照具体项目进行明细核算　(　　)

A.建筑安装工程投资　　B.设备投资　　C.待摊投资

D.待核销基建支出　　E.基建转出投资

2.公共基础设施是指政府单位为满足社会公共需求而控制的,同时具有以下哪些特征的有形资产　(　　)

A.一个有形资产系统或网络的组成部分

B.具有特定用途

C.一般不可移动

D.独立于公共基础设施、不构成公共基础设施使用不可缺少组成部分的管理维护用房屋建筑物、设备、车辆等

3.下列设施不属于政府会计准则所称的公共基础设施的是　(　　)

A.水利基础设施,如大坝、堤防、水闸、泵站、渠道等

B.独立于公共基础设施、不构成公共基础设施使用不可缺少组成部分的管理维护用房屋建筑物、设备、车辆等

C.属于文物文化资产的公共基础设施

D.采用政府和社会资本合作模式(即PPP模式)形成的公共基础设施

4.下列不计入政府储备物资成本的有　(　　)

A.仓储费用

B.日常维护费用

C.购买价款

D.不能归属于使政府储备物资达到目前场所和状态所发生的其他支出。

四、判断题

1.“建筑安装工程投资”明细科目核算政府单位发生的构成建设项目实际支出的建筑工程和安装工程的实际成本,以及被安装设备本身的价值以及按照合同约定支付给施工单位的预付备料款和预付工程款。(　　)

2.下列设施属于政府会计准则所称的公共基础设施:一是独立于公共基础设施、

不构成公共基础设施使用不可缺少组成部分的管理维护用房屋建筑物、设备、车辆等;二是属于文物文化资产的公共基础设施;三是采用政府和社会资本合作模式(即PPP模式)形成的公共基础设施。(　　)

3.公共基础设施在使用过程中发生的后续支出,符合规定的确认条件的,应当计入公共基础设施成本;不符合本准则第五条规定的确认条件的,应当在发生时计入当期费用。(　　)

4.公共基础设施应当按月计提折旧,并计入当期费用。当月增加的公共基础设施,当月开始计提折旧;当月减少的公共基础设施,当月不再计提折旧。(　　)

5.对于确认为公共基础设施的单独计价入账的土地使用权,政府单位应当按照《政府会计准则第4号——无形资产》的相关规定进行摊销。(　　)

6.企业以及纳入企业财务管理体系的事业单位接受政府委托收储并按企业会计准则核算的储备物资,也属于政府储备物资。(　　)

7.对于成本无法可靠取得的文物文化资产,单位应当设置备查簿进行登记,待成本能够可靠确定后按照规定及时入账。(　　)

8.政府单位资产清查中查明的资产盘盈、盘亏、报废和毁损,一般应当先记入"待处理财产损溢"科目,按照规定报经批准后及时进行账务处理。年末结账前一般应处理完毕。(　　)

五、问答题

1.政府单位确定公共基础设施折旧年限时,应当考虑哪些因素?

2.文物文化资产一般具有哪些显著特征?

六、账务处理题

1.某事业单位因开展经营活动需要租借某企业的一台技术设备,租期半年,租金采用在设备租入时一次性支付方式,共计60 000元。

2.某高校2×21年为建造智慧校园,将信息系统工程出包给甲公司承建,工期6个月,有关资料如下,价款均通过财政直接支付。

(1)工程招标预算1 000 000元,工程开工时向甲公司预付工程款400 000元。

(2)购买服务器、计算机等信息设备400 000元,交付安装。

(3)支付项目可行性研究的专家服务费100 000元。

(4)支付项目管理费50 000元。

(5)按进度结算工程款时450 000元,补付工程款50 000元。

(6)工程竣工,经过验收已交付使用。

3.某市公路管理局2×21年发生与公共基础设施有关的业务如下,采用财政直接支付方式支付资金。

(1)5月购买一批公共照明设施,价值5 000 000元,物资到达后交付安装公司进行安装。

(2)6月支付安装公共照明设施工程款800 000元。

(3)7月上述公共照明设施建设完工,已经投入使用。

(4)7月接受某房地产公司捐赠的会展中心,有关凭据注明的金额1 500万元。

4.某行政单位2×21年发生与公共基础设施后续计量有关的支出如下:

(1)每月应摊销公共基础设施折旧费100 000元,公共绿地摊销200 000元。

(2)2月用财政直接支付公共基础设施维护费1 000 000元。

(3)3月无偿调出一座桥梁给某公司,其账面成本为10 000 000元,已计提折旧5 000 000元,经批准予以核销。

5.某行政单位发生与政府储备物资有关的业务如下:

(1)购买一批抗洪救灾物资,价值8 000 000元,物资已到达并通过验收,价款采用财政直接支付。

(2)接受国际货币基金会捐赠应急物资一批,价值1 000 000元。

(3)接受国家无偿调入救灾物资5 000 000元。

(4)用单位零余额账户支付无偿调入政府储备物资发生的运输费100 000元。

6.某行政单位2×21年发生与政府储备物资后续计量有关的支出如下:

(1)本月发出无需收回的抗洪救灾物资1 000 000元。

(2)发出需收回的抗旱救灾物资(抽水泵等)1 000 000元。

(3)将多余的储备物资销售给某公司,收到银行存款100 000元。该批物资的账面成本为80 000元。该项账款需要上缴财政。

7.某县保障性住房管理中心2×21年发生与保障性住房有关的业务如下:

(1)以财政直接支付外购保障性住房300套,价值15 000 000元。

(2)自行建造保障性住房50套已交付使用,价值2 600 000元。

(3)接受市房管局无偿调入保障性住房120套,调出方的账面成本4 800 000元,已提折旧1 100 000元。

(4)出售保障性住房30套,取得价款21 000 000元。该住房账面成本1 800 000

元,已提折旧500 000元。

8.某事业单位2×21年1月接受上级单位的委托储存救灾物资,该物资发票金额为800 000元,并已验收入库。另外,以现金支付运输费9 000元。10月上级单位要求交付受托储存管理的物资。

9.某单位2×21年1月行政执法没收三辆汽车,有关凭据注明金额为500 000元。2月将没收的汽车进行拍卖,取得价款450 000元。假设不考虑相关税费。

第八章　负　债

第一节　负债概述

一、负债的概念

《政府会计准则——基本准则》指出,负债是指政府单位过去的经济业务或者事项形成的,预期会导致经济资源流出政府单位的现时义务。所谓现时义务,是指政府单位在现行条件下已承担的义务。未来发生的经济业务或者事项形成的义务不属于现时义务,不应当确认为负债。

《行政单位财务规则》《事业单位财务规则》指出,负债是指行政事业单位所承担的能以货币计量,需要以资产或者劳务偿还的债务,包括应缴款项、暂存款项、应付款项、借入款项等。

二、负债的确认

符合负债定义,在同时满足以下条件时,确认为负债:一是履行该义务很可能导致含有服务潜力或者经济利益的经济资源流出政府单位;二是该义务的金额能够可靠地计量。

三、负债的分类

(一)按照流动性分

政府单位的负债按照流动性,分为流动负债和非流动负债。

流动负债是指预计在1年内(含1年)偿还的负债,包括短期借款、应付短期政府债券、应付及预收款项、应缴款项等。

非流动负债是指流动负债以外的负债,包括长期借款、长期应付款、应付长期政府债券等。

(二)按照确定性分

政府单位的负债按照确定性,分为偿还时间与金额基本确定的负债和由或有事项形成的预计负债。

偿还时间与金额基本确定的负债按政府单位的业务性质及风险程度,分为融资活动形成的举借债务及其应付利息、运营活动形成的应付及预收款项和暂收性负债。

政府单位应当将与或有事项相关且满足负债确认条件的现时义务确认为预计负债。或有事项,是指由过去的经济业务或者事项形成的,其结果需由某些未来事项的发生或不发生才能决定的不确定事项。未来事项是否发生不在政府单位控制范围内。政府单位常见的或有事项主要包括:未决诉讼或未决仲裁、对外国政府或国际经济组织的贷款担保、承诺(补贴、代偿)、自然灾害或公共事件的救助等。

(三)按照用途分

政府单位的负债按照用途,可以分为一般负债和特定负债。

第二节　举借债务

一、举借债务概念

举借债务是指政府单位通过融资活动借入的债务,包括政府举借的债务以及其他政府单位借入的款项。

政府举借的债务包括政府发行的政府债券,向外国政府、国际经济组织等借入的款项,以及向上级政府借入转贷资金形成的借入转贷款。政府举借的债务的会计核算由政府各级财政部门进行。

政府单位借入的款项是指除政府以外的其他政府单位从银行或其他金融机构等

借入的款项。

二、确认与计量

对于举借债务,政府单位应当在与债权人签订借款合同或协议并取得举借资金时确认为负债。

举借债务初始确认为负债时,应当按照实际发生额计量。

(1)对于借入款项,初始确认为负债时应当按照借款本金计量;借款本金与取得的借款资金的差额应当计入当期费用。

(2)对于发行的政府债券,初始确认为负债时应当按照债券本金计量;债券本金与发行价款的差额应当计入当期费用。

(3)政府单位应当按照借款本金(或债券本金)和合同或协议约定的利率(或债券票面利率)按期计提举借债务的利息。

(4)对于属于流动负债的举借债务以及属于非流动负债的分期付息、一次还本的举借债务,应当将计算确定的应付未付利息确认为流动负债,计入应付利息;对于其他举借债务,应当将计算确定的应付未付利息确认为非流动负债,计入相关非流动负债的账面余额。

政府单位应当按照相关规定,将因举借债务发生的借款费用分别计入工程成本或当期费用。借款费用,是指政府单位因举借债务而发生的利息及其他相关费用,包括借款利息、辅助费用以及因外币借款而发生的汇兑差额等。其中,辅助费用是指政府单位在举借债务过程中发生的手续费、佣金等费用。

(1)政府单位为购建固定资产等工程项目借入专门借款的,对于发生的专门借款费用,应当按照借款费用减去尚未动用的借款资金产生的利息收入后的金额,属于工程项目建设期间发生的,计入工程成本;不属于工程项目建设期间发生的,计入当期费用。

工程项目建设期间是指自工程项目开始建造起至交付使用时止的期间。工程项目建设期间发生非正常中断且中断时间连续超过3个月(含3个月)的,政府单位应当将非正常中断期间的借款费用计入当期费用。如果中断是使工程项目达到交付使用所必需的程序,则中断期间所发生的借款费用仍应计入工程成本。

(2)政府单位因举借债务所发生的除上面规定外的借款费用(包括政府举借的债

务和其他政府单位的非专门借款所发生的借款费用)，应当计入当期费用。

政府单位应当在偿还举借债务本息时，冲减相关负债的账面余额。

三、科目设置

1.短期借款

为了核算经批准向银行或其他金融机构等借入的期限在1年内(含1年)的各种借款，政府事业单位应该设置“短期借款”科目。“短期借款”是财务会计负债类科目，贷方登记政府事业单位经批准向银行或其他金融机构等借入的期限在1年内(含1年)的各种借款的增加数，借方登记其减少数。期末贷方余额，反映政府事业单位尚未偿还的短期借款本金。“短期借款”科目应当按照债权人和借款种类进行明细核算。

2.长期借款

为了核算经批准向银行或其他金融机构等借入的期限超过1年(不含1年)的各种借款本息，政府事业单位应该设置“长期借款”科目。“长期借款”是财务会计负债类科目，贷方登记政府事业单位经批准向银行或其他金融机构等借入的期限超过1年(不含1年)的各种借款的增加数，借方登记其减少数。期末贷方余额，反映政府事业单位尚未偿还的长期借款本息金额。“长期借款”科目应当设置“本金”和“应计利息”明细科目，并按照贷款单位和贷款种类进行明细核算。对于建设项目借款，还应按照具体项目进行明细核算。

3.应付利息

为了核算按照合同约定应支付的借款利息，包括短期借款、分期付息到期还本的长期借款等应支付的利息，政府事业单位应该设置“应付利息”科目。“应付利息”是财务会计负债类科目，贷方登记政府事业单位按照合同约定应支付的借款利息的增加数，借方登记其减少数。期末贷方余额，反映政府事业单位应付未付的利息金额。“应付利息”科目应当按照债权人进行明细核算。

四、账务处理

1.短期借款

(1)借入各种短期借款时，政府事业单位按照实际借入的金额，借记“银行存款”

科目，贷记“短期借款”科目。同时，借记“资金结存——货币资金”科目，贷记“债务预算收入”科目。

（2）银行承兑汇票到期，政府事业单位无力支付票款的，按照应付票据的账面余额，借记“应付票据”科目，贷记“短期借款”科目。同时，借记“经营支出”科目，贷记“债务预算收入”科目。

（3）归还短期借款本金时，政府事业单位按照实际归还金额，借记“短期借款”科目，支付短期借款利息时，借记“其他费用”科目，贷记“银行存款”科目。同时，借记“债务还本支出”“其他支出”等科目，贷记“资金结存——货币资金”科目。

【例 8-1】2×21 年 3 月 1 日某事业单位向建设银行某支行借入为期 6 个月的款项 10 000 000 元，借入资金存入银行，以备垫付工程款项。2×21 年 9 月 1 日到期按时归还本金，并支付利息 250 000 元。

账务处理如下：

（1）3 月 1 日借入时：

借：银行存款	10 000 000	
贷：短期借款		10 000 000
借：资金结存——货币资金	10 000 000	
贷：债务预算收入		10 000 000

（2）9 月 1 日归还时：

借：短期借款	10 000 000	
其他费用	250 000	
贷：银行存款		10 250 000
借：债务还本支出	10 000 000	
其他支出	250 000	
贷：资金结存——货币资金		10 250 000

【例 8-2】2×21 年 12 月某事业单位的银行承兑汇票到期，该事业单位无力支付应付票款 5 000 000 元，由银行代为付款。

账务处理如下：

借：应付票据	5 000 000	

　　贷:短期借款　　5 000 000

借:经营支出　　5 000 000

　　贷:债务预算收入　　5 000 000

2.长期借款

(1)借入各项长期借款时,政府事业单位按照实际借入的金额,借记“银行存款”科目,贷记“长期借款——本金”科目。同时,借记“资金结存——货币资金”科目,贷记“债务预算收入”科目。

(2)为建造固定资产、公共基础设施等应支付的专门借款利息,按期计提利息时,分以下情况处理:

①属于工程项目建设期间发生的利息,计入工程成本,按照计算确定的应支付的利息金额,借记“在建工程”科目,贷记“应付利息”科目。

②属于工程项目完工交付使用后发生的利息,计入当期费用,按照计算确定的应支付的利息金额,借记“其他费用”科目,贷记“应付利息”科目。

③实际支付利息时,借记“应付利息”科目,贷记“银行存款”科目。同时,借记“其他支出”科目,贷记“资金结存”科目。

(3)按期计提其他长期借款的利息时,按照计算确定的应支付的利息金额,借记“其他费用”科目,应支付的利息如果是分期付息、到期还本借款的利息,贷记“应付利息”科目,应支付的利息如果是到期一次还本付息借款的利息,贷记“长期借款——应计利息”科目。

分期实际支付利息时,借记“应付利息”科目,贷记“银行存款”科目。同时,借记“其他支出”科目,贷记“资金结存”科目。

(4)到期归还长期借款本金、利息时,借记“长期借款——本金”“长期借款——应计利息”科目,贷记“银行存款”科目。同时,按照实际归还的本金金额,借记“债务还本支出”科目,按照实际支付的利息,借记“其他支出”科目,贷记“资金结存”科目。

【例8-3】某事业单位经批准于2×19年7月1日从银行取得为期三年的长期借款100 000 000元,用于工程建设,长期借款年利息率为6%,每年7月1日用银行存款支付长期借款年利息,三年借款期满,该单位用银行存款支付偿还长期借款本金和第三年长期借款年利息。该项长期借款取得时即全部投入工程项目建设中,且借款期均属于工程项目建设期。

账务处理如下：

（1）2×19年7月1日借入款项时：

借：银行存款 100 000 000

贷：长期借款——本金 100 000 000

借：资金结存——货币资金 100 000 000

贷：债务预算收入 100 000 000

（2）月末计提利息时：

应付利息=100 000 000×0.06÷12=500 000

借：在建工程 500 000

贷：应付利息 500 000

（3）2×20年、2×21年7月1日支付长期借款年利息：

年利息=500 000×12=6 000 000元。

借：应付利息 6 000 000

贷：银行存款 6 000 000

借：其他支出 6 000 000

贷：资金结存——货币资金 6 000 000

（4）2×22年7月1日归还贷款本金和第三年利息时：

借：长期借款——本金 100 000 000

应付利息 6 000 000

贷：银行存款 106 000 000

借：债务还本支出 100 000 000

其他支出 6 000 000

贷：资金结存——货币资金 106 000 000

需要注意的是：

（1）若上例长期借款属于到期一次还本付息的情况，长期借款利息应列入“长期借款——应计利息”科目；

（2）若上例中长期借款未全部用于工程建设项目或者有属于工程项目完工交付后发生的借款利息，长期借款利息不计入“在建工程”科目而应计入“其他费用”科目。

第三节　应付及预收款项

应付及预收款项,是指政府单位在运营活动中形成的应当支付而尚未支付的款项及预先收到但尚未实现收入的款项,包括应付职工薪酬、应付账款、预收款项、应交税费、应付国库集中支付结余和其他应付未付款项。本节就来讨论应付及预收款项的核算问题。

一、应付职工薪酬

(一)应付职工薪酬概念

应付职工薪酬是指政府单位为获得职工(含长期聘用人员)提供的服务而给予各种形式的报酬或因辞退等原因而给予职工补偿所形成的负债。职工薪酬包括工资、津贴补贴、奖金、社会保险费等。

(二)确认与计量

一般情况下,政府单位应当在职工为其提供服务的会计期间,将应支付的职工薪酬及按照有关规定为职工缴纳的医疗保险费、养老保险费、职业年金等社会保险费和住房公积金确认为负债,计入当期费用。

政府单位应当根据职工提供服务的受益对象,将相应职工薪酬及按照有关规定为职工缴纳的医疗保险费、养老保险费、职业年金等社会保险费和住房公积金分情况处理:

(1)应由自制物品负担的职工薪酬,计入自制物品成本。

(2)应由工程项目负担的职工薪酬,比照有关借款费用的处理原则计入工程成本或当期费用。

(3)应由自行研发项目负担的职工薪酬,在研究阶段发生的,计入当期费用;在开发阶段发生并且最终形成无形资产的,计入无形资产成本。

政府单位因辞退等原因给予职工的补偿,应当于相关补偿金额报经批准时确认为负债,并计入当期费用。

（三）科目设置

为了核算按照有关规定应付给职工（含长期聘用人员）及为职工支付的各种薪酬，包括基本工资、国家统一规定的津贴补贴、规范津贴补贴（绩效工资）、改革性补贴、社会保险费（如职工基本养老保险费、职业年金、基本医疗保险费等）、住房公积金等，政府单位需要设置"应付职工薪酬"科目。"应付职工薪酬"是财务会计负债类科目，贷方登记应付给职工及为职工支付的各种薪酬的增加数，借方登记其减少数，期末余额在贷方，反映政府单位应付未付的职工薪酬。

"应付职工薪酬"科目应当根据国家有关规定按照"基本工资（含离退休费）""国家统一规定的津贴补贴""规范津贴补贴（绩效工资）""改革性补贴""社会保险费""住房公积金""其他个人收入"等进行明细核算。其中，"社会保险费""住房公积金"明细科目核算内容包括政府单位从职工工资中代扣代缴的社会保险费、住房公积金，以及单位为职工计算缴纳的社会保险费、住房公积金。

（四）账务处理

计算确认当期应付职工薪酬，含政府单位为职工计算缴纳的社会保险费、住房公积金。

（1）计提从事专业及其辅助活动人员的职工薪酬，借记"业务活动费用""单位管理费用"科目，贷记"应付职工薪酬"科目。

（2）计提应由在建工程、加工物品、自行研发无形资产负担的职工薪酬，借记"在建工程""加工物品""研发支出"等科目，贷记"应付职工薪酬"科目。

（3）计提从事专业及其辅助活动之外的经营活动人员的职工薪酬，借记"经营费用"科目，贷记"应付职工薪酬"科目。

（4）因解除与职工的劳动关系而给予的补偿，借记"单位管理费用"科目，贷记"应付职工薪酬"科目。

向职工支付工资、津贴补贴等薪酬时，按照实际支付的金额，借记"应付职工薪酬"科目，贷记"财政拨款收入""零余额账户用款额度""银行存款"等科目。同时，借记"行政支出""事业支出""经营支出"等科目，贷记"财政拨款预算收入""资金结存"等科目。

按照税法规定代扣职工个人所得税时，借记"应付职工薪酬——基本工资"科目，贷记"其他应交税费——应交个人所得税"科目。

从应付职工薪酬中代扣为职工垫付的水电费、房租等费用时,按照实际扣除的金额,借记"应付职工薪酬——基本工资"科目,贷记"其他应收款"科目。

从应付职工薪酬中代扣社会保险费和住房公积金,按照代扣的金额,借记"应付职工薪酬——基本工资"科目,贷记"应付职工薪酬——社会保险费""应付职工薪酬——住房公积金"等科目。

按照国家有关规定缴纳职工社会保险费和住房公积金时,按照实际支付的金额,借记"应付职工薪酬——社会保险费""应付职工薪酬——住房公积金"等科目,贷记"财政拨款收入""零余额账户用款额度""银行存款"等科目。同时,借记"行政支出""事业支出""经营支出"等科目,贷记"财政拨款预算收入""资金结存"等科目。

从应付职工薪酬中支付的其他款项,借记"应付职工薪酬"科目,贷记"零余额账户用款额度""银行存款"等科目。同时,借记"行政支出""事业支出""经营支出"等科目,贷记"资金结存"科目。

【例8-4】某行政单位采用财政直接支付方式发放职工工资。2×21年2月应发工资总额为900 000元,其中代扣住房公积金90 000元,代扣社会保险费40 000元,代扣个人所得税5 000元,代扣为职工垫付的房租、水电费共100 000元。当月该行政单位应负担的职工社保缴费240 000元和住房公积金90 000元。职工社会保险费、住房公积金和代扣个人所得税均于当月上缴。

账务处理如下:

(1)计提工资(按全额工资):

借:业务活动费用——工资福利费用	900 000	
贷:应付职工薪酬——基本工资		900 000

(2)计提代扣保险、公积金、个税,代扣为职工垫付的房租、水电费等:

借:应付职工薪酬——基本工资	235 000	
贷:应付职工薪酬——社会保险费		40 000
——住房公积金		90 000
其他应交税费——应交个人所得税		5 000
其他应收款——房租、水电费		100 000

(3)向职工支付薪酬:

借:应付职工薪酬——基本工资　665 000

　贷:财政拨款收入　665 000

借:行政支出——基本支出——工资福利支出　665 000

　贷:财政拨款预算收入　665 000

(4)计算当月该行政单位应负担的职工社保缴费240 000元和住房公积金90 000元:

借:业务活动费用——工资福利费用　330 000

　贷:应付职工薪酬——社会保险费　240 000

　　　　——住房公积金　90 000

(5)分别上缴职工社会保险费、住房公积金和个人所得税:

借:应付职工薪酬——社会保险费　280 000

　　——住房公积金　180 000

　　——应交个人所得税　5 000

　贷:财政拨款收入　465 000

借:行政支出　465 000

　贷:财政拨款预算收入　465 000

【例8-5】2×21年3月某行政单位以财政授权支付方式发放工资500 000元。其中:行政人员工资400 000元,在建工程人员薪酬100 000元,另支付退休人员退休费50 000元(未纳入社保退休费)。

账务处理如下:

(1)计算确认当期应付职工薪酬:

借:业务活动费用——工资福利费用　400 000

　在建工程——工资福利费用　100 000

　贷:应付职工薪酬——基本工资　500 000

(2)3月发放工资时:

借:应付职工薪酬　500 000

　贷:零余额账户用款额度　500 000

借:行政支出——基本支出——工资福利支出　500 000

　贷:资金结存——零余额用款额度　500 000

(3)支付退休人员工资时；

借:业务活动费用——对个人和家庭的补助费用　50 000

　贷:零余额用款额度　50 000

借:行政支出——基本支出——对个人和家庭补助　50 000

　贷:资金结存——零余额用款额度　50 000

【例 8-6】某事业单位采用财政授权支付方式发放职工工资。2×21 年 1 月应发工资的总额为 8 060 000 元(用于专业业务活动人员的工资为 5 040 000 元,用于管理的人员工资为 3 020 000 元),其中代扣住房公积金 900 000 元,代扣社会保险费 400 000 元,代扣个人所得税 50 000 元,为职工垫付的扣款项目为:物业管理费、房租、水电等合计 60 000 元。当月该事业单位应负担的职工社保缴费 2 400 000 元和住房公积金 900 000 元,其中:业务人员社保缴费 1 600 000 元、住房公积金 600 000 元,管理人员社保缴费 800 000 元、住房公积金 300 000 元。职工社会保险费、住房公积金和代扣个人所得税等均于当月上缴。因解除与一个职工的劳动关系,向该职工给予补偿 130 000 元,用现金支付。

账务处理如下:

(1)计提工资:

借:业务活动费用——工资福利费用　5 040 000

　单位管理费用——工资福利费用　3 020 000

　贷:应付职工薪酬　8 060 000

(2)计提代扣保险、公积金、个税:

借:应付职工薪酬——基本工资　1 410 000

　贷:应付职工薪酬——社会保险费　400 000

　　　　　　　　——住房公积金　900 000

　　其他应交税费——应交个人所得税　50 000

　　其他应收款　60 000

(3)向职工支付薪酬:

借:应付职工薪酬　6 650 000

　贷:零余额账户用款额度　6 650 000

借:事业支出——基本支出——工资福利支出　6 650 000

贷：资金结存——零余额账户用款额度　　6 650 000

（4）当月单位应负担的职工社保缴费和住房公积金：

借：业务活动费用——对个人和家庭的补助费用　　2 200 000

单位管理费用——对个人和家庭的补助费用　　1 100 000

贷：应付职工薪酬——社会保险费　　2 400 000

——住房公积金　　900 000

（5）分别上缴职工社会保险费、住房公积金和个人所得税：

借：应付职工薪酬——社会保险费　　2 400 000

——住房公积金　　900 000

——社会保险费　　400 000

——住房公积金　　900 000

其他应交税费——应交个人所得税　　50000

贷：零余额账户用款额度　　4 650 000

借：事业支出　　4 650 000

贷：资金结存——零余额账户用款额度　　4 650 000

（6）确认解除与一个职工的劳动关系时：

借：单位管理费用　　130 000

贷：应付职工薪酬　　130 000

（7）实际支付该职工补偿：

借：应付职工薪酬　　130 000

贷：库存现金　　130 000

借：事业支出　　130 000

贷：资金结存——货币资金　　130 000

【例8-7】2×21年3月某事业单位以财政直接支付方式发放工资4 000 000元，其中：专业业务人员工资3 000 000元，管理人员工资1 000 000元。同时该单位以银行存款支付在建工程人员劳务费100 000元，另支付退休人员退休费500 000元（未纳入社保退休费）。

账务处理如下：

（1）计算确认当期应付职工薪酬时：

借：业务活动费用——工资福利费用 3 000 000
　　单位管理费用——工资福利费用 1 000 000
　　在建工程 100 000
　　贷：应付职工薪酬 4 100 000

（2）发放工资时：

借：应付职工薪酬 4 100 000
　　贷：财政拨款收入 4 000 000
　　　　银行存款 100 000

借：事业支出 4 100 000
　　贷：财政拨款预算收入 4 000 000
　　　　资金结存——货币资金 100 000

（3）支付退休人员工资时：

借：单位管理费用——对个人和家庭的补助费用 500 000
　　贷：财政拨款收入 500 000

借：事业支出——基本支出——对个人和家庭补助 500 000
　　贷：财政拨款预算收入 500 000

二、应付账款

（一）概念

应付账款是指政府单位因取得资产、接受劳务、开展工程建设等而形成的负债。

（二）确认

政府单位应当在取得资产、接受劳务或外包工程完成规定进度时，按照应付未付款项的金额予以确认。

（三）科目设置

为了核算政府单位因购买物资、接受服务、开展工程建设等而应付的偿还期限在1年以内（含1年）的款项，政府单位需要设置“应付账款”科目。“应付账款”是财务会计负债类科目，贷方登记因购买物资、接受服务、开展工程建设等而应付的偿还期限在1年以内（含1年）的款项增加数，借方登记其减少数，期末余额在贷方，反映政府单位尚未支付的应付账款金额。

"应付账款"科目应当按照债权人进行明细核算。对于建设项目，还应设置"应付器材款""应付工程款"等明细科目，并按照具体项目进行明细核算。

（四）账务处理

收到所购材料、物资、设备或服务以及确认完成工程进度但尚未付款时，政府单位根据发票及账单等有关凭证，按照应付未付款项的金额，借记"库存物品""固定资产""在建工程"等科目，对于进项税额允许抵扣的采购等业务，按照当月已认证的可抵扣增值税额，借记"应交增值税——应交税金——进项税额"科目，按照当月未认证的可抵扣增值税额，借记"应交增值税——待认证进项税额"科目；对于进项税额不得抵扣的采购等业务，取得增值税专用发票时，按照待认证的增值税进项税额，借记"应交增值税——待认证进项税额"科目，贷记"应付账款"科目。

偿付应付账款时，按照实际支付的金额，借记"应付账款"科目，贷记"财政拨款收入""零余额账户用款额度""银行存款"等科目。同时，借记"行政支出""事业支出""经营支出"等科目，贷记"财政拨款预算收入""资金结存"等科目。

开出、承兑商业汇票抵付应付账款时，借记"应付账款"科目，贷记"应付票据"科目。

无法偿付或债权人豁免偿还的应付账款，应当按照规定报经批准后进行账务处理。经批准核销时，借记"应付账款"科目，贷记"其他收入"科目。核销的应付账款应在备查簿中保留登记。

【例8-8】2×21年7月1日，某行政单位从A商场购入20 000元办公用品，购入的办公用品已到货并验收入库，2×21年9月1日通过单位零余额账户支付货款。不涉及相关税费。

账务处理如下：

（1）2×21年7月1日购入办公用品：

借：库存物品	20 000	
贷：应付账款——A商场		20 000

(2)2×21年9月1日通过单位零余额账户支付货款:

借:应付账款——A商场　20 000

　贷:零余额账户用款额度　20 000

借:行政支出　20 000

　贷:资金结存——零余额账户用款额度　20 000

【例8-9】某事业单位为增值税一般纳税人,2×21年7月发生以下经济业务:

(1)7月20日从甲公司购入实验室用材料一批,增值税专用发票上注明:价款100 000元,增值税税额13 000元。材料已验收入库,款项未付。

(2)7月29日从乙公司购入价值80 000元的实验室用材料一批,同时应向对方支付增值税进项税额10 400元,材料已验收入库,款项未付。但对方开具的增值税专用发票尚未收到,月末仍未收到发票,暂估材料价值为80 000元。

(3)8月4日,收到对方转来的增值税发票。

(4)8月25日,该事业单位以银行转账方式支付7月20日应付甲公司账款113 000元。

(5)该事业单位因乙公司原因,无法偿付应付乙公司的材料款90 400元。2×21年12月,按照规定经批准对尚未支付的材料款予以核销。

账务处理如下:

(1)7月20日从甲公司购入实验室用材料:

借:库存物品　100 000

　应交增值税——应交税金(进项税额)　13 000

　贷:应付账款——甲公司　113 000

(2)7月29日从乙公司购入实验室用材料,月末未收到发票暂估入账:

借:库存物品　80 000

　贷:应付账款——乙公司　80 000

(3)8月初红字冲销7月末材料暂估价:

借:应付账款——乙公司　80 000

　贷:库存物品　80 000

8月4日,收到对方寄来的增值税发票时:

借:库存物品　80 000

应交增值税——应交税金(进项税额)　　10 400

贷:应付账款——乙公司　　90 400

(4)8月25日,支付7月20日应付甲公司账款113 000元:

借:应付账款——甲公司　　113 000

贷:银行存款　　113 000

借:事业支出　　113 000

贷:资金结存——货币资金　　113 000

(5)2×21年12月,因乙公司原因,无法偿付应付乙公司的材料款经批准予以核销:

借:应付账款　　90 400

贷:其他收入　　90 400

同时,核销的应付账款应在备查簿中保留登记。

三、预收款项

(一)概念

预收款项是指政府单位按照货物、服务合同、协议、相关规定,向接受货物或服务的主体预先收款而形成的负债。

(二)确认

政府单位应当在收到预收款项时,按照实际收到款项的金额予以确认。

(三)科目设置

为了核算政府单位预先收取但尚未结算的款项,政府单位需要设置"预收账款"科目。"预收账款"是财务会计负债类科目,贷方登记因预先收取但尚未结算的款项增加数,借方登记其减少数,期末余额在贷方,反映政府单位预收但尚未结算的款项金额。"预收账款"科目应当按照债权人进行明细核算。

(四)账务处理

从付款方预收款项时,按照实际预收的金额,借记"银行存款"科目,贷记"预收账款"科目。同时,借记"资金结存——货币资金"科目,贷记"事业预算收入""经营预算收入"等科目。

确认有关收入时,按照预收账款账面余额,借记"预收账款"科目,按照应确认的收入金额,贷记"事业收入""经营收入"等科目,按照现行增值税制度规定计算的销项税额,贷记"应交增值税——应交税金——销项税额"科目,如果采用简易计税方法计算的应纳增值税额或者是小规模纳税人,则贷记"应交增值税——简易计税"科目,按照付款方补付或退回付款方的金额,借记或贷记"银行存款"等科目。同时,按照收到补付款或退回预收款,借记或贷记"资金结存——货币资金"科目,贷记或借记"事业预算收入""经营预算收入"等科目。

无法偿付或债权人豁免偿还的预收账款,应当按照规定报经批准后进行账务处理。经批准核销时,借记"预收账款"科目,贷记"其他收入"科目。核销的预收账款应在备查簿中保留登记。

【例 8-10】某科研所是增值税小规模纳税人,该所对外承接一项科研设备研制任务,合同约定设备总价款为 2 000 000 元,合同签订时支付 30% 的价款,设备交付时支付 65% 的价款,设备交付使用半年后再支付 5% 的价款。合同签订后该所收到买方预付的第一笔设备购置款 600 000 元。该所研制该设备,发生的成本费用为:支付材料资金 200 000 元,职工薪酬 400 000 元,加工设备折旧费 50 000 元,使用库存物品 250 000 元。该所按期完成科研设备,将设备交付购买方,按照合同约定收到 1 300 000 元货款和 120 000 元的增值税款;设备交付使用半年后收到买方支付的 100 000 元尾款。

账务处理如下:

(1)收到买方第一笔预付款 600 000 元:

借:银行存款　　600 000

　　贷:预收账款　　600 000

借:资金结存——货币资金　　600 000

　　贷:事业预算收入　　600 000

(2)计算设备加工成本为200 000+400 000+50 000+250 000=900 000(元):

借:加工物品　900 000

　贷:银行存款　200 000

　　应付职工薪酬　400 000

　　固定资产累计折旧　50 000

　　库存物品　250 000

借:事业支出　200 000

　贷:资金结存——货币资金　200 000

(3)设备研制完成:

借:库存物品　900 000

　贷:加工物品　900 000

(4)交付设备及结转费用:

借:业务活动费用　900 000

　贷:库存物品　900 000

(5)收到1 300 000元货款和120 000元增值税款,确认收入:

借:银行存款　1 420 000

　预收账款　600 000

　应收账款　100 000

　贷:事业收入　2 000 000

　　应交增值税——应交税金——销项税额　120 000

借:资金结存——货币资金　1 420 000

　贷:事业预算收入　1 420 000

(6)收到尾款100 000元:

借:银行存款　100 000

　贷:应收账款　100 000

借:资金结存——货币资金　100 000

　贷:事业预算收入　100 000

四、应付票据

1.科目设置

为了核算政府单位因购买材料、物资等而开出、承兑的商业汇票，包括银行承兑汇票和商业承兑汇票，政府单位需要设置“应付票据”科目。“应付票据”是财务会计负债类科目，贷方登记因购买材料、物资等而开出、承兑的商业汇票的增加数，借方登记其减少数，期末贷方余额，反映政府单位开出、承兑的尚未到期的应付票据金额。“应付票据”科目应当按照债权人进行明细核算。

2.账务处理

(1)购买材料、物资、设备等开出、承兑商业汇票时，借记“库存物品”“固定资产”等科目，对于进项税额允许抵扣的，按照当月已认证的可抵扣增值税额，借记“应交增值税——应交税金——进项税额”科目，按照当月未认证的可抵扣增值税额，借记“应交增值税——待认证进项税额”科目；对于进项税额不得抵扣的采购等业务，取得增值税专用发票时，按照待认证的增值税进项税额，借记“应交增值税——待认证进项税额”科目，贷记“应付票据”科目。

以商业汇票抵付应付账款时，借记“应付账款”科目，贷记“应付票据”科目。

(2)支付银行承兑汇票的手续费时，借记“业务活动费用”“经营费用”等科目，贷记“银行存款”“零余额账户用款额度”等科目。同时，借记“事业支出”“经营支出”等科目，贷记“资金结存——货币资金”科目。

(3)商业汇票到期时，应当分别按照以下情况处理：

①收到银行支付到期票据的付款通知时，借记“应付票据”科目，贷记“银行存款”科目。同时，借记“事业支出”“经营支出”等科目，贷记“资金结存——货币资金”科目。

②银行承兑汇票到期，政府单位无力支付票款的，按照应付票据账面余额，借记“应付票据”科目，贷记“短期借款”科目。同时，借记“事业支出”“经营支出”等科目，贷记“债务预算收入”科目。

③商业承兑汇票到期，政府单位无力支付票款的，按照应付票据账面余额，借记“应付票据”科目，贷记“应付账款”科目。

3.设置“应付票据备查簿”

政府单位应当设置“应付票据备查簿”，详细登记每一应付票据的种类、号数、出票日期、到期日、票面金额、交易合同号、收款人姓名或单位名称，以及付款日期和金额等。应付票据到期结清票款后，应当在备查簿内逐笔注销。

【例8-11】2×21年6月15日，某事业单位为开展专业业务活动从A公司购入一批原材料，价款为500 000元，增值税款为65 000元，开出并承兑一张期限为3个月的商业汇票，金额为565 000元。9月15日，票据到期，该事业单位用银行存款偿还。该事业单位为增值税一般纳税人单位。

(1)假设该票据为不带息商业汇票；

(2)假设该票据为带息商业承兑汇票，票面利率为10%；

(3)如果商业汇票到期时，该单位无力偿还。

请分别予以会计处理。

账务处理如下：

(1)6月15日开出并承兑商业汇票：

借：库存物品　500 000

　应交增值税——应交税金——进项税额　65 000

　贷：应付票据——商业承兑汇票——A公司　565 000

(2)9月15日，票据到期用银行存款偿还，票据为不带息商业汇票：

借：应付票据　565 000

　贷：银行存款　565 000

借：事业支出　565 000

　贷：资金结存——货币资金　565 000

(3)9月15日，票据到期用银行存款偿还，票据为带息商业承兑汇票：

借：应付票据　565 000

　业务活动费用(565 000×10%×3÷12)　14 125

　贷：银行存款　579 125

借：事业支出　579 125

　贷：资金结存——货币资金　579 125

(4)如果商业汇票到期时，该单位无力偿还：

借:应付票据 565 000

 贷:应付账款 565 000

五、预提费用

1.科目设置

为了核算预先提取的已经发生但尚未支付的费用,如预提租金费用等,政府单位需要设置"预提费用"科目。"预提费用"是负债类科目,贷方登记政府单位预先提取的已经发生但尚未支付的费用的增加数,借方登记其减少数,期末贷方余额,反映政府单位已预提但尚未支付的各项费用。"预提费用"科目应当按照预提费用的种类进行明细核算。

需要注意的是:一是事业单位按规定从科研项目收入中提取的项目间接费用或管理费,也通过"预提费用"科目核算;二是事业单位计提的借款利息费用,通过"应付利息""长期借款"科目核算,不通过"预提费用"科目核算;三是对于提取的项目间接费用或管理费,应当在"预提费用"科目下设置"项目间接费用或管理费"明细科目,并按项目进行明细核算。

2.账务处理

(1)计提项目间接费用或管理费。政府单位按规定从科研项目收入中提取项目间接费用或管理费时,按照提取的金额,借记"单位管理费用"科目,贷记"预提费用——项目间接费用或管理费"科目。同时,借记"非财政拨款结转——项目间接费用或管理费"科目,贷记"非财政拨款结余——项目间接费用或管理费"科目。

(2)实际使用计提的项目间接费用或管理费时,按照实际支付的金额,借记"预提费用——项目间接费用或管理费"科目,贷记"银行存款""库存现金"等科目。同时,借记"事业支出"科目,贷记"资金结存"科目。

(3)计提其他费用。按期预提租金等费用时,政府单位按照预提的金额,借记"业务活动费用""单位管理费用""经营费用"等科目,贷记"预提费用"科目。

(4)实际支付预提款项时,按照支付金额,借记"预提费用"科目,贷记"零余额账户用款额度""银行存款"等科目。同时,借记"行政支出""事业支出""经营支出"等科目,贷记"资金结存"科目。

【例8-12】某行政单位每月预提业务用水费10 000元，下月初支付。

账务处理如下：

(1)预提时：

借：业务活动费用　　10 000

　　贷：预提费用　　10 000

(2)支付时：

借：预提费用　　10 000

　　贷：银行存款　　10 000

借：行政支出　　10 000

　　贷：资金结存——货币资金　　10 000

【例8-13】某事业单位有关项目资金管理业务有：按照规定标准对横向A科研项目提取管理费50 000元；使用提取的项目管理费150 000元用于科研管理开支。

账务处理如下：

(1)提取科研项目管理费：

借：单位管理费用　　50 000

　　贷：预提费用——项目间接费用或管理费　　50 000

借：非财政拨款结转——项目间接费用或管理费　　50 000

　　贷：非财政拨款结余——项目间接费用或管理费　　50 000

(2)使用科研项目管理费：

借：预提费用——项目间接费用或管理费　　150 000

　　贷：银行存款/库存现金　　150 000

借：事业支出　　150 000

　　贷：资金结存——货币资金　　150 000

六、长期应付款

1.科目设置

为了核算政府单位发生的偿还期限超过1年(不含1年)的应付款项，如以融资租赁方式取得固定资产应付的租赁费等,政府单位需要设置“长期应付款”科目。“长期应付款”是财务会计负债类科目,贷方登记发生的偿还期限超过1年(不含1年)的应付款项的增加数,借方登记其减少数。期末贷方余额,反映政府单位尚未支付的长期应付款金额。“长期应付款”科目应当按照长期应付款的类别以及债权人进行明细核算。

2.账务处理

(1)发生长期应付款时,借记“固定资产”“在建工程”等科目,对于进项税额允许抵扣的,按照当月已认证的可抵扣增值税额,借记“应交增值税——应交税金——进项税额”科目,按照当月未认证的可抵扣增值税额,借记“应交增值税——待认证进项税额”科目;对于进项税额不得抵扣的,取得增值税专用发票时,按照待认证的增值税进项税额,借记“应交增值税——待认证进项税额”科目,贷记“长期应付款”科目。

(2)支付长期应付款时,按照实际支付的金额,借记“长期应付款”科目,贷记“财政拨款收入”“零余额账户用款额度”“银行存款”等科目。同时,借记“行政支出”“事业支出”“经营支出”等科目,贷记“财政拨款预算收入”“资金结存”等科目。

(3)无法偿付或债权人豁免偿还的长期应付款,应当按照规定报经批准后进行账务处理。经批准核销时,借记“长期应付款”科目,贷记“其他收入”科目。核销的长期应付款应在备查簿中保留登记。

(4)涉及质保金而形成长期应付款的,相关账务处理参见“固定资产”科目。

【例8-14】某行政单位对管理的一座桥梁进行扩建,该桥梁的原价为30 000 000元,已经计提折旧13 500 000元。2×21年有关该桥梁扩建的事项如下:

(1)2月1日开始对桥梁进行扩建,通过财政直接支付向施工单位预付工程款10 000 000元;

(2)2月10日拆除部分桥梁构件,拆除的构件原净值为2 000 000元,出售拆除构件残料取得收入50 000元,存入银行,经批准拆除构件的残料收入通过待摊费用冲减工程成本,原净值列入处置费用;

(3)同年12月5日工程施工结束,进行工程结算并通过财政直接支付向施工企业支付剩余工程款19 000 000元,并收到施工单位质量保证金款700 000元,保质期两年;

(4)结转工程待摊费用(残料收入)50 000元;

(5)同年12月10日桥梁扩建工程验收合格投入使用。

账务处理如下:

(1)将原桥梁账面价值转入在建工程:

借:公共基础设施累计折旧(摊销) 13 500 000

在建工程——建筑安装工程投资 16 500 000

贷:公共基础设施——桥梁 30 000 000

(2)向施工单位预付工程款10 000 000元:

借:预付账款——预付工程款 10 000 000

贷:财政拨款收入 10 000 000

借:行政支出 10 000 000

贷:财政拨款预算收入 10 000 000

(3)收到变卖原桥梁构件残料收入50 000元:

借:银行存款 50 000

贷:在建工程——待摊费用 50 000

借:资金结存——货币资金 50 000

贷:行政支出 50 000

(4)将拆除桥梁构件原净值2 000 000元计入处置费用:

借:待处理损益 2 000 000

贷:在建工程——建筑安装工程投资 2 000 000

借:资产处置费用 2 000 000

贷:待处理财产损溢 2 000 000

(5)结算并向施工企业支付剩余工程款19 000 000元:

借:在建工程——建筑安装工程投资 29 000 000

贷:财政拨款收入 19 000 000

预付账款——预付工程款 10 000 000

借:行政支出 19 000 000

贷:财政拨款预算收入 19 000 000

(6)收到施工单位交付的700 000元质量保证金:

借:银行存款 700 000

贷：长期应付款　700 000

（7）结转待摊费用50 000元：

借：在建工程——待摊费用　50 000

贷：在建工程——建筑安装工程投资　50 000

（8）工程交付使用，将在建工程成本43 450 000元转为公共基础设施成本：

借：公共基础设施——桥梁　43 450 000

贷：在建工程——建筑安装工程投资　43 450 000

第四节　应交税费

应交税费，是指政府单位因发生应税事项导致承担纳税义务而形成的负债，包括增值税、城市维护建设税、教育费附加、房产税、车船税、城镇土地使用税等。

一、应交增值税

（一）概念

应交增值税是指销售货物或者提供加工、修理修配劳务活动本期应交纳的增值税，按照交税主体不同分为一般纳税人和小规模纳税人。

（二）确认

对于应交增值税，政府单位应当在发生应税事项导致承担纳税义务时，按照税法等规定计算的应交增值税金额予以确认。

（三）科目设置

1.总账科目

为了核算按照税法规定计算应交纳的增值税，政府单位应该设置"应交增值税"总账科目。"应交增值税"是财务会计负债类科目，贷方登记按照税法规定计算应交纳的增值税的增加数，借方登记其减少数，期末贷方余额，反映政府单位应交未交的增值税；期末如为借方余额，反映政府单位尚未抵扣或多交的增值税。

2.明细科目

属于增值税一般纳税人的政府单位，应当在“应交增值税”科目下设置“应交税金”“未交税金”“预交税金”“待抵扣进项税额”“待认证进项税额”“待转销项税额”“简易计税”“转让金融商品应交增值税”“代扣代交增值税”等明细科目。

（1）“应交税金”明细账内应当设置“进项税额”“已交税金”“转出未交增值税”“减免税款”“销项税额”“进项税额转出”“转出多交增值税”等专栏。其中：

①“进项税额”专栏，记录政府单位购进货物、加工修理修配劳务、服务、无形资产或不动产而支付或负担的、准予从当期销项税额中抵扣的增值税额；

②“已交税金”专栏，记录政府单位当月已交纳的应交增值税额；

③“转出未交增值税”和“转出多交增值税”专栏，分别记录一般纳税人政府单位月度终了转出当月应交未交或多交的增值税额；

④“减免税款”专栏，记录政府单位按照现行增值税制度规定准予减免的增值税额；

⑤“销项税额”专栏，记录政府单位销售货物、加工修理修配劳务、服务、无形资产或不动产应收取的增值税额；

⑥“进项税额转出”专栏，记录政府单位购进货物、加工修理修配劳务、服务、无形资产或不动产等发生的非正常损失以及其他原因而不应从销项税额中抵扣、按照规定转出的进项税额。

（2）“未交税金”明细科目，核算政府单位月度终了从“应交税金”或“预交税金”明细科目转入当月应交未交、多交或预缴的增值税额，以及当月交纳以前期间未交的增值税额。

（3）“预交税金”明细科目，核算政府单位转让不动产、提供不动产经营租赁服务等，以及其他按照现行增值税制度规定应预缴的增值税额。

（4）“待抵扣进项税额”明细科目，核算政府单位已取得增值税扣税凭证并经税务机关认证，按照现行增值税制度规定准予以后期间从销项税额中抵扣的进项税额。

（5）“待认证进项税额”明细科目，核算政府单位由于未经税务机关认证而不得从当期销项税额中抵扣的进项税额。包括一般纳税人政府单位已取得增值税扣税凭证并按规定准予从销项税额中抵扣，但尚未经税务机关认证的进项税额；一般纳税人政府单位已申请稽核但尚未取得稽核相符结果的海关缴款书进项税额。

（6）“待转销项税额”明细科目，核算政府单位销售货物、加工修理修配劳务、服务、无形资产或不动产，已确认相关收入（或利得）但尚未发生增值税纳税义务而需于以后期间确认为销项税额的增值税额。

（7）“简易计税”明细科目，核算政府单位采用简易计税方法发生的增值税计提、扣减、预缴、缴纳等业务。

（8）“转让金融商品应交增值税”明细科目，核算政府单位转让金融商品发生的增值税额。

（9）“代扣代交增值税”明细科目，核算政府单位购进在境内未设经营机构的境外单位或个人在境内的应税行为代扣代缴的增值税。

属于增值税小规模纳税人的政府单位只需在“应交增值税”科目下设置“转让金融商品应交增值税”“代扣代交增值税”明细科目。

（四）账务处理

1.取得资产或接受劳务等业务

（1）采购等业务进项税额允许抵扣。

增值税一般纳税人政府单位购买用于增值税应税项目的资产或服务时，按照应计入相关成本费用或资产的金额，借记“业务活动费用”“在途物品”“库存物品”“工程物资”“在建工程”“固定资产”“无形资产”等科目，按照当月已认证的可抵扣增值税额，借记“应交增值税——应交税金——进项税额”科目，按照当月未认证的可抵扣增值税额，借记“应交增值税——待认证进项税额”科目，按照应付或实际支付的金额，贷记“应付账款”“应付票据”“银行存款”“零余额账户用款额度”等科目。同时，按照实际支付的金额，借记“事业支出”“经营支出”等科目，贷记“资金结存”科目。

发生退货的，如原增值税专用发票已做认证，应根据税务机关开具的红字增值税专用发票，借记“应付账款”“应付票据”“银行存款”“零余额账户用款额度”等科目，贷记“业务活动费用”“在途物品”“库存物品”“工程物资”“在建工程”“固定资产”“无形资产”“应交增值税——应交税金——进项税额”科目。同时，按照实际支付的金额，借记“资金结存”科目，贷记“事业支出”“经营支出”等科目。

如原增值税专用发票未做认证，应将发票退回，借记“应付账款”“应付票据”“银行存款”“零余额账户用款额度”等科目，贷记“业务活动费用”“在途物品”“库存物品”“工程物资”“在建工程”“固定资产”“无形资产”“应交增值税——待认证进项税额”等科目。同时,按照实际支付的金额,借记“资金结存”科目,贷记“事业支出”“经营支出”等科目。

小规模纳税人政府单位购买资产或服务时不能抵扣增值税,发生的增值税计入资产成本或相关成本费用。

(2)采购等业务进项税额不得抵扣。

增值税一般纳税人政府单位购进资产或服务等,用于简易计税方法计税项目、免征增值税项目、集体福利或个人消费等,其进项税额按照现行增值税制度规定不得从销项税额中抵扣的,取得增值税专用发票时,应按照增值税发票注明的金额,借记相关成本费用或资产科目,按照待认证的增值税进项税额,借记“应交增值税——待认证进项税额”科目,按照实际支付或应付的金额,贷记“银行存款”“应付账款”“零余额账户用款额度”等科目。同时,按照实际支付的金额,借记“事业支出”“经营支出”等科目,贷记“资金结存”等科目。

经税务机关认证为不可抵扣进项税时,借记“应交增值税——应交税金——进项税额”科目,贷记“应交增值税——待认证进项税额”科目,同时,将进项税额转出,借记相关成本费用科目,贷记“应交增值税——应交税金——进项税额转出”科目。

(3)购进不动产或不动产在建工程按照规定进项税额分年抵扣。

增值税一般纳税人政府单位取得应税项目为不动产或者不动产在建工程,其进项税额按照现行增值税制度规定自取得之日起分两年从销项税额中抵扣的,应当按照取得成本,借记“固定资产”“在建工程”等科目,按照当期可抵扣的增值税额,借记“应交增值税——应交税金——进项税额”科目,按照以后期间可抵扣的增值税额,借记“应交增值税——待抵扣进项税额”科目,按照应付或实际支付的金额,贷记“应付账款”“应付票据”“银行存款”“零余额账户用款额度”等科目。同时,按照实际支付的金额,借记“事业支出”“经营支出”等科目,贷记“资金结存”科目。

尚未抵扣的进项税额待以后期间允许抵扣时,按照允许抵扣的金额,借记“应交增值税——应交税金——进项税额”科目,贷记“应交增值税——待抵扣进项税额”科目。

(4)进项税额抵扣情况发生改变。

增值税一般纳税人政府单位因发生非正常损失或改变用途等,原已计入进项税额、待抵扣进项税额或待认证进项税额,但按照现行增值税制度规定不得从销项税额中抵扣的,借记“待处理财产损溢”“固定资产”“无形资产”等科目,贷记“应交增值税——应交税金——进项税额转出”“应交增值税——待抵扣进项税额”“应交增值税——待认证进项税额”等科目;原不得抵扣且未抵扣进项税额的固定资产、无形资产等,因改变用途等用于允许抵扣进项税额的应税项目的,应按照允许抵扣的进项税额,借记“应交增值税——应交税金——进项税额”科目,贷记“固定资产”“无形资产”等科目。固定资产、无形资产等经上述调整后,应按照调整后的账面价值在剩余尚可使用年限内计提折旧或摊销。

增值税一般纳税人政府单位购进时已全额计入进项税额的货物或服务等转用于不动产在建工程的,对于结转以后期间的进项税额,应借记“应交增值税——待抵扣进项税额”科目,贷记“应交增值税——应交税金——进项税额转出”科目。

(5)购买方作为扣缴义务人。

按照现行增值税制度规定,境外单位或个人在境内发生应税行为,在境内未设有经营机构的,以购买方为增值税扣缴义务人。境内一般纳税人政府单位购进服务或资产时,按照应计入相关成本费用或资产的金额,借记“业务活动费用”“在途物品”“库存物品”“工程物资”“在建工程”“固定资产”“无形资产”等科目,按照可抵扣的增值税额,借记“应交增值税——应交税金——进项税额”科目(小规模纳税人政府单位应借记相关成本费用或资产科目),按照应付或实际支付的金额,贷记“银行存款”“应付账款”等科目,按照应代扣代缴的增值税额,贷记“应交增值税——代扣代交增值税”科目。同时,按照实际支付的金额,借记“事业支出”“经营支出”等科目,贷记“资金结存”科目。

实际缴纳代扣代缴增值税时,按照代扣代缴的增值税额,借记“应交增值税——代扣代缴增值税”科目,贷记“银行存款”“零余额账户用款额度”等科目。同时,按照实际支付的金额,借记“事业支出”“经营支出”等科目,贷记“资金结存”科目。

2.政府单位销售资产或提供服务等业务

(1)销售资产或提供服务业务。

增值税一般纳税人政府单位销售货物或提供服务,应当按照应收或已收的金额,借记“应收账款”“应收票据”“银行存款”等科目,按照确认的收入金额,贷记“经营收入”“事业收入”等科目,按照现行增值税制度规定计算的销项税额(或采用简易计税方法计算的应纳增值税额),贷记“应交增值税——应交税金——销项税额”科目或“应交增值税——简易计税”科目(小规模纳税人应贷记本科目)。同时,按照实际收到的含税金额,借记“资金结存”科目,贷记“事业预算收入”“经营预算收入”等科目。

发生销售退回的,应根据按照规定开具的红字增值税专用发票做相反的会计分录,按照确认的收入金额,借记"经营收入""事业收入""应交增值税——应交税金——销项税额"科目或"应交增值税——简易计税"(小规模纳税人应贷记本科目)等科目,贷记"应收账款""应收票据""银行存款"等科目,同时,按照实际退回的含税金额,借记"事业预算收入""经营预算收入"等科目,贷记"资金结存"科目。

按照政府单位会计制度及相关政府会计准则确认收入的时点早于按照增值税制度确认增值税纳税义务发生时点的,应将相关销项税额计入"应交增值税——待转销项税额"科目,待实际发生纳税义务时再转入"应交增值税——应交税金——销项税额"科目或"应交增值税——简易计税"科目。

按照增值税制度确认增值税纳税义务发生时点早于按照政府制度及相关政府会计准则确认收入的时点的,应按照应纳增值税额,借记"应收账款"科目,贷记"应交增值税——应交税金——销项税额"科目或"应交增值税——简易计税"科目。

(2)金融商品转让按照规定以盈亏相抵后的余额作为销售额。

金融商品实际转让月末,如产生转让收益,则按照应纳税额,借记"投资收益"科目,贷记"应交增值税——转让金融商品应交增值税"科目;如产生转让损失,则按照可结转下月抵扣税额,借记"应交增值税——转让金融商品应交增值税"科目,贷记"投资收益"科目。

交纳增值税时,借记"应交增值税——转让金融商品应交增值税"科目,贷记"银行存款"科目。同时,按照实际支付的金额,借记"投资预算收益"科目,贷记"资金结存"科目。

年末,"应交增值税——转让金融商品应交增值税"科目如有借方余额,则借记"投资收益"科目,贷记"应交增值税——转让金融商品应交增值税"科目。

【例8-15】某事业单位属于增值税一般纳税人,2×21年10月30日在公开市场购入首创股份股票100 000股,每股成本价10元,12月31日全部销售,售价每股12元,假设不考虑其他因素及增值税以外其他税种。

账务处理如下:

(1)转让金融商品应交增值税(1 200 000-1 000 000)÷1.06×6%=11 320(元)时:

借:投资收益 11 320

贷:应交税费——转让金融商品应交增值税 11 320

(2)交纳增值税时：

借：应交税费——转让金融商品应交增值税　　11 320

　　贷：银行存款　　11 320

借：投资预算收益　　11 320

　　贷：资金结存——货币资金　　11 320

3.月末转出多交增值税和未交增值税

月度终了，政府单位应当将当月应交未交或多交的增值税自“应交税金”明细科目转入“未交税金”明细科目。

(1)对于当月应交未交的增值税，借记“应交增值税——应交税金——转出未交增值税”科目，贷记“应交增值税——未交税金”科目。

(2)对于当月多交的增值税，借记“应交增值税——未交税金”科目，贷记“应交增值税——应交税金——转出多交增值税”科目。

4.交纳增值税

(1)交纳当月应交增值税。无论增值税一般纳税人政府单位还是小规模纳税人政府单位，交纳当月应交的增值税，借记“应交增值税——应交税金——已交税金”科目，贷记“银行存款”科目。同时，借记“事业支出”“经营支出”等科目，贷记“资金结存”科目。

(2)交纳以前期间未交增值税。无论增值税一般纳税人政府单位还是小规模纳税人政府单位，交纳以前期间未交的增值税，借记“应交增值税——未交税金”科目，贷记“银行存款”科目。同时，借记“事业支出”“经营支出”等科目，贷记“资金结存”科目。

(3)预交增值税。增值税一般纳税人政府单位预交增值税时，借记“应交增值税——预交税金”科目，贷记“银行存款”等科目。同时，借记“事业支出”“经营支出”等科目，贷记“资金结存”科目。

月末，政府单位应将“预交税金”明细科目余额转入“未交税金”明细科目，借记“应交增值税——未交税金”科目，贷记“应交增值税——预交税金”科目。

(4)减免增值税。对于当期直接减免的增值税，借记“应交增值税——应交税金——减免税款”科目，贷记“业务活动费用”“经营费用”等科目。

按照现行增值税制度规定，纳税人单位初次购买增值税税控系统专用设备支付的费用以及缴纳的技术维护费允许在增值税应纳税额中全额抵减的，按照规定抵减的增值税应纳税额，借记“应交增值税——应交税金——减免税款”科目，贷记“业务活动费用”“经营费用”等科目。

【例 8-16】某研究院为增值税一般纳税人，2×21 年 12 月发生如下经济业务，请针对增值税进行账务处理，其他税费不作考虑。

（1）1 日，研究院销售科研设备 468 000 元，开具增值税专用发票，价款 400 000 元，税额 52 000（400 000×13%）元，款项已全部收到。

（2）2 日，研究院购进科研设备一台，取得的销售方开具的增值税专用发票，价款 700 000 元，税额 91 000（700 000×13%）元；销售方转来代垫设备运费 10 900 元，运输企业开具的货物运输业增值税专用发票注明价款 10 000 元，税额 900（10 000×9%）元，货款、运费均未支付。

（3）3 日，研究院用银行存款购进科研专用材料，取得增值税用发票，价款 50 000 元，税额 6 500（50 000×13%）元，该项增值税额当月已认证。

（4）4 日，研究院以前月份已开具增值税专用发票并收取的科研设备款 565 000 元。因质量原因，经协商设备费调减 20%，当月凭对方税务机关出具的《开具红字增值税专用发票通知单》，开具的红字增值税专用发票注明：价款-100 000 元，税额-13 000 元，相应款项退还。该事项增值税额发生时已认证。

（5）5 日，研究院为开展专业业务活动支付信息服务费并取得增值税专用发票，经与服务机构沟通同意折让 10%，合计金额 10 600 元，向主管税务机关填报《开具红字增值税专用发票申请单》后，取得《开具红字增值税专用发票通知单》。折让款及红字增值税专用发票均未收到。该项增值税额已认证。

（6）6 日，研究院提供技术咨询服务实现收入 1 060 000 元，开具增值税专用发票注明：价款 1 000 000 元，税额 60 000 元，款项尚未收到。

（7）7 日，研究院收到某事业单位以前月份拖欠的设备款 3 390 000 元（已在所属月份开具增值税专用发票，并确认销项税额申报纳税），并经协商另收延期付款利息 30 000 元，并开具增值税普通发票。

（8）8 日，研究院支付业务活动的影视费 31 800 元，取得的增值税专用发票注明：价款 30 000 元，税额 1 800 元。

（9）9 日，研究院销售商品开具增值税专用发票，价款 1 600 000 元，税额 208 000

元，款项尚未收到。

（10）10日，研究院支付小规模纳税人提供的设备修理费10 300元，取得小规模纳税人从税务机关代开的增值税专用发票，发票注明：价款10 000元，税额300元。

（11）11日，研究院支付银行托收收费20 600元，取得的增值税专用发票注明：价款20 000元，税额600元。

（12）12日，研究院签订设备经营性租赁合同，合同约定设备租赁期为一年，租赁费为226 000元，租赁费用分三次收到，即于合同签订当月预收10%，设备交付并安装调试完成当月收取10%，余款于设备交付后第六个月收取。当月开具收据收取设备租赁预收款22 600元。

（13）13日，研究院进口科研设备一台用于新建不动产，进口价2 000 000元，假定报送进口时海关征收关税200 000元，增值税260 000元，分别取得海关关税完税凭证和海关进口增值税专用缴款书（本月报送电子数据，申请稽核比对）。报关后，该台设备发生安装费200 000元（含税款，增值税税率为13%），取得安装业发票。以上价款、税款均已支付（假定该设备无消费税，假定用于新建不动产的该项设备增值税属于可分年抵扣税额：该设备的进项税额中的60%于当期抵扣，剩余40%于取得扣税凭证的当月起第13个月抵扣）。

（14）20日，研究院向主管税务机关查询海关进口增值税专用缴款书稽核比对结果信息。上月申请比对的两份海关进口增值税专用缴款书，进口科研用设备的海关进口增值税专用缴款书比对相符，金额为125 000元，税额为16 250元；进口科研用物资的海关进口增值税专用缴款书比对不符，经核查不得抵扣进项税额，金额为62 500元，税额为8 125元。上月申请时，已经将相关税额计入"应交增值税——待认证进项税额"。

（15）21日，研究院支付境外某公司管理软件服务费74 200元（含增值税价款）。该境外公司境内无代理人，单位于当月将代扣的增值税向主管税务机关缴纳。购买方为扣缴义务人。

（16）22日，研究院收到应付铁路运输企业的运输费用和铁路接触网服务等物流辅助服务费用合计76 000元。取得货物运输费用增值税专用发票注明：金额60 000元，税额5 400元；收到增值税专用发票注明铁路接触网服务等物流辅助服务费用：金额10 000元，税额600元。以上运输费用等为单位委托铁路运输企业运输销售的货物，款项尚未支付。

（17）23日，研究院进项税额已抵扣货物（适用税率为13%），科研设备安装领用6 000元，职工福利部门领用30 000元。

（18）24日，研究院科研用物资（适用税率为13%）因管理不善而造成被盗，该物资账面实际成本为20 000元。

（19）25日，研究院支付增值税税控系统技术维护费用合计1 000元，取得的增值税专用发票注明：价款943.4元，税额56.6元。

（20）31日，研究院根据发生的业务，结转当期应纳增值税，假设上期留抵税额为0。

账务处理如下：

（1）1日，销售科研设备：

借：银行存款　452 000

　贷：事业收入　400 000

　　应交增值税——应交税金——销项税额　52 000

借：资金结存——货币资金　452 000

　贷：事业预算收入　452 000

（2）2日，购进科研设备[成本=700 000+10 000（元）；进项税额=91000+900（元）]：

借：固定资产　710 000

　应交增值税——应交税金——进项税额　91 900

　贷：应付账款　801 900

（3）3日，用银行存款购进科研专用材料验收入库：

借：库存物品　50 000

　应交增值税——应交税金——进项税额　6 500

　贷：银行存款　56 500

借：事业支出　56 500

　贷：资金结存——货币资金　56 500

（4）4日，因质量原因，经协商设备费调减20%：

借：银行存款　−113 000

　贷：事业收入　−100 000

　　应交增值税——应交税金——销项税额　−13 000

借：资金结存——货币资金　−113 000

贷:事业预算收入 -113 000

(5)5日,上月为开展单位专业业务活动支付信息服务费,经与服务机构沟通同意折让:

借:业务活动费用 600

贷:应交增值税——应交税金——进项税额转出 600

(6)6日,提供技术咨询服务实现收入:

借:应收账款 1 060 000

贷:事业收入 1 000 000

应交增值税——应交税金——销项税额 60 000

(7)7日,收到某事业单位以前月份拖欠的设备款:

延期付款利息为科研设备销售业务的价外费用,增值税销项税额为:30 000÷(1+13%)×13%=3451.33(元)。

借:银行存款 3 420 000

贷:事业收入 26 548.67

应交增值税——应交税金——销项税额 3 451.33

应收账款 3 390 000

借:资金结存——货币资金 3 420 000

贷:事业预算收入 3 420 000

(8)8日,支付业务活动的影视费:

借:业务活动费用 30 000

应交增值税——应交税金——进项税额 1 800

贷:银行存款 31 800

借:事业支出 31 800

贷:资金结存——货币资金 31 800

(9)9日,销售商品:

借:应收账款 1 808 000

贷:事业收入 1 600 000

应交增值税——应交税金(销项税额) 208 000

(10)10日,支付小规模纳税人提供的设备修理费:

借:业务活动费用 10 000

应交增值税——应交税金(进项税额) 300

贷:银行存款 10 300

借:事业支出 10 300

贷:资金结存——货币资金 10 300

(11)11日,支付银行托收收费:

借:单位管理费用 20 000

应交增值税——应交税金(进项税额) 600

贷:银行存款 20 600

借:事业支出 20 600

贷:资金结存——货币资金 20 600

(12)12日,签订设备经营性租赁合同,当月开具收据收取设备租赁预收款22 600元。

借:银行存款 22 600

贷:预收账款 20 000

应交增值税——应交税金(销项税额) 2 600

借:资金结存——货币资金 22 600

贷:事业预算收入 22 600

(13)13日,进口科研设备一台用于新建不动产:

固定资产的入账成本=2 000 000+200 000−260 000+200 000−200 000÷(1+9%)×9%=2 123 486.24元。该设备的进项税额中的60%于当期抵扣,剩余40%于取得扣税凭证的当月起第13个月抵扣。

借:固定资产 2 123 486.24

应交增值税——应交税金——进项税额 16 513.76

——应交税金——进项税额 156 000

——待抵扣进项税额 104 000

贷:银行存款 2 400 000

借:事业支出 2 400 000

贷:资金结存——货币资金 2 400 000

(14)20日,向主管税务机关查询海关进口增值税专用缴款书稽核比对结果信息:

①科研用设备的海关进口增值税专用缴款书(尚未抵扣的进项税额抵扣时):

借:应交增值税——应交税金——进项税额 16 250

贷:应交增值税——待认证进项税额 16 250

②科研用物资的海关进口增值税专用缴款书(经认证为不可抵扣进项税时):

借:应交增值税——应交税金(进项税额) 8 125

贷:应交增值税——待认证进项税额 8 125

借:库存物品 8 125

贷:应交增值税——应交税金(进项税额转出) 8 125

(15)21日,支付境外某公司管理软件服务费74 200元,于当月代扣的增值税已向主管税务机关缴纳:

①支付软件费用,并代扣增值税时:

借:业务活动费用(或单位管理费用) 70 000

应交增值税——应交税金(进项税额) 4 200

贷:银行存款 70 000

应交增值税——代扣代交增值税 4 200

借:事业支出 70 000

贷:资金结存——货币资金 70 000

②实际缴纳代扣增值税(取得税收缴款凭证):

借:应交增值税——代扣代交增值税 4 200

贷:银行存款 4 200

借:事业支出 4 200

贷:资金结存——货币资金 4 200

(16)22日,收到应付铁路运输企业的运输费用和铁路接触网服务等物流辅助服务费用增值税专用发票:

借:业务活动费用 70 000

应交增值税——应交税金(进项税额) 6 000

贷:应付账款 76 000

(17)23日,进项税额已抵扣货物(适用税率为13%),科研设备安装领用物品6 000元,职工福利部门领用物品30 000元。

已抵扣进项税额的购进货物,用于职工福利,应作进项税额的扣减,无法确定该进项税额的，按照当期实际成本计算应扣减的进项税额，扣减的进项税额为：30 000×13%＝3 900 元。

借：在建工程（或固定资产） 6 000

应付职工薪酬——应付职工福利费 33 900

贷：库存物品 36 000

应交增值税——应交税金——进项税额转出 3 900

（18）24 日，科研用物资（适用税率为 13%）因管理不善而造成被盗：

购进货物造成非正常损失，进项税额不允许抵扣，应作进项税额的扣减，无法确定该进项税额的，按照当期实际成本计算应扣减的进项税额，扣减的进项税额为：20 000×13%＝2 600 元。

借：待处理财产损溢——待处理财产价值 22 600

贷：库存物品 20 000

应交增值税——应交税金——进项税额转出 2 600

（19）25 日，支付增值税税控系统技术维护费用：

增值税税控系统技术维护费用可以全额抵减应纳增值税额，但其进项税额不能抵扣。

支付税控系统技术维护费用时：

借：单位管理费用 1 000

贷：银行存款 1 000

借：事业支出 1 000

贷：资金结存——货币资金 1 000

申报抵减应纳增值税时：

借：应交增值税——应交税费——减免税款 1 000

贷：单位管理费用 1 000

（20）月末根据研究院发生的业务，可以计算当期应纳增值税：

当期销项税额＝52 000−13 000+60 000+3 451.33+208 000+2 600＝313 051.33（元）

当期进项税额＝91 900+ 6 500+1 800+300+600+16 513.76+156 000+16 250+8 125+6 000+4 200＝308 188.76（元）

当期进项税额转出＝600+8 125+3 900+2 600＝15 225（元）

减免税款＝1 000（元）

待抵扣进项税额＝104 000（元）

待认证进项税额＝16 250+8 125＝2 4375（元）

代扣代缴增值税＝4 200-4 200＝0（元）

当期应纳增值税额（假设上期留抵税额为0）＝313 051.33-（308 188.76-15225）-1 000＝19 087.57（元）

其中，月末“应交增值税——应交税金——转出未交增值税”明细账余额19 087.57元，应转入“应交增值税——未交税金”。

借：应交增值税——应交税金——转出未交增值税　　19 087.57

　　贷：应交增值税——未交税金　　19 087.57

二、其他应交税费

1.确认

对于其他应交税费，政府单位应当在发生应税事项导致承担纳税义务时，按照税法等规定计算的应交税费金额予以确认。

2.科目设置

为了核算政府单位按照税法等规定计算应交纳的除增值税以外的各种税费，包括城市维护建设税、教育费附加、地方教育费附加、车船税、房产税、城镇土地使用税和企业所得税等，政府单位需要设置“其他应交税费”科目。“其他应交税费”是财务会计负债类科目，贷方登记按照税法等规定计算应交纳的除增值税以外的各种税费的增加数，借方登记其减少数，期末如为贷方余额，反映政府单位应交未交的除增值税以外的税费金额；期末如为借方余额，反映政府单位多交纳的除增值税以外的税费金额。“其他应交税费”科目应当按照应交纳的税费种类进行明细核算。

政府单位代扣代缴的个人所得税，也通过“其他应交税费”科目核算。政府单位应交纳的印花税不需要预提应交税费，直接通过“业务活动费用”“单位管理费用”“经营费用”等科目核算，不通过“其他应交税费”科目核算。

3.账务处理

（1）发生城市维护建设税、教育费附加、地方教育费附加、车船税、房产税、城镇土地使用税等纳税义务的，按照税法规定计算的应缴税费金额，借记“业务活动费用”“单位管理费用”“经营费用”等科目，贷记“其他应交税费”科目（应交城市维护建设税、应交教育费附加、应交地方教育费附加、应交车船税、应交房产税、应交城镇土地使用税等)。

实际交纳时,借记“其他应交税费”科目(应交城市维护建设税、应交教育费附加、应交地方教育费附加、应交车船税、应交房产税、应交城镇土地使用税),贷记“银行存款”科目。同时,借记“事业支出”“经营支出”等科目,贷记“资金结存”科目。

(2)按照税法规定计算应代扣代缴职工(含长期聘用人员)的个人所得税,借记“应付职工薪酬”科目,贷记“其他应交税费——应交个人所得税”科目。

按照税法规定计算应代扣代缴支付给职工(含长期聘用人员)以外人员劳务费的个人所得税,借记“业务活动费用”“单位管理费用”等科目,贷记“其他应交税费——应交个人所得税”科目。

实际交纳时,借记“其他应交税费——应交个人所得税”科目,贷记“财政拨款收入”“零余额账户用款额度”“银行存款”等科目。同时,借记“行政支出”“事业支出”“经营支出”等科目,贷记“财政拨款预算收入”“资金结存”等科目。

(3)发生企业所得税纳税义务的,按照税法规定计算的应交所得税额,借记“所得税费用”科目,贷记“其他应交税费——单位应交所得税”科目。

实际交纳时,借记“其他应交税费——单位应交所得税”科目,贷记“银行存款”科目。同时,借记“行政支出”“事业支出”“经营支出”等科目,贷记“非财政拨款结余”科目。

【例8-17】某行政单位2×21年6月为职工代扣代缴5月个人所得税55 000元,并且以财政直接支付方式给税务部门。10月计算本年应当缴纳的车船使用税,共20 000元,并且以银行转账方式支付给相关部门。

账务处理如下:

1. 代扣代缴个人所得税

(1)代扣个人所得税:

	借方	贷方
借:应付职工薪酬	55 000	
贷:其他应交税费——应交个人所得税		55 000

(2)实际缴纳税金时:

	借方	贷方
借:其他应交税费——应交个人所得税	55 000	
贷:财政拨款收入		55 000

借：行政支出 55 000

贷：财政拨款预算收入 55 000

2. 计算缴纳车船使用税

(1)计提税金时：

借：其他费用 20 000

贷：其他应交税费——应交车船税 20 000

(2)缴纳税金时：

借：其他应交税费——应交车船税 20 000

贷：银行存款 20 000

借：其他支出 20 000

贷：资金结存——货币资金 20 000

【例 8-18】某事业单位属于增值税一般纳税人，2×21 年 2 月因开展专业业务活动产生并上交增值税 100 000 元，2 月末计提增值税附加税：城市维护建设税、教育费附加、地方教育费附加，假设城市维护建设税 7%、教育费附加 3%、地方教育费附加 2%，3 月 10 日上交应交税费。4 月计提经营用房的房产税 50 000 元，以银行转账方式支付。为职工代扣代缴 5 月个人所得税 55 000 元，6 月以财政直接支付方式支付给相关部门。12 月计算应缴纳所得税 50 000 元，2×22 年 1 月汇算清缴 50 000 元并以银行存款支付。

账务处理如下：

(1)2 月计提其他应交税费：

借：业务活动费用——城市维护建设税 7 000

——教育费附加 3 000

——地方教育费附加 2 000

贷：其他应交税费——应交城市维护建设税 7 000

——应交教育费附加 3 000

——应交地方教育费附加 2 000

(2)3 月缴纳增值税附加税：

借：其他应交税费——应交城市维护建设税 7 000

——应交教育费附加 3 000

——应交地方教育费附加 2 000

贷:银行存款 12 000

借:事业支出——城市维护建设税 7 000

——教育费附加 3 000

——地方教育费附加 2 000

贷:资金结存——货币资金 12 000

(3)4月计提房产税:

借:经营费用 50 000

贷:其他应交税费——应交房产税 50 000

(4)4月缴纳房产税时:

借:其他应交税费——应交房产税 50 000

贷:银行存款 50 000

借:经营支出 50 000

贷:资金结存——货币资金 50 000

(5)5月,代扣个人所得税时:

借:应付职工薪酬 55 000

贷:其他应交税费——个人所得税 55 000

(6)6月,缴纳税金时:

借:其他应交税费——个人所得税 55 000

贷:财政拨款收入 55 000

借:事业支出 55 000

贷:财政拨款预算收入 55 000

(7)2×21年12月计算应缴纳所得税:

借:单位管理费用 50 000

贷:其他应交税费——单位应交所得税 50 000

(8)2022年1月实际缴纳所得税:

借:其他应交税费——单位应交所得税 50 000

贷:银行存款 50 000

借:事业支出 50 000

贷:资金结存 50 000

第五节　暂收性负债

暂收性负债是指政府单位暂时收取，随后应做上缴、退回、转拨等处理的款项。暂收性负债主要包括应缴财政款和其他暂收款项。

一、应缴财政款

1. 概念

应缴财政款是指政府单位暂时收取、按规定应当上缴国库或财政专户的款项而形成的负债。

应缴国库款是指政府单位在业务活动中按规定取得的应缴国库的各种款项，包括：代收的纳入预算管理的基金、代收的行政性收费收入、罚没收入、无主财物变价收入以及其他按预算管理规定应上缴国库(不包括应缴税费)的款项等。

应缴财政专户是指行政事业单位按规定代收的应上缴财政专户的预算外资金。

2. 确认

对于应缴财政款，政府单位通常应当在实际收到相关款项时，按照相关规定计算确定的上缴金额予以确认。在上缴应缴财政款时，应当冲减相关负债的账面余额。

3. 科目设置

为了核算政府单位取得或应收的按照规定应当上缴财政的款项，包括应缴国库的款项和应缴财政专户的款项，政府单位应当设置“应缴财政款”科目。“应缴财政款”是财务会计负债类科目，贷方登记单位取得或应收的按照规定应当上缴财政的款项的增加数，借方登记其减少数，期末贷方余额，反映政府单位应当上缴财政但尚未缴纳的款项。年终清缴后，“应缴财政款”科目一般应无余额。“应缴财政款”科目应当按照应缴财政款项的类别进行明细核算。

政府单位按照国家税法等有关规定应当缴纳的各种税费，通过“应交增值税”“其他应交税费”科目核算，不通过“应缴财政款”科目核算。

4. 账务处理

(1)政府单位取得或应收按照规定应缴财政的款项时，借记“银行存款”“应收账款”等科目，贷记“应缴财政款”科目。

(2)政府单位处置资产取得的应上缴财政的处置净收入的账务处理,参见"待处理财产损溢"科目。

(3)政府单位上缴应缴财政的款项时,按照实际上缴的金额,借记"应缴财政款"科目,贷记"银行存款"科目。

【例8-19】2×21年3月1日,某行政单位收到本部门负责收取的行政事业性收费50 000元(实行集中汇缴方式),银行账户已收到款项。月底上缴。

账务处理如下:

(1)收到款项时:

借:银行存款 50 000

贷:应缴财政款 50 000

(2)上缴款项时:

借:应缴财政款 50 000

贷:银行存款 50 000

【例8-20】A事业单位用一批油料与B行政单位交换,换入一批甲材料;经商定,油料及甲材料的运费由换出单位承担,B行政单位向A事业单位支付10 000元的交换差价(补价);该批油料的账面成本及市场现价均为100 000元,运费为2 000元,甲材料的账面成本为70 000元,市场估价为90 000元,运费为1 000元;A、B单位的交换完成后,都将已收到的物品入库,A、B单位已经用银行转账支票支付了全部运费,B单位已经通过单位零余额账户向A单位银行存款账户支付了全部补价。

账务处理如下:

1.A单位

换入材料入账成本=100 000+2 000-10 000=92 000(元)

借:库存物品——甲材料 92 000

银行存款 10 000

资产处置费用 8 000

贷:库存物品——油料 100 000

银行存款 2 000

应缴财政款 8 000

2.B 单位

换入油料入账成本＝90 000+1 000+10 000＝101 000（元）

借：库存物品——油料　101 000

　贷：库存物品——甲材料　70 000

　　银行存款　1 000

　　零余额账户用款额度　10 000

　　其他收入　20 000

借：其他支出　11 000

　贷：资金结存——货币资金　1 000

　　　　——零余额账户用款额度　10 000

【例 8-21】某事业单位经有关部门批准有偿转让不再使用的专用设备一台，该设备原值为 1 200 000 元，已经计提折旧 400 000 元；按照评估价格出售，获得出售价款 900 000 元；支付有关拆卸费、运输费 5 000 元；按照出售收入应当交纳有关税费，其中增值税税率 6%，城市维护建设税税率 7%，教育费附加 3%，地方教育费附加 2%。根据国家有关规定，出售该设备的净收入需要上缴国库。

账务处理如下：

（1）注销设备账面余额：

借：资产处置费用　800 000

　固定资产累计折旧　400 000

　贷：固定资产　1 200 000

（2）收到出售收入（转让固定资产收到的价款 900 000 元）：

借：银行存款　900 000

　贷：应缴财政款　900 000

（3）计算相关税金和支付拆卸费用等：

应交增值税=900 000×6%=54 000（元）

城市维护建设税=54 000×7%=3 780（元）

教育费附加=54 000×3%=1 620（元）

地方教育费附加=54 000×2%=1 080（元）

发生的相关税费用＝54 000+3 780+1 620+1 080+5 000＝65 480（元）

借：应缴财政款　　65 480

　贷：银行存款　　5 000

　　应交增值税　　54 000

　　应交其他税费——应交城市维护建设税　　3 780

　　　——应交教育费附加　　1 620

　　　——应交地方教育费附加　　1 080

（4）将出售设备净收入上缴国库：

出售设备净收入＝900 000-65 480＝839 520（元）

借：应缴财政款　　839 520

　贷：银行存款　　839 520

二、应付政府补贴款

1. 科目设置

为了核算行政单位按照规定应当支付给政府补贴接受者的各种政府补贴款，行政单位需要设置“应付政府补贴款”科目。“应付政府补贴款”是财务会计负债类科目，贷方登记行政单位按照规定应当支付给政府补贴接受者的各种政府补贴款的增加数，借方登记其减少数，期末贷方余额，反映行政单位应付未付的政府补贴金额。

“应付政府补贴款”科目应当按照应支付的政府补贴种类进行明细核算。行政单位还应当根据需要按照补贴接受者进行明细核算，或者建立备查簿对补贴接受者予以登记。

2. 账务处理

（1）发生应付政府补贴时，按照规定计算确定的应付政府补贴金额，借记“业务活动费用”科目，贷记“应付政府补贴款”科目。

（2）支付应付政府补贴款时，按照支付金额，借记“应付政府补贴款”科目，贷记“零余额账户用款额度”“银行存款”等科目。同时，借记“行政支出”科目，贷记“资金结存”科目。

【例 8-22】某行政单位 2×21 年 12 月应发放各类政府补贴款 300 000 元，其中，困难家庭补助为 200 000 元，失独家庭补贴为 50 000 元，高龄老人补贴为 50 000 元。12 月

31日通过该单位零余额账户全部发放到位。

账务处理如下：

(1)计提：

借：业务活动费用　300 000

　贷：应付政府补贴款——困难家庭补助　200 000

　　　　　　　　　——失独家庭补助　50 000

　　　　　　　　　——高龄老人补贴　50 000

(2)发放：

借：应付政府补贴款——困难家庭补助　200 000

　　　　　　　　——失独家庭补助　50 000

　　　　　　　　——高龄老人补贴　50 000

　贷：零余额用款额度　300 000

借：行政支出　300 000

　贷：资金结存——零余额账户用款额度　300 000

三、受托代理负债

1.科目设置

为了核算政府单位接受委托取得受托代理资产时形成的负债，政府单位应该设置“受托代理负债”科目。“受托代理负债”是财务会计负债类科目，贷方登记接受委托取得受托代理资产时形成的负债的增加数，借方登记其减少数，期末贷方余额，反映单位尚未交付或发出受托代理资产形成的受托代理负债金额。

2.账务处理

(1)受托转赠物资。

①接受委托人委托需要转赠给受赠人的物资，其成本按照有关凭据注明的金额确定。接受委托转赠的物资验收入库，按照确定的成本，借记“受托代理资产”科目，贷记“受托代理负债”科目。

受托协议约定由受托方承担相关税费、运输费等的，还应当按照实际支付的相关税费、运输费等金额，借记“其他费用”科目，贷记“银行存款”科目。同时，按照实际支付的相关税费、运输费等，借记“其他支出”科目，贷记“财政拨款预算收入”“资金结存”等科目。

②将受托转赠物资交付受赠人时，按照转赠物资的成本，借记“受托代理负债”科目，贷记“受托代理资产”科目。

③转赠物资的委托人取消了对捐赠物资的转赠要求，且不再收回捐赠物资的，应当将转赠物资转为单位的存货、固定资产等。按照转赠物资的成本，借记“受托代理负债”科目，贷记“受托代理资产”科目；同时，借记“库存物品”“固定资产”等科目，贷记“其他收入”科目。

(2)受托存储保管物资。

①接受委托人委托存储保管的物资，其成本按照有关凭据注明的金额确定。接受委托储存的物资验收入库，按照确定的成本，借记“受托代理资产”科目，贷记“受托代理负债”科目。

②发生由受托单位承担的与受托存储保管的物资相关的运输费、保管费等费用时，按照实际发生的费用金额，借记“其他费用”科目，贷记“银行存款”科目。同时，按照实际支付的相关税费、运输费等，借记“其他支出”科目，贷记“财政拨款预算收入”“资金结存”等科目。

③根据委托人要求交付或发出受托存储保管的物资时，按照发出物资的成本，借记“受托代理负债”科目，贷记“受托代理资产”科目。

(3)罚没物资。

①取得罚没物资时，其成本按照有关凭据注明的金额确定。罚没物资验收入库，按照确定的成本，借记“受托代理资产”科目，贷记“受托代理负债”科目。罚没物资成本无法可靠确定的，政府单位应当设置备查簿进行登记。

②按照规定处置或移交罚没物资时，按照罚没物资的成本，借记“受托代理负债”科目，贷记“受托代理资产”科目。处置时取得款项的，按照实际取得的款项金额，借记“银行存款”科目，贷记“应缴财政款”科目。

【例 8-23】某行政单位收到代管的某民间非营利组织资金 150 000 元。该行政单位开出支票，转账支付该组织承担的支出 20 000 元。

账务处理如下：

(1)收到代管的某民间非营利组织资金时：

借：银行存款——受托代理资产　　150 000

　　贷：受托代理负债　　150 000

(2)转账支付该组织承担的支出：

借：受托代理负债　　20 000

　　贷：银行存款——受托代理资产　　20 000

【例 8-24】某民政局收到某民营企业家捐赠的资金 1 000 000 元和价值 2 000 000 元的医疗设备，该企业家指定捐赠给受灾地区的某卫生院；民政局将转赠的资金和医疗设备交付该卫生院。

账务处理如下：

(1)收到指定捐赠的资金和设备：

借：银行存款——受托代理资产　　1 000 000

　　受托代理资产——转赠物资　　2 000 000

　　贷：受托代理负债——某卫生院　　3 000 000

(2)转赠资金和设备：

借：受托代理负债——某卫生院　　3 000 000

　　贷：银行存款——受托代理资产　　1 000 000

　　　　受托代理资产——转赠物资　　2 000 000

四、其他暂收款项

1. 概念

其他暂收款项是指除应缴财政款以外的其他暂收性负债，包括政府单位暂时收取，随后应退还给其他方的押金或保证金、随后应转付给其他方的转拨款等款项。

2. 确认

对于其他暂收款项，政府单位应当在实际收到相关款项时，按照实际收到的金额予以确认。在退还、转付其他暂收款项时，政府单位应当冲减相关负债的账面余额。

3. 科目设置

为了核算政府单位除应交增值税、其他应交税费、应缴财政款、应付职工薪酬、应付票据、应付账款、应付政府补贴款、应付利息、预收账款以外,其他各项偿还期限在1年内(含1年)的应付及暂收款项,如收取的押金、存入保证金、已经报销但尚未偿还银行的本单位公务卡欠款等,政府单位应该设置“其他应付款”科目。“其他应付款”是财务会计负债类科目,贷方登记其他各项偿还期限在1年内(含1年)的应付及暂收款项的增加数,借方登记其减少数,期末贷方余额,反映政府单位尚未支付的其他应付款金额。“其他应付款”科目应当按照其他应付款的类别以及债权人等进行明细核算。

同级政府财政部门预拨的下期预算款和没有纳入预算的暂付款项,以及采用实拨资金方式通过本单位转拨给下属单位的财政拨款,也通过本科目核算。

4.账务处理

(1)发生其他应付及暂收款项时,借记“银行存款”科目,贷记“其他应付款”科目。

支付(或退回)其他应付及暂收款项时,借记“其他应付款”科目,贷记“银行存款”科目。

将暂收款项转为收入时,借记“其他应付款”科目,贷记“事业收入”科目。同时,借记“资金结存”科目,贷记“事业预算收入”科目。

(2)收到同级政府财政部门预拨的下期预算款和没有纳入预算的暂付款项,按照实际收到的金额,借记“银行存款”科目,贷记“其他应付款”科目。

待到下一预算期或批准纳入预算时,借记“其他应付款”科目,贷记“财政拨款收入”科目。同时,借记“资金结存”科目,贷记“财政拨款预算收入”科目。

采用实拨资金方式通过本单位转拨给下属单位的财政拨款,按照实际收到的金额,借记“银行存款”科目,贷记“其他应付款”科目;向下属单位转拨财政拨款时,按照转拨的金额,借记“其他应付款”科目,贷记“银行存款”科目。

(3)本单位公务卡持卡人报销时,按照审核报销的金额,借记“业务活动费用”“单位管理费用”等科目,贷记“其他应付款”科目。

偿还公务卡欠款时,借记“其他应付款”科目,贷记“零余额账户用款额度”科目。同时,借记“行政支出”“事业支出”等科目,贷记“资金结存”科目

(4)涉及质保金形成其他应付款的,相关账务处理参见“固定资产”科目。

(5)无法偿付或债权人豁免偿还的其他应付款项,应当按照规定报经批准后进行账务处理。经批准核销时,借记“其他应付款”科目,贷记“其他收入”科目。核销的

其他应付款应在备查簿中保留登记。

【例 8-25】2×21 年 3 月 1 日，某行政单位开展业务活动收取申请者押金 100 000 元，收到供应商保证金 200 000 元，银行账户已收到款项。5 月 1 日活动结束后退回申请者押金 90 000 元，退回供应商保证金 200 000 元，银行账户已经支付款项。活动结束后由于一直联系不到申请者，押金 10 000 元无法退回，年底经批准转为收入。

账务处理如下：

(1)3 月 1 日收取押金、保证金：

借：银行存款　　300 000

　　贷：其他应付款——押金　　100 000

　　　　　　　　——保证金　　200 000

(2)5 月 1 日退回押金、保证金：

借：其他应付款——押金　　90 000

　　　　　　　——保证金　　200 000

　　贷：银行存款　　290 000

(3)年底经批准转为收入：

借：其他应付款　　10 000

　　贷：其他收入　　10 000

借：资金结存——货币资金　　10 000

　　贷：其他预算收入　　10 000

【例 8-26】某行政单位 2×21 年 12 月收到财政拨款资金 1 700 000 元，其中列入本年基本支出预算，用于发放 12 月职工工资的财政拨款为 1 500 000 元；列入下年项目支出的房屋日常维修预算款为 200 000 元。该行政单位收到本月财政拨款后用于发放 12 月职工工资。

账务处理如下：

(1)收到财政拨款时：

借：银行存款　　1 700 000

　　贷：财政拨款收入　　1 500 000

　　　　其他应付款　　200 000

借：资金结存——货币资金　1 500 000

　贷：财政拨款预算收入　1 500 000

（2）支付12月工资时：

借：业务活动费用　1 500 000

　贷：银行存款　1 500 000

借：行政支出　1 500 000

　贷：资金结存——货币资金　1 500 000

（3）下年1月将该房屋维修拨款列入预算收入：

借：其他应付款　200 000

　贷：财政拨款收入　200 000

借：资金结存——货币资金　200 000

　贷：财政拨款预算收入　200 000

【例8-27】某行政单位职工于2×21年5月4日用公务卡刷卡购买电脑配件8 000元，从基本支出中报销，财务人员进行还款支付。

账务处理如下：

（1）报销时：

借：业务活动费用　8 000

　贷：其他应付款——待清算公务卡报销额度　8 000

（2）还款时：

借：其他应付款——待清算公务卡报销额度　8 000

　贷：零余额账户用款额度　8 000

借：行政支出——基本支出——商品和服务支出　8 000

　贷：资金结存——零余额账户用款额度　8 000

【例8-28】某事业单位2×21年年底清理其他应付款，经多方努力始终无法联系到供应商丁公司，无法偿付20 000元材料款，经批准核销处理。

账务处理如下：

借：其他应付款——丁公司　20 000

　贷：其他收入　20 000

第六节 预计负债

一、概述

1. 定义

政府单位应当将与或有事项相关且满足有关规定条件的现时义务确认为预计负债。

或有事项，是指由过去的经济业务或者事项形成的，其结果须由某些未来事项的发生或不发生才能决定的不确定事项。未来事项是否发生不在政府单位控制范围内。政府单位常见的或有事项主要包括：未决诉讼或未决仲裁、对外国政府或国际经济组织的贷款担保、承诺（补贴、代偿）、自然灾害或公共事件的救助等。

2. 计量

预计负债应当按照履行相关现时义务所需支出的最佳估计数进行初始计量。所需支出存在一个连续范围，且该范围内各种结果发生的可能性相同的，最佳估计数应当按照该范围内的中间值确定。在其他情形下，最佳估计数应当分别按照下列情况确定：

（1）或有事项涉及单个项目的，按照最可能发生金额确定。

（2）或有事项涉及多个项目的，按照各种可能结果及相关概率计算确定。

政府单位在确定最佳估计数时，一般应当综合考虑与或有事项有关的风险、不确定性等因素。

3. 确认

政府单位清偿预计负债所需支出全部或部分由第三方补偿的，补偿金额只有在基本确定能够收到时才能作为资产单独确认。确认的补偿金额不应当超过预计负债的账面余额。

政府单位应当在报告日对预计负债的账面余额进行复核。有确凿证据表明该账面余额不能真实反映当前最佳估计数的，应当按照当前最佳估计数对该账面余额进行调整。履行该预计负债的相关义务不是很可能导致经济资源流出政府单位时，应当将该预计负债的账面余额予以转销。

政府单位不应当将下列与或有事项相关的义务确认为负债，但应当按照规定对该类义务进行披露：

（1）过去的经济业务或者事项形成的潜在义务，其存在须通过未来不确定事项的发生或不发生予以证实，未来事项是否能发生不在政府单位控制范围内。潜在义务是指结果取决于不确定未来事项的可能义务。

（2）过去的经济业务或者事项形成的现时义务，履行该义务不是很可能导致经济资源流出政府单位或者该义务的金额不能可靠计量。

二、会计核算

1.科目设置

为了核算政府单位对因或有事项所产生的现时义务而确认的负债，如对未决诉讼等确认的负债，政府单位应该设置"预计负债"科目。"预计负债"是财务会计负债类科目，贷方登记因或有事项所产生的现时义务而确认的负债的增加数，借方登记其减少数。期末贷方余额，反映政府单位已确认但尚未支付的预计负债金额。"预计负债"科目应当按照预计负债的项目进行明细核算。

2.账务处理

（1）确认预计负债时，按照预计的金额，借记"业务活动费用""经营费用""其他费用"等科目，贷记"预计负债"科目。

（2）实际偿付预计负债时，按照偿付的金额，借记"预计负债"科目，贷记"银行存款""零余额账户用款额度"等科目。同时，借记"事业支出""经营支出""其他支出"等科目，贷记"资金结存"科目。

（3）根据确凿证据需要对已确认的预计负债账面余额进行调整的，按照调整增加的金额，借记有关科目，贷记"预计负债"科目；按照调整减少的金额，借记"预计负债"科目，贷记有关科目。

【例8-29】某事业单位因经营合同违约而涉及一桩诉讼案。根据该单位的法律顾问判断，最终的判决结果很可能对单位不利。2×21年12月31日，该单位尚未接到法院的判决，因诉讼需承担的赔偿金额无法准确地确定。不过，据专业人士估计，赔偿金额可能为1 000 000元至1 200 000元之间的某一金额（且各金额发生的可能性相同),据此确定预计负债金额为(1 000 000+1 200 000)÷2＝1 100 000(元)。次年,该单位收到法院的判决,须承担的赔偿金额1 000 000元,单位用银行存款偿付赔偿金。

账务处理如下:

(1)2×21年12月31日确认预计负债:

借:经营费用　　1 100 000

　　贷:预计负债　　1 100 000

(2)单位用银行存款偿付赔偿金:

借:预计负债　　1 100 000

　　贷:银行存款　　1 000 000

　　　　以前年度盈余调整　　100 000

借:经营支出　　1 000 000

　　贷:资金结存——货币资金　　1 000 000

第七节　披　露

政府单位应当在附注中披露与举借债务、应付及预收款项、暂收性负债和预计负债有关的下列信息:

(1)各类负债的债权人、偿还期限、期初余额和期末余额。

(2)逾期借款或者违约政府债券的债权人、借款(债券)金额、逾期时间、利率、逾期未偿还(违约)原因和预计还款时间等。

(3)借款的担保方、担保方式、抵押物等。

(4)预计负债的形成原因以及经济资源可能流出的时间、经济资源流出的时间和金额不确定的说明,预计负债有关的预期补偿金额和本期已确认的补偿金额。

(5)或有事项相关义务的下列信息:

①或有事项相关义务的种类及其形成原因。

②经济资源流出时间和金额不确定的说明。

③或有事项相关义务预计产生的财务影响,以及获得补偿的可能性。无法预计的,应当说明原因。

思考与练习题

一、名词解释

1.或有事项

2.举借债务

3.应付及预收款项

4.应付职工薪酬

5.应缴财政款

二、填空题

1.银行承兑汇票到期,政府单位无力支付票款的,按照应付票据的账面余额,借记“应付票据”科目,贷记(　　)科目。同时,借记“经营支出”科目,贷记(　　)科目。

2.应付及预收款项,是指政府单位在运营活动中形成的应当支付而尚未支付的款项及预先收到但尚未实现收入的款项,包括应付职工薪酬、应付账款、预收款项、应交税费、(　　)和(　　)等。

3.政府单位职工薪酬包括工资、津贴补贴、奖金、(　　)等。

4.按照税法规定代扣职工个人所得税时,借记“应付职工薪酬——基本工资”科目,贷记(　　)科目。

5.商业承兑汇票到期,单位无力支付票款的,按照应付票据账面余额,借记“应付票据”科目,贷记(　　)科目。

6.事业单位按规定从科研项目收入中提取的项目间接费用或管理费,通过(　　)科目核算。

7.事业单位计提的借款利息费用,通过“应付利息”“长期借款”科目核算,不通过(　　)科目核算。

8.属于增值税小规模纳税人的政府单位只需在“应交增值税”科目下设置(　　)(　　)明细科目。

9.政府单位代扣代缴的个人所得税,通过(　　)科目核算。

10.政府单位应交纳的印花税不需要预提应交税费,直接通过“业务活动费用”“单位管理费用”“经营费用”等科目核算,不通过(　　)科目核算。

11. 政府单位按照国家税法等有关规定应当缴纳的各种税费，通过“应交增值税”“其他应交税费”科目核算，不通过(　　)科目核算。

12. 政府单位公务卡持卡人报销时，按照审核报销的金额，借记“业务活动费用”“单位管理费用”等科目，贷记(　　)科目。

三、选择题

1. 政府单位流动负债是指预计在1年内(含1年)偿还的负债，包括(　　)等。

A. 短期借款　　B. 应付短期政府债券

C. 应付及预收款项　　D. 应缴款项

2. 政府单位非流动负债是指流动负债以外的负债，包括(　　)等。

A. 长期借款　　B. 长期应付款

C. 应付长期政府债券　　D. 应付及预收款项

3. 政府单位常见的或有事项主要包括(　　)等。

A. 未决诉讼或未决仲裁

B. 对外国政府贷款担保、承诺(补贴、代偿)

C. 对国际经济组织的贷款担保、承诺(补贴、代偿)

D. 自然灾害或公共事件的救助

4. 政府举借的债务包括(　　)等。

A. 政府发行的政府债券

B. 向外国政府借入的款项

C. 向上级政府借入转贷资金形成的借入转贷款

D. 向国际经济组织借入的款项

5. 属于增值税一般纳税人的政府单位，应当在“应交增值税”科目下设置“应交税金”“未交税金”“预交税金”(　　)“转让金融商品应交增值税”“代扣代交增值税”等明细科目。

A.“待抵扣进项税额”　　B.“待认证进项税额”

C.“待转销项税额”　　D.“简易计税”

6. 应缴国库款是指事业单位在业务活动中按规定取得的应缴国库的各种款项，包括(　　)以及其他按预算管理规定应上缴国库(不包括应缴税费)的款项等。

A. 代收的纳入预算管理的基金

B. 代收的行政性收费收入

C.罚没收入　　D.无主财物变价收入　　E.应缴税费

四、判断题

1.工程项目建设期间发生非正常中断且中断时间连续超过3个月(含3个月)的,政府单位应当将非正常中断期间的借款费用计入当期费用。如果中断是使工程项目达到交付使用所必需的程序,则中断期间所发生的借款费用仍应计入工程成本。 (　　)

2.政府单位应交纳的印花税需要预提应交税费,通过"其他应交税费"科目核算。 (　　)

3.同级政府财政部门预拨的下期预算款和没有纳入预算的暂付款项,以及采用实拨资金方式通过本单位转拨给下属单位的财政拨款,通过"其他应付款"科目核算。 (　　)

五、账务处理题

1.某高校属于增值税一般纳税人,2×21年12月发生与商品经营有关的经济业务如下:

(1)购入一批材料,增值税专用发票上注明的价款440 000元,增值税额为70 400元。货款以银行存款支付,材料已验收入库。

(2)以银行存款支付材料运输费用10 000元,增值税额为1000元。

(3)购买机器设备一批,增值税专用发票上注明的价款8 200 000元,增值税额为1 300 000元。价税款以银行存款支付,设备已交付安装。

(4)销售商品一批,增值税专用发票上注明的价款7 500 000元,增值税1 200 000元。商品已经发出,价款尚未收到。

(5)12月以银行存款预交增值税50 000元。

(6)月末,将本月预交增值税转入"应交增值税——未交税金"。

2.某研究所属于增值税小规模纳税人,2×21年12月发生与商品经营有关的经济业务如下:

(1)以银行存款上缴上月的增值税9 500元。

(2)购入一批材料,增值税普通发票上注明的价款为200 000元,增值税额为32 000元。货款以银行存款支付,材料已验收入库。

(3)以银行存款支付设备修理费10 000元,增值税额为1 600元。

(4)本月销售商品一批,增值税普通发票上注明的价款412 000元(含税价12 000

元)。商品已经发出,价款存入银行。

3.某高校已经纳入财政国库单一账户制度改革。2×21年12月发生如下职工薪酬业务:

(1)计算出12月应付职工薪酬4 350 000元,其中在职人员3 680 000元,向退休人员发放退休费670 000元。

(2)12月使用财政资金支付职工薪酬4 120 000元。

(3)12月代扣社会保险费368 000元,住房公积金720 000元,代扣个人所得税40 000元。

(4)该高校为职工承担的社会保险费512 000元,住房公积金720 000元。

(5)缴纳代扣代缴的个人所得税40 000元。

(6)缴纳12月代扣的和单位负担的社会保险费和住房公积金。

4.某大学发生与长期借款有关的业务如下:

(1)为建造教学楼于2×20年1月2日向银行借入20 000 000元,合同约定:该借款期限3年、利率8%、每年1月2日支付一次利息。该教学楼建设期1年。

(2)2×20年12月31日达到预定可使用状态。计提2020年借款利息。

(3)2×21年1月2日用银行存款支付长期借款利息。

5.某医院发生与长期应付款有关的业务如下:

(1)2×21年初以融资方式租入专用设备一套,双方协商租金8 000 000元,分四年付清。设备已投入使用。

(2)以零余额账户用款额度支付设备运杂费40 000元。

6.某税务局发生与预计负债有关的业务如下:

(1)2×20年因有关人员税务执法不当,导致纳税人发生经营损失。纳税人已经向法院起诉,案件尚未了结。根据律师估计将要赔偿580 000元。

(2)2×21年2月,经法院裁定,税务机关向受害人赔偿640 000元。对方不再上诉。

(3)2×21年3月,税务机关以银行存款支付赔偿金640 000元。

第九章　净资产与预算结余

净资产和预算结余都是政府会计要素。净资产是指政府单位资产扣除负债后的净额，是政府财务会计要素。预算结余是指政府单位预算年度内预算收入扣除预算支出后的资金金额加上历年滚存的资金金额，是政府预算会计要素。本章就探讨这两个会计要素的理论与实务。

第一节　概　述

一、净资产与预算结余定义

1.净资产

净资产是指政府单位资产扣除负债后的净额，其金额大小取决于资产和负债的计量，反映了国家和政府单位的资产所有权。

2.预算结余

预算结余是指政府单位预算年度内预算收入扣除预算支出后的资金金额加上历年滚存的资金金额。预算结余包括结余资金和结转资金。结余资金是指年度预算执行终了，预算收入实际完成数扣除预算支出和结转资金后剩余的资金。结转资金是指预算安排项目的支出年终尚未执行完毕或者因故未执行，且下年需要按原用途继续使用的资金。

二、净资产与预算结余分类

1.净资产分类

政府单位净资产主要包括本期盈余、累计盈余、本年盈余分配、无偿调拨净资产、以前年度盈余调整、专用基金、权益法调整等。其中专用基金、权益法调整属于政府事业单位特有净资产项目，其他均属于政府行政单位和事业单位共有的净资产项目。

2. 预算结余分类

政府单位预算结余主要包括财政拨款结转结余、非财政拨款结转结余、专用结余、经营结余。其中专用结余、经营结余属于事业单位特有的预算结余项目，并且事业单位的非财政拨款结转结余还要按照规定进行分配；其他预算结余均属于政府行政单位和事业单位共有的结转结余项目。

三、净资产与预算结余计量

1. 净资产计量

政府单位净资产金额取决于资产和负债的计量，资产和负债的差额即为净资产。

2. 预算结余计量

政府单位预算结余的计量分为两部分，一部分为预算年度内预算收入扣除预算支出后的差额，另一部分为历年滚存的资金金额。

四、科目设置

为了核算政府单位净资产与预算结余，政府单位需要设置相关会计科目。

1. 净资产科目

政府单位共有的科目有“本期盈余”“累计盈余”“本年盈余分配”“无偿调拨净资产”“以前年度盈余调整”等5个科目。政府事业单位专有的科目有“专用基金”“权益法调整”等2个科目。

2. 预算结余科目

政府单位共有的科目有“资金结存”“财政拨款结转”“财政拨款结余”“非财政拨款结转”“非财政拨款结余”“其他结余”等6个科目。政府事业单位专有的科目有“专用结余”“经营结余”“非财政拨款结余分配”等3个科目。

五、净资产科目与预算结余科目对应关系

虽然净资产科目和预算结余科目分属财务会计科目和预算会计科目,但对于纳入单位部门预算管理的现金收支业务,年末财务会计在进行收入和费用结转时,预算会计也要同步进行收入和支出结转,即平行记账。因此,净资产类科目和预算结余类科目之间形成了以下对应关系:

1.核算内容存在一对一关系的科目

财务会计"专用基金"科目与预算会计的"专用结余"存在对应关系。

2.核算内容存在一对多关系的科目

(1)财务会计"累计盈余"科目与预算会计的"财政拨款结转——累计结转""财政拨款结余——累计结余""非财政拨款结转——累计结转""非财政拨款结余——累计结余"等四个明细科目存在对应关系。

(2)财务会计"本期盈余"科目与预算会计的"经营结余""其他结余"科目和"财政拨款结转——本年收支结转""财政拨款结余——本年收支结转""非财政拨款结转——本年收支结转"等三个明细科目存在对应关系。

(3)财务会计"以前年度盈余调整"科目与预算会计"财政拨款结转——年初余额调整""财政拨款结余——年初余额调整""非财政拨款结转——年初余额调整""非财政拨款结余——年初余额调整"等四个明细科目存在对应关系。

(4)预算会计的预算结余类"资金结存"科目比较特殊,它不与财务会计的净资产科目对应,而是与财务会计的资产类"库存现金""银行存款""零余额账户用款额度""其他货币资金""财政应返还额度"存在对应关系。

3.核算内容存在不完全一致对应关系的科目

财务会计"本年盈余分配"科目与预算会计的"非财政拨款结余分配"和"财政拨款结转——本年收支结转""财政拨款结余——本年收支结转""非财政拨款结转——本年收支结转"等三个明细科目存在不完全一致对应关系。

4.核算内容存在无对应关系的科目

财务会计"权益法调整""无偿调拨净资产"等科目与预算会计无对应关系科目。即在进行这两个科目的财务会计核算时,无需进行预算会计核算。

具体对应关系见表9-1。

表9-1　净资产科目与预算结余科目之间对应关系表

对应关系	财务会计科目		预算会计科目		对应内容说明
	科目编码	科目名称	科目编码	科目名称	
一对一	3101	专用基金	8301	专用结余	预算会计中“专用结余”科目内容在财务会计中记入“专用基金”科目核算
一对多	3001	累计盈余	8101	财政拨款结转	预算会计的“财政拨款结转——年初余额调整”“财政拨款结余——年初余额调整”“非财政拨款结转——年初余额调整”“非财政拨款结余——年初余额调整”等四个明细科目均在财务会计“累计盈余”科目核算
			8102	财政拨款结余	
			8201	非财政拨款结转	
			8202	非财政拨款结余	
	3301	本期盈余	8101	财政拨款结转	预算会计的“经营结余”“其他结余”科目和“财政拨款结转——本年收支结转”“财政拨款结余——本年收支结转”“非财政拨款结转——本年收支结转”等三个明细科目的核算内容在财务会计中的“本期盈余”科目核算
			8102	财政拨款结余	
			8201	非财政拨款结转	
			8401	经营结余	
			8501	其他结余	
	3501	以前年度盈余调整	8101	财政拨款结转	财务会计“以前年度盈余调整”科目核算内容在预算会计的“财政拨款结转——年初余额调整”“财政拨款结余——年初余额调整”“非财政拨款结转——年初余额调整”“非财政拨款结余——年初余额调整”等四个明细科目中核算
			8102	财政拨款结余	
			8201	非财政拨款结转	
			8202	非财政拨款结余	
	1001	库存现金	8001	资金结存	预算会计的“资金结存”科目核算内容与财务会计“库存现金”“银行存款”“零余额账户用款额度”“其他货币资金”“财政应返还额度”相对应
	1002	银行存款			

续 表

对应关系	财务会计科目		预算会计科目		对应内容说明
	科目编码	科目名称	科目编码	科目名称	
	1011	零余额账户用款额度			
	1021	其他货币资金			
	1201	财政应返还额度			
不完全一致	3302	本年盈余分配	8701	非财政拨款结余分配	预算会计的“非财政拨款结余分配”的核算内容在财务会计“本年盈余分配”科目中核算，但“本年盈余分配”科目核算内容还包括预算会计的“财政拨款结转——本年收支结转”“财政拨款结余——本年收支结转”“非财政拨款结转——本年收支结转”等三个明细科目金额
无对应关系	3201	权益法调整			“权益法调整”“无偿调拨净资产”等财务会计科目与预算会计无对应科目。即在进行这两个科目的财务会计核算时，无需进行预算会计核算
	3401	无偿调拨净资产			

第二节 盈余及其分配、调整

一、盈余概述

盈余是政府单位收入减去费用后的余额,主要包括本期盈余和累计盈余。

本期盈余是指政府单位本期各项收入减去费用后的余额。如果用公式表示即为:本期盈余=本期收入-本期费用。

本期收入等于政府单位财政拨款收入、事业收入、上级补助收入、附属单位上缴收入、经营收入、非同级财政拨款收入、投资收益、捐赠收入、利息收入、租金收入和其他收入之和。

本期费用等于业务活动费用、单位管理费用、经营费用、资产处置费用、上缴上级费用、对附属单位补助费用、所得税费用和其他费用之和。

累计盈余是指政府单位历年实现的盈余扣除盈余分配后滚存的金额,以及因无偿调入调出资产产生的净资产变动额。如果用公式表示即为:累计盈余=年初累计盈余余额+(-)本年累计盈余变动额。

年初累计盈余余额=上年末累计盈余余额+(-)以前年度盈余调整。

本年累计盈余变动额等于本年未分配盈余变动额、本年无偿调拨净资产变动额、从其他单位调入财政拨款结转结余和事业单位专用基金使用金额之和减去上缴、缴回、向其他单位调出财政拨款结转结余。

二、本期盈余

1.科目设置

为了核算政府单位本期各项收入、费用相抵后的余额,政府单位应该设置“本期盈余”科目。“本期盈余”科目是财务会计净资产类科目,贷方登记本期各项收入的转入数和年末累计亏损的转出额,借方登记本期各项费用的转入数和年末累计盈余的转出额。期末,“本期盈余”科目如为贷方余额,反映政府单位自年初至当期期末累计实现的盈余;如为借方余额,反映政府单位自年初至当期期末累计发生的亏损。

年末结账后,"本期盈余"科目应无余额。

2.账务处理

(1)月末结转。月末,将各类收入科目的本期发生额转入本期盈余,借记"财政拨款收入""事业收入""上级补助收入""附属单位上缴收入""经营收入""非同级财政拨款收入""投资收益""捐赠收入""利息收入""租金收入""其他收入"等科目,贷记"本期盈余"科目。将各类费用科目本期发生额转入本期盈余,借记"本期盈余"科目,贷记"业务活动费用""单位管理费用""经营费用""所得税费用""资产处置费用""上缴上级费用""对附属单位补助费用""其他费用"等科目。

(2)年末结转。年末,将"本期盈余"科目余额转入"本年盈余分配"科目,借记或贷记"本期盈余"科目,贷记或借记"本年盈余分配"科目。

【例9-1】某政府事业单位2×21年发生以下业务,请对该事业单位进行会计处理。

(1)11月30日,财政拨款收入科目余额10 000 000元,事业收入科目余额50 000 000元,上级补助收入科目余额5 000 000元,附属单位上缴收入科目余额1 000 000元,经营收入科目余额5 000 000元,投资收益科目余额500 000元,其他收入科目余额5 000 000元。

(2)11月30日,业务活动费用科目余额40 000 000元,单位管理费用科目余额30 000 000元,经营费用科目余额2 000 000元,资产处置费用科目余额100 000元,所得税费用科目余额100 000元,其他费用科目余额4 000 000元。

(3)12月31日结转本期盈余科目余额300 000元。

账务处理如下:

(1)期末结转收入:

借:财政拨款收入	10 000 000	
事业收入	50 000 000	
上级补助收入	5 000 000	
附属单位上缴收入	1 000 000	
经营收入	5 000 000	
投资收益	500 000	
其他收入	5 000 000	
贷:本期盈余		76 500 000

(2)期末结转费用：

借：本期盈余	76 200 000	
贷：业务活动费用		40 000 000
单位管理费用		30 000 000
经营费用		2 000 000
资产处置费用		100 000
所得税费用		100 000
其他费用		4 000 000

(3)年末结转：

借：本期盈余	300 000	
贷：本年盈余分配		300 000

三、本年盈余分配

本年盈余分配是指政府单位本年度盈余分配的情况和结果。

1.科目设置

为了核算政府单位本年度盈余分配的情况和结果，政府单位应该设置“本年盈余分配”科目。“本年盈余分配”科目是财务会计净资产类科目，贷方登记“本期盈余”科目借方转入数和本科目年末借方余额转出额，借方登记“本期盈余”科目贷方转入数、按照预算会计下从本年度非财政拨款结余或经营结余中计算提取的专用基金金额和本科目年末贷方余额转出额。年末结账后，“本年盈余分配”科目应无余额。

2.账务处理

“本年盈余分配”只在年末进行会计处理，其处理步骤如下：

首先，将“本期盈余”科目余额转入“本年盈余分配”科目，借记或贷记“本期盈余”科目，贷记或借记“本年盈余分配”科目。

其次，根据有关规定从本年度非财政拨款结余或经营结余中提取专用基金的，按照预算会计下计算的提取金额，借记“本年盈余分配”科目，贷记“专用基金”科目。同时，借记“非财政拨款结余分配”科目，贷记“专用结余”科目。

最后，将“本年盈余分配”科目余额转入累计盈余，借记或贷记“本年盈余分配”科目，贷记或借记“累计盈余”科目。

【例 9-2】2×21 年 12 月 31 日，某政府单位“本期盈余”科目贷方余额为 100 000 元，按预算会计下计提专用基金 10 000 元，年末本年盈余分配科目余额为 50 000 元。请进行会计处理。

账务处理如下：

（1）本期盈余转入：

借：本期盈余　　100 000

　　贷：本年盈余分配　　100 000

（2）计提专用基金：

借：本年盈余分配　　10 000

　　贷：专用基金　　10 000

借：非财政拨款结余分配　　10 000

　　贷：专用结余　　10 000

（3）结转本年盈余分配：

借：本年盈余分配　　50 000

　　贷：累计盈余　　50 000

四、以前年度盈余调整

以前年度盈余调整是指政府单位本年度发生的调整以前年度盈余的事项，包括本年度发生的重要前期差错更正涉及调整以前年度盈余的事项。

1.科目设置

为了核算本年度发生的调整以前年度盈余的事项，政府单位应该设立“以前年度盈余调整”科目。“以前年度盈余调整”科目是财务会计净资产类科目，贷方登记调整增加以前年度收入、调整减少以前年度费用、经批准处理的盘盈的各种非流动资产额和本科目年末借方余额转出额，借方登记调整减少以前年度收入、调整增加以前年度费用和本科目年末贷方余额转出额。年末结账后，“以前年度盈余调整”科目应无余额。

2.账务处理

（1）调整增加以前年度收入和调整减少以前年度费用。调整增加以前年度收入和调整减少以前年度费用时，按照调整的金额，借记有关资产或负债科目，贷记“以前年度盈余调整”科目。同时，按照实际收到的金额，借记“资金结存”科目，贷记“财政拨款结转——年初余额调整”“财政拨款结余——年初余额调整”“非财政拨款结转——年初余额调整”“非财政拨款结余—年初余额调整”科目。

(2)调整减少以前年度收入和调整增加以前费用。调整减少以前年度收入和调整增加以前费用时，按照调整的金额，借记“以前年度盈余调整”科目，贷记资产或负债科目。同时，按照实际支付的金额，借记“财政拨款结转—年初余额调整”“财政拨款结余——年初余额调整”“非财政拨款结转——年初余额调整”“非财政拨款结余——年初余额调整”科目，贷记“资金结存”科目。

(3)资产盘盈。盘盈的各种非流动资产，报经批准后处理时，借记“待处理财产损溢”科目，贷记“以前年度盈余调整”科目。

(4)年末结转。经上述调整后，应将“以前年度盈余调整”科目的余额转入累计盈余，借记或贷记“累计盈余”科目，贷记或借记“以前年度盈余调整”科目。

【例 9-3】2×21 年 12 月税务局在对某政府单位进行日常检查时，发现该单位 2×20 年度 1 月将购入的一批已达到固定资产标准的办公设备记入“单位管理费用”账户，金额达到 1 200 000 元。残值率为 0，按直线法计提折旧，预计使用年限为 10 年。另外 2×21 年 10 月有一笔预收账款 100 000 元，付款方已经收到商品，并达到收入确认条件，当年没有确认收入。假如 2×21 年只发生如上调整事项，不考虑相关税费。

账务处理如下：

(1)2×21 年调整增加资产：

借：固定资产——办公设备　　1 200 000

　　贷：以前年度盈余调整　　1 200 000

(2)补提 2×20 年度折旧：

借：以前年度盈余调整　　120 000

　　贷：固定资产累计折旧　　120 000

(3)计提当年折旧并结转：

借：单位管理费用　　120 000

　　贷：固定资产累计折旧　　120 000

借：本期盈余　　120 000

贷：单位管理费用 120 000

（4）调整增加2×21年收入：

借：预收账款 100 000

贷：以前年度盈余调整 100 000

（5）年末结转：

A. 本期盈余结转：

借：本年盈余分配 120 000

贷：本期盈余 120 000

B. 本年盈余分配结转：

借：累计盈余 120 000

贷：本年盈余分配 120 000

C. 损益调整：1 200 000-120 000+100 000=1 180 000（元）

借：以前年度盈余调整 1 180 000

贷：累计盈余 1 180 000

五、累计盈余

累计盈余是指政府单位历年实现的盈余扣除盈余分配后滚存的金额，以及因无偿调入调出资产产生的净资产变动额、因以前年度盈余调整产生的净资产变动额，以及按照规定上缴、缴回、单位间调剂结转结余资金产生的净资产变动额。

1. 科目设置

为了核算政府单位累计盈余事项，政府单位应该设置“累计盈余”科目。“累计盈余”是财务会计净资产类科目，贷方登记“本年盈余分配”“无偿调拨净资产”“以前年度盈余调整”科目的贷方余额转入额、按照规定从其他单位调入财政拨款结转资金额、按照规定使用专用基金购置固定资产、无形资产的金额。借方登记“本年盈余分配”“无偿调拨净资产”“以前年度盈余调整”科目的借方余额转入额、按照规定上缴财政拨款结转结余、缴回非财政拨款结转资金、向其他单位调出财政拨款结转资金额。“累计盈余”科目月末余额，反映政府单位未分配盈余（或未弥补亏损）的累计数以及截至上年末无偿调拨净资产变动的累计数。

“累计盈余”科目年末余额，反映政府单位未分配盈余（或未弥补亏损）以及无偿调拨净资产变动的累计数。

2.账务处理

(1)年末,将“本年盈余分配”科目的余额转入累计盈余,借记或贷记“本年盈余分配”科目,贷记或借记“累计盈余”科目。

(2)年末,将“无偿调拨净资产”科目的余额转入累计盈余,借记或贷记“无偿调拨净资产”科目,贷记或借记“累计盈余”科目。

(3)按照规定上缴财政拨款结转结余、缴回非财政拨款结转资金、向其他单位调出财政拨款结转资金时,按照实际上缴、缴回、调出金额,借记“累计盈余”科目,贷记“财政应返还额度”“零余额账户用款额度”“银行存款”等科目。同时,借记“财政拨款结转——归集上缴”“财政拨款结转——归集调出”等科目,贷记“资金结存——财政应返还额度”“资金结存——零余额账户用款额度”等科目。

按照规定从其他单位调入财政拨款结转资金时,按照实际调入金额,借记“零余额账户用款额度”“银行存款”等科目,贷记“累计盈余”科目。同时,借记“资金结存——财政应返还额度”“资金结存——零余额账户用款额度”等科目,贷记“财政拨款结转——归集调入”科目。

(4)将“以前年度盈余调整”科目的余额转入“累计盈余”科目,借记或贷记“以前年度盈余调整”科目,贷记或借记“累计盈余”科目。

(5)按照规定使用专用基金购置固定资产、无形资产的,按照固定资产、无形资产成本金额,借记“固定资产”“无形资产”科目,贷记“银行存款”科目;同时,按照专用基金使用金额,借记“专用基金”科目,贷记“累计盈余”科目;同时,借记“事业支出(使用从收入中提取并列入费用的专用基金)÷专用结余(使用从非财政拨款结余或经营结余中提取的专用基金)”等科目,贷记“资金结存”科目。

【例9-4】某政府单位在2×21年发生以下与净资产相关业务,请对该单位进行会计处理。

(1)12月31日,本年盈余分配科目余额100 000元。

(2)12月31日,无偿调拨净资产科目余额200 000元。

(3)12月31日,以前年度盈余调整科目余额500 000元。

(4)12月31日,使用从非财政拨款结余或经营结余中提取的专用固定资产专用基金购置固定资产100 000元。

账务处理如下：

(1)12月31日将本年度盈余分配科目余额转入：

借：本年盈余分配　　100 000

　　贷：累计盈余　　100 000

(2)12月31日将无偿调拨净资产科目余额转入：

借：无偿调拨净资产　　200 000

　　贷：累计盈余　　200 000

(3)12月31日结转以前年度盈余调整科目余额：

借：以前年度盈余调整　　500 000

　　贷：累计盈余　　500 000

(4)12月31日使用专用基金购置固定资产：

借：固定资产　　100 000

　　贷：银行存款　　100 000

借：专用基金　　100 000

　　贷：累计盈余　　100 000

借：专用结余　　100 000

　　贷：资金结存　　100 000

第三节　其他净资产

政府单位净资产，除了上述内容外，还有专用基金、权益法调整以及无偿调拨净资产等内容。本节就探讨该部分内容。

一、专用基金

根据《事业单位财务规则》的规定，专用基金是指事业单位按照规定提取或者设置的有专门用途的资金，主要包括职工福利基金、科技成果转换基金等。

1.科目设置

为了核算事业单位按照规定提取或设置的具有专门用途的净资产，事业单位应该设置“专用基金”科目。“专用基金”是财务会计净资产类科目，贷方登记提取或直接计入的数额,借方登记使用数额。期末余额一般在贷方,反映事业单位累计提取或设置的尚未使用的专用基金。"专用基金"科目应当按照专用基金的类别进行明细核算。

2.账务处理

(1)计提。年末,根据有关规定从本年度非财政拨款结余或经营结余中提取专用基金的,按照预算会计下计算的提取金额,借记"本年盈余分配"科目,贷记"专用基金"科目。同时,借记"非财政拨款结余分配"科目,贷记"专用结余"科目。

根据有关规定从收入中提取专用基金并计入费用的,一般按照预算会计下基于预算收入计算提取的金额,借记"业务活动费用"科目,贷记"专用基金"科目。

根据有关规定设置的其他专用基金,按照实际收到的金额,借记"银行存款"科目,贷记"专用基金"科目。

(2)使用。按照规定使用提取的专用基金时,借记"专用基金"科目,贷记"银行存款"科目。

使用提取的专用基金购置固定资产、无形资产的,按照固定资产、无形资产成本金额,借记"固定资产""无形资产"科目,贷记"银行存款"科目;同时,按照专用基金使用金额,借记"专用基金"科目,贷记"累计盈余"科目。注意还需要借记"事业支出"(使用从收入中提取并列入费用的专用基金)、"专用结余"(使用从非财政拨款结余或经营结余中提取的专用基金)等,贷记"资金结存"科目。

【例 9-5】2×21 年某事业单位年末按照规定从本年度非财政拨款结余中提取专用基金 100 000 元,从收入中提取专用基金 300 000 元并计入费用,收到银行存款 200 000 元,根据有关规定设置其他专用基金。

账务处理如下:

(1)从本年度非财政拨款结余中提取:

借:本年盈余分配　　100 000

　　贷:专用基金　　100 000

借:非财政拨款结余分配　　100 000

　　贷:专用结余　　100 000

(2)从收入中提取:

借:业务活动费用　　300 000

贷：专用基金 300 000

（3）收到银行存款：

借：银行存款 200 000

贷：专用基金 200 000

【例9-6】2×21年某事业单位按照规定使用从非财政拨款结余中提取的专用基金50 000元，按照规定使用从非财政拨款结余中提取的专用基金购买专用设备一台，价值600 000元。

账务处理如下：

（1）从非财政拨款结余中提取

借：专用基金 50 000

贷：银行存款 50 000

借：专用结余 50 000

贷：资金结存——货币资金 50 000

（2）使用从非财政拨款结余中提取的专用基金购买专用设备：

借：固定资产 600 000

贷：银行存款 600 000

借：专用基金 600 000

贷：累计盈余 600 000

借：事业支出 600 000

贷：资金结存——货币资金 600 000

二、权益法调整

1.科目设置

为了核算事业单位持有的长期股权投资采用权益法核算时，按照被投资单位除净损益和利润分配以外的所有者权益变动份额调整长期股权投资账面余额并计入净资产的金额，事业单位应当设置“权益法调整”科目。“权益法调整”是财务会计净资产类科目，贷方登记享有被投资单位除净损益和利润分配以外的所有者权益变动中的增加额，借方登记享有被投资单位除净损益和利润分配以外的所有者权益变动中的减少额。本科目期末余额，反映事业单位在被投资单位除净损益和利润分配以外的所有者权益变动中累计享有（或分担）的份额。“权益法调整”科目应当按照被投资单位进行明细核算。

2.账务处理

（1）年末，按照被投资单位除净损益和利润分配以外的所有者权益变动应享有（或应分担）的份额，借记或贷记“长期股权投资——其他权益变动”科目，贷记或借记“权益法调整”科目。

（2）采用权益法核算的长期股权投资，因被投资单位除净损益和利润分配以外的所有者权益变动而将应享有（或应分担）的份额计入单位净资产的，处置该项投资时，按照原计入净资产的相应部分金额，借记或贷记“权益法调整”科目，贷记或借记“投资收益”科目。

【例9-7】A事业单位接受B公司捐赠的长期股权投资，价值10 000 000元。该项股权投资占被投资方的比重为30%，决定了A事业单位能够参与B公司的被投资方财务和经营决策。被投资方2×20年实现净利润12 000 000元，随后宣告发放股利，并于1个月后款项到账存入银行；2×21年、2×22年被投资方由于管理不善和经济不景气，连续两年出现净亏损共计35 000 000元，导致股价下跌引起所有者权益变动，本单位应分担的份额为400 000元；2×23年被投资方实现扭亏为盈，当年实现净利润10 000 000元。请予账务处理。

账务处理如下：

（1）接受捐赠的长期股权投资10 000 000元时：

借：长期股权投资——成本　　10 000 000

　　贷：捐赠收入　　10 000 000

（2）2×20年实现净利润时：12 000 000×30%=3 600 000元

借：长期股权投资——损益调整　　3 600 000

　　贷：投资收益　　3 600 000

（3）宣告发放股利时：

借：应收股利　　3 600 000

　　贷：长期股权投资——损益调整　　3 600 000

(4)收到股利时:

借:银行存款 3 600 000

　贷:应收股利 3 600 000

借:资金结存——货币资金 3 600 000

　贷:投资预算收益 3 600 000

(5)2×21年、2×22年发生净亏损时:35 000 000×30%=10 500 000元

借:投资收益 10 500 000

　贷:长期股权投资——损益调整 10 500 000

(6)股价下跌引起所有者权益变动时:

借:权益法调整 400 000

　贷:长期股权投资——其他权益变动 400 000

(7)2×23年实现扭亏为盈时:10 000 000×30%-400 000=2 600 000元

借:长期股权投资——损益调整 2 600 000

　贷:投资收益 2 600 000

三、无偿调拨净资产

1.科目设置

为了核算无偿调入或调出非现金资产所引起的净资产变动金额,政府单位应当设置"无偿调拨净资产"科目。

"无偿调拨净资产"是财务会计净资产类科目,贷方登记无偿调入非现金资产所引起的净资产增加金额,借方登记无偿调出非现金资产所引起的净资产减少金额。年末结账后,本科目应无余额。

2.账务处理

(1)按照规定取得无偿调入的存货、长期股权投资、固定资产、无形资产、公共基础设施、政府储备物资、文物文化资产、保障性住房等,按照确定的成本,借记"库存物品""长期股权投资""固定资产""无形资产""公共基础设施""政府储备物资""文物文化资产""保障性住房"等科目,按照调入过程中发生的归属于调入方的相关费用,贷记"零余额账户用款额度""银行存款"等科目,按照其差额,贷记"无偿调拨净资产"科目。同时,按照调入过程中发生的归属于调入方的相关费用现金流出,借记

“其他支出”科目，贷记“资金结存”科目。

（2）按照规定经批准无偿调出存货、长期股权投资、固定资产、无形资产、公共基础设施、政府储备物资、文物文化资产、保障性住房等，按照调出资产的账面余额或账面价值，借记“无偿调拨净资产”科目，按照固定资产累计折旧、无形资产累计摊销、公共基础设施累计折旧或摊销、保障性住房累计折旧的金额，借记“固定资产累计折旧”“无形资产累计摊销”“公共基础设施累计折旧（摊销）”“保障性住房累计折旧”科目，按照调出资产的账面余额，贷记“库存物品”“长期股权投资”“固定资产”“无形资产”“公共基础设施”“政府储备物资”“文物文化资产”“保障性住房”等科目；同时，按照调出过程中发生的归属于调出方的相关费用，借记“资产处置费用”科目，贷记“零余额账户用款额度”“银行存款”等科目；借记“其他支出”科目，贷记“资金结存”科目。

（3）年末，将“无偿调拨净资产”科目余额转入累计盈余，借记或贷记“无偿调拨净资产”科目，贷记或借记“累计盈余”科目。

【例 9-8】2×21 年 12 月，A 事业单位无偿调入一批存货 100 000 元，固定资产 100 000 元，长期股权投资 100 000 元，政府储备物资 100 000 元，保障性住房 100 000 元；经批准无偿调出无形资产原价 220 000 元，已计提摊销 20 000 元，无偿调出长期股权投资 50 000 元，无偿调出保障性住房原价 100 000 元，已提折旧 10 000 元；无偿调入资产发生处置费用 10 000 元，无偿调出资产发生处置费用 10 000 元，处置费用均用银行存款支付。

账务处理如下：

（1）无偿调入时：

借：库存物品	100 000	
固定资产	100 000	
长期股权投资	100 000	
政府储备物资	100 000	
保障性住房	100 000	
贷：无偿调拨净资产		490 000
银行存款		10 000
借：其他支出	10 000	
贷：资金结存——货币资金		10 000

（2）无偿调出时：

借：无偿调拨净资产 340 000

　无形资产累计摊销 20 000

　保障性住房累计折旧 10 000

　贷：无形资产 220 000

　　长期股权投资 50 000

　　保障性住房 100 000

借：资产处置费用 10 000

　贷：银行存款 10 000

借：其他支出 10 000

　贷：资金结存——货币资金 10 000

（3）年末结转无偿调拨净资产余额：

借：无偿调拨净资产 150 000

　贷：累计盈余 150 000

第四节　资金结存

一、概念

资金结存是指政府单位纳入部门预算管理的资金的流入、流出、调整和滚存等情况。纳入部门预算管理的资金包括货币资金（库存现金、银行存款、其他货币资金）、零余额账户用款额度和财政应返还额度。

二、科目设置

1.总账科目

为了核算政府单位纳入部门预算管理的资金的流入、流出、调整和滚存等情况，政府单位应当设置“资金结存”科目。

“资金结存”是预算会计预算结余类科目，但该科目性质比较特殊，借方表示增加，贷方表示减少，即当政府单位确认预算收入时，同时借记“资金结存”科目；确认预算支出时，同时贷记“资金结存”科目。月末年末余额在借方，表示政府单位预算资金的累计滚存情况。

2.明细科目

“资金结存”总账科目下应当设置下列明细科目：

(1)“货币资金”：本明细科目核算单位以库存现金、银行存款、其他货币资金形态存在的资金。本明细科目年末借方余额，反映政府单位尚未使用的货币资金。

(2)“零余额账户用款额度”：本明细科目核算实行国库集中支付的单位根据财政部门批复的用款计划收到和支用的零余额账户用款额度。年末结账后，本明细科目应无余额。

(3)“财政应返还额度”：本明细科目核算实行国库集中支付的单位可以使用的以前年度财政直接支付资金额度和财政应返还的财政授权支付资金额度。本明细科目下可设置“财政直接支付”“财政授权支付”两个明细科目进行明细核算。本明细科目年末借方余额，反映政府单位应收财政返还的资金额度。

三、账务处理

(一)资金流入的核算

1.取得预算收入

(1)财政授权支付方式下，政府单位根据代理银行转来的“财政授权支付额度到账通知书”，按照通知书中的授权支付额度，借记“零余额账户用款额度”科目，贷记“财政拨款收入”科目。同时，借记“资金结存——零余额账户用款额度”科目，贷记“财政拨款预算收入”科目。

财政直接支付方式下，单位代理银行根据财政部门支付令将资金直接支付给收款人，政府单位不发生资金流入，所以政府单位不涉及“资金结存”科目的核算。

(2)以国库集中支付以外的其他支付方式取得预算收入时，按照实际收到的金额，借记“银行存款”科目，贷记“财政拨款收入”“事业收入”“经营收入”等科目。同时，借记“资金结存——货币资金”科目，贷记“财政拨款预算收入”“事业预算收入”“经营预算收入”等科目。

2. 收到调入的财政拨款结转资金

收到从其他单位调入的财政拨款结转资金的，按照实际调入资金数额，借记“货币资金”“零余额账户用款额度”“财政应返还额度”科目，贷记“累计结余”科目。同时，借记“资金结存——货币资金”“资金结存——零余额账户用款额度”“资金结存——财政应返还额度”科目，贷记“财政拨款结转——归集调入”科目。

3. 购货退回、差错更正退回

因购货退回、发生差错更正等退回国库直接支付、授权支付款项，或者收回货币资金的，分两种情况处理：

(1)属于本年度支付的退回，借记“财政拨款收入”“银行存款”“零余额账户用款额度”等科目，贷记“业务活动费用”“库存物品”等科目。同时，借记“财政拨款预算收入”科目或“资金结存——货币资金”“资金结存——零余额账户用款额度”科目，贷记“行政支出”“事业支出”等相关支出科目。

(2)属于以前年度支付的，借记“财政拨款收入”“银行存款”“零余额账户用款额度”等科目，贷记“以前年度盈余调整”(涉及以前年度收入费用调整)“库存物品”等科目。同时，借记“资金结存——货币资金”“资金结存——零余额账户用款额度”“资金结存——财政应返还额度”科目，贷记“财政拨款结转——年初余额调整”“财政拨款结余——年初余额调整”“非财政拨款结转——年初余额调整”“非财政拨款结余——年初余额调整”等科目。

4. 年末，确认未下达的财政用款额度

(1)年末，根据本年度财政直接支付预算指标数与当年财政直接支付实际支出数的差额，借记“财政应返还额度——财政直接支付”科目，贷记“财政拨款收入”科目。同时，借记“资金结存——财政应返还额度”科目，贷记“财政拨款预算收入”科目。

(2)本年度财政授权支付预算指标数大于零余额账户用款额度下达数的，根据未下达的用款额度，借记“财政应返还额度——财政授权支付”科目，贷记“财政拨款收入”科目。同时，借记“资金结存——财政应返还额度”科目，贷记“财政拨款预算收入”科目。

(二)资金流出的核算

1. 发生预算支出

(1)财政授权支付方式下，发生相关支出时，按照实际支付的金额，借记“业务活动费用”“单位管理费用”“库存物品”“固定资产”等科目，贷记“零余额账户用款额度”科目。同时，借记“行政支出”“事业支出”等科目，贷记“资金结存——零余额账户用款额度”科目。

（2）使用以前年度财政直接支付额度，借记“业务活动费用”“单位管理费用”“库存物品”“固定资产”等科目，贷记“财政应返还额度”科目。同时，借记“行政支出”“事业支出”等科目，贷记“资金结存——财政应返还额度”科目。

（3）国库集中支付以外的其他方式下，借记“业务活动费用”“单位管理费用”“库存物品”“固定资产”等科目，贷记“银行存款”“库存现金”等科目。同时，借记“事业支出”“经营支出”等科目，贷记“资金结存——货币资金”科目。

（4）从零余额账户提取现金时，借记“库存现金”科目，贷记“零余额账户用款额度”科目。同时，借记“资金结存——货币资金”科目，贷记“资金结存——零余额账户用款额度”科目。

退回现金时，做相反会计分录。

（5）按照规定使用提取的专用基金。事业单位按照规定使用提取的专用基金，一般情况下，借记“专用基金”科目，贷记“银行存款”科目。同时，根据使用不同渠道计提的专用基金，进行预算会计处理：如使用从非财政拨款结余或经营结余中计提的专用基金，借记“专用结余”科目，贷记“资金结存——货币资金”科目；如使用从收入中计提并计入费用的专用基金，借记“事业支出”科目，贷记“资金结存——货币资金”科目。

购买固定资产、无形资产等，借记“固定资产”“无形资产”等科目，贷记“银行存款”科目，同时，借记“专用基金”科目，贷记“累计盈余”科目。同时，根据使用不同渠道计提的专用基金，进行预算会计处理：如使用从非财政拨款结余或经营结余中计提的专用基金，借记“专用结余”科目，贷记“资金结存——货币资金”科目；如使用从收入中计提并计入费用的专用基金，借记“事业支出”等科目，贷记“资金结存——货币资金”科目。

2. 上缴或缴回财政资金

（1）按照规定上缴财政拨款结转结余资金或注销财政拨款结转结余资金额度的，按照实际上缴资金数额或注销的资金额度数额，借记“累计盈余”科目，贷记“财政应返还额度”“零余额账户用款额度”“银行存款”等科目。同时，借记“财政拨款结转——归集上缴”“财政拨款结余——归集上缴”科目，贷记“资金结存——货币资金”

“资金结存——零余额账户用款额度”“资金结存——财政应返还额度”科目。

(2)按规定向原资金拨入单位缴回非财政拨款结转资金的,按照实际缴回资金数额,借记“累计盈余”科目,贷记“银行存款”科目。同时,借记“非财政拨款结转——缴回资金”科目,贷记“资金结存——货币资金”科目。

3.缴纳所得税

有企业所得税缴纳义务的事业单位缴纳所得税时,按照实际缴纳金额,借记“其他应交税费——单位应交所得税”科目,贷记“银行存款”科目。同时,借记“非财政拨款结余——累计结余”科目,贷记“资金结存——货币资金”科目。

(三)资金结余会计核算

1.零余额账户用款额度注销

年末,政府单位依据代理银行提供的对账单作注销额度的相关账务处理,借记“财政应返还额度——财政授权支付”科目,贷记“零余额账户用款额度”科目。同时,借记“资金结存——财政应返还额度”科目,贷记“资金结存——零余额账户用款额度”科目。

2.下年初零余额账户用款额度恢复或收到未下达零余额账户用款额度

(1)下年初,政府单位依据代理银行提供的额度恢复到账通知书,作恢复额度的相关账务处理,借记“零余额账户用款额度”科目,贷记“财政应返还额度——财政授权支付”科目。同时,借记“资金结存——零余额账户用款额度”科目,贷记“资金结存——财政应返还额度”科目。

(2)政府单位收到财政部门批复的上年末未下达零余额账户用款额度的,借记“零余额账户用款额度”科目,贷记“财政应返还额度——财政授权支付”科目。同时,借记“资金结存——零余额账户用款额度”科目,贷记“资金结存——财政应返还额度”科目。

注意上年末未下达的财政直接支付用款额度,因为不需要通过零余额账户支付,因此不再转入“零余额账户用款额度”。下年使用上年度未下达的财政直接支付用款额度时,直接借记支付项目相关科目,贷记“财政应返还额度”科目。

第五节 财政性结转结余资金

一、结转结余资金概念

根据《中央部门结转和结余资金管理办法》规定，所谓结转结余资金，是指与中央财政有缴拨款关系的中央级行政单位、事业单位（含企业化管理的事业单位）、社会团体及企业，按照财政部批复的预算，在年度预算执行结束时，未列支出的一般公共预算和政府性基金预算资金。

所谓结转资金，是指预算未全部执行或未执行，下年需按原用途继续使用的预算资金。所谓结余资金，是指项目实施周期已结束、项目目标已完成或项目提前终止，尚未列支的项目支出预算资金；因项目实施计划调整，不需要继续支出的预算资金；预算批复后连续两年未用完的预算资金。

政府单位的财政性结转结余资金主要包括财政拨款结转结余资金和非财政拨款结转结余资金。

二、财政拨款结转

（一）科目设置

为了核算政府单位取得的同级财政拨款结转资金的调整、结转和滚存情况，政府单位应当设置“财政拨款结转”总账科目和相关明细科目。

1.总账科目

“财政拨款结转”是预算会计预算结余类科目，贷方登记财政拨款结转的增加数，借方登记财政拨款结转的减少数。余额一般在贷方，年末贷方余额，表示政府单位滚存的财政拨款结转资金数额。该科目要根据不同情况，设置相应的明细科目。

2.明细科目

（1）与会计差错更正、以前年度支出收回相关的明细科目：“年初余额调整”。

“年初余额调整”明细科目核算因发生会计差错更正、以前年度支出收回等原因，需要调整财政拨款结转的金额。年末结账后，本明细科目应无余额。

（2）与财政拨款调拨业务相关的明细科目："归集调入""归集调出""归集上缴""单位内部调剂"。

"归集调入"：本明细科目核算按照规定从其他单位调入财政拨款结转资金时，实际调增的额度数额或调入的资金数额。年末结账后，本明细科目应无余额。

"归集调出"：本明细科目核算按照规定向其他单位调出财政拨款结转资金时，实际调减的额度数额或调出的资金数额。年末结账后，本明细科目应无余额。

"归集上缴"：本明细科目核算按照规定上缴财政拨款结转资金时，实际核销的额度数额或上缴的资金数额。年末结账后，本明细科目应无余额。

"单位内部调剂"：本明细科目核算经财政部门批准对财政拨款结余资金改变用途，调整用于本单位其他未完成项目的调整金额。年末结账后，本明细科目应无余额。

（3）与年末财政拨款结转业务相关的明细科目："本年收支结转"和"累计结转"。

"本年收支结转"：本明细科目核算政府单位本年度财政拨款收支相抵后的余额。年末结账后，本明细科目应无余额。

"累计结转"：本明细科目核算政府单位滚存的财政拨款结转资金。本明细科目年末贷方余额，反映政府单位财政拨款滚存的结转资金数额。本科目还应当设置"基本支出结转""项目支出结转"两个明细科目，并在"基本支出结转"明细科目下按照"人员经费""日常公用经费"进行明细核算，在"项目支出结转"明细科目下按照具体项目进行明细核算；同时，本科目还应按照《政府收支分类科目》中"支出功能分类科目"的相关科目进行明细核算。有一般公共预算财政拨款、政府性基金预算财政拨款等两种或两种以上财政拨款的，还应当在本科目下按照财政拨款的种类进行明细核算。

（二）账务处理

1.与会计差错更正、以前年度支出收回相关的账务处理

（1）因发生会计差错更正退回以前年度国库直接支付、授权支付款项或财政性货币资金，或者因发生会计差错更正增加以前年度国库直接支付、授权支付支出或财政性货币资金支出，属于以前年度财政拨款结转资金的，借记或贷记"零余额账户用款额度""银行存款"等科目，贷记或借记"以前年度盈余调整"。同时，借记或贷记

"资金结存——财政应返还额度""资金结存——零余额账户用款额度""资金结存——货币资金"科目,贷记或借记"财政拨款结转——年初余额调整"科目。

(2)因购货退回、预付款项收回等发生以前年度支出又收回国库直接支付、授权支付款项或收回财政性货币资金,属于以前年度财政拨款结转资金的,借记"零余额账户用款额度""银行存款"等科目,贷记"以前年度盈余调整"科目。同时,借记"资金结存——财政应返还额度""资金结存——零余额账户用款额度""资金结存——货币资金"等科目,贷记"财政拨款结转——年初余额调整"科目。

2. 与财政拨款结转结余资金调整业务相关的账务处理

(1)按照规定从其他单位调入财政拨款结转资金的,按照实际调增的额度数额或调入的资金数额,借记"财政应返还额度""零余额账户用款额度""银行存款"等科目,贷记"累计盈余"科目。同时,借记"资金结存——财政应返还额度""资金结存——零余额账户用款额度""资金结存——货币资金"等科目,贷记"财政拨款结转——归集调入"科目。

(2)按照规定向其他单位调出财政拨款结转资金的,按照实际调减的额度数额或调出的资金数额,借记"累计盈余",贷记"财政应返还额度""零余额账户用款额度""银行存款"等科目。同时,借记"财政拨款结转——归集调出"科目,贷记"资金结存——财政应返还额度""资金结存——零余额账户用款额度""资金结存——货币资金"等科目。

(3)按照规定上缴财政拨款结转资金或注销财政拨款结转资金额度的,按照实际上缴资金数额或注销的资金额度数额,借记"累计盈余",贷记"财政应返还额度""零余额账户用款额度""银行存款"等科目。同时,借记"财政拨款结转——归集上缴"科目,贷记"资金结存——财政应返还额度""资金结存——零余额账户用款额度""资金结存——货币资金"等科目。

(4)经财政部门批准对财政拨款结余资金改变用途,调整用于本单位基本支出或其他未完成项目支出的,按照批准调剂的金额,借记"财政拨款结余——单位内部调剂"科目,贷记"财政拨款结转——单位内部调剂"科目。

3. 与年末财政拨款结转和结余业务相关的账务处理

(1)年末,将财政拨款预算收入本年发生额转入"财政拨款结转"科目,借记"财政拨款预算收入"科目,贷记"财政拨款结转——本年收支结转"科目;将各项支出中财政拨款支出本年发生额转入"财政拨款结转"科目,借记"财政拨款结转——本年收支结转”科目，贷记“行政支出——财政拨款支出”“事业支出——财政拨款支出”等科目。

（2）年末冲销有关明细科目余额。将“财政拨款结转”科目的“本年收支结转、年初余额调整、归集调入、归集调出、归集上缴、单位内部调剂”等明细科目余额转入“财政拨款结转——累计结转”科目。结转后，“财政拨款结转”科目除“累计结转”明细科目外，其他明细科目应无余额。

（3）年末完成上述结转后，应当对财政拨款结转各明细项目执行情况进行分析，按照有关规定将符合财政拨款结余性质的项目余额转入财政拨款结余，借记“财政拨款结转——累计结转”科目，贷记“财政拨款结余——结转转入”科目。

【例 9-9】某行政单位为财政授权支付单位，2×21 年发生以下经济业务，请予会计处理。

（1）2×21 年财务检查发现以前年度支付给物业公司的服务费多付了 50 000 元，物业公司 2×21 年退回该 50 000 元。经分析，此事项属于会计差错收回以前年度资金。

（2）2×21 年发现以前年度购买的实验材料质量有问题，协商后将此实验材料退回商家，商家 2×21 年退回材料款 30 000 元。

（3）某项目实施周期为一年，年度财政预算为 1 000 000 元，2×21 年已使用预算资金 800 000 元，因实施计划调整，经财政部门批准将剩余资金拨付其他预算单位。

（4）财政部门调整项目支出计划，收到从别的单位调入的项目资金 100 000 元。

（5）该单位某项目业务经费预算为 2 000 000 元，实施周期为两年，当年已使用预算资金 1 200 000 元，项目未完工，经批准将此结转资金上缴财政。

（6）年末预算会计收支情况如下：财政拨款预算收入为 2 000 000 元，行政支出（财政拨款支出部分）为 1 400 000 元，年底进行收支结转。

（7）年末财政拨款结转有关明细科目的余额情况如下：

借方余额如下：财政拨款结转——年初余额调整　　100 000 元

　　　　　　　　　　　　　——单位内部调剂　　200 000 元

贷方余额如下：财政拨款结转——归集调入　　1 000 000 元

　　　　　　　　　　　　　——本年收支结转　　2 000 000 元

（8）年底“财政拨款结转——累计结转”中有以下情况：

A项目实施周期内，连续两年未用完的预算资金为800 000元；当年批复的部门机动经费中有300 000元未使用完。

账务处理如下：

（1）会计差错收回以前年度资金：

借：零余额账户用款额度　50 000
　　贷：以前年度盈余调整　50 000
借：资金结存——零余额账户用款额度　50 000
　　贷：财政拨款结转——年初余额调整　50 000

（2）商家退回材料款：

借：零余额账户用款额度　30 000
　　贷：以前年度盈余调整　30 000
借：资金结存——零余额账户用款额度　30 000
　　贷：财政拨款结转——年初余额调整　30 000

（3）计划调整将剩余资金拨付其他预算单位：

借：累计盈余　200 000
　　贷：零余额账户用款额度　200 000
借：财政拨款结转——归集调出　200 000
　　贷：资金结存——零余额账户用款额度　200 000

（4）调入的项目资金：

借：零余额账户用款额度　100 000
　　贷：累计盈余　100 000
借：资金结存——零余额账户用款额度　100 000
　　贷：财政拨款结转——归集调入　100 000

（5）将结转资金上缴财政：

借：累计盈余　800 000
　　贷：零余额账户用款额度　800 000
借：财政拨款结转——归集上缴　800 000
　　贷：资金结存——零余额账户用款额度　800 000

（6）收支结转：

借：财政拨款预算收入　2 000 000

贷:财政拨款结转——本年收支结转　　2 000 000

借:财政拨款结转——本年收支结转　　1 400 000

　贷:行政支出　　1 400 000

(7)年末冲销财政拨款结转有关明细科目:

借:财政拨款结转——归集调入　　1 000 000

　　　　　　——本年收支结转　　2 000 000

　贷:财政拨款结转——累计结转　　3 000 000

借:财政拨款结转——累计结转　　300 000

　贷:财政拨款结转——年初余额调整　　100 000

　　　　　　　——单位内部调剂　　200 000

(8)年底结转:

借:财政拨款结转——累计结转　　800 000

　　　　　　——累计结转　　300 000

　贷:财政拨款结余——结转转入　　1 100 000

三、财政拨款结余

(一)科目设置

为了核算取得的同级财政拨款项目支出结余资金的调整、结转和滚存情况,政府单位应当设置“财政拨款结余”总账科目和相关明细科目。

1.总账科目

“财政拨款结余”是预算会计预算结余类科目,贷方登记财政拨款结余的增加数,借方登记财政拨款结余的减少数。余额一般在贷方,年末贷方余额,表示政府单位滚存的财政拨款结余资金数额。该科目要根据不同情况,设置相应的明细科目。

2.明细科目

(1)与会计差错更正、以前年度支出收回相关的明细科目:“年初余额调整”。

“年初余额调整”:本明细科目核算因发生会计差错更正、以前年度支出收回等原因,需要调整财政拨款结余的金额。年末结账后,本明细科目应无余额。

(2)与财政拨款结余资金调整业务相关的明细科目:“归集上缴”“单位内部

调剂”。

“归集上缴”:本明细科目核算按照规定上缴财政拨款结余资金时,实际核销的额度数额或上缴的资金数额。年末结账后,本明细科目应无余额。

“单位内部调剂”:本明细科目核算经财政部门批准对财政拨款结余资金改变用途,调整用于本单位其他未完成项目等的调整金额。年末结账后,本明细科目应无余额。

(3)与年末财政拨款结余业务相关的明细科目:“结转转入”“累计结余”。

“结转转入”:本明细科目核算政府单位按照规定转入财政拨款结余的财政拨款结转资金。年末结账后,本明细科目应无余额。

“累计结余”:本明细科目核算政府单位滚存的财政拨款结余资金。本明细科目年末贷方余额,反映政府单位财政拨款滚存的结余资金数额。本科目还应当按照具体项目、《政府收支分类科目》中“支出功能分类科目”的相关科目等进行明细核算。有一般公共预算财政拨款、政府性基金预算财政拨款等两种或两种以上财政拨款的,还应当在本科目下按照财政拨款的种类进行明细核算。

(二)账务处理

1.与会计差错更正、以前年度支出收回相关的账务处理

(1)因发生会计差错更正退回以前年度国库直接支付、授权支付款项或财政性货币资金,或者因发生会计差错更正增加以前年度国库直接支付、授权支付支出或财政性货币资金支出,属于以前年度财政拨款结余资金的,借记或贷记“零余额账户用款额度”“银行存款”等科目,贷记或借记“以前年度盈余调整”。同时,借记或贷记“资金结存——财政应返还额度”“资金结存——零余额账户用款额度”“资金结存——货币资金”科目,贷记或借记“财政拨款结余——年初余额调整”科目。

(2)因购货退回、预付款项收回等发生以前年度支出又收回国库直接支付、授权支付款项或收回财政性货币资金,属于以前年度财政拨款结余资金的,借记“零余额账户用款额度”“银行存款”等科目,贷记“以前年度盈余调整”。同时,借记“资金结存——财政应返还额度”“资金结存——零余额账户用款额度”“资金结存——货币资金”科目,贷记“财政拨款结余——年初余额调整”科目。

2.与财政拨款结余资金调整业务相关的账务处理

(1)经财政部门批准对财政拨款结余资金改变用途,调整用于本单位基本支出或

其他未完成项目支出的，按照批准调剂的金额，借记“财政拨款结余——单位内部调剂”科目，贷记“财政拨款结转——单位内部调剂”科目。

（2）按照规定上缴财政拨款结余资金或注销财政拨款结余资金额度的，按照实际上缴资金数额或注销的资金额度数额，借记“累计盈余”科目，贷记“财政应返还额度”“零余额账户用款额度”“银行存款”科目。同时，借记“财政拨款结余——归集上缴”科目，贷记“资金结存——财政应返还额度”“资金结存——零余额账户用款额度”“资金结存——货币资金”科目。

3. 与年末财政拨款结转和结余业务相关的账务处理

（1）年末，对财政拨款结转各明细项目执行情况进行分析，按照有关规定将符合财政拨款结余性质的项目余额转入财政拨款结余，借记“财政拨款结转——累计结转”科目，贷记“财政拨款结余——结转转入”科目。

（2）年末冲销有关明细科目余额。将“财政拨款结余——年初余额调整”“财政拨款结余——归集上缴”“财政拨款结余——单位内部调剂”“财政拨款结余——结转转入”科目余额转入“财政拨款结余——累计结余”科目。结转后，“财政拨款结余”科目除“累计结余”明细科目外，其他明细科目应无余额。

【例 9-10】某事业单位是财政授权支付单位，2×21 年发生以下经济业务，请予会计处理。

1. 年底审计发现，以前年度发生的春游费用 60 000 元列支事业费，违反中央文件要求，故要求相关人员退回资金，并退至零余额账户。

2. 两年前对实验室进行维修改造，当年申请项目资金 1 000 000 元，该项目周期为 2 年，已于 2×21 年年底完工，剩余项目资金为 100 000 元，经批准上缴财政。

3. 当年完成某项目的建设，剩余资金为 100 000 元，经批准调剂至该单位另一个项目继续使用。

4. 根据规定年末财政拨款结转资金可以转结余，具体情况如下：

（1）甲系统建设项目提前完成，剩余资金 160 000 元；

（2）乙项目因为可行性研究报告不充分，调整闲置资金 40 000 元。

5. 年底财政拨款结余明细科目余额为：

借方余额：财政拨款结余——年初余额调整　　100 000 元

　　　　　　　　　　　——单位内部调剂　　100 000 元

——归集上缴　100 000元

贷方余额：财政拨款结余——结转转入　1 000 000元

账务处理如下：

1. 相关人员退回资金至零余额账户：

借：零余额账户用款额度　60 000

　贷：以前年度盈余调整　60 000

借：资金结存——零余额账户用款额度　60 000

　贷：财政拨款结余——年初余额调整　60 000

2. 剩余项目资金上缴财政：

借：累计盈余　100 000

　贷：财政应返还额度　100 000

借：财政拨款结余——归集上缴　100 000

　贷：资金结存——财政应返还额度　100 000

3. 剩余资金调剂继续使用：

借：财政拨款结余——单位内部调剂　100 000

　贷：财政拨款结转——单位内部调剂　100 000

4. 年末财政拨款结转资金转结余：

借：财政拨款结转——累计结转　160 000

——累计结转　40 000

　贷：财政拨款结余——结转转入　200 000

5. 年底财政拨款结余明细科目结转：

借：财政拨款结余——结转转入　1 000 000

　贷：财政拨款结余——累计结余　1 000 000

借：财政拨款结余——累计结余　300 000

　贷：财政拨款结余——年初余额调整　100 000

——单位内部调剂　100 000

——归集上缴　100 000

四、非财政拨款结转

(一)科目设置

为了核算除财政拨款收支、经营收支以外各非同级财政拨款专项资金的调整、结转和滚存情况,政府单位应当设置"非财政拨款结转"总账科目和相应的明细科目。

1. 总账科目

"非财政拨款结转"是预算会计预算结余类科目。贷方登记非财政拨款结转的增加数,借方登记非财政拨款结转的减少数。余额一般在贷方,年末贷方余额,表示政府单位滚存的非财政拨款结转资金数额。该科目要根据不同情况,设置相应的明细科目。

2. 明细科目

(1)年初余额调整:本明细科目核算因发生会计差错更正、以前年度支出收回等原因,需要调整非财政拨款结转的资金。年末结账后,本明细科目应无余额。

(2)缴回资金:本明细科目核算按照规定缴回非财政拨款结转资金时,实际缴回的资金数额。年末结账后,本明细科目应无余额。

(3)项目间接费用或管理费:本明细科目核算政府单位取得的科研项目预算收入中,按照规定计提项目间接费用或管理费的数额。年末结账后,本明细科目应无余额。

(4)本年收支结转:本明细科目核算政府单位本年度非同级财政拨款专项收支相抵后的余额。年末结账后,本明细科目应无余额。

(5)累计结转:本明细科目核算政府单位滚存的非同级财政拨款专项结转资金。本明细科目年末贷方余额,反映单位非同级财政拨款滚存的专项结转资金数额。本科目还应当按照具体项目、《政府收支分类科目》中"支出功能分类科目"的相关科目等进行明细核算。

(二)账务处理

(1)按照规定从科研项目预算收入中提取项目管理费或间接费时,按照提取金额,借记"单位管理费用"科目,贷记"预提费用——项目间接费用或管理费"科目。

同时，借记“非财政拨款结转——项目间接费用或管理费”科目，贷记“非财政拨款结余——项目间接费用或管理费”科目。

（2）因会计差错更正收到或支出非同级财政拨款货币资金，属于非财政拨款结转资金的，按照收到或支出的金额，借记或贷记“银行存款”科目，贷记或借记“以前年度盈余调整”科目。同时，借记或贷记“资金结存——货币资金”科目，贷记或借记“非财政拨款结转——年初余额调整”科目。

因收回以前年度支出等收到非同级财政拨款货币资金，属于非财政拨款结转资金的，按照收到的金额，借记“银行存款”科目，贷记“以前年度盈余调整”科目。同时，借记“资金结存——货币资金”科目，贷记“非财政拨款结转——年初余额调整”科目。

（3）按照规定缴回非财政拨款结转资金的，按照实际缴回资金数额，借记“累计盈余”科目，贷记“银行存款”科目。同时，借记“非财政拨款结转——缴回资金”科目，贷记“资金结存——货币资金”科目。

（4）年末，将事业预算收入、上级补助预算收入、附属单位上缴预算收入、非同级财政拨款预算收入、债务预算收入、其他预算收入本年发生额中的专项资金收入转入“非财政拨款结转”科目，借记“事业预算收入”“上级补助预算收入”“附属单位上缴预算收入”“非同级财政拨款预算收入”“债务预算收入”“其他预算收入”科目下各专项资金收入明细科目，贷记“非财政拨款结转——本年收支结转”科目；将行政支出、事业支出、其他支出本年发生额中的非财政拨款专项资金支出转入本科目，借记“非财政拨款结转——本年收支结转”科目，贷记“行政支出”“事业支出”“其他支出”科目下各非财政拨款专项资金支出明细科目。

（5）年末冲销有关明细科目余额。将“非财政拨款结转——年初余额调整”“非财政拨款结转——项目间接费用或管理费”“非财政拨款结转——缴回资金”“非财政拨款结转——本年收支结转”科目余额转入“非财政拨款结转——累计结转”科目。结转后，“非财政拨款结转”科目除“累计结转”明细科目外，其他明细科目应无余额。

（6）年末完成上述结转后，应当对非财政拨款专项结转资金各项目情况进行分析，将留归本单位使用的非财政拨款专项（项目已完成）剩余资金转入非财政拨款结余，借记“非财政拨款结转——累计结转”科目，贷记“非财政拨款结余——结转转入”科目。

【例 9-11】某行政单位2×21年发生如下经济业务，请予会计处理。

1. 财务检查发现，上年使用科研项目资金支付劳务10 000元，该事项劳务费单据上列明的金额为12 000元，该项目尚未完工，对上述会计差错进行分析后，需支付资金2 000元。

2. 内部审计发现上年度单位利用虚假发票套取项目资金10 000元，该项目尚未完工，内部审计机构要求追回相关资金。对上述会计差错进行分析后，确认该会计差错属于有意为之，已经向相关责任人追回相关资金。

3. 年底收入类贷方余额如下：非同级财政拨款预算收入1 000 000元，其他预算收入300 000元；支出类（非财政拨款资金）借方余额如下：行政支出700 000元，其他支出100 000元。

4. 非财政拨款专项预算收入为1 500 000元，当年支出1 300 000元，该项目已完工年末收支结转后，该项目非财政补助结转科目贷方余额为200 000元，经批准留归本单位使用。

账务处理如下：

1. 补付劳务：

借：以前年度盈余调整	2 000	
贷：库存现金		2 000
借：非财政拨款结转——年初余额调整	2 000	
贷：资金结存——货币资金		2 000

2. 追回相关资金：

借：银行存款	10 000	
贷：累计盈余		10 000
借：资金结存——货币资金	10 000	
贷：非财政拨款结转——年初余额调整		10 000

3. 年底进行结转：

借：非同级财政拨款预算收入	1 000 000	
其他预算收入	300 000	
贷：非财政拨款结转——本年收支结转		1 300 000
借：非财政拨款结转——本年收支结转	800 000	
贷：行政支出		700 000

其他支出　　100 000

4.非财政补助结余留归本单位：

借：非财政拨款结转——累计结转　　200 000

贷：非财政拨款结余——结转转入　　200 000

五、非财政拨款结余

（一）科目设置

为了核算历年滚存的非限定用途的非同级财政拨款结余资金，主要为非财政拨款结余扣除结余分配后滚存的金额，政府单位应当设置“非财政拨款结余”总账科目和相关明细科目。

1.总账科目

“非财政拨款结余”是预算会计预算结余类科目，贷方登记非财政拨款结余的增加数，借方登记非财政拨款结余的减少数。余额一般在贷方，年末贷方余额，表示政府单位非同级财政拨款结余资金的累计滚存数额。该科目要根据不同情况，设置相应的明细科目。

2.明细科目

（1）“年初余额调整”：本明细科目核算因发生会计差错更正、以前年度支出收回等原因，需要调整非财政拨款结余的资金。年末结账后，本明细科目应无余额。

（2）“项目间接费用或管理费”：本明细科目核算取得的科研项目预算收入中，按照规定计提的项目间接费用或管理费数额。年末结账后，本明细科目应无余额。

（3）“结转转入”：本明细科目核算按照规定留归单位使用，由单位统筹调配，纳入单位非财政拨款结余的非同级财政拨款专项剩余资金。年末结账后，本明细科目应无余额。

（4）“累计结余”：本明细科目核算政府单位历年滚存的非同级财政拨款、非专项结余资金。本明细科目年末贷方余额，反映单位非同级财政拨款滚存的非专项结余资金数额。

本科目还应当按照《政府收支分类科目》中“支出功能分类科目”的相关科目进行

明细核算。

(二)账务处理

(1)按照规定从科研项目预算收入中提取项目管理费或间接费时,借记“单位管理费用”科目,贷记“预提费用——项目间接费用或管理费”科目。同时,借记“非财政拨款结转——项目间接费用或管理费”科目,贷记“非财政拨款结余——项目间接费用或管理费”科目。

(2)有企业所得税缴纳义务的事业单位实际缴纳企业所得税时,按照缴纳金额,借记“其他应交税费——单位应交所得税”科目,贷记“银行存款”科目。同时,借记“非财政拨款结余——累计结余”科目,贷记“资金结存——货币资金”科目。

(3)因会计差错更正收到或支出非同级财政拨款货币资金,属于非财政拨款结余资金的,按照收到或支出的金额,借记或贷记“银行存款”科目,贷记或借记“以前年度盈余调整”科目。同时,借记或贷记“资金结存——货币资金”科目,贷记或借记“非财政拨款结余——年初余额调整”科目。

因收回以前年度支出等收到非同级财政拨款货币资金,属于非财政拨款结余资金的,按照收到的金额,借记“银行存款”科目,贷记“以前年度盈余调整”科目。同时,借记“资金结存——货币资金”科目,贷记“非财政拨款结余——年初余额调整”科目。

(4)年末,将留归本单位使用的非财政拨款专项(项目已完成)剩余资金转入“非财政拨款结余”科目,借记“非财政拨款结转——累计结转”科目,贷记“非财政拨款结余——结转转入”科目。

(5)年末冲销有关明细科目余额。将“非财政拨款结余——年初余额调整”“非财政拨款结余——项目间接费用或管理费”“非财政拨款结余——结转转入”科目余额结转入“非财政拨款结余——累计结余”科目。结转后,“非财政拨款结余”科目除“累计结余”明细科目外,其他明细科目应无余额。

(6)年末,事业单位将“非财政拨款结余分配”科目余额转入非财政拨款结余。“非财政拨款结余分配”科目为借方余额的,借记“非财政拨款结余——累计结余”科目,贷记“非财政拨款结余分配”科目;“非财政拨款结余分配”科目为贷方余额的,借记“非财政拨款结余分配”科目,贷记“非财政拨款结余——累计结余”科目。

年末,行政单位将“其他结余”科目余额转入非财政拨款结余。“其他结余”科目为借方余额的,借记"非财政拨款结余——累计结余"科目,贷记"其他结余"科目;"其他结余"科目为贷方余额的,借记"其他结余"科目,贷记"非财政拨款结余——累计结余"科目。

【例 9-12】某事业单位 2×21 年发生如下经济业务,请予会计处理。

1. 项目预算收入为 10 000 000 元,根据规定计提项目管理费 500 000 元。

2. 按税法计算缴纳当年企业所得税 100 000 元。

3. 发现上年度已完工项目少计算缴纳个人所得税 10 000 元,该事项属于会计差错更正事项。

4. 在财务检查中发现,上年已完工项目用项目资金应支付劳务 110 000 元,该事项劳务费单据上列明的金额为 111 000 元,对上述会计差错进行分析后,需收回资金 1 000 元。

5. 非财政拨款项目预算收入为 4 500 000 元,预算支出为 4 400 000 元,该项目已完工,年末收支结转后,该项目非财政补助结转科目贷方余额为 100 000 元,按规定留归本单位使用。

6. 年底非财政拨款结余分配贷方余额为 1 000 000 元,其他结余贷方余额为 100 000 元,年底进行结转。

账务处理如下:

1. 计提项目管理费:

借:单位管理费用　500 000

　贷:预提费用——项目间接费用或管理费　500 000

借:非财政拨款结转——项目间接费用或管理费　500 000

　贷:非财政拨款结余——项目间接费用或管理费　500 000

2. 缴纳企业所得税:

借:其他应交税费——单位应交所得税　100 000

　贷:银行存款　100 000

借:非财政拨款结余——累计结余　100 000

　贷:资金结存——货币资金　100 000

3. 差错更正:

借:累计盈余　10 000

贷：银行存款　10 000

借：非财政拨款结余——年初余额调整　10 000

贷：资金结存——货币资金　10 000

4. 收回资金1000元：

借：库存现金　1 000

贷：累计盈余　1 000

借：资金结存——货币资金　1 000

贷：非财政拨款结余——年初余额调整　1 000

5. 非财政补助结转结余资金留归本单位：

借：非财政拨款结转——累计结转　100 000

贷：非财政拨款结余——结转转入　100 000

6. 年底进行结转：

借：非财政拨款结余分配　1 000 000

其他结余　100 000

贷：非财政拨款结余　1 100 000

六、非财政拨款结余分配

（一）科目设置

为了核算本年度非财政拨款结余分配的情况和结果，政府事业单位应当设置“非财政拨款结余分配”科目。

“非财政拨款结余分配”是预算会计预算结余类科目，贷方登记可供分配的非财政拨款结余的增加和年末借方余额的转出额，借方登记可供分配的非财政拨款结余的减少和年末贷方余额的转出额。年末结账后，本科目应无余额。

（二）账务处理

（1）年末，将“其他结余”科目余额转入“非财政拨款结余分配”科目，当“其他结余”科目为贷方余额时，借记“其他结余”科目，贷记“非财政拨款结余分配”科目；当“其他结余”科目为借方余额时，借记“非财政拨款结余分配”科目，贷记“其他结余”

科目。

(2)年末,将"经营结余"科目贷方余额转入"非财政拨款结余分配"科目,借记"经营结余"科目,贷记"非财政拨款结余分配"科目。

(3)根据有关规定提取专用基金的,按照提取的金额,借记"本年盈余分配"科目,贷记"专用基金"科目。同时,借记"非财政拨款结余分配"科目,贷记"专用结余"科目。

(4)年末,按照规定完成以上处理后,将"非财政拨款结余分配"科目余额转入非财政拨款结余。当"非财政拨款结余分配"科目为借方余额时,借记"非财政拨款结余——累计结余"科目,贷记"非财政拨款结余分配"科目;当"非财政拨款结余分配"科目为贷方余额时,借记"非财政拨款结余分配"科目,贷记"非财政拨款结余——累计结余"科目。

第六节　其他结余资金

政府单位预算会计中,除了上述结转结余资金外,还有专用结余资金、经营结余资金和其他结余资金,下面就介绍这类结余资金的核算。

一、专用结余

(一)科目设置

为了核算按照规定从非财政拨款结余或经营结余中提取的具有专门用途的资金的变动和滚存情况,政府事业单位应当设置"专用结余"科目。

"专用结余"是预算会计预算结余类科目,贷方登记从非财政拨款结余或经营结余中提取的具有专门用途的资金的增加数,借方登记从非财政拨款结余或经营结余中提取的具有专门用途的资金的减少数。本科目应当按照专用结余的类别进行明细核算。余额一般在贷方,年末贷方余额,反映事业单位从非同级财政拨款结余中提取的专用基金的累计滚存数额。

(二)账务处理

1. 提取基金

根据有关规定从本年度非财政拨款结余或经营结余中提取基金的,按照提取金额,借记“本年盈余分配”科目,贷记“专用基金”科目。同时,借记“非财政拨款结余分配”科目,贷记“专用结余”科目。

2. 使用基金

根据规定使用从非财政拨款结余或经营结余中提取的专用基金时,按照使用金额,借记“固定资产”“无形资产”“专用基金”科目,贷记“银行存款”科目。如果购置固定资产、无形资产,则同时借记“专用基金”科目,贷记“累计盈余”科目。同时,借记“专用结余”科目,贷记“资金结存——货币资金”科目。

【例 9-13】某事业单位 2×21 年非财政拨款结余为 800 000 元,经营结余为 200 000 元,按规定年末计算提取职工福利基金 400 000 元(该单位职工福利基金提取比例为 40%)。使用从非财政拨款结余中提取的专用基金支付职工福利费 300 000 元,账务处理如下:

1. 年末计算提取职工福利基金:

借:本年盈余分配　　400 000

　　贷:专用基金　　400 000

借:非财政拨款结余分配　　400 000

　　贷:专用结余　　400 000

2. 使用专用基金:

借:专用基金　　300 000

　　贷:银行存款　　300 000

借:专用结余　　300 000

　　贷:资金结存——货币资金　　300 000

二、经营结余

（一）科目设置

为了核算本年度经营活动收支相抵后余额弥补以前年度经营亏损后的余额，政府事业单位应当设置“经营结余”科目。

“经营结余”是预算会计预算结余类科目，贷方登记经营预算收入本年发生额的转入额，借方登记经营支出本年发生额的转入额。本科目可以按照经营活动类别进行明细核算。年末结账后，本科目一般无贷方余额。如为借方余额，反映事业单位累计发生的经营亏损。

（二）账务处理

（1）年末，将经营预算收入本年发生额转入“经营结余”科目，借记“经营预算收入”科目，贷记“经营结余”科目；将经营支出本年发生额转入“经营结余”科目，借记“经营结余”科目，贷记“经营支出”科目。

（2）年末，完成上述结转后，如“经营结余”科目为贷方余额，将“经营结余”科目贷方余额转入“非财政拨款结余分配”科目，借记“经营结余”科目，贷记“非财政拨款结余分配”科目；如“经营结余”科目为借方余额，为经营亏损，不予结转。

【例 9-14】某事业单位 2×21 年年底经营预算收入为 1 000 000 元，经营支出为 800 000 元，年底进行收支结转。

账务处理如下：

借：经营预算收入　　1 000 000

　　贷：经营结余　　1 000 000

借：经营结余　　800 000

　　贷：经营支出　　800 000

经营结余期末贷方余额＝1 000 000−800 000＝200 000（元），应予结转。

借：经营结余　　200 000

　　贷：非财政拨款结余分配　　200 000

注意：若经营预算收入为700 000元，经营结余期末余额＝700 000-800 000＝-100 000（元），期末借方存在余额，不予结转。

三、其他结余

（一）科目设置

为了核算政府单位本年度除财政拨款收支、非同级财政专项资金收支和经营收支以外各项收支相抵后的余额，政府单位应当设置“其他结余”科目。

“其他结余”是预算会计预算结余类科目，贷方登记其他结余的增加额，借方登记其他结余的减少额。年末结账后，本科目应无余额。

（二）账务处理

年末，将事业预算收入、上级补助预算收入、附属单位上缴预算收入、非同级财政拨款预算收入、债务预算收入、其他预算收入本年发生额中的非专项资金收入以及投资预算收益本年发生额转入“其他结余”科目，借记“事业预算收入”“上级补助预算收入”“附属单位上缴预算收入”“非同级财政拨款预算收入”“债务预算收入”“其他预算收入”科目下各非专项资金收入明细科目和“投资预算收益”科目，贷记“其他结余”科目（“投资预算收益”科目本年发生额为借方净额时，借记“其他结余”科目，贷记“投资预算收益”科目）；将行政支出、事业支出、其他支出本年发生额中的非同级财政、非专项资金支出，以及上缴上级支出、对附属单位补助支出、投资支出、债务还本支出本年发生额转入本科目，借记“其他结余”科目，贷记“行政支出”“事业支出”“其他支出”科目下各非同级财政、非专项资金支出明细科目和“上缴上级支出”“对附属单位补助支出”“投资支出”“债务还本支出”科目。

年末，完成上述结转后，行政单位将“其他结余”科目余额转入“非财政拨款结余——累计结余”科目；事业单位将“其他结余”科目余额转入“非财政拨款结余分配”科目。当“其他结余”科目为贷方余额时，借记“其他结余”科目，贷记“非财政拨款结余——累计结余”或“非财政拨款结余分配”科目；当“其他结余”科目为借方余额时，借记“非财政拨款结余——累计结余”或“非财政拨款结余分配”科目，贷记“其他结余”科目。

【例 9-15】某行政单位 2×21 年年底其他预算收入为 1 000 000 元，其他支出为 900 000 元，年底进行收支结转。

账务处理如下：

借：其他预算收入　　1 000 000

　贷：其他结余　　1 000 000

借：其他结余　　900 000

　贷：其他支出　　900 000

其他结余年底余额＝1 000 000−900 000＝100 000（元）

借：其他结余　　100 000

　贷：非财政拨款结余——累计结余　　100 000

【例 9-16】某事业单位 2×21 年年底上级补助预算收入为 1 000 000 元，附属单位上缴预算收入为 1 000 000 元，非同级财政拨款预算收入为 1 000 000 元，债务预算收入为 1 000 000 元，其他预算收入（非专项资金部分）为 1 000 000 元，其他支出（非财政、非专项资金支出部分）为 800 000 元，上缴上级支出为 900 000 元，对附属单位补助支出为 900 000 元，投资支出为 1 000 000 元，年底进行收支结转。

账务处理如下：

借：上级补助预算收入　　1 000 000

　附属单位上缴预算收入　　1 000 000

　非同级财政拨款预算收入　　1 000 000

　债务预算收入　　1 000 000

　其他预算收入　　1 000 000

　贷：其他结余　　5 000 000

借：其他结余　　3 600 000

　贷：其他支出　　800 000

　　上缴上级支出　　900 000

　　对附属单位补助支出　　900 000

　　投资支出　　1 000 000

其他结余年底余额＝5 000 000−3 600 000＝1 400 000（元）

借:其他结余　　1 400 000

　贷:非财政拨款结余分配　　1 400 000

思考与练习题

一、名词解释

1.净资产

2.预算结余

3.以前年度盈余调整

4.累计盈余

5.专用基金

6.结转结余资金

二、填空题

1.政府单位净资产主要包括本期盈余、累计盈余、本年盈余分配、无偿调拨净资产、以前年度盈余调整、专用基金、权益法调整等。其中(　　)、(　　)属于事业单位特有净资产项目,其他均属于行政单位和事业单位共有的净资产项目。

2.纳入部门预算管理的资金包括货币资金(即库存现金、银行存款、其他货币资金)、(　　　　　　)和(　　　　　　)。

三、选择题

1.政府单位净资产主要包括本期盈余、累计盈余、本年盈余分配(　　)等。

A.无偿调拨净资产　　B.以前年度盈余调整

C.专用基金　　D.权益法调整

2.政府单位预算结余主要包括(　　)。

A.财政拨款结转结余　　B.非财政拨款结转结余

C.专用结余　　D.经营结余

四、账务处理题

1.2×21年1月税务局在对某法院进行日常检查时,发现该单位2×20年度1月将购入的一批已达到固定资产标准的办公设备记入“单位管理费用”账户,金额达到600 000元。假设该批办公设备残值率为0,按直线法计提折旧,预计使用年限为10年。另外2×20年10月有一笔预收账款100 000元,付款方已经收到商品,并达到收入确认条件,但该法院当年没有确认收入。不考虑相关税费。

2. 某高校2×21年发生以下业务,请对该高校进行会计处理。

(1)12月31日,财政拨款收入科目余额500 000 000元,事业收入科目余额500 000 000元,上级补助收入科目余额50 000 000元,附属单位上缴收入科目余额10 000 000元,经营收入科目余额50 000 000元,投资收益科目余额50 000 000元,其他收入科目余额50 000 000元。

(2)12月31日,业务活动费用科目余额800 000 000元,单位管理费用科目余额340 000 000元,经营费用科目余额2 0 000 000元,资产处置费用科目余额1 000 000元,所得税费用科目余额1 000 000元,其他费用科目余额4 0 000 000元。

(3)12月31日结转本期盈余科目余额。

(4)12月31日按照本期盈余的10%计提职工福利基金。

(5)12月31日结转本年盈余分配科目余额。

(6)12月31日,无偿调拨净资产科目余额2 000 000元。

(7)12月31日,以前年度盈余调整科目余额5 000 000元。

(8)12月31日,使用从经营结余中提取的专用基金购置固定资产100 000元。

3. 某行政单位为财政授权支付单位,2×21年发生以下经济业务,请予会计处理。

(1)1月财务检查发现以前年度多付了一笔20 000元法律咨询服务费,2月收到退回的20 000元。

(2)3月发现以前年度购买的办公耗材质量有问题,协商后将此耗材退回商家,商家4月退回材料款20 000元。

(3)该单位某项目业务经费预算为2 000 000元,实施周期为两年,当年已使用预算资金1 200 000元,项目未完工,因实施计划调整,经批准将此结转资金拨付其他预算单位400 000元,上缴财政400 000元。另外收到从别的单位调入的项目资金100 000元。

(4)年末有关业务情况如下:

A. 财政拨款预算收入为10 000 000元,行政支出(财政拨款支出部分)为9 000 000元。

B. 财政拨款结转——年初余额调整借方余额100 000元,财政拨款结转——单位内部调剂借方余额200 000元;财政拨款结转——归集调入贷方余额1 000 000元,财政拨款结转——本年收支结转贷方余额2 000 000元。

C. “财政拨款结转——累计结转”中:A项目实施周期内,连续两年未用完的预算资金为1 000 000元；当年批复的部门机动经费中有100 000元未使用完毕。

4. 某事业单位是财政授权支付单位，2×21年发生以下经济业务，请予会计处理。

（1）年底审计发现，以前年度发生的春游费用60 000元列支事业费，违反中央文件要求，故要求相关人员退回资金，并退至零余额账户。

（2）两年前对实验室进行维修改造，当年申请项目资金1 000 000元，该项目周期为2年，已于2×21年年底完工，剩余项目资金为100 000元，经批准上缴财政。

（3）当年完成某项目的建设，剩余资金为100 000元，经批准调剂至该单位另一个项目继续使用。

（4）根据规定年末财政拨款结转资金可以转结余，具体情况如下：

甲系统建设项目提前完成，剩余资金160 000元；

乙项目因为可行性研究报告不充足，计划进行调整，闲置资金40 000元。

（5）年底财政拨款结余明细科目余额为：

借方余额：财政拨款结余——年初余额调整 100 000元

——单位内部调剂 100 000元

——归集上缴 100 000元

贷方余额：财政拨款结余——结转转入 1 000 000元

5. 某医院2×21年发生如下经济业务，请予会计处理。

（1）财务检查发现，上年使用科研项目资金支付劳务12 000元，该事项劳务费单据上列明的金额为12 100元，该项目尚未完工，对上述会计差错进行分析后，需支付资金100元。

（2）审计发现上年度单位利用虚假发票套取项目资金20 000元，该项目尚未完工，审计机构要求追回相关资金，已经向相关责任人追回相关资金。

（3）年末"非同级财政拨款预算收入"贷方余额2 000 000元，"其他预算收入"贷方余额1 000 000元；"事业支出（非财政拨款资金）"借方余额1 000 000元，"其他支出（非财政拨款资金）"借方余额100 000元。

（4）非财政拨款专项预算收入为2 000 000元，当年支出1 800 000元，该项目已完工年末收支结转后，该项目非财政补助结转科目贷方余额为200 000元，经批准留归本单位使用。

6. 某研究院2×21年发生如下经济业务，请予会计处理。

（1）项目预算收入为1 000 000元，根据规定计提项目管理费50 000元。

(2)财务检查发现,上年度少计算缴纳个人所得税10 000元。按税法计算缴纳本年应缴企业所得税100 000元,上述款项均用银行存款交纳。

(3)年末非财政拨款结余为1 000 000元,经营结余为1 000 000元,按规定年末计算提取职工福利基金800 000元(该单位职工福利基金提取比例为40%)。使用从非财政拨款结余中提取的专用基金支付职工福利费500 000元。

(4)非财政拨款项目预算收入为4 500 000元,预算支出为4 400 000元,该项目已完工,年末收支结转后,该项目非财政补助结转科目贷方余额为100 000元,按规定留归本单位使用。

(5)年底账面显示:上级补助预算收入为1 000 000元,附属单位上缴预算收入为1 000 000元,非同级财政拨款预算收入为1 000 000元,债务预算收入为1 000 000元,其他预算收入(非专项资金部分)为1 000 000元,经营预算收入为1 000 000元,其他支出(非财政、非专项资金支出部分)为800 000元,上缴上级支出为900 000元,对附属单位补助支出为900 000元,投资支出为1 000 000元,经营支出为800 000元。

(6)年底非财政拨款结余分配贷方余额为1 000 000元,其他结余贷方余额为100 000元。

第十章　政府单位会计报表

政府单位会计报表包括财务会计报表和预算会计报表。本章探讨其有关理论与实务。

第一节　会计报表概述

一、会计报表的概念

政府单位会计报表与企业会计报表不同，不但有财务会计报表，还有预算会计报表。财务会计报表是反映政府单位一定时期财务状况、收支情况和现金流量的书面文件，是上级部门了解政府单位财务状况、收支情况和现金流量情况的重要资料，也是政府单位编制下年度财务收支计划的依据。财务会计报表由资产负债表、收入费用表、净资产变动表、现金流量表和附表组成。预算会计报表是指反映政府年度预算收支执行结果的书面文件，也称决算报表，是上级部门指导、检查政府单位预算执行工作的重要资料，也是政府单位编制下年度预算的参考依据。预算会计报表由预算收入支出表、预算结转结余变动表、财政拨款预算收入支出表和报表说明书组成。

二、会计报表的分类

按照内容和形式分类，财务会计报表可以分为资产负债表、收入费用表、净资产变动表、现金流量表和附表；预算会计报表可以分为预算收入支出表、预算结转结余变动表、财政拨款预算收入支出表和报表说明书。

按照编报时间分类，财务会计报表可以分为月报、季报、年报；预算会计报表可以分为年报。

按编报层次分类，财务会计报表和预算会计报表均可以分为本级报表、合并（汇总）报表。

三、会计报表的编制要求

（1）财务会计报表的编制主要以权责发生制为基础，以政府单位财务会计核算生成的数据为准；预算会计报表的编制主要以收付实现制为基础，以政府单位预算会计核算生成的数据为准。

（2）政府单位应当至少按照年度编制财务会计报表和预算会计报表。

（3）政府单位应当根据政府单位会计制度规定编制真实、完整的财务会计报表和预算会计报表，不得违反政府单位会计制度规定随意改变财务会计报表和预算会计报表的编制基础、编制依据、编制原则和方法，不得随意改变政府单位会计制度规定的财务会计报表和预算会计报表有关数据的会计口径。

（4）财务会计报表和预算会计报表应当根据登记完整、核对无误的账簿记录和其他有关资料编制，做到数字真实、计算准确、内容完整、编报及时。

（5）财务会计报表和预算会计报表应当由单位负责人和主管会计工作的负责人、会计机构负责人（会计主管人员）签名并盖章。

（6）政府单位编制年度会计报表前，必须进行年终清理：清理核对年度预算收支数字和预算领拨款数字；清理核对各项收支款项；清理各项往来款项；清查货币资金和财产物资等。

第二节　资产负债表

一、概述

资产负债表是反映政府单位某一特定日期财务状况的报表，即反映政府单位在某一特定日期的全部资产、负债和净资产的情况。

二、资产负债表的内容与格式

政府单位的资产负债表由表首标题和报表主体构成。报表主体部分包括编报项目、栏目以及金额。具体格式见表10–1。

表10–1 资产负债表

会政财01表

编制单位：　　　　　　年　　月　　日　　　　　　单位：元

资产	期末余额	年初余额	负债和净资产	期末余额	年初余额
流动资产：			流动负债：		
货币资金			短期借款		
短期投资			应交增值税		
财政应返还额度			其他应交税费		
应收票据			应缴财政款		
应收账款净额			应付职工薪酬		
预付账款			应付票据		
应收股利			应付账款		
应收利息			应付政府补贴款		
其他应收款净额			应付利息		
存货			预收账款		
待摊费用			其他应付款		
一年内到期的非流动资产			预提费用		
其他流动资产			一年内到期的非流动负债		
流动资产合计			其他流动负债		
非流动资产：			流动负债合计		
长期股权投资			非流动负债：		
长期债券投资			长期借款		
固定资产原值			长期应付款		
减：固定资产累计折旧			预计负债		
固定资产净值			其他非流动负债		
工程物资			非流动负债合计		

续　表

资产	期末余额	年初余额	负债和净资产	期末余额	年初余额
在建工程			受托代理负债		
无形资产原值			负债合计		
减:无形资产累计摊销					
无形资产净值					
研发支出					
公共基础设施原值					
减:公共基础设施累计折旧(摊销)					
公共基础设施净值					
政府储备物资					
文物文化资产					
保障性住房原值					
减:保障性住房累计折旧			净资产:		
保障性住房净值			累计盈余		
长期待摊费用			专用基金		
待处理财产损溢			权益法调整		
其他非流动资产			无偿调拨净资产*		
非流动资产合计			本期盈余*		
受托代理资产			净资产合计		
资产总计			负债和净资产总计		

注:“*”标识项目为月报项目,年报中不需列示。

三、资产负债表的编制说明

(一)资产负债表“年初余额”栏各项目内容和填列方法

资产负债表“年初余额”栏内各项数字,应当根据上年年末资产负债表“期末余额”栏内数字填列。

如果本年度资产负债表规定的项目的名称和内容同上年度不一致,应当对上年年末资产负债表项目的名称和数字按照本年度的规定进行调整,将调整后数字填入资产负债表“年初余额”栏内。

如果本年度政府单位发生了因前期差错更正、会计政策变更等调整以前年度盈余的事项，还应当对“年初余额”栏中的有关项目金额进行相应调整。

（二）资产负债表中“资产总计”项目内容和填列方法

资产负债表中“资产总计”项目期末（年初）余额应当与“负债和净资产总计”项目期末（年初）余额相等。

（三）资产负债表“期末余额”栏各项目内容和填列方法

1.资产类项目

（1）“货币资金”项目，反映政府单位期末库存现金、银行存款、零余额账户用款额度、其他货币资金的合计数。本项目应当根据“库存现金”“银行存款”“零余额账户用款额度”“其他货币资金”科目的期末余额的合计数填列；若政府单位存在通过“库存现金”“银行存款”科目核算的受托代理资产还应当按照前述合计数扣减“库存现金”“银行存款”科目下“受托代理资产”明细科目的期末余额后的金额填列。

（2）“短期投资”项目，反映政府事业单位期末持有的短期投资账面余额。本项目应当根据“短期投资”科目的期末余额填列。

（3）“财政应返还额度”项目，反映政府单位期末财政应返还额度的金额。本项目应当根据“财政应返还额度”科目的期末余额填列。

（4）“应收票据”项目，反映政府事业单位期末持有的应收票据的票面金额。本项目应当根据“应收票据”科目的期末余额填列。

（5）“应收账款净额”项目，反映政府单位期末尚未收回的应收账款减去已计提的坏账准备后的净额。本项目应当根据“应收账款”科目的期末余额，减去“坏账准备”科目中对应收账款计提的坏账准备的期末余额后的金额填列。

（6）“预付账款”项目，反映政府单位期末预付给商品或者劳务供应单位的款项。本项目应当根据“预付账款”科目的期末余额填列。

（7）“应收股利”项目，反映政府事业单位期末因股权投资而应收取的现金股利或应当分得的利润。本项目应当根据“应收股利”科目的期末余额填列。

（8）“应收利息”项目，反映政府事业单位期末因债券投资等而应收取的利息。事业单位购入的到期一次还本付息的长期债券投资持有期间应收的利息，不包括在本项目内。本项目应当根据“应收利息”科目的期末余额填列。

(9)“其他应收款净额”项目,反映政府单位期末尚未收回的其他应收款减去已计提的坏账准备后的净额。本项目应当根据“其他应收款”科目的期末余额减去“坏账准备”科目中对其他应收款计提的坏账准备的期末余额后的金额填列。

(10)“存货”项目,反映政府单位期末存储的存货的实际成本。本项目应当根据“在途物品”“库存物品”“加工物品”科目的期末余额的合计数填列。

(11)“待摊费用”项目,反映政府单位期末已经支出,但应当由本期和以后各期负担的分摊期在1年以内(含1年)的各项费用。本项目应当根据“待摊费用”科目的期末余额填列。

(12)“一年内到期的非流动资产”项目,反映政府单位期末非流动资产项目中将在1年内(含1年)到期的金额,如事业单位将在1年内(含1年)到期的长期债券投资金额。本项目应当根据“长期债券投资”等科目的明细科目的期末余额分析填列。

(13)“其他流动资产”项目,反映政府单位期末除资产负债表中上述各项之外的其他流动资产的合计金额。本项目应当根据有关科目期末余额的合计数填列。

(14)“流动资产合计”项目,反映政府单位期末流动资产的合计数。本项目应当根据本表中“货币资金”“短期投资”“财政应返还额度”“应收票据”“应收账款净额”“预付账款”“应收股利”“应收利息”“其他应收款净额”“存货”“待摊费用”“一年内到期的非流动资产”“其他流动资产”项目金额的合计数填列。

(15)“长期股权投资”项目,反映政府事业单位期末持有的长期股权投资的账面余额。本项目应当根据“长期股权投资”科目的期末余额填列。

(16)“长期债券投资”项目,反映事业单位期末持有的长期债券投资的账面余额。本项目应当根据“长期债券投资”科目的期末余额减去其中将于1年内(含1年)到期的长期债券投资余额后的金额填列。

(17)“固定资产原值”项目,反映政府单位期末固定资产的原值。本项目应当根据“固定资产”科目的期末余额填列。

“固定资产累计折旧”项目,反映政府单位期末固定资产已计提的累计折旧金额。本项目应当根据“固定资产累计折旧”科目的期末余额填列。

“固定资产净值”项目,反映政府单位期末固定资产的账面价值。本项目应当根据“固定资产”科目期末余额减去“固定资产累计折旧”科目期末余额后的金额填列。

(18)“工程物资”项目,反映政府单位期末为在建工程准备的各种物资的实际成本。本项目应当根据“工程物资”科目的期末余额填列。

(19)“在建工程”项目，反映政府单位期末所有的建设项目工程的实际成本。本项目应当根据“在建工程”科目的期末余额填列。

(20)“无形资产原值”项目，反映政府单位期末无形资产的原值。本项目应当根据“无形资产”科目的期末余额填列。

“无形资产累计摊销”项目，反映政府单位期末无形资产已计提的累计摊销金额。本项目应当根据“无形资产累计摊销”科目的期末余额填列。

“无形资产净值”项目，反映政府单位期末无形资产的账面价值。本项目应当根据“无形资产”科目期末余额减去“无形资产累计摊销”科目期末余额后的金额填列。

(21)“研发支出”项目，反映政府单位期末正在进行的无形资产开发项目开发阶段发生的累计支出数。本项目应当根据“研发支出”科目的期末余额填列。

(22)“公共基础设施原值”项目，反映政府单位期末控制的公共基础设施的原值。本项目应当根据“公共基础设施”科目的期末余额填列。

“公共基础设施累计折旧(摊销)”项目，反映政府单位期末控制的公共基础设施已计提的累计折旧和累计摊销金额。本项目应当根据“公共基础设施累计折旧(摊销)”科目的期末余额填列。

“公共基础设施净值”项目，反映政府单位期末控制的公共基础设施的账面价值。本项目应当根据“公共基础设施”科目期末余额减去“公共基础设施累计折旧(摊销)”科目期末余额后的金额填列。

(23)“政府储备物资”项目，反映政府单位期末控制的政府储备物资的实际成本。本项目应当根据“政府储备物资”科目的期末余额填列。

(24)“文物文化资产”项目，反映政府单位期末控制的文物文化资产的成本。本项目应当根据“文物文化资产”科目的期末余额填列。

(25)“保障性住房原值”项目，反映政府单位期末控制的保障性住房的原值。本项目应当根据“保障性住房”科目的期末余额填列。

“保障性住房累计折旧”项目，反映政府单位期末控制的保障性住房已计提的累计折旧金额。本项目应当根据“保障性住房累计折旧”科目的期末余额填列。

“保障性住房净值”项目，反映政府单位期末控制的保障性住房的账面价值。本项目应当根据“保障性住房”科目期末余额减去“保障性住房累计折旧”科目期末余额后的金额填列。

（26）“长期待摊费用”项目，反映政府单位期末已经支出，但应由本期和以后各期负担的分摊期限在1年以上（不含1年）的各项费用。本项目应当根据“长期待摊费用”科目的期末余额填列。

（27）“待处理财产损溢”项目，反映政府单位期末尚未处理完毕的各种资产的净损失或净溢余。本项目应当根据“待处理财产损溢”科目的期末借方余额填列；如“待处理财产损溢”科目期末为贷方余额，以“-”号填列。

（28）“其他非流动资产”项目，反映政府单位期末除本表中上述各项之外的其他非流动资产的合计数。本项目应当根据有关科目的期末余额合计数填列。

（29）“非流动资产合计”项目，反映政府单位期末非流动资产的合计数。本项目应当根据资产负债表中“长期股权投资”“长期债券投资”“固定资产净值”“工程物资”“在建工程”“无形资产净值”“研发支出”“公共基础设施净值”“政府储备物资”“文物文化资产”“保障性住房净值”“长期待摊费用”“待处理财产损溢”“其他非流动资产”项目金额的合计数填列。

（30）“受托代理资产”项目，反映政府单位期末受托代理资产的价值。本项目应当根据“受托代理资产”科目的期末余额与“库存现金”“银行存款”科目下“受托代理资产”明细科目的期末余额的合计数填列。

（31）“资产总计”项目，反映政府单位期末资产的合计数。本项目应当根据资产负债表中“流动资产合计”“非流动资产合计”“受托代理资产”项目金额的合计数填列。

2. 负债类项目

（1）“短期借款”项目，反映政府事业单位期末短期借款的余额。本项目应当根据“短期借款”科目的期末余额填列。

（2）“应交增值税”项目，反映政府单位期末应缴未缴的增值税税额。本项目应当根据“应交增值税”科目的期末余额填列；如“应交增值税”科目期末为借方余额，以“-”号填列。

（3）“其他应交税费”项目，反映政府单位期末应缴未缴的除增值税以外的税费金额。本项目应当根据“其他应交税费”科目的期末余额填列；如“其他应交税费”科目期末为借方余额，以“-”号填列。

（4）“应缴财政款”项目，反映政府单位期末应当上缴财政但尚未缴纳的款项。本项目应当根据“应缴财政款”科目的期末余额填列。

(5)“应付职工薪酬”项目,反映政府单位期末按有关规定应付给职工及为职工支付的各种薪酬。本项目应当根据“应付职工薪酬”科目的期末余额填列。

(6)“应付票据”项目,反映政府事业单位期末应付票据的金额。本项目应当根据“应付票据”科目的期末余额填列。

(7)“应付账款”项目,反映政府单位期末应当支付但尚未支付的偿还期限在1年以内(含1年)的应付账款的金额。本项目应当根据“应付账款”科目的期末余额填列。

(8)“应付政府补贴款”项目,反映负责发放政府补贴的政府行政单位期末按照规定应当支付给政府补贴接受者的各种政府补贴款余额。本项目应当根据“应付政府补贴款”科目的期末余额填列。

(9)“应付利息”项目,反映政府事业单位期末按照合同约定应支付的借款利息。事业单位到期一次还本付息的长期借款利息不包括在本项目内。本项目应当根据“应付利息”科目的期末余额填列。

(10)“预收账款”项目,反映政府事业单位期末预先收取但尚未确认收入和实际结算的款项余额。本项目应当根据“预收账款”科目的期末余额填列。

(11)“其他应付款”项目,反映政府单位期末其他各项偿还期限在1年内(含1年)的应付及暂收款项余额。本项目应当根据“其他应付款”科目的期末余额填列。

(12)“预提费用”项目,反映政府单位期末已预先提取的已经发生但尚未支付的各项费用。本项目应当根据“预提费用”科目的期末余额填列。

(13)“一年内到期的非流动负债”项目,反映政府单位期末将于1年内(含1年)偿还的非流动负债的余额。本项目应当根据“长期应付款”“长期借款”等科目的明细科目的期末余额分析填列。

(14)“其他流动负债”项目,反映政府单位期末除资产负债表中上述各项之外的其他流动负债的合计数。本项目应当根据有关科目的期末余额的合计数填列。

(15)“流动负债合计”项目,反映政府单位期末流动负债合计数。本项目应当根据资产负债表“短期借款”“应交增值税”“其他应交税费”“应缴财政款”“应付职工薪酬”“应付票据”“应付账款”“应付政府补贴款”“应付利息”“预收账款”“其他应付款”“预提费用”“一年内到期的非流动负债”“其他流动负债”项目金额的合计数填列。

(16)“长期借款”项目,反映政府事业单位期末长期借款的余额。本项目应当根据“长期借款”科目的期末余额减去其中将于1年内(含1年)到期的长期借款余额后的金额填列。

(17)“长期应付款”项目,反映政府单位期末长期应付款的余额。本项目应当根据“长期应付款”科目的期末余额减去其中将于1年内(含1年)到期的长期应付款余额后的金额填列。

(18)“预计负债”项目,反映政府单位期末已确认但尚未偿付的预计负债的余额。本项目应当根据“预计负债”科目的期末余额填列。

(19)“其他非流动负债”项目,反映政府单位期末除资产负债表中上述各项之外的其他非流动负债的合计数。本项目应当根据有关科目的期末余额合计数填列。

(20)“非流动负债合计”项目,反映政府单位期末非流动负债合计数。本项目应当根据资产负债表中“长期借款”“长期应付款”“预计负债”“其他非流动负债”项目金额的合计数填列。

(21)“受托代理负债”项目,反映政府单位期末受托代理负债的金额。本项目应当根据“受托代理负债”科目的期末余额填列。

(22)“负债合计”项目,反映政府单位期末负债的合计数。本项目应当根据资产负债表中“流动负债合计”“非流动负债合计”“受托代理负债”项目金额的合计数填列。

3.净资产类项目

(1)“累计盈余”项目,反映政府单位期末未分配盈余(或未弥补亏损)以及无偿调拨净资产变动的累计数。本项目应当根据“累计盈余”科目的期末余额填列。

(2)“专用基金”项目,反映政府事业单位期末累计提取或设置但尚未使用的专用基金余额。本项目应当根据“专用基金”科目的期末余额填列。

(3)“权益法调整”项目,反映政府事业单位期末在被投资单位除净损益和利润分配以外的所有者权益变动中累积享有的份额。本项目应当根据“权益法调整”科目的期末余额填列。如“权益法调整”科目期末为借方余额,以“-”号填列。

(4)“无偿调拨净资产”项目,反映政府单位本年度截至报告期期末无偿调入的非现金资产价值扣减无偿调出的非现金资产价值后的净值。本项目仅在月度报表中列示,年度报表中不列示。月度报表中本项目应当根据“无偿调拨净资产”科目的期末余额填列;“无偿调拨净资产”科目期末为借方余额时,以“-”号填列。

(5)“本期盈余”项目,反映政府单位本年度截至报告期期末实现的累计盈余或亏损。本项目仅在月度报表中列示,年度报表中不列示。月度报表中本项目应当根据“本期盈余”科目的期末余额填列;“本期盈余”科目期末为借方余额时,以“-”号填列。

(6)“净资产合计”项目，反映政府单位期末净资产合计数。本项目应当根据资产负债表中“累计盈余”“专用基金”“权益法调整”“无偿调拨净资产(月度报表)”“本期盈余(月度报表)”项目金额的合计数填列。

(7)“负债和净资产总计”项目，应当按照资产负债表中“负债合计”“净资产合计”项目金额的合计数填列。

4.填列方法

(1)根据相应会计科目余额直接填列的项目：

①资产项目：短期投资、财政应返还额度、应收票据、应收账款、预付账款、其他应收款、待摊费用、长期股权投资、固定资产原值、固定资产累计折旧、工程物资、在建工程、无形资产原值、无形资产累计摊销、研发支出、公共基础设施原值、公共基础设施累计折旧、政府储备物资、文物文化资产、保障性住房原值、保障性住房累计折旧、长期待摊费用、待处理财产损溢。

②负债项目：短期借款、应交增值税、其他应交税费、应缴财政款、应付职工薪酬、应付票据、应付账款、应付政府补贴款、应付利息、预收账款、其他应付款、预提费用、应缴国库款、应缴财政专户款、预计负债、受托代理负债。

③净资产项目：累计盈余、专用基金、权益法调整、无偿调拨净资产、本期盈余。

(2)根据相应会计科目余额，分析调整填列的项目：

应收账款净额、其他应收款净额、一年内到期的非流动资产、长期债券投资、固定资产净值、无形资产净值、公共基础设施净值、保障性住房净值、在建工程、受托代理资产、一年内到期的非流动负债、长期应付款、受托代理负债、其他流动资产、长期投资、长期借款、长期应付款。

(3)根据多个相关会计科目余额计算填列的项目：货币资金、存货、其他流动资产、流动资产合计、其他非流动资产、非流动资产合计、受托代理资产、资产总计、其他流动负债、流动负债合计、其他非流动负债、非流动负债合计、负债合计、净资产合计、负债和净资产总计。

四、资产负债表的编制实例

【例10-1】某市审计局2×21年12月31日结账后，科目余额表如表10-2所示。据此编制该审计局的资产负债表。

表 10-2　科目余额表

2×21 年 12 月 31 日　　单位:元

资产	借方余额	负债和净资产	贷方余额
库存现金	5 000	短期借款	×××
银行存款	195 000	应交增值税	10 000
零余额账户用款额度	0	其他应交税费	0
短期投资	×××	应缴财政款	0
财政应返还额度	0	应付职工薪酬	0
应收票据	×××	应付票据	×××
应收账款	×××	应付账款	20 000
预付账款	20 000	预收账款	×××
其他应收款	5 000	其他应付款	20 000
存货	230 000	长期借款	×××
长期股权投资	×××	长期应付款	0
固定资产原值	3 600 000	累计盈余	5 655 000
固定资产累计折旧	600 000	专用基金	×××
在建工程	2 000 000	权益法调整	×××
无形资产原值	400 000		
无形资产累计摊销	200 000		
待处理财产损溢	50 000		
合计	5 705 000	合计	5 705 000

12 月 31 日编制的资产负债表为年末资产负债表时,"年初余额"栏内各项数字,应当根据上年年末资产负债表"期末余额"栏内数字填列。"期末余额"栏内各项数字根据各账户的期末余额直接填列、合并填列或分析填列。主要项目的填列说明如下:

(1)货币资金=库存现金+银行存款+零余额账户用款额度=5 000+195 000+0=200 000(元);

(2)固定资产净值=固定资产原值-固定资产累计折旧=3 600 000-600 000=3 000 000(元);

(3)无形资产净值=无形资产原值-无形资产累计摊销=400 000-200 000=200 000(元);

(4)其他项目可根据科目余额表直接填列。资产总计、负债合计、净资产合计等项目数额按内容汇总后填列。

编制完成的年度资产负债表如表10-3所示。

表10-3 资产负债表

会政财01表

编制单位:某市审计局　　2×21年12月31日　　单位:元

资产	期末余额	年初余额	负债和净资产	期末余额	年初余额
流动资产:			流动负债:		
货币资金	200 000		短期借款		
短期投资	×××		应交增值税	20 000	
财政应返还额度	0		其他应交税费		
应收票据	×××		应缴财政款		
应收账款净额	×××		应付职工薪酬		
预付账款	20 000		应付票据		
应收股利			应付账款	10 000	
应收利息			应付政府补贴款		
其他应收款净额	5 000		应付利息		
存货	230 000		预收账款		
待摊费用			其他应付款	20 000	
一年内到期的非流动资产			预提费用		
其他流动资产			一年内到期的非流动负债		
流动资产合计	455 000		其他流动负债		
非流动资产:			流动负债合计	50 000	
长期股权投资	×××		非流动负债:		
长期债券投资	×××		长期借款		
固定资产原值	3 600 000		长期应付款		
减:固定资产累计折旧	600 000		预计负债		
固定资产净值	3 000 000		其他非流动负债		
工程物资			非流动负债合计	0	
在建工程	2 000 000		受托代理负债		
无形资产原值	400 000		负债合计	50 000	

续　表

资产	期末余额	年初余额	负债和净资产	期末余额	年初余额
减:无形资产累计摊销	200 000				
无形资产净值	200 000				
研发支出					
公共基础设施原值					
减:公共基础设施累计折旧(摊销)					
公共基础设施净值					
政府储备物资					
文物文化资产					
保障性住房原值					
减:保障性住房累折旧			净资产:		
保障性住房净值			累计盈余	5 655 000	
长期待摊费用			专用基金		
待处理账产损溢	50 000		权益法调整	×××	
其他非流动资产			净资产合计	5 655 000	
非流动资产合计	5 250 000				
受托代理资产					
资产合计	5 705 000		负债和净资产总计	5 705 000	

【例 10-2】某市研究院 2×21 年 12 月 31 日结账后，科目余额表如表 10-4 所示。据此编制该研究院的资产负债表。

表 10-4　科目余额表

2×21 年 12 月 31 日　　　　单位:元

资产	借方余额	负债和净资产	贷方余额
库存现金	2 000	短期借款	500 000
银行存款	198 000	应交增值税	20 000
零余额账户用款额度	0	其他应交税费	0
短期投资	50 000	应缴财政款	0
财政应返还额度	0	应付职工薪酬	0
应收票据	15 000	应付票据	0

续　表

资产	借方余额	负债和净资产	贷方余额
应收账款	60 000	应付账款	10 000
预付账款	20 000	预收账款	500 000
其他应收款	5 000	其他应付款	20 000
存货	230 000	长期借款	1 600 000*
长期股权投资	200 000	长期应付款	0
固定资产原值	3 600 000	累计盈余	2 300 000
固定资产累计折旧	600 000	专用基金	780 000
在建工程	2 000 000	权益法调整	300 000
无形资产原值	500 000		
无形资产累计摊销	300 000		
待处理财产损溢	50 000		
合计	6 030 000	合计	6 030 000

注：长期借款项目，将于一年内（含1年）偿还的借款为200 000元。

12月31日编制的资产负债表为年末资产负债表时，“年初余额”栏内各项数字，应当根据上年年末资产负债表“期末余额”栏内数字填列。“期末余额”栏内各项数字根据各账户的期末余额直接填列、合并填列或分析填列。主要项目的填列说明如下：

（1）货币资金＝库存现金+银行存款＝20 00+198 000＝200 000（元）

（2）固定资产净值＝固定资产原值－固定资产累计折旧＝3 600 000－600 000＝3 000 000（元）

（3）无形资产净值＝无形资产原值－无形资产累计折旧＝500 000－300 000＝200 000（元）

（4）长期借款项目中将于一年内（含1年）偿还的借款为200 000元，应列入其他流动负债项目。

长期借款＝1 600 000－200 000＝1 400 000（元）

一年内到期的非流动负债＝200 000（元）

（5）其他项目可根据科目余额表直接填列。资产总计、负债合计、净资产合计等项目的数额按其内容汇总后填列。

编制完成的年度资产负债表如表10-5所示：

表10-5　资产负债表

会政财01表

编制单位:某市研究院　　　2×21年12月31日　　　单位:元

资产	期末余额	年初余额	负债和净资产	期末余额	年初余额
流动资产:			流动负债:		
货币资金	200 000		短期借款	500 000	
短期投资	50 000		应交增值税	20 000	
财政应返还额度	0		其他应交税费		
应收票据	15 000		应缴财政款		
应收账款净额	60 000		应付职工薪酬		
预付账款	20 000		应付票据		
应收股利			应付账款	10 000	
应收利息			应付政府补贴款		
其他应收款净额	5 000		应付利息		
存货	230 000		预收账款	500 000	
待摊费用			其他应付款	20 000	
一年内到期的非流动资产			预提费用		
其他流动资产			一年内到期的非流动负债	200 000	
流动资产合计	580 000		其他流动负债		
非流动资产:			流动负债合计	1 250 000	
长期股权投资	200 000		非流动负债:		
长期债券投资			长期借款	1 400 000	
固定资产原值	3 600 000		长期应付款		
减:固定资产累计折旧	600 000		预计负债		
固定资产净值	3 000 000		其他非流动负债		
工程物资			非流动负债合计	1 400 000	
在建工程	2 000 000		受托代理负债		
无形资产原值	500 000		负债合计	2 650 000	
减:无形资产累计摊销	300 000				
无形资产净值	200 000				
研发支出					

续 表

资产	期末余额	年初余额	负债和净资产	期末余额	年初余额
公共基础设施原值					
减:公共基础设施累计折旧(摊销)					
公共基础设施净值					
政府储备物资					
文物文化遗产					
保障性住房原值					
减:保障性住房累计折旧			净资产:		
保障性住房净值			累计盈余	2 300 000	
长期待摊费用			专用基金	780 000	
待处理财产损溢	50 000		权益法调整	300 000	
其他非流动资产			无偿调拨净资产*		
非流动资产合计	5 450 000		本期盈余*		
受托代理资产			净资产合计	3 380 000	
资产总计	6 030 000		负债和净资产总计	6 030 000	

注:"*"标识项目为月报项目,年报中不需列示。

第三节　收入费用表

一、收入费用表概述

1.收入费用表的含义

收入费用表是反映政府单位在一定会计期间的事业成果及其分配情况的会计报表,反映政府单位在某一会计期间内各项收入、费用和结转结余情况。

2.收入费用表的内容与格式

政府单位的收入费用表由表首标题和报表主体构成。报表主体部分包括编报项目、栏目及金额。具体格式见表10-6。

表10-6　收入费用表

会政财02表

编制单位：　　　　　　　　年　月　　　　　　　　单位：元

项目	本月数	本年累计数
一、本期收入		
（一）财政拨款收入		
其中：政府性基金收入		
（二）事业收入		
（三）上级补助收入		
（四）附属单位上缴收入		
（五）经营收入		
（六）非同级财政拨款收入		
（七）投资收益		
（八）捐赠收入		
（九）利息收入		
（十）租金收入		
（十一）其他收入		
二、本期费用		
（一）业务活动费用		
（二）单位管理费用		
（三）经营费用		
（四）资产处置费用		
（五）上缴上级费用		
（六）对附属单位补助费用		
（七）所得税费用		
（八）其他费用		
三、本期盈余		

二、收入费用表的编制说明

收入费用表“本月数”栏反映各项目的本月实际发生数。编制年度收入费用表时，应当将本栏改为“本年数”，反映本年度各项目的实际发生数。

收入费用表“本年累计数”栏反映各项目自年初至报告期期末的累计实际发生数。编制年度收入费用表时，应当将本栏改为“上年数”，反映上年度各项目的实际发生数，“上年数”栏应当根据上年年度收入费用表中“本年数”栏内所列数字填列。

如果本年度收入费用表规定的项目的名称和内容同上年度不一致，应当对上年度收入费用表项目的名称和数字按照本年度的规定进行调整，将调整后的金额填入本年度收入费用表的“上年数”栏内。

如果本年度政府单位发生了因前期差错更正、会计政策变更等调整以前年度盈余的事项，还应当对年度收入费用表中“上年数”栏中的有关项目金额进行相应调整。

收入费用表“本月数”栏各项目内容和填列方法如下。

1.本期收入

(1)“本期收入”项目，反映政府单位本期收入总额。本项目应当根据本表中“财政拨款收入”“事业收入”“上级补助收入”“附属单位上缴收入”“经营收入”“非同级财政拨款收入”“投资收益”“捐赠收入”“利息收入”“租金收入”“其他收入”项目金额的合计数填列。

(2)“财政拨款收入”项目，反映政府单位本期从同级政府财政部门取得的各类财政拨款。本项目应当根据“财政拨款收入”科目的本期发生额填列。

“政府性基金收入”项目，反映政府单位本期取得的财政拨款收入中属于政府性基金预算拨款的金额。本项目应当根据“财政拨款收入”相关明细科目的本期发生额填列。

(3)“事业收入”项目，反映事业单位本期开展专业业务活动及其辅助活动实现的收入。本项目应当根据“事业收入”科目的本期发生额填列。

(4)“上级补助收入”项目，反映事业单位本期从主管部门和上级单位收到或应收的非财政拨款收入。本项目应当根据“上级补助收入”科目的本期发生额填列。

(5)“附属单位上缴收入”项目，反映事业单位本期收到或应收的独立核算的附属单位按照有关规定上缴的收入。本项目应当根据“附属单位上缴收入”科目的本期发生额填列。

(6)“经营收入”项目，反映事业单位本期在专业业务活动及其辅助活动之外开展非独立核算经营活动实现的收入。本项目应当根据“经营收入”科目的本期发生额填列。

(7)“非同级财政拨款收入”项目,反映政府单位本期从非同级政府财政部门取得的财政拨款,不包括事业单位因开展科研及其辅助活动从非同级财政部门取得的经费拨款。本项目应当根据“非同级财政拨款收入”科目的本期发生额填列。

(8)“投资收益”项目,反映事业单位本期股权投资和债券投资所实现的收益或发生的损失。本项目应当根据“投资收益”科目的本期发生额填列;如为投资净损失,以“-”号填列。

(9)“捐赠收入”项目,反映政府单位本期接受捐赠取得的收入。本项目应当根据“捐赠收入”科目的本期发生额填列。

(10)“利息收入”项目,反映政府单位本期取得的银行存款利息收入。本项目应当根据“利息收入”科目的本期发生额填列。

(11)“租金收入”项目,反映政府单位本期经批准利用国有资产出租取得并按规定纳入本单位预算管理的租金收入。本项目应当根据“租金收入”科目的本期发生额填列。

(12)“其他收入”项目,反映政府单位本期取得的除以上收入项目外的其他收入的总额。本项目应当根据“其他收入”科目的本期发生额填列。

2.本期费用

(1)“本期费用”项目,反映政府单位本期费用总额。本项目应当根据本表中“业务活动费用”“单位管理费用”“经营费用”“资产处置费用”“上缴上级费用”“对附属单位补助费用”“所得税费用”和“其他费用”项目金额的合计数填列。

(2)“业务活动费用”项目,反映政府单位本期为实现其职能目标,依法履职或开展专业业务活动及其辅助活动所发生的各项费用。本项目应当根据“业务活动费用”科目本期发生额填列。

(3)“单位管理费用”项目,反映事业单位本期本级行政及后勤管理部门开展管理活动发生的各项费用,以及由事业单位统一负担的离退休人员经费、工会经费、诉讼费、中介费等。本项目应当根据“单位管理费用”科目的本期发生额填列。

(4)“经营费用”项目,反映事业单位本期在专业业务活动及其辅助活动之外开展非独立核算经营活动发生的各项费用。本项目应当根据“经营费用”科目的本期发生额填列。

(5)“资产处置费用”项目,反映政府单位本期经批准处置资产时转销的资产价值以及在处置过程中发生的相关费用或者处置收入小于处置费用形成的净支出。本项目应当根据“资产处置费用”科目的本期发生额填列。

(6)“上缴上级费用”项目,反映事业单位按照规定上缴上级单位款项发生的费用。本项目应当根据“上缴上级费用”科目的本期发生额填列。

(7)“对附属单位补助费用”项目,反映事业单位用财政拨款收入之外的收入对附属单位补助发生的费用。本项目应当根据“对附属单位补助费用”科目的本期发生额填列。

(8)“所得税费用”项目,反映有企业所得税缴纳义务的事业单位本期计算应交纳的企业所得税。本项目应当根据“所得税费用”科目的本期发生额填列。

(9)“其他费用”项目,反映政府单位本期发生的除以上费用项目外的其他费用的总额。本项目应当根据“其他费用”科目的本期发生额填列。

3.本期盈余

“本期盈余”项目,反映政府单位本期收入扣除本期费用后的净额。本项目应当根据本表中“本期收入”项目金额减去“本期费用”项目金额后的金额填列;如为负数,以“-”号填列。

三、收入费用表的编制实例

【例10-3】某省教育厅2×21年收入、费用类科目发生额如表10-7所示。其他相关资料如下:该行政单位无所得税缴纳义务。

表10-7 收入、费用类科目发生额表

2×21年　　单位:元

费用类	本年累计数	收入类	本年累计数
业务活动费用	152 000 000	财政拨款收入	150 000 000
单位管理费用	×××	其中:公共预算性收入	120 000 000
经营费用	×××	政府性基金收入	30 000 000
资产处置费用	2 000 000	事业收入	×××
上缴上级费用	×××	上级补助收入	×××
对附属单位补助费用	×××	附属单位上缴收入	×××
所得税费用	×××	经营收入	×××
其他费用	500 000	非同级财政拨款收入	2 000 000
		投资收益	×××

续　表

费用类	本年累计数	收入类	本年累计数
		捐赠收入	1 000 000
		利息收入	20 000
		租金收入	20 000
		其他收入	1 500 000
费用合计	154 500 000	收入合计	154 540 000

编制该省教育厅的2×21年收入费用表时，省略了“上年数”一列数字。“本年数”一列数字主要项目的填列说明如下：

（1）本年收入＝154 540 000（元）

（2）本年费用＝154 500 000（元）

（3）本年盈余＝154 540 000−154 500 000＝40 000（元）

编制完成该省教育厅2×21年度收入费用表如表10−8所示。

表10−8　收入费用表

会政财02表

编制单位：某省教育厅　　　　2×21年12月　　　　单位：元

项目	本月数（略）	本年累计数
一、本期收入		154 540 000
（一）财政拨款收入		150 000 000
其中：政府性基金收入		30 000 000
（二）事业收入		×××
（三）上级补助收入		×××
（四）附属单位上缴收入		×××
（五）经营收入		×××
（六）非同级财政拨款收入		2 000 000
（七）投资收益		×××
（八）捐赠收入		1 000 000
（九）利息收入		20 000
（十）租金收入		20 000
（十一）其他收入		1 500 000
二、本期费用		154 500 000
（一）业务活动费用		152 000 000
（二）单位管理费用		×××

续 表

(三)经营费用		×××
(四)资产处置费用		2 000 000
(五)上缴上级费用		×××
(六)对附属单位补助费用		×××
(七)所得税费用		×××
(八)其他费用		500 000
三、本期盈余		40 000

【例 10-4】某大学 2×21 年收入、费用类科目发生额如表 10-9 所示。其他相关资料如下:该大学无所得税缴纳义务

表 10-9 收入、费用类科目发生额表

2×21 年 12 月　　　　单位:元

费用类	本年累计数	收入类	本年累计数
业务活动费用	520 000 000	财政拨款收入	450 000 000
单位管理费用	110 000 000	其中:公共预算性收入	400 000 000
经营费用	1 000 000	政府性基金收入	50 000 000
资产处置费用	2 000 000	事业收入	150 000 000
上缴上级费用	5 000 000	上级补助收入	18 000 000
对附属单位补助费用	5 000 000	附属单位上缴收入	3 000 000
所得税费用	0	经营收入	2 500 000
其他费用	6 000 000	非同级财政拨款收入	20 000 000
		投资收益	1 000 000
		捐赠收入	10 000 000
		利息收入	200 000
		租金收入	200 000
		其他收入	1 500 000
费用合计	649 000 000	收入合计	656 400 000

编制该大学的 2×21 收入费用表时,省略了“上年数”一列数字。“本年数”一列数字主要项目的填列说明如下:

(1)本年收入=656 400 000(元)

(2)本年费用=649 000 000(元)

(3)本年盈余=656 400 000-649 000 000=7 400 000(元)

编制完成该大学 2×21 年度收入费用表如表 10-10 所示。

表10-10　收入费用表

会政财02表

编制单位:某大学　　　　2×21年12月　　　　单位:元

项目	本月数(略)	本年累计数
一、本期收入		656 400 000
(一)财政拨款收入		450 000 000
其中:政府性基金收入		50 000 000
(二)事业收入		150 000 000
(三)上级补助收入		18 000 000
(四)附属单位上缴收入		3 000 000
(五)经营收入		2 500 000
(六)非同级财政拨款收入		20 000 000
(七)投资收益		1 000 000
(八)捐赠收入		10 000 000
(九)利息收入		200 000
(十)租金收入		200 000
(十一)其他收入		1 500 000
二、本期费用		649 000 000
(一)业务活动费用		520 000 000
(二)单位管理费用		110 000 000
(三)经营费用		1 000 000
(四)资产处置费用		2 000 000
(五)上缴上级费用		5 000 000
(六)对附属单位补助费用		5 000 000
(七)所得税费用		0
(八)其他费用		6 000 000
三、本期盈余		7 400 000

第四节　净资产变动表

一、净资产变动表概述

1.净资产变动表的含义

净资产变动表是反映政府单位在某一会计年度内各项净资产变动的情况报表。

2.净资产变动表的内容与格式

政府单位的净资产变动表由表首标题和报表主体构成。报表主体部分包括编报项目、栏目及金额。具体格式如表10-11所示。

表10-11　净资产变动表

会政财03表

编制单位:××× 年 单位:元

项目	本年数				上年数			
	累计盈余	专用基金	权益法调整	净资产合计	累计盈余	专用基金	权益法调整	净资产合计
一、上年年末余额								
二、以前年度盈余调整(减少以"—"号填列)		—	—			—	—	
三、本年年初余额								
四、本年变动金额(减少以"—"号填列)								
(一)本年盈余		—	—			—	—	
(二)无偿调拨净资产		—	—			—	—	
(三)归集调整预算结转结余		—	—			—	—	
(四)提取或设置专用基金			—				—	
其中:从预算收入中提取	—		—		—		—	
从预算结余中提取			—				—	

续　表

项目	本年数				上年数			
	累计盈余	专用基金	权益法调整	净资产合计	累计盈余	专用基金	权益法调整	净资产合计
设置的专用基金	—		—		—		—	
（五）使用专用基金			—				—	
（六）权益法调整	—	—			—	—		
五、本年年末余额								

注"—"标识单元格不需填列。

二、净资产变动表的编制原则

净资产变动表反映政府单位在某一会计年度内净资产项目的变动情况。

净资产变动表"本年数"栏反映本年度各项目的实际变动数。净资产变动表"上年数"栏反映上年度各项目的实际变动数，应当根据上年度净资产变动表中"本年数"栏内所列数字填列。

如果上年度净资产变动表规定的项目名称和内容与本年度不一致，应对上年度净资产变动表项目的名称和数字按照本年度的规定进行调整，将调整后金额填入本年度净资产变动表"上年数"栏内。

三、净资产变动表"本年数"栏各项目的内容和填列方法

（1）"上年年末余额"行，反映政府单位净资产各项目上年年末的余额。本行各项目应当根据"累计盈余""专用基金""权益法调整"科目上年年末余额填列。

（2）"以前年度盈余调整"行，反映政府单位本年度调整以前年度盈余的事项对累计盈余进行调整的金额。本行"累计盈余"项目应当根据本年度"以前年度盈余调整"科目转入"累计盈余"科目的金额填列；如调整减少累计盈余，以"-"号填列。

（3）"本年年初余额"行，反映经过以前年度盈余调整后，政府单位净资产各项目的本年年初余额。本行"累计盈余""专用基金""权益法调整"项目应当根据其各自

在“上年年末余额”和“以前年度盈余调整”行对应项目金额的合计数填列。

(4)“本年变动金额”行，反映政府单位净资产各项目本年变动总金额。本行“累计盈余”“专用基金”“权益法调整”项目应当根据其各自在“本年盈余”“无偿调拨净资产”“归集调整预算结转结余”“提取或设置专用基金”“使用专用基金”“权益法调整”行对应项目金额的合计数填列。

“本年盈余”行，反映政府单位本年发生的收入、费用对净资产的影响。本行“累计盈余”项目应当根据年末由“本期盈余”科目转入“本年盈余分配”科目的金额填列；如转入时借记“本年盈余分配”科目，则以“-”号填列。

“无偿调拨净资产”行，反映政府单位本年无偿调入、调出非现金资产事项对净资产的影响。本行“累计盈余”项目应当根据年末由“无偿调拨净资产”科目转入“累计盈余”科目的金额填列；如转入时借记“累计盈余”科目，则以“-”号填列。

“归集调整预算结转结余”行，反映政府单位本年财政拨款结转结余资金归集调入、归集上缴或调出，以及非财政拨款结转资金缴回对净资产的影响。本行“累计盈余”项目应当根据“累计盈余”科目明细账记录分析填列；如归集调整减少预算结转结余，则以“-”号填列。

“提取或设置专用基金”行，反映政府单位本年提取或设置专用基金对净资产的影响。本行“累计盈余”项目应当根据“从预算结余中提取”行“累计盈余”项目的金额填列。本行“专用基金”项目应当根据“从预算收入中提取”“从预算结余中提取”“设置的专用基金”行中“专用基金”项目金额的合计数填列。

“从预算收入中提取”行，反映政府单位本年从预算收入中提取专用基金对净资产的影响。本行“专用基金”项目应当通过对“专用基金”科目明细账记录的分析，根据本年按有关规定从预算收入中提取基金的金额填列。

“从预算结余中提取”行，反映政府单位本年根据有关规定从本年度非财政拨款结余或经营结余中提取专用基金对净资产的影响。本行“累计盈余”“专用基金”项目应当通过对“专用基金”科目明细账记录的分析，根据本年按有关规定从本年度非财政拨款结余或经营结余中提取专用基金的金额填列；本行“累计盈余”项目以“-”号填列。

“设置的专用基金”行，反映政府单位本年根据有关规定设置的其他专用基金对净资产的影响。本行“专用基金”项目应当通过对“专用基金”科目明细账记录的分析，根据本年按有关规定设置的其他专用基金的金额填列。

“使用专用基金”行，反映政府单位本年按规定使用专用基金对净资产的影响。本行“累计盈余”“专用基金”项目应当通过对“专用基金”科目明细账记录的分析，根据本年按规定使用专用基金的金额填列；本行“专用基金”项目以“-”号填列。

“权益法调整”行，反映政府单位本年按照被投资单位除净损益和利润分配以外的所有者权益变动份额而调整长期股权投资账面余额对净资产的影响。本行“权益法调整”项目应当根据“权益法调整”科目本年发生额填列；若本年净发生额为借方时，以“-”号填列。

(5)“本年年末余额”行，反映政府单位本年各净资产项目的年末余额。本行“累计盈余”“专用基金”“权益法调整”项目应当根据其各自在“本年年初余额”“本年变动金额”行对应项目金额的合计数填列。

本表各行“净资产合计”项目，应当根据所在行“累计盈余”“专用基金”“权益法调整”项目金额的合计数填列。

四、净资产变动表的编制实例

【例 10-5】截至 2×21 年 12 月 31 日，某市交通局本年运营增加累计盈余 200 000 元，政府下拨专用基金 350 000 元。据此编制该交通局的净资产变动表，如表 10-12 所示。

表 10-12　净资产变动表

会政财 03 表

编制单位：某市交通局　　　　2×21 年　　　　单位：元

项目	本年数				上年数			
	累计盈余	专用基金	权益法调整	净资产合计	累计盈余	专用基金	权益法调整	净资产合计
一、上年年末余额	1 000 000	800 000	×××	1 800 000				
二、以前年度盈余调整（减少以“—”号填列）	0	—	—	0		—	—	
三、本年年初余额	1 000 000	800 000	×××	1 800 000				

续表

项目	本年数				上年数			
	累计盈余	专用基金	权益法调整	净资产合计	累计盈余	专用基金	权益法调整	净资产合计
四、本年变动金额（减少以“—”号填列）								
（一）本年盈余	200 000	—	—	200 000		—	—	
（二）无偿调拨净资产		—	—			—	—	
（三）归集调整预算结转结余		—	—			—	—	
（四）提取或设置专用基金		350 000	—	350 000			—	
其中：从预算收入中提取	—		—		—		—	
从预算结余中提取			—				—	
设置的专用基金	—	350 000	—	350 000	—		—	
（五）使用专用基金			—				—	
（六）权益法调整	—	—	×××	×××	—	—		
五、本年年末余额	1 200 000	1 150 000	×××	2 350 000				

注：“—”标识单元格不需填列。

【例 10-6】截至 2×21 年 12 月 31 日，某研究所本年运营增加累计盈余 200 000 元，政府下拨专用基金 350 000 元，购买的长期股权投资除净损益和利润分配以外的所有者权益变动份额而调整长期投资账面余额为 20 000 元。据此编制该研究所的净资产变动表，如表 10-13 所示。

表10-13　净资产变动表

会政财03表

编制单位:某研究所　　　　2×21年　　　　单位:元

项　目	本年数				上年数			
	累计盈余	专用基金	权益法调整	净资产合计	累计盈余	专用基金	权益法调整	净资产合计
一、上年年末余额	1 000 000	800 000	60 000	1 860 000				
二、以前年度盈余调整(减少以"—"号填列)	0	—	—	0		—	—	
三、本年年初余额	1 000 000	800 000	60 000	1 860 000				
四、本年变动金额(减少以"—"号填列)								
(一)本年盈余	200 000	—	—	200 000		—	—	
(二)无偿调拨净资产		—	—			—	—	
(三)归集调整预算结转结余		——	—			—	—	
(四)提取或设置专用基金		350 000	—	350 000			—	
其中:从预算收入中提取	—		—		—		—	
从预算结余中提取			—				—	
设置的专用基金	—	350 000	—	350 000	—		—	
(五)使用专用基金			—				—	
(六)权益法调整	—	—	20 000	20 000	—	—		
五、本年年末余额	1 200 000	1 150 000	80 000	2 430 000				

注"—"标识单元格不需填列。

第五节 现金流量表

一、现金流量表概述

1.现金流量表的含义

现金流量表是反映政府单位在会计年度内现金流入和流出的情况。

2.现金流量表的内容与格式

政府单位的现金流量表由表首标题和报表主体构成。报表主体部分包括编报项目、栏目及金额。具体格式如表10-14所示。

表10-14 现金流量表

会政财04表

编制单位:××× 年 单位:元

项目	本年金额	上年金额
一、日常活动产生的现金流量:		
财政基本支出拨款收到的现金		
财政非资本性项目拨款收到的现金		
事业活动收到的除财政拨款以外的现金		
收到的其他与日常活动有关的现金		
日常活动的现金流入小计		
购买商品、接受劳务支付的现金		
支付给职工以及为职工支付的现金		
支付的各项税费		
支付的其他与日常活动有关的现金		
日常活动的现金流出小计		
日常活动产生的现金流量净额		
二、投资活动产生的现金流量:		
收回投资收到以的现金		
取得投资收益收到的现金		
处置固定资产、无形资产、公共基础设施等收回的现金净额		
收到的其他与投资活动有关的现金		

续　表

项目	本年金额	上年金额
投资活动的现金流入小计		
购建固定资产、无形资产、公共基础设施等支付的现金		
对外投资支付的现金		
上缴处置固定资产、无形资产、公共基础设施等净收入支付的现金		
支付的其他与投资活动有关的现金		
投资活动的现金流出小计		
投资活动产生的现金流量净额		
三、筹资活动产生的现金流量:		
财政资本性项目拨款收到的现金		
取得借款收到的现金		
收到的其他与筹资活动有关的现金		
筹资活动的现金流入小计		
偿还借款支付的现金		
偿还利息支付的现金		
支付的其他与筹资活动有关的现金		
筹资活动的现金流出小计		
筹资活动产生的现金流量净额		
四、汇率变动对现金的影响额		
五、现金净增加额		

二、现金流量表编制原则

(1)现金流量表反映政府单位在某一会计年度内现金流入和流出的信息。

(2)现金流量表所指的现金,是指政府单位的库存现金以及其他可以随时用于支付的款项,包括库存现金、可以随时用于支付的银行存款、其他货币资金、零余额账户用款额度、财政应返还额度,以及通过财政直接支付方式支付的款项。

(3)现金流量表应当按照日常活动、投资活动、筹资活动的现金流量分别反映。现金流量表所指的现金流量,是指现金的流入和流出。

(4)现金流量表“本年金额”栏反映各项目的本年实际发生数。现金流量表“上年金额”栏反映各项目的上年实际发生数,应当根据上年现金流量表中“本年金额”

栏内所列数字填列。

(5)政府单位应当采用直接法编制现金流量表。

三、现金流量表"本年金额"栏各项目的编制说明

1.日常活动产生的现金流量

(1)"财政基本支出拨款收到的现金"项目,反映政府单位本年接受财政基本支出拨款取得的现金。本项目应当根据"零余额账户用款额度""财政拨款收入""银行存款"等科目及其所属明细科目的记录分析填列。

(2)"财政非资本性项目拨款收到的现金"项目,反映政府单位本年接受除用于购建固定资产、无形资产、公共基础设施等资本性项目以外的财政项目拨款取得的现金。本项目应当根据"银行存款""零余额账户用款额度""财政拨款收入"等科目及其所属明细科目的记录分析填列。

(3)"事业活动收到的除财政拨款以外的现金"项目,反映事业单位本年开展专业业务活动及其辅助活动取得的除财政拨款以外的现金。本项目应当根据"库存现金""银行存款""其他货币资金""应收账款""应收票据""预收账款""事业收入"等科目及其所属明细科目的记录分析填列。

(4)"收到的其他与日常活动有关的现金"项目,反映政府单位本年收到的除以上项目之外的与日常活动有关的现金。本项目应当根据"库存现金""银行存款""其他货币资金""上级补助收入""附属单位上缴收入""经营收入""非同级财政拨款收入""捐赠收入""利息收入""租金收入""其他收入"等科目及其所属明细科目的记录分析填列。

(5)"日常活动的现金流入小计"项目,反映政府单位本年日常活动产生的现金流入的合计数。本项目应当根据本表中"财政基本支出拨款收到的现金""财政非资本性项目拨款收到的现金""事业活动收到的除财政拨款以外的现金""收到的其他与日常活动有关的现金"项目金额的合计数填列。

(6)"购买商品、接受劳务支付的现金"项目,反映政府单位本年在日常活动中用于购买商品、接受劳务支付的现金。本项目应当根据"库存现金""银行存款""财政拨款收入""零余额账户用款额度""预付账款""在途物品""库存物品""应付账款""应付票据""业务活动费用""单位管理费用""经营费用"等科目及其所属明细科目

的记录分析填列。

(7)"支付给职工以及为职工支付的现金"项目,反映政府单位本年支付给职工以及为职工支付的现金。本项目应当根据"库存现金""银行存款""零余额账户用款额度""财政拨款收入""应付职工薪酬""业务活动费用""单位管理费用""经营费用"等科目及其所属明细科目的记录分析填列。

(8)"支付的各项税费"项目,反映政府单位本年用于缴纳日常活动相关税费而支付的现金。本项目应当根据"库存现金""银行存款""零余额账户用款额度""应交增值税""其他应交税费""业务活动费用""单位管理费用""经营费用""所得税费用"等科目及其所属明细科目的记录分析填列。

(9)"支付的其他与日常活动有关的现金"项目,反映政府单位本年支付的除上述项目之外与日常活动有关的现金。本项目应当根据"库存现金""银行存款""零余额账户用款额度""财政拨款收入""其他应付款""业务活动费用""单位管理费用""经营费用""其他费用"等科目及其所属明细科目的记录分析填列。

(10)"日常活动的现金流出小计"项目,反映政府单位本年日常活动产生的现金流出的合计数。本项目应当根据本表中"购买商品、接受劳务支付的现金""支付给职工以及为职工支付的现金""支付的各项税费""支付的其他与日常活动有关的现金"项目金额的合计数填列。

(11)"日常活动产生的现金流量净额"项目,应当按照本表中"日常活动的现金流入小计"项目金额减去"日常活动的现金流出小计"项目金额后的金额填列;如为负数,以"-"号填列。

2. 投资活动产生的现金流量

(1)"收回投资收到的现金"项目,反映政府单位本年出售、转让或者收回投资收到的现金。本项目应该根据"库存现金""银行存款""短期投资""长期股权投资""长期债券投资"等科目的记录分析填列。

(2)"取得投资收益收到的现金"项目,反映政府单位本年因对外投资而收到被投资单位分配的股利或利润,以及收到投资利息而取得的现金。本项目应当根据"库存现金""银行存款""应收股利""应收利息""投资收益"等科目的记录分析填列。

(3)"处置固定资产、无形资产、公共基础设施等收回的现金净额"项目,反映政府单位本年处置固定资产、无形资产、公共基础设施等非流动资产所取得的现金,减去为处置这些资产而支付的有关费用之后的净额。由于自然灾害所造成的固定资产等长期资产损失而收到的保险赔款收入，也在本项目反映。本项目应当根据“库存现金”“银行存款”“待处理财产损溢”等科目的记录分析填列。

(4)“收到的其他与投资活动有关的现金”项目，反映政府单位本年收到的除上述项目之外与投资活动有关的现金。对于金额较大的现金流入，应当单列项目反映。本项目应当根据“库存现金”“银行存款”等有关科目的记录分析填列。

(5)“投资活动的现金流入小计”项目，反映政府单位本年投资活动产生的现金流入的合计数。本项目应当根据本表中“收回投资收到的现金”“取得投资收益收到的现金”“处置固定资产、无形资产、公共基础设施等收回的现金净额”“收到的其他与投资活动有关的现金”项目金额的合计数填列。

(6)“购建固定资产、无形资产、公共基础设施等支付的现金”项目，反映政府单位本年购买和建造固定资产、无形资产、公共基础设施等非流动资产所支付的现金；融资租入固定资产支付的租赁费不在本项目反映，在筹资活动的现金流量中反映。本项目应当根据“库存现金”“银行存款”“固定资产”“工程物资”“在建工程”“无形资产”“研发支出”“公共基础设施”“保障性住房”等科目的记录分析填列。

(7)“对外投资支付的现金”项目，反映政府单位本年为取得短期投资、长期股权投资、长期债券投资而支付的现金。本项目应当根据“库存现金”“银行存款”“短期投资”“长期股权投资”“长期债券投资”等科目的记录分析填列。

(8)“上缴处置固定资产、无形资产、公共基础设施等净收入支付的现金”项目，反映本年政府单位将处置固定资产、无形资产、公共基础设施等非流动资产所收回的现金净额予以上缴财政所支付的现金。本项目应当根据“库存现金”“银行存款”“应缴财政款”等科目的记录分析填列。

(9)“支付的其他与投资活动有关的现金”项目，反映政府单位本年支付的除上述项目之外与投资活动有关的现金。对于金额较大的现金流出，应当单列项目反映。本项目应当根据“库存现金”“银行存款”等有关科目的记录分析填列。

(10)“投资活动的现金流出小计”项目，反映政府单位本年投资活动产生的现金流出的合计数。本项目应当根据本表中“购建固定资产、无形资产、公共基础设施等支付的现金”“对外投资支付的现金”“上缴处置固定资产、无形资产、公共基础设施等净收入支付的现金”“支付的其他与投资活动有关的现金”项目金额的合计数填列。

(11)“投资活动产生的现金流量净额”项目，应当按照本表中“投资活动的现金流入小计”项目金额减去“投资活动的现金流出小计”项目金额后的金额填列;如为负数,以“-”号填列。

3.筹资活动产生的现金流量

(1)“财政资本性项目拨款收到的现金”项目,反映政府单位本年接受用于购建固定资产、无形资产、公共基础设施等资本性项目的财政项目拨款取得的现金。本项目应当根据“银行存款”“零余额账户用款额度”“财政拨款收入”等科目及其所属明细科目的记录分析填列。

(2)“取得借款收到的现金”项目,反映事业单位本年举借短期、长期借款所收到的现金。本项目应当根据“库存现金”“银行存款”“短期借款”“长期借款”等科目记录分析填列。

(3)“收到的其他与筹资活动有关的现金”项目,反映政府单位本年收到的除上述项目之外与筹资活动有关的现金。对于金额较大的现金流入,应当单列项目反映。本项目应当根据“库存现金”“银行存款”等有关科目的记录分析填列。

(4)“筹资活动的现金流入小计”项目,反映政府单位本年筹资活动产生的现金流入的合计数。本项目应当根据本表中“财政资本性项目拨款收到的现金”“取得借款收到的现金”“收到的其他与筹资活动有关的现金”项目金额的合计数填列。

(5)“偿还借款支付的现金”项目,反映事业单位本年偿还借款本金所支付的现金。本项目应当根据“库存现金”“银行存款”“短期借款”“长期借款”等科目的记录分析填列。

(6)“偿付利息支付的现金”项目,反映事业单位本年支付的借款利息等。本项目应当根据“库存现金”“银行存款”“应付利息”“长期借款”等科目的记录分析填列。

(7)“支付的其他与筹资活动有关的现金”项目,反映政府单位本年支付的除上述项目之外与筹资活动有关的现金,如融资租入固定资产所支付的租赁费。本项目应当根据“库存现金”“银行存款”“长期应付款”等科目的记录分析填列。

(8)“筹资活动的现金流出小计”项目,反映政府单位本年筹资活动产生的现金流出的合计数。本项目应当根据本表中“偿还借款支付的现金”“偿付利息支付的现金”“支付的其他与筹资活动有关的现金”项目金额的合计数填列。

(9)“筹资活动产生的现金流量净额”项目,应当按照本表中“筹资活动的现金流入小计”项目金额减去“筹资活动的现金流出小计”金额后的金额填列;如为负数,以“-”号填列。

4. 汇率变动对现金的影响额

"汇率变动对现金的影响额"项目，反映政府单位本年外币现金流量折算为人民币时，所采用的现金流量发生日的汇率折算的人民币金额与外币现金流量净额按期末汇率折算的人民币金额之间的差额。

5. 现金净增加额

"现金净增加额"项目，反映政府单位本年现金变动的净额。本项目应当根据本表中"日常活动产生的现金流量净额""投资活动产生的现金流量净额""筹资活动产生的现金流量净额"和"汇率变动对现金的影响额"项目金额的合计数填列；如为负数，以"-"号填列。

四、现金流量表的编制实例

【例 10-7】2×21 年，某市人社局发生日常活动、投资活动、筹资活动等现金流量事项，相关资料主要如表 10-15 所示。该人社局无所得税缴纳义务，无汇率变动影响。

表 10-15　某人社局 2×21 年发生日常活动等现金流量事项以及相关资料表（单位：元）

日期	摘要	借	贷	序号	现金流入	现金流出
2月1日	支付工资		4 000 000	1.6		支付职工工资
2月6日	提现		10 000			
3月15日	财政基本拨款	5 000 000		1.1	财政基本支出拨款	
3月19日	购买固定资产		8000 000	2.5		购建固定资产等支付现金
3月23日	财政非资本性项目拨款	2 000 000		1.2	财政非资本性项目收到现金	
4月22日	事业活动收到现金	400 000		1.3	事业活动收到的除财政拨款以外的现金	
4月25日	收到3月应收账款	600 000		1.4	收到的其他与日常活动有关的现金	

续　表

日期	摘要	借	贷	序号	现金流入	现金流出
4月29日	支付税金		800 000	1.7		支付的各种税费
5月3日	购买办公用品		200 000	1.5		购买商品、接受劳务支付的现金
5月15日	收到财政资本性项目拨款	5 000 000		3.1	财政资本性项目拨款收到的现金	
6月18日	处置专利权	1 000 000		2.3	处置固定资产、无形资产、公共基础设置等收回的现金净额	
7月15日	上交处置专利权净收入		500 000	2.7		上缴处置固定资产、无形资产、公共基础设施等净收入支付的现金

编制该人社局的2×21年现金流量表时，省略了"上年金额"一列数字。

表10-16　现金流量表

会政财04表

编制单位：某人社局　　　　2×21年　　　　单位：元

项目	本年金额	上年金额
一、日常活动产生的现金流量：		
1.1 财政基本支出拨款收到的现金	5 000 000	
1.2 财政非资本性项目拨款收到的现金	2 000 000	
1.3 事业活动收到的除财政拨款以外的现金	400 000	
1.4 收到的其他与日常活动有关的现金	600 000	
日常活动的现金流入小计	8 000 000	
1.5 购买商品、接受劳务支付的现金	200 000	
1.6 支付给职工以及为职工支付的现金	4 000 000	
1.7 支付的各项税费	800 000	
1.8 支付的其他与日常活动有关的现金	0	
日常活动的现金流出小计	5 000 000	
日常活动产生的现金流量净额	3 000 000	

续 表

项目	本年金额	上年金额
二、投资活动产生的现金流量：		
2.1 收回投资收到的现金	×××	
2.2 取得投资收益收到的现金	×××	
2.3 处置固定资产、无形资产、公共基础设施等收回的现金净额	1 000 000	
2.4 收到的其他与投资活动有关的现金	0	
投资活动的现金流入小计	1 000 000	
2.5 购建固定资产、无形资产、公共基础设施等支付的现金	8 000 000	
2.6 对外投资支付的现金	×××	
2.7 上缴处置固定资产、无形资产、公共基础设施等净收入支付的现金	500 000	
2.8 支付的其他与投资活动有关的现金	0	
投资活动的现金流出小计	8 500 000	
投资活动产生的现金流量净额	−7 500 000	
三、筹资活动产生的现金流量：		
3.1 财政资本性项目拨款收到的现金	5 000 000	
3.2 取得借款收到的现金	×××	
3.3 收到的其他与筹资活动有关的现金	0	
筹资活动的现金流入小计	5 000 000	
3.4 偿还索马里款支付的现金	×××	
3.5 偿还利息支付的现金	×××	
3.6 支付的其他与筹资活动有关的现金	0	
筹资活动的现金流出小计	0	
筹资活动产生的现金流量净额	5 000 000	
四、汇率变动对现金的影响额	0	
五、现金净增加额	500 000	

【例 10-8】2×21 年，某大学发生日常活动、投资活动、筹资活动等现金流量事项，相关资料如表 10-17 所示。该大学无所得税缴纳义务，无汇率变动影响。

表10-17　某大学2×21年发生日常活动等现金流量事项以及相关资料表(单位:万元)

日期	摘要	借	贷	序号	现金流入	现金流出
2月1日	支付工资		50 000	1.6		支付职工工资
2月6日	提现		1			
3月15日	财政基本拨款	50 000		1.1	财政基本支出拨款	
3月19日	购买固定资产		8 200	2.5		购建固定资产等支付现金
3月23日	财政非资本性项目拨款	20 000		1.2	财政非资本性项目收到现金	
4月22日	事业活动收到现金	4 000		1.3	事业活动收到的除财政拨款以外的现金	
4月25日	收到3月应收账款	1 100		1.4	收到的其他与日常活动有关的现金	
4月29日	支付税金		80	1.7		支付的各种税费
5月3日	购买办公用品		1000	1.5		购买商品、接受劳动支付的现金
5月15日	收到财政资本性项目拨款	50 000		3.1	财政资本性项目拨款收到的现金	
5月31日	投资债券		10 000	2.6		对外投资支付的现金
6月10日	取得投资收益	200		2.2	取得投资收益收到的现金	
6月18日	处置专利权	5 000		2.3	处置固定资产、无形资产、公共基础设置等收回的现金净额	
6月30日	偿还利息		2 000	3.5		偿还利息支付的现金
7月1日	收回投资	10 000		2.1	收回投资收到的现金	

续 表

日期	摘要	借	贷	序号	现金流入	现金流出
7月15日	上交处置专利权净收入		5 000	2.7		上缴处置固定资产、无形资产、公共基础设施等净收入支付的现金
7月30日	偿还借款		60 000	3.4		偿还借款支付的现金
8月1日	取得借款	10 000		3.2	取得借款收到的现金	
9月30日	支付维修费		1020	1.8		支付的其他与日常活动有关的现金

编制该大学的现金流量表时，省略了“上年数”一列数字。

表10-18　现金流量表

会政财04表

编制单位：某大学　　　　2×21年　　　　单位：万元

项目	本年金额	上年金额
一、日常活动产生的现金流量：		
1.1 财政基本支出拨款收到的现金	50 000	
1.2 财政非资本性项目拨款收到的现金	20 000	
1.3 事业活动收到的除财政拨款以外的现金	4 000	
1.4 收到的其他与日常活动有关的现金	1 100	
日常活动的现金流入小计	75 100	
1.5 购买商品、接受劳务支付的现金	1 000	
1.6 支付给职工以及为职工支付的现金	50 000	
1.7 支付的各项税费	80	
1.8 支付的其他与日常活动有关的现金	1 020	
日常活动的现金流出小计	52 100	
日常活动产生的现金流量净额	23 000	
二、投资活动产生的现金流量：		
2.1 收回投资收到的现金	10 000	
2.2 取得投资收益收到的现金	200	

续　表

项目	本年金额	上年金额
2.3 处置固定资产、无形资产、公共基础设施等收回的现金净额	5 000	
2.4 收到的其他与投资活动有关的现金	0	
投资活动的现金流入小计	15 200	
2.5 购建固定资产、无形资产、公共基础设施等支付的现金	8 200	
2.6 对外投资支付的现金	10 000	
2.7 上缴处置固定产资产、无形资产、公共基础设施等净收入支付的现金	5 000	
2.8 支付的其他与投资活动有关的现金		
投资活动的现金流出小计	23 200	
投资活动产生的现金流量净额	−8 000	
三、筹资活动产生的现金流量：		
3.1 财政资本性项目拨款收到现金	50 000	
3.2 取得借款收到的现金	10 000	
3.3 收到的其他与筹资活动有关的现金		
筹资活动的现金流入小计	60 000	
3.4 偿还借款支付的现金	60 000	
3.5 偿还利息支付的现金	2 000	
3.6 支付的其他与筹资活动有关的现金		
筹资活动的现金流出小计	62 000	
筹资活动产生的现金流量净额	−2 000	
四、汇率变动对现金的影响额		
五、现金净增加额	13 000	

第六节　预算收入支出表

一、预算收入支出表概述

1. 预算收入支出表的含义

预算收入支出表是反映政府单位在某一会计年度内各项预算收入、预算支出和预算收支差额的情况。

2. 预算收入支出表的内容与格式

政府单位的预算收入支出表由表首标题和报表主体构成。报表主体部分包括编报项目、栏目及金额。具体格式如表10–19所示。

表10–19 预算收入支出表

会政预01表

编制单位:××× 年 单位:元

项目	本年金额	上年金额
一、本年预算收入		
(一)财政拨款预算收入		
其中:政府性基金收入		
(二)事业预算收入		
(三)上级补助预算收入		
(四)附属单位上缴预算收入		
(五)经营预算收入		
(六)债务预算收入		
(七)非同级财政拨款预算收入		
(八)投资预算收益		
(九)其他预算收入		
其中:利息预算收入		
捐赠预算收入		
租金预算收入		
二、本年预算支出		
(一)行政支出		
(二)事业支出		
(三)经营支出		
(四)上缴上级支出		
(五)对附属单位补助支出		
(六)投资支出		
(七)债务还本支出		
(八)其他支出		
其中:利息支出		
捐赠支出		
三、本年预算收支差额		

二、预算收入支出表编制要求

预算收入支出表反映政府单位在某一会计年度内各项预算收入、预算支出和预算收支差额的情况。

预算收入支出表“本年数”栏反映各项目的本年实际发生数。预算收入支出表“上年数”栏反映各项目上年度的实际发生数，应当根据上年度预算收入支出表中“本年数”栏内所列数字填列。

如果本年度预算收入支出表规定的项目名称和内容同上年度不一致，应当对上年度预算收入支出表的项目名称和数字按照本年度的规定进行调整，将调整后金额填入本年度预算收入支出表的“上年数”栏。

三、预算收入支出表“本年数”栏各项目内容和填列方法

1. 本年预算收入

“本年预算收入”项目，反映政府单位本年预算收入总额。本项目应当根据本表中“财政拨款预算收入”“事业预算收入”“上级补助预算收入”“附属单位上缴预算收入”“经营预算收入”“债务预算收入”“非同级财政拨款预算收入”“投资预算收益”“其他预算收入”项目金额的合计数填列。

①“财政拨款预算收入”项目，反映政府单位本年从同级政府财政部门取得的各类财政拨款。本项目应当根据“财政拨款预算收入”科目的本年发生额填列。

“政府性基金收入”项目，反映政府单位本年取得的财政拨款收入中属于政府性基金预算拨款的金额。本项目应当根据“财政拨款预算收入”相关明细科目的本年发生额填列。

②“事业预算收入”项目，反映事业单位本年开展专业业务活动及其辅助活动取得的预算收入。本项目应当根据“事业预算收入”科目的本年发生额填列。

③“上级补助预算收入”项目，反映事业单位本年从主管部门和上级单位取得的非财政补助预算收入。本项目应当根据“上级补助预算收入”科目的本年发生额填列。

④“附属单位上缴预算收入”项目，反映事业单位本年收到的独立核算的附属单

位按照有关规定上缴的预算收入。本项目应当根据“附属单位上缴预算收入”科目的本年发生额填列。

⑤“经营预算收入”项目,反映事业单位本年在专业业务活动及其辅助活动之外开展非独立核算经营活动取得的预算收入。本项目应当根据“经营预算收入”科目的本年发生额填列。

⑥“债务预算收入”项目,反映事业单位本年按照规定从金融机构等借入的、纳入部门预算管理的债务预算收入。本项目应当根据“债务预算收入”的本年发生额填列。

⑦“非同级财政拨款预算收入”项目,反映政府单位本年从非同级政府财政部门取得的财政拨款。本项目应当根据“非同级财政拨款预算收入”科目的本年发生额填列。

⑧“投资预算收益”项目,反映事业单位本年取得的按规定纳入单位预算管理的投资收益。本项目应当根据“投资预算收益”科目的本年发生额填列。

⑨“其他预算收入”项目,反映政府单位本年取得的除上述收入以外的纳入单位预算管理的各项预算收入。本项目应当根据“其他预算收入”科目的本年发生额填列。

“利息预算收入”项目,反映政府单位本年取得的利息预算收入。本项目应当根据“其他预算收入”科目的明细记录分析填列。政府单位单设“利息预算收入”科目的,应当根据“利息预算收入”科目的本年发生额填列。

“捐赠预算收入”项目,反映政府单位本年取得的捐赠预算收入。本项目应当根据“其他预算收入”科目明细账记录分析填列。政府单位单设“捐赠预算收入”科目的,应当根据“捐赠预算收入”科目的本年发生额填列。

“租金预算收入”项目,反映政府单位本年取得的租金预算收入。本项目应当根据“其他预算收入”科目明细账记录分析填列。政府单位单设“租金预算收入”科目的,应当根据“租金预算收入”科目的本年发生额填列。

2.本年预算支出

“本年预算支出”项目,反映政府单位本年预算支出总额。本项目应当根据本表中“行政支出”“事业支出”“经营支出”“上缴上级支出”“对附属单位补助支出”“投资支出”“债务还本支出”和“其他支出”项目金额的合计数填列。

①“行政支出”项目,反映行政单位本年履行职责实际发生的支出。本项目应当

根据“行政支出”科目的本年发生额填列。

②“事业支出”项目,反映事业单位本年开展专业业务活动及其辅助活动发生的支出。本项目应当根据“事业支出”科目的本年发生额填列。

③“经营支出”项目,反映事业单位本年在专业业务活动及其辅助活动之外开展非独立核算经营活动发生的支出。本项目应当根据“经营支出”科目的本年发生额填列。

④“上缴上级支出”项目,反映事业单位本年按照财政部门和主管部门的规定上缴上级单位的支出。本项目应当根据“上缴上级支出”科目的本年发生额填列。

⑤“对附属单位补助支出”项目,反映事业单位本年用财政拨款收入之外的收入对附属单位补助发生的支出。本项目应当根据“对附属单位补助支出”科目的本年发生额填列。

⑥“投资支出”项目,反映事业单位本年以货币资金对外投资发生的支出。本项目应当根据“投资支出”科目的本年发生额填列。

⑦“债务还本支出”项目,反映事业单位本年偿还自身承担的纳入预算管理的从金融机构举借的债务本金的支出。本项目应当根据“债务还本支出”科目的本年发生额填列。

⑧“其他支出”项目,反映政府单位本年除以上支出以外的各项支出。本项目应当根据“其他支出”科目的本年发生额填列。

“利息支出”项目,反映政府单位本年发生的利息支出。本项目应当根据“其他支出”科目明细账记录分析填列。政府单位单设“利息支出”科目的,应当根据“利息支出”科目的本年发生额填列。

“捐赠支出”项目,反映政府单位本年发生的捐赠支出。本项目应当根据“其他支出”科目明细账记录分析填列。政府单位单设“捐赠支出”科目的,应当根据“捐赠支出”科目的本年发生额填列。

3. 本年预算收支差额

“本年预算收支差额”项目,反映政府单位本年各项预算收支相抵后的差额。本项目应当根据本表中“本期预算收入”项目金额减去“本期预算支出”项目金额后的金额填列;如相减后金额为负数,以“-”号填列。

四、编制实例

【例10-9】某县委宣传部2×21年预算收支类科目发生额如表10-20所示。该县委宣传部无所得税缴纳义务。

表10-20 预算收入、支出类科目发生额表

编制单位:某县委宣传部　　2×21年　　单位:元

支出类	本年数	收入类	本年数
行政支出	1 000 000	财政拨款预算收入	1 000 000
事业支出	×××	其中:政府性基金收入	600 000
经营支出	×××	事业预算收入	×××
上缴上级支出	×××	上级补助预算收入	×××
对附属单位补助支出	×××	附属单位上缴预算收入	×××
投资支出	×××	经营预算收入	×××
债务还本支出	×××	债务预算收入	×××
其他支出	200 000	非同级财政拨款预算收入	100 000
其中:利息支出	10 000	投资预算收益	×××
捐赠支出	190 000	其他预算收入	110 000
		其中:利息预算收入	10 000
		捐赠预算收入	50 000
		租金预算收入	50 000
支出合计	1 200 000	收入合计	1 210 000

编制该县委宣传部的2×21预算收入支出表时,省略了“上年数”一列数字。“本年数”一列数字主要项目的填列说明如下:

(1)本年预算收入＝1 210 000(元)

(2)本年预算支出＝1 200 000(元)

(3)本年预算收入差额＝1 210 000-1 200 000＝10 000(元)

编制该县委宣传部2×21年度预算收入支出表如表10-21所示。

表 10-21　预算收入支出表

会政预 01 表

编制单位:某县委宣传部　　　　2×21 年　　　　单位:元

项目	本年金额	上年金额
一、本年预算收入	1 210 000	
(一)财政拨款预算收入	1 000 000	
其中:政府性基金收入	600 000	
(二)事业预算收入	×××	
(三)上级补助预算收入	×××	
(四)附属单位上缴预算收入	×××	
(五)经营预算收入	×××	
(六)债务预算收入	×××	
(七)非同级财政拨款预算收入	100 000	
(八)投资预算收益	×××	
(九)其他预算收入	110 000	
其中:利息预算收入	10 000	
捐赠预算收入	50 000	
租金预算收入	50 000	
二、本年预算支出	1 200 000	
(一)行政支出	1 000 000	
(二)事业支出	×××	
(三)经营支出	×××	
(四)上缴上级支出	×××	
(五)对附属单位补助支出	×××	
(六)投资支出	×××	
(七)债务还本支出	×××	
(八)其他支出	200 000	
其中:利息支出	10 000	
捐赠支出	190 000	
三、本年预算收支差额	10 000	

【例 10-10】某市卫生防疫站 2×21 年预算收支出类科目发生额如表 10-22 所示。该市卫生防疫站无所得税缴纳义务。

表10-22　预算收入、支出类科目项目预算发生额表

编制单位:某市卫生防疫站　　　2×21年　　　　单位:元

支出类	本年数	收入类	本年数
行政支出	1 200 000	财政拨款预算收入	1 000 000
事业支出	3 000 000	其中:政府性基金收入	600 000
经营支出	300 000	事业预算收入	3 000 000
上缴上级支出	500 000	上级补助预算收入	800 000
对附属单位补助支出	200 000	附属单位上缴预算收入	200 000
投资支出	60 000	经营预算收入	400 000
债务还本支出	40 000	债务预算收入	100 000
其他支出	20 000	非同级财政拨款预算收入	100 000
其中:利息支出	8 000	投资预算收益	100 000
捐赠支出	12 000	其他预算收入	300 000
		其中:利息预算收入	100 000
		捐赠预算收入	100 000
		租金预算收入	100 000
支出合计	5 320 000	收入合计	6 000 000

编制该某市卫生防疫站的2×21预算收入支出表时,省略了“上年数”一列数字。“本年数”一列数字主要项目的填列说明如下:

(1)本年预算收入=6 000 000(元)

(2)本年预算支出=5 320 000(元)

(3)本年预算收入差额=6 000 000−5 320 000=680 000(元)

编制事业单位2×21年度预算收入支出表如表10-23所示。

表10-23　预算收入支出表

会政预01表

编制单位:某市卫生防疫站　　　2×21年　　　　单位:元

项目	本年金额	上年金额
一、本年预算收入	6 000 000	
(一)财政拨款预算收入	1 000 000	
其中:政府性基金收入	600 000	
(二)事业预算收入	3 000 000	
(三)上级补助预算收入	800 000	
(四)附属单位上缴预算收入	200 000	

续 表

项目	本年金额	上年金额
(五)经营预算收入	400 000	
(六)债务预算收入	100 000	
(七)非同级财政拨款预算收入	100 000	
(八)投资预算收益	100 000	
(九)其他预算收入	300 000	
其中:利息预算收入	100 000	
捐赠预算收入	100 000	
租金预算收入	100 000	
二、本年预算支出	5 320 000	
(一)行政支出	1 200 000	
(二)事业支出	3 000 000	
(三)经营支出	300 000	
(四)上缴上级支出	500 000	
(五)对附属单位补助支出	200 000	
(六)投资支出	60 000	
(七)债务还本支出	40 000	
(八)其他支出	20 000	
其中:利息支出	8 000	
捐赠支出	12 000	
三、本年预算收支差额	680 000	

第七节 预算结转结余变动表

一、预算结转结余变动表的概述

1.预算结转结余变动表的含义

预算结转结余变动表是反映政府单位在某一会计年度内预算结转结余的变动情况的报表。

2.预算结转结余变动表的内容与格式

政府单位的预算结转结余变动表由表首标题和报表主体构成。报表主体部分包括编报项目、栏目及金额。具体格式如表10-24所示。

表10-24　预算结转结余变动表

会政预02表

编制单位:×××　　　　年　　　　　　　　　　　　　　单位:元

项目	本年金额	上年金额
一、年初预算结转结余		
(一)财政拨款结转结余		
(二)其他资金结转结余		
二、年初余额调整(减少以"-"号填列)		
(一)财政拨款结转结余		
(二)其他资金结转结余		
三、本年变动金额(减少以"-"号填列)		
(一)财政拨款结转结余		
1.本年收支差额		
2.归集调入		
3.归集上缴或调出		
(二)其他资金结转结余		
1.本年收支差额		
2.缴回资金		
3.使用专用结余		
4.支付所得税		
四、年末预算结转结余		
(一)财政拨款结转结余		
1.财政拨款结转		
2.财政拨款结余		
(二)其他资金结转结余		
1.非财政拨款结转		
2.非财政拨款结余		
3.专用结余		
4.经营结余(如有余额,以"-"号填列)		

二、预算结转结余变动表的编制原则

（1）预算结转结余变动表反映政府单位在某一会计年度内预算结转结余的变动情况。

（2）预算结转结余变动表“本年数”栏反映各项目的本年实际发生数。预算结转结余变动表“上年数”栏反映各项目的上年实际发生数，应当根据上年度预算结转结余变动表中“本年数”栏内所列数字填列。

如果本年度预算结转结余变动表规定的项目的名称和内容同上年度不一致，应当对上年度预算结转结余变动表项目的名称和数字按照本年度的规定进行调整，将调整后金额填入本年度预算结转结余变动表的“上年数”栏。

（3）预算结转结余变动表中“年末预算结转结余”项目金额等于“年初预算结转结余”“年初余额调整”“本年变动金额”三个项目的合计数。

三、预算结转结余变动表的“本年数”栏各项目内容和填列方法

1. 年初预算结转结余

“年初预算结转结余”项目，反映政府单位本年预算结转结余的年初余额。本项目应当根据本项目下“财政拨款结转结余”“其他资金结转结余”项目金额的合计数填列。

（1）“财政拨款结转结余”项目，反映政府单位本年财政拨款结转结余资金的年初余额。本项目应当根据“财政拨款结转”“财政拨款结余”科目本年年初余额合计数填列。

（2）“其他资金结转结余”项目，反映政府单位本年其他资金结转结余的年初余额。本项目应当根据“非财政拨款结转”“非财政拨款结余”“专用结余”“经营结余”科目本年年初余额的合计数填列。

2. 年初余额调整

“年初余额调整”项目，反映政府单位本年预算结转结余年初余额调整的金额。本项目应当根据本项目下“财政拨款结转结余”“其他资金结转结余”项目金额的合计数填列。

（1）“财政拨款结转结余”项目，反映政府单位本年财政拨款结转结余资金的年初余额调整金额。本项目应当根据“财政拨款结转”“财政拨款结余”科目下“年初余额调整”明细科目的本年发生额的合计数填列；如调整减少年初财政拨款结转结余，以“-”号填列。

（2）“其他资金结转结余”项目，反映政府单位本年其他资金结转结余的年初余额调整金额。本项目应当根据“非财政拨款结转”“非财政拨款结余”科目下“年初余额调整”明细科目的本年发生额的合计数填列；如调整减少年初其他资金结转结余，以“-”号填列。

3.本年变动金额

“本年变动金额”项目，反映政府单位本年预算结转结余变动的金额。本项目应当根据本项目下“财政拨款结转结余”“其他资金结转结余”项目金额的合计数填列。

（1）“财政拨款结转结余”项目，反映政府单位本年财政拨款结转结余资金的变动。本项目应当根据本项目下“本年收支差额”“归集调入”“归集上缴或调出”项目金额的合计数填列。

①“本年收支差额”项目，反映政府单位本年财政拨款资金收支相抵后的差额。本项目应当根据“财政拨款结转”科目下“本年收支结转”明细科目本年转入的预算收入与预算支出的差额填列；差额为负数的，以“-”号填列。

②“归集调入”项目，反映政府单位本年按照规定从其他单位归集调入的财政拨款结转资金。本项目应当根据“财政拨款结转”科目下“归集调入”明细科目的本年发生额填列。

③“归集上缴或调出”项目，反映政府单位本年按照规定上缴的财政拨款结转结余资金及按照规定向其他单位调出的财政拨款结转资金。本项目应当根据“财政拨款结转”“财政拨款结余”科目下“归集上缴”明细科目，以及“财政拨款结转”科目下“归集调出”明细科目本年发生额的合计数填列，以“-”号填列。

（2）“其他资金结转结余”项目，反映政府单位本年其他资金结转结余的变动。本项目应当根据本项目下“本年收支差额”“缴回资金”“使用专用结余”“支付所得税”项目金额的合计数填列。

①“本年收支差额”项目，反映政府单位本年除财政拨款外的其他资金收支相抵后的差额。本项目应当根据“非财政拨款结转”科目下“本年收支结转”明细科目、“其他结余”科目、“经营结余”科目本年转入的预算收入与预算支出的差额的合计数

填列;如为负数,以"-"号填列。

②"缴回资金"项目,反映政府单位本年按照规定缴回的非财政拨款结转资金。本项目应当根据"非财政拨款结转"科目下"缴回资金"明细科目本年发生额的合计数填列,以"-"号填列。

③"使用专用结余"项目,反映本年事业单位根据规定使用从非财政拨款结余或经营结余中提取的专用基金的金额。本项目应当根据"专用结余"科目明细账中本年使用专用结余业务的发生额填列,以"-"号填列。

④"支付所得税"项目,反映有企业所得税缴纳义务的事业单位本年实际缴纳的企业所得税金额。本项目应当根据"非财政拨款结余"明细账中本年实际缴纳企业所得税业务的发生额填列,以"-"号填列。

4. 年末预算结转结余

"年末预算结转结余"项目,反映政府单位本年预算结转结余的年末余额。本项目应当根据本项目下"财政拨款结转结余""其他资金结转结余"项目金额的合计数填列。

(1)"财政拨款结转结余"项目,反映政府单位本年财政拨款结转结余的年末余额。本项目应当根据本项目下"财政拨款结转""财政拨款结余"项目金额的合计数填列。

本项目下"财政拨款结转""财政拨款结余"项目,应当分别根据"财政拨款结转""财政拨款结余"科目的本年年末余额填列。

(2)"其他资金结转结余"项目,反映政府单位本年其他资金结转结余的年末余额。本项目应当根据本项目下"非财政拨款结转""非财政拨款结余""专用结余""经营结余"项目金额的合计数填列。

本项目下"非财政拨款结转""非财政拨款结余""专用结余""经营结余"项目,应当分别根据"非财政拨款结转""非财政拨款结余""专用结余""经营结余"科目的本年年末余额填列。

四、预算结转结余变动表的编制实例

【例 10-11】某市政府办公厅 2×21 年 12 月 31 日结账后净资产类会计科目如表 10-25 所示。据此编制该市政府办公厅的预算结转结余变动表。

表10-25　会计科目余额表

2×21年　　　　单位:元

会计科目	年初数	年末数	本年变动数(依据本年明细科目发生数)
财政拨款结转	8 000 000	15 000 000	7 000 000
——年初余额调整	0	0	0
——归集调入	0	0	7 800 000
——归集调出	0	0	300 000
——归集上缴	0	0	500 000
——单位内部调剂	0	0	0
——本年收支结转	0	0	0
——累计结转	8 000 000	15 000 000	7 000 000
财政拨款结余	1 200 000	2 300 000	1 100 000
——年初余额调整	0	0	1 100 000
——归集上缴	0	0	0
——单位内部调剂	0	0	0
——结转转入	0	0	0
——累计结转	1 200 000	2 300 000	1 100 000
非财政拨款结转	1 500 000	2 800 000	1 300 000
——年初余额调整			300 000
——缴回资金			100 000
——项目间接费用或管理费			
——本年收支结转			900 000
——累计结转	1 500 000	2 800 000	1 300 000
非财政补助结余	500 000	1 300 000	800 000
——年初余额调整			800 000
——项目间接费用或管理费			
——结转转入			
——累计结转	500 000	1 300 000	800 000
专用结转	×××	×××	×××
经营结余	×××	×××	×××
其他结余	10 000	30 000	20 000

上述科目余额表中其他结余科目的本年变动额未涉及转入预算收入与预算支出的差额,各项目均可根据各账户的期末余额、发生额分析填列。编制完成的年度预

算结转结余变动表如表10-26所示。

表10-26　预算结转结余变动表

会政预02表

编制单位：某市政府办公厅　　　　2×21年　　　　单位：元

项目	本年金额	上年金额
一、年初预算结转结余	11 200 000	
（一）财政拨款结转结余	9 200 000	
（二）其他资金结转结余	2 000 000	
二、年初余额调整（减少以"-"号填列）	2 200 000	
（一）财政拨款结转结余	1 100 000	
（二）其他资金结转结余	1 100 000	
三、本年变动金额（减少以"-"号填列）	7 800 000	
（一）财政拨款结转结余	7 000 000	
1.本年收支差额	0	
2.归集调入	7 800 000	
3.归集上缴或调出	-800 000	
（二）其他资金结转结余	800 000	
1.本年收支差额	900 000	
2.缴回资金	-100 000	
3.使用专用结余	0	
4.支付所得税	0	
四、年末预算结转结余	21 400 000	
（一）财政拨款结转结余	17 300 000	
1.财政拨款结转	15 000 000	
2.财政拨款结余	2 300 000	
（二）其他资金结转结余	4 100 000	
1.非财政拨款结转	2 800 000	
2.非财政拨款结余	1 300 000	
3.专用结余	×××	
4.经营结余（如有余额，以"-"号填列）	×××	

【例10-12】某大学2×21年12月31日结账后净资产类会计科目如表10-27所示。据此编制该大学的预算结转结余变动表。

表10-27　会计科目余额表

编制单位:某大学　　　　2×21年　　　　单位:元

会计科目	年初数	年末数	本年变动数(依据本年明细科目发生数)
财政拨款结转	8 000 000	15 000 000	7 000 000
——年初余额调整	0	0	0
——归集调入	0	0	7 800 000
——归集调出	0	0	300 000
——归集上缴	0	0	500 000
——单位内部调剂	0	0	0
——本年收支结转	0	0	0
——累计结转	8 000 000	15 000 000	7 000 000
财政拨款结余	1 200 000	2 300 000	1 100 000
——年初余额调整	0	0	1 100 000
——归集上缴	0	0	0
——单位内部调剂	0	0	0
——结转转入	0	0	0
——累计结转	1 200 000	2 300 000	1 100 000
非财政拨款结转	1 500 000	2 800 000	1 300 000
——年初余额调整			300 000
——缴回资金			100 000
——项目间接费用或管理费			
——本年收支结转			900 000
——累计结转	1 500 000	2 800 000	1 300 000
非财政补助结余	500 000	1 300 000	800 000
——年初余额调整			800 000
——项目间接费用或管理费			
——结转转入			
——累计结转	500 000	1 300 000	800 000
专用结余	120 000	150 000	30 000
经营结余	40 000	100 000	60 000
其他结余	10 000	30 000	20 000

上述科目余额表中专用结余、经营结余、其他结余科目的本年变动额均未涉及转入预算收入与预算支出的差额,各项目均可根据各账户的期末余额、发生分析填列。

编制完成的年度预算结转结余变动表如表10-28所示。

表10-28　预算结转结余变动表

会政预02表

编制单位:某大学　　　　2×19年　　　　单位:元

项目	本年金额	上年金额
一、年初预算结转结余	11 200 000	
(一)财政拨款结转结余	9 200 000	
(二)其他资金结转结余	2 000 000	
二、年初余额调整(减少以"-"号填列)	2 200 000	
(一)财政拨款结转结余	1 100 000	
(二)其他资金结转结余	1 100 000	
三、本年变动金额(减少以"-"号填列)	7 800 000	
(一)财政拨款结转结余	7 000 000	
1.本年收支差额	0	
2.归集调入	7 800 000	
3.归集上缴或调出	-800 000	
(二)其他资金结转结余	800 000	
1.本年收支差额	900 000	
2.缴回资金	-100 000	
3.使用专用结余	0	
4.支付所得税	0	
四、年末预算结转结余	21 400 000	
(一)财政拨款结转结余	17 300 000	
1.财政拨款结转	15 000 000	
2.财政拨款结余	2 300 000	
(二)其他资金结转结余	4 100 000	
1.非财政拨款结转	2 800 000	

续 表

项目	本年金额	上年金额
2.非财政拨款结余	1 300 000	
3.专用结余	×××	
4.经营结余(如有余额,以"-"号填列)	×××	

第八节 财政拨款预算收入支出表

一、财政拨款预算收入支出表的概述

1.财政拨款预算收入支出表的含义

财政拨款预算收入支出表是反映政府单位本年财政拨款预算资金收入、支出及相关变动的具体情况的报表。

2.财政拨款预算收入支出表的内容与格式

政府单位的财政拨款预算收入支出表由表首标题和报表主体构成。报表主体部分包括编报项目、栏目及金额。其格式如表10-29所示。

表10-29 财政拨款预算收入支出表

会政预03表

编制单位:××× 年 单位:元

项目	年初财政拨款结转结余		调整年初财政拨款结转结余	本年归集调入	本年归集上缴或调出	单位内部调剂		本年财政拨款收入	本年财政拨款出去	年末财政拨款结转结余	
	结转	结余				结转	结余			结转	结余
一、一般公共预算财政拨款											
(一)基本支出											

续　表

项目	年初财政拨款结转结余		调整年初财政拨款结转结余	本年归集调入	本年归集上缴或调出	单位内部调剂		本年财政拨款收入	本年财政拨款出去	年末财政拨款结转结余	
	结转	结余				结转	结余			结转	结余
1. 人员经费											
2. 日常公用经费											
(二)项目支出											
1.××项目											
2.××项目											
二、政府性基金预算财政拨款											
(一)基本支出											
1. 人员经费											
2. 日常公用经费											
(二)项目支出											
××项目											
总计											

二、财政拨款预算收入支出表的编制原则

财政拨款预算收入支出表反映政府单位本年财政拨款预算资金收入、支出及相关变动的具体情况。

财政拨款预算收入支出表“项目”栏内各项目，应当根据政府单位取得的财政拨款种类分项设置。其中“项目支出”项目下，根据每个项目设置；单位取得除一般公共财政预算拨款和政府性基金预算拨款以外的其他财政拨款的，应当按照财政拨款种类增加相应的资金项目及其明细项目。

三、财政拨款预算收入支出表的报表数填列方法

“年初财政拨款结转结余”栏中各项目，反映政府单位年初各项财政拨款结转结余的金额。各项目应当根据“财政拨款结转”“财政拨款结余”及其明细科目的年初余额填列。本栏中各项目的数额应当与上年度财政拨款预算收入支出表中“年末财政拨款结转结余”栏中各项目的数额相等。

“调整年初财政拨款结转结余”栏中各项目，反映政府单位对年初财政拨款结转结余的调整金额。各项目应当根据“财政拨款结转”“财政拨款结余”科目下“年初余额调整”明细科目及其所属明细科目的本年发生额填列；如调整减少年初财政拨款结转结余，以“-”号填列。

“本年归集调入”栏中各项目，反映政府单位本年按规定从其他单位调入的财政拨款结转资金金额。各项目应当根据“财政拨款结转”科目下“归集调入”明细科目及其所属明细科目的本年发生额填列。

“本年归集上缴或调出”栏中各项目，反映政府单位本年按规定实际上缴的财政拨款结转结余资金，及按照规定向其他单位调出的财政拨款结转资金金额。各项目应当根据“财政拨款结转”“财政拨款结余”科目下“归集上缴”科目和“财政拨款结转”科目下“归集调出”明细科目及其所属明细科目的本年发生额填列，以“-”号填列。

“单位内部调剂”栏中各项目，反映政府单位本年财政拨款结转结余资金在单位内部不同项目等之间的调剂金额。各项目应当根据“财政拨款结转”和“财政拨款结余”科目下的“单位内部调剂”明细科目及其所属明细科目的本年发生额填列；对单位内部调剂减少的财政拨款结余金额，以“-”号填列。

“本年财政拨款收入”栏中各项目，反映政府单位本年从同级财政部门取得的各类财政预算拨款金额。各项目应当根据“财政拨款预算收入”科目及其所属明细科目的本年发生额填列。

“本年财政拨款支出”栏中各项目，反映政府单位本年发生的财政拨款支出金额。各项目应当根据“行政支出”“事业支出”等科目及其所属明细科目本年发生额中的财政拨款支出数的合计数填列。

“年末财政拨款结转结余”栏中各项目，反映政府单位年末财政拨款结转结余的

金额。各项目应当根据“财政拨款结转”“财政拨款结余”科目及其所属明细科目的年末余额填列。

四、财政拨款预算收入支出表的编制实例

【例10-13】某中学2×21年12月31日结账后净资产类会计科目如表10-30所示。据此编制该单位的财政拨款预算收入支出表如表10-31所示。

表10-30　会计科目余额表

2×21年　　　　单位：元

会计科目	年初数	年末数	本年变动数(依据本年明细科目发生数)
财政拨款结转	6 000 000	11 000 000	5 000 000
——年初余额调整	0	0	0
——归集调入	0	0	5 500 000
——归集调出	0	0	200 000
——归集上缴	0	0	300 000
——单位内部调剂	0	0	0
——本年收支结转	0	0	0
——累计结转	6 000 000	11 000 000	500 000
财政拨款结余	8 000 000	10 000 000	2 000 000
——年初余额调整	0	0	2 000 000
——归集上缴	0	0	0
——单位内部调剂	0	0	0
——结转转入	0	0	0
——累计结转	8 000 000	10 000 000	2 000 000
非财政拨款结转	100 000	150 000	50 000
——年初余额调整	0	0	10 000
——缴回资金	0	0	10 000
——项目间接费用或管理费	0	0	0
非财政拨款结余	250 000	380 000	130 000
——年初余额调整	0	0	130 000
——项目间接费用或管理费	0	0	0
——结转转入	0	0	0

续表

会计科目	年初数	年末数	本年变动数(依据本年明细科目发生数)
——累计结转	250 000	380 000	130 000
专用结余	110 000	120 000	10 000
经营结余	400 000	200 000	200 000
其他结余	100 000	110 000	10 000

注:该表中"专用结余"和"其他结余"科目均有金额,为事业单位的科目余额表。如果为行政单位的科目余额表,"专用结余"和"其他结余"应该无金额。在编制财政拨款预算收入支出表,仅涉及"财政拨款结转"和"财政拨款结余"及其明细科目。

表10-31 财政拨款收入支出表

会政预03表

编制单位:某中学　　　　2×21年　　　　单位:元

项目	年初财政拨款结转结余		调整年初财政拨款结转结余	本年归集调入	本年归集上缴或调出	单位内部调剂		本年财政拨款收入	本年财政拨款支出	年末财政拨款结转结余	
	结转	结余				结转	结余			结转	结余
一、一般公共预算财政拨款	2000 000	3 000 000	2 000 000	2 500 000	200 000	0	0	100 000	100 000	4 300 000	5 000 000
(一)基本支出	1000 000	2 000 000	2 000 000	0	200 000	0	0	20 000	20 000	800 000	4 000 000
1. 人员经费	100 000	1 500 000	0	0	100 000	0	0	10 000	10 000	0	1 500 000
2. 日常公用经费	900 000	500 000	2 000 000	0	100 000	0	0	10 000	10 000	800 000	2 500 000
(二)项目支出	1 000 000	1 000 000	0	2 500 000	0	0	0	80 000	80 000	3 500 000	1 000 000

续　表

项目	年初财政拨款结转结余		调整年初财政拨款结转结余	本年归集调入	本年归集上缴或调出	单位内部调剂		本年财政拨款收入	本年财政拨款支出	年末财政拨款结转结余	
	结转	结余				结转	结余			结转	结余
1.××项目	200 000	1 000 000	0	1 500 000	0	0	0	80 000	80 000	1 700 000	1 000 000
2.××项目	800 000	0	0	1 000 000	0	0	0	0	0	1 800 000	0
二、政府性基金预算财政拨款	4 000 000	5 000 000	0	3 000 000	300 000	0	0	700 000	700 000	6 700 000	5 000 000
(一)基本支出	2 500 000	1 000 000	0	1 000 000	0	0	0	300 000	300 000	3 500 000	1 000 000
1. 人员经费	1 500 000	1 000 000	0	0	0	0	0	100 000	100 000	1 500 000	1 000 000
2. 日常公用经费	1 000 000	0	0	1 000 000	0	0	0	200 000	200 000	2 000 000	0
(二)项目支出	1 500 000	4 000 000	0	2 000 000	300 000	0	0	400 000	400 000	3 200 000	4 000 000
××项目	1 500 000	4 000 000	0	2 000 000	300 000	0	0	400 000	400 000	3 200 000	4 000 000
总计	6 000 000	8 000 000	2 000 000	5 500 000	500 000	0	0	800 000	800 000	11 000 000	10 000 000

第九节　附　注

一、附注的概念

附注是对在会计报表中列示的项目所作的进一步说明,以及对未能在会计报表中列示项目的说明。附注是财务报表的重要组成部分。凡对报表使用者的决策有重要影响的会计信息,不论政府会计制度是否有明确规定,政府单位均应当充分披露。

二、附注的主要内容

(1)单位的基本情况。政府单位应当简要披露其基本情况,包括单位主要职能、主要业务活动、所在地、预算管理关系等。

(2)会计报表编制基础。

(3)遵循政府会计准则、制度的声明。

(4)重要会计政策和会计估计。单位应当采用与其业务特点相适应的具体会计政策,并充分披露报告期内采用的重要会计政策和会计估计。主要包括以下内容:

①会计期间。

②记账本位币,外币折算汇率。

③坏账准备的计提方法。

④存货类别、发出存货的计价方法、存货的盘存制度,以及低值易耗品和包装物的摊销方法。

⑤长期股权投资的核算方法。

⑥固定资产分类、折旧方法、折旧年限和年折旧率;融资租入固定资产的计价和折旧方法。

⑦无形资产的计价方法;使用寿命有限的无形资产,其使用寿命估计情况;使用寿命不确定的无形资产,其使用寿命不确定的判断依据;单位内部研究开发项目划分研究阶段和开发阶段的具体标准。

⑧公共基础设施的分类、折旧(摊销)方法、折旧(摊销)年限,以及其确定依据。

⑨政府储备物资分类，以及确定其发出成本所采用的方法。

⑩保障性住房的分类、折旧方法、折旧年限。

⑪其他重要的会计政策和会计估计。

⑫本期发生重要会计政策和会计估计变更的，变更的内容和原因、受其重要影响的报表项目名称和金额、相关审批程序，以及会计估计变更开始适用的时点。

（5）会计报表重要项目说明。政府单位应当按照资产负债表和收入费用表项目列示顺序，采用文字和数据描述相结合的方式披露重要项目的明细信息。报表重要项目的明细金额合计，应当与报表项目金额相衔接。报表重要项目说明应包括但不限于下列内容：

1. 货币资金的披露格式（表10-32）

表10-32　货币资金的披露格式

项目	期末余额	年初余额
库存现金		
银行存款		
其他货币资金		
合计		

2. 应收账款按照债务人类别披露的格式（表10-33）

表10-33　应收账款按照债务人类别披露的格式

债务人类别	期末余额	年初余额
政府单位：		
部门内部单位		
单位1		
……		
部门外部单位		
单位1		
……		
其他：		
单位1		
……		
合计		

注1："部门内部单位"是指纳入单位所属部门财务报告合并范围的单位。

注2：有应收票据、预付账款、其他应收款的，可比照应收账款进行披露。

3.存货的披露格式(表10-34)

表10-34　存货的披露格式

存货种类	期末余额	年初余额
1.		
……		
合计		

4.其他流动资产的披露格式(表10-35)

表10-35　其他流动资产的披露格式

项目	期末余额	年初余额
1.		
……		
合计		

注:有长期待摊费用、其他非流动资产的,可比照其他流动资产进行披露。

5.长期投资

(1)长期债券投资的披露格式(表10-36)。

表10-36　长期债券投资的披露格式

债券发行主体	年初余额	本期增加额	本期减少额	期末余额
1.				
……				
合计				

注:有短期投资的,可比照长期债券投资进行披露。

(2)长期股权投资的披露格式(表10-37)。

表10-37　长期股权投资的披露格式

被投资单位	核算方法	年初余额	本期增加额	本期减少额	期末余额
1.					
……					
合计					

(3)当期发生的重大投资净损益项目、金额及原因。

6. 固定资产

（1）固定资产的披露格式（表10-38）。

表10-38　固定资产的披露格式

项目	年初余额	本期增加额	本期减少额	期末余额
一、原值合计				
其中：房屋及构筑物				
通用设备				
专用设备				
文物和陈列品				
图书、档案				
家具、用具、装具及动植物				
二、累计折旧合计				
其中：房屋及构筑物				
通用设备				
专用设备				
家具、用具、装具				
三、账面价值合计				
其中：房屋及构筑物				
通用设备				
专用设备				
文物和陈列品				
图书、档案				
家具、用具、装具及动植物				

（2）已提足折旧的固定资产名称、数量等情况。

（3）出租、出借固定资产以及固定资产对外投资等情况。

7. 在建工程的披露格式（表10-39）

表10-39　在建工程的披露格式

项目	年初余额	本期增加额	本期减少额	期末余额
1.				
……				
合计				

8. 无形资产

（1）各类无形资产的披露格式（表10-40）。

表10-40　各类无形资产的披露格式

项目	年初余额	本期增加额	本期减少额	期末余额
一、原值合计				
1.				
……				
二、累计摊销合计				
1.				
……				
三、账面价值合计				
1.				
……				

(2)计入当期损益的研发支出金额、确认为无形资产的研发支出金额。

(3)无形资产出售、对外投资等处置情况。

9.公共基础设施

(1)公共基础设施的披露格式(表10-41)。

表10-41　公共基础设施的披露格式

项目	年初余额	本期增加额	本期减少额	期末余额
一、原值合计				
市政基础设施				
1.				
……				
交通基础设施				
1.				
……				
水利基础设施				
1.				
……				
其他				
二、累计折旧合计				
市政基础设施				
1.				
……				
交通基础设施				

续　表

项目	年初余额	本期增加额	本期减少额	期末余额
1.				
……				
水利基础设施				
1.				
……				
其他				
三、账面价值合计				
市政基础设施				
1.				
……				
交通基础设施				
1.				
……				
水利基础设施				
1.				
……				
其他				

(2)确认为公共基础设施的单独计价入账的土地使用权的账面余额、累计摊销额及变动情况。

(3)已提取折旧继续使用的公共基础设施的名称、数量等。

10.政府储备物资的披露格式(表10-42)

表10-42　政府储备物资的披露格式

物资类别	年初余额	本期增加额	本期减少额	期末余额
1.				
……				
合计				

注:如单位有因动用而发出需要收回或者预期可能收回、但期末尚未收回的政府储备物资,应当单独披露其期末账面余额。

11.受托代理资产的披露格式(表10-43)

表 10-43　受托代理资产的披露格式

资产类别	年初余额	本期增加额	本期减少额	期末余额
货币资金				
受托转赠物资				
受托存储保管物资				
罚没物资				
其他				
合计				

12. 应付账款按照债权人类别披露的格式（表 10-44）

表 10-44　应付账款按照债权人类别披露的格式

债权人类别	期末余额	年初余额
政府单位：		
部门内部单位		
单位 1		
……		
部门外部单位		
单位 1		
……		
其他：		
单位 1		
……		
合计		

注：有应付票据、预收账款、其他应付款、长期应付款的，可比照应付账款进行披露。

13. 其他流动负债的披露格式（表 10-45）

表 10-45　其他流动负债的披露格式

项目	期末余额	年初余额
1.		
……		
合计		

注：有预计负债、其他非流动负债的，可比照其他流动负债进行披露。

14. 长期借款

（1）长期借款按照债权人披露的格式（表 10-46）。

表 10-46 长期借款按照债权人披露的格式

债权人	期末余额	年初余额
1.		
……		
合计		

注：有短期借款的，可比照长期借款进行披露。

(2)单位有基建借款的，应当分基建项目披露长期借款年初数、本年变动数、年末数及到期期限。

15. 事业收入按照收入来源的披露格式（表 10-47）

表 10-47 事业收入按照收入来源的披露格式

收入来源	本期发生额	上期发生额
来自财政专户管理资金		
本部门内部单位		
单位 1		
……		
本部门以外同级政府单位		
单位 1		
……		
其他		
单位 1		
……		
合计		

16. 非同级财政拨款收入按收入来源的披露格式（表 10-48）

表 10-48 非同级财政拨款收入按收入来源的披露格式

收入来源	本期发生额	上期发生额
本部门以外同级政府单位		
单位 1		
……		
本部门以外非同级政府单位		
单位 1		
……		
单位 1		
……		
合计		

17. 其他收入按照收入来源的披露格式(表10-49)

表10-49　其他收入按照收入来源的披露格式

收入来源	本期发生额	上期发生额
本部门内部单位		
单位1		
……		
本部门以外同级政府单位		
单位1		
……		
本部门以外非同级政府单位		
单位1		
……		
其他		
单位1		
……		
合计		

18. 业务活动费用

(1)按经济分类的披露格式(表10-50)。

表10-50　按经济分类的披露格式

项目	本期发生额	上期发生额
工资福利费用		
商品和服务费用		
对个人和家庭的补助费用		
对企业补助费用		
固定资产折旧费		
无形资产摊销费		
公共基础设施折旧(摊销)费		
保障性住房折旧费		
计提专用基金		
……		
合计		

注:有单位管理费用、经营费用的,可比照(业务活动费用)此表进行披露。

(2)按支付对象的披露格式(表10-51)。

表 10-51　按支付对象的披露格式

支付对象	本期发生额	上期发生额
本部门内部单位		
单位 1		
……		
本部门以外同级政府单位		
单位 1		
……		
其他		
单位 1		
……		
合计		

注：有单位管理费用、经营费用的，可比照（业务活动费用）此表进行披露。

19. 其他费用按照类别披露的格式（表 10-52）

表 10-52　其他费用按照类别披露的格式

费用类别	本期发生额	上期发生额
利息费用		
坏账损失		
罚没支出		
……		
合计		

20. 本期费用按照经济分类的披露格式（表 10-53）

表 10-53　本期费用按照经济分类的披露格式

项目	本期发生额	上期发生额
工资福利费用		
商品和服务费用		
对个人和家庭的补助费用		
对企业补助费用		
固定资产折旧费 208		
无形资产摊销费		
公共基础设施折旧（摊销）费		
保障性住房折旧费		
计提专用基金		

续 表

项目	本期发生额	上期发生额
所得税费用		
资产处置费用		
上缴上级费用		
对附属单位补助费用		
其他费用		
本期费用合计		

注：单位在按照本制度规定编制收入费用表的基础上，可以根据需要按照此表披露的内容编制收入费用表。

(6)本年盈余与预算结余的差异情况说明。

为了反映政府单位财务会计和预算会计因核算基础和核算范围不同所产生的本年盈余数与本年预算结余数之间的差异，单位应当按照重要性原则，对本年度发生的各类影响收入(预算收入)和费用(预算支出)的业务进行适度归并和分析，披露将年度预算收入支出表中“本年预算收支差额”调节为年度收入费用表中“本期盈余”的信息。有关披露格式见表10-54。

表10-54　本年盈余与预算结余的差异说明

项目	金额
一、本年预算结余(本年预算收支差额)	
二、差异调节	
(一)重要事项的差异	
加：1. 当期确认为收入但没有确认为预算收入	
(1)应收款项、预收账款确认的收入	
(2)接受非货币性资产捐赠确认的收入	
2. 当期确认为预算支出但没有确认为费用	
(1)支付应付款项、预付账款的支出	
(2)为取得存货、政府储备物资等计入物资成本的支出	
(3)为购建固定资产等的资本性支出	
(4)偿还借款本息支出	
减：1. 当期确认为预算收入但没有确认为收入	
(1)收到应收款项、预收账款确认的预算收入	
(2)取得借款确认的预算收入	
2. 当期确认为费用但没有确认为预算支出	

续　表

项目	金额
(1)发出存货、政府储备物资等确认的费用	
(2)计提的折旧费用和摊销费用	
(3)确认的资产处置费用(处置资产价值)	
(4)应付款项、预付账款确认的费用	
(二)其他事项差异	
三、本年盈余(本年收入与费用的差额)	

(7)其他重要事项说明。

①资产负债表日存在重要或有事项的需说明。没有重要或有事项的,也应说明。

②以名义金额计量的资产名称、数量等情况,以及以名义金额计量理由的说明。

③通过债务资金形成的固定资产、公共基础设施、保障性住房等资产的账面价值、使用情况、收益情况及与此相关的债务偿还情况等的说明。

④重要资产置换、无偿调入(出)、捐入(出)、报废、重大毁损等情况的说明。

⑤事业单位将单位内部独立核算单位的会计信息纳入本单位财务报表情况的说明。

⑥政府单位会计具体准则中要求附注披露的其他内容。

⑦有助于理解和分析单位财务报表需要说明的其他事项。

第十节　会计报表的审核、汇总与分析

一、会计报表的审核

政府单位对已编好的会计报表应认真审核后上报,上级部门对所属单位会计报表应认真审核,然后汇总。会计报表的审核包括技术性审核和政策性审核两个方面。

1.技术性审核

技术性审核主要审核会计报表的数字是否正确,表内有关项目是否完整,有关数字之间的勾稽关系是否正确,有无漏报和错报的情况,会计报表的报送是否及时等。

2.政策性审核

政策性审核主要是审核会计报表中反映的各项资金收支是否符合政策、制度，有无违反财经纪律的现象。

二、会计报表的汇总

会计报表应当层层汇总编制。基层单位的会计报表，应根据登记完整、核对无误的账簿记录和其他有关资料编制，切实做到账表相符，不得估列代编。主管会计单位和二级会计单位，应根据本级报表和经审核后的所属单位会计报表编制汇总会计报表，借以反映全系统的预算执行情况和资金活动情况。汇总会计报表的种类和内容、格式与基层会计报表相同。汇总编制时应将相同项目的金额加计总额后填列，但上下级单位之间对应的上缴、下拨数以及系统内部各单位之间的往来款项应相互冲销。如上级单位拨出经费与所属单位的拨入经费对冲，系统内部本单位的暂收款和所属单位的暂付款冲销等，以免重复计算。

三、会计报表分析

（一）会计报表分析的方法

政府单位会计报表的分析方法主要有对比分析法、因素分析法等，与事业单位会计报表分析方法基本相同，这里不再赘述。

（二）政府单位会计报表分析的内容

1.分析政府单位编制计划完成情况

应当进一步挖掘单位的内部潜力，并为编制下期计划提供资料；应当分析编制计划的完成情况，并查明未完成计划的原因。编制计划的完成情况，可根据各项基本数字进行分析，然后再分析没有完成计划的原因，采取切实可行的必要措施，解决存在的问题。

2.预算收支具体情况的分析

由于政府单位一般收入较少，支出较多，因此，应重点对预算支出具体情况进行分析。在对预算支出具体情况分析时，应先根据政府单位预算会计报表有关资料，编制预算支出情况分析表，以便逐项进行分析。

3. 财务状况分析

财务状况分析主要是分析政府单位最开始预算中的资产、支出、负债收入和净资产的增减变化是否正常合法，从而更加合理有效地使用预算资金。财务分析的主要依据是资产负债表和有关的明细资料。

（三）会计报表分析的方法

第一，根据分析目的，做好资料的收集、整理工作。

第二，进行对比分析，找出差异。

第三，比较分析法比较的既可以是绝对数，也可以是相对数。若是前者，则分析得出的是金额变动数；若是后者，则分析得出的是比例变动数，通过研究这些变动数，可以发现对比数据之间的差异，从而发现存在的问题和可挖掘的潜力。

第四，总结经验、提出措施。为了完善体制，最后还应该总结经验，提出改善的措施，为进一步挖掘潜力和解决问题提供体制保障。

思考与练习题

一、名词解释

1. 财务会计报表

2. 预算会计报表

3. 收入费用表

4. 净资产变动表

5. 现金流量表

6. 预算收入支出表

7. 预算结转结余变动表

8. 财政拨款预算收入支出表

9. 附注

二、填空题

1. 政府单位会计报表分（　　）报表和（　　）报表。

2. 按照编报时间分类，财务会计报表可以分为（　　）、（　　）、（　　）。预算会计报表可以分为(　　)。

3.按编报层次分类,财务会计报表和预算会计报表均可以分为(　　)和(　　)。

4.政府单位的资产负债表由(　　)和(　　)构成。

5.资产负债表“货币资金”项目,反映单位期末库存现金、银行存款、(　　)、(　　)的合计数。

6.资产负债表“货币资金”项目应当根据“库存现金”“银行存款”(　　)科目和(　　)科目的期末余额的合计数填列。

7.资产负债表“存货”项目,反映单位期末存储的存货的实际成本。本项目应当根据(　　)科目(　　)科目(　　)科目的期末余额的合计数填列。

8.资产负债表“受托代理资产”项目,反映单位期末受托代理资产的价值。本项目应当根据(　　)科目的期末余额与(　　)科目、(　　)科目下“受托代理资产”明细科目的期末余额的合计数填列。

9.现金流量表应当按照(　　)、(　　)、(　　)的现金流量分别反映。现金流量表所指的现金流量是指现金的流入和流出。

10.政府单位应当采用(　　)编制现金流量表。

11.会计报表的审核包括(　　)和(　　)两个方面。

三、选择题

1.财务会计报表可以分为(　　)。

A.资产负债表　　B.收入费用表

C.净资产变动表　　D.现金流量表

E.附表

2.预算会计报表可以分为(　　)。

A.预算收入支出表　　B.预算结转结余变动表

C.财政拨款预算收入支出表　　D.报表说明书

3.现金流量表所指的现金,是指单位的库存现金以及其他可以随时用于支付的款项,包括(　　)以及通过财政直接支付方式支付的款项。

A.库存现金　　B.可以随时用于支付的银行存款

C.其他货币资金　　D.零余额账户用款额度

E.财政应返还额度

4.下列资产负债表项目仅在月度报表中列示,年度报表中不列示的是(　　)。

A.“无偿调拨净资产”项目　　B“本期盈余”项目

C.“权益法调整”项目　　D.“专用基金”项目

E.“受托代理负债”项目

四、判断题

1.政府单位资产负债表中的“货币资金”项目,应当根据“库存现金”“银行存款”“零余额账户用款额度”“其他货币资金”科目的期末余额的合计数填列。（　）

2.“短期投资”项目,反映政府单位期末持有的短期投资账面余额。本项目应当根据“短期投资”科目的期末余额填列。（　）

3.“应收票据”项目,反映政府单位期末持有的应收票据的票面金额。本项目应当根据“应收票据”科目的期末余额填列。（　）

4.“应收股利”项目,反映政府单位期末因股权投资而应收取的现金股利或应当分得的利润。本项目应当根据“应收股利”科目的期末余额填列。（　）

5.“应收利息”项目,反映政府事业单位期末因债券投资等而应收取的利息。事业单位购入的到期一次还本付息的长期债券投资持有期间应收的利息,也包括在本项目内。本项目应当根据“应收利息”科目的期末余额填列。（　）

6.“长期股权投资”项目,反映政府单位期末持有的长期股权投资的账面余额。本项目应当根据“长期股权投资”科目的期末余额填列。（　）

7.“长期债券投资”项目,反映政府单位期末持有的长期债券投资的账面余额。本项目应当根据“长期债券投资”科目的期末余额减去其中将于1年内(含1年)到期的长期债券投资余额后的金额填列。（　）

8.资产负债表“受托代理资产”项目,反映单位期末受托代理资产的价值。本项目应当根据“受托代理资产”科目的期末余额填列。（　）

9.“短期借款”项目,反映政府单位期末短期借款的余额。本项目应当根据“短期借款”科目的期末余额填列。（　）

10.“应付票据”项目,反映政府单位期末应付票据的金额。本项目应当根据“应付票据”科目的期末余额填列。（　）

11.“应付政府补贴款”项目,反映负责发放政府补贴的政府单位期末按照规定应当支付给政府补贴接受者的各种政府补贴款余额。本项目应当根据“应付政府补贴款”科目的期末余额填列。（　）

12.“应付利息”项目,反映政府单位期末按照合同约定应支付的借款利息。事业

单位到期一次还本付息的长期借款利息不包括在本项目内。本项目应当根据"应付利息"科目的期末余额填列。 （ ）

13."预收账款"项目，反映政府单位期末预先收取但尚未确认收入和实际结算的款项余额。本项目应当根据"预收账款"科目的期末余额填列。 （ ）

14."长期借款"项目，反映政府单位期末长期借款的余额。本项目应当根据"长期借款"科目的期末余额减去其中将于1年内（含1年）到期的长期借款余额后的金额填列。 （ ）

15.资产负债表"受托代理负债"项目，反映单位期末受托代理负债的金额。本项目应当根据"受托代理负债"科目的期末余额填列。 （ ）

16."专用基金"项目，反映政府事业单位期末累计提取或设置但尚未使用的专用基金余额。本项目应当根据"专用基金"科目的期末余额填列。 （ ）

17."权益法调整"项目，反映政府单位期末在被投资单位除净损益和利润分配以外的所有者权益变动中累积享有的份额。本项目应当根据"权益法调整"科目的期末余额填列。如"权益法调整"科目期末为借方余额，以"-"号填列。 （ ）

五、问答题

1.政府单位会计报表的编制有何要求？

2.政府单位会计报表分析主要内容有哪些？

六、账务处理题

1.某事业单位2×21年12月31日结账后各资产、负债和净资产类会计科目如表10-55所示。据此计算编制该事业单位2×21年的资产负债表10-56。

表10-55 科目余额表

2×21年 单位：元

资产	借方余额	负债和净资产	贷方余额
库存现金	3 500	短期借款	120 000
银行存款	161 500	应交增值税	0
零余额账户用款额度	0	其他应交税费	0
短期投资	22 500	应缴财政款	0
财政应返还额度	36 000	应付职工薪酬	0
应收票据	12 000	应付票据	0
应收账款	40 000	应付账款	8 000
预付账款	13 000	预收账款	1 000

续　表

资产	借方余额	负债和净资产	贷方余额
其他应收款	4 500	其他应付款	2 000
存货	331 000	长期借款	320 000
长期股权投资	161 000	长期应付款	0
固定资产	1 957 500	累计盈余	1 106 000
固定资产累计折旧	-507 500	专用基金	1 000 000
在建工程	86 000	权益法调整	28 000
无形资产	266 000		
无形资产累计摊销	-53 000		
待处置财产损溢	51 000		
合计	2 585 000	合计	2 585 000

表 10-56　资产负债表

会政财 01 表

编制单位:　　2×21 年　　单位:元

资产	期末余额	年初余额	负债和净资产	期末余额	年初余额
流动资产:			流动负债:		
货币资金		142 000	短期借款		100 000
短期投资		19 500	应交增值税		0
财政应返还额度		21 000	其他应交税费		0
应收票据		10 000	应缴财政款		0
应收账款净额		60 000	应付职工薪酬		0
预付账款		6 000	应付票据		1 000
应收股利		0	应付账款		5 000
应收利息		0	应付政府补贴款		0
其他应收款净额		3 000	应付利息		0
存货		323 500	预收账款		0
待摊费用		0	其他应付款		3 000
一年内到期的非流动资产		0	预提费用		0
其他流动资产		0	一年内到期的非流动负债		0
流动资产合计		585 000	其他流动负债		0
非流动资产:			流动负债合计		109 000

续 表

资产	期末余额	年初余额	负债和净资产	期末余额	年初余额
长期股权		100 000	非流动负债：		
长期债权投资		0	长期借款		270 000
固定资产原值		1 512 000	长期应付款		0
减：固定资产累计折旧		392 000	预计负债		0
固定资产净值		1 120 000	其他非流动负债		0
工程物资		0	非流动负债合计		270 000
在建工程		150 000	受托代理负债		0
无形资产原值		287 500	负债合计		379 000
减：无形资产累计摊销		57 500			
无形资产净值		230 000			
研发支出		0			
公共基础设施原值		0			
减：公共基础设施累计摊销		0			
公共基础设施产净值		0			
政府储备物资		0			
文物文化资产		0			
保障性住房原值		0			
减：保障性住房累计折旧		0	净资产：		
保障性住房净值		0	累计盈余		1 000 000
长期待摊费用		0	专用基金		800 000
待处置资产损溢		0	权益法调整		6 000
其他非流动资产		0	无偿调拨净资产		—
非流动资产合计		1 600 000	本期盈余		—
受托代理资产		0	净资产合计		1 806 000
资产总计		2 185 000	负债和净资产总计		2 185 000

2.某事业单位2×21年收入、费用类科目发生额如表10–57所示。其他相关资料如下。该事业单位无所得税缴纳义务。请计算编制该单位2×21年收入费用表10–58。

表 10-57　收入、费用类科目发生额表

2×21 年　　　　　　　　单位：元

费用类	本年累计数	收入类	本年累计数
业务活动费用	11 000	财政拨款收入	10 000 000
单位管理费用	200 000	其中：公共预算性收入	8 500 000
经营费用	156 000	政府性基金收入	1 500 000
资产处置费用	280 000	事业收入	6 180 000
上缴上缴费用	5 320 000	上级补助收入	1 824 000
对附属单位补助费用	1 512 000	附属单位上缴收入	300 000
所得税费用	0	经营收入	252 000
其他费用	60 000	非同级财政拨款收入	200 000
		投资收益	10 000
		捐赠收入	75 000
		利息收入	20 000
		租金收入	20 000
		其他收入	144 000
费用合计	18 528 000	收入合计	19 025 000

表 10-58　收入费用表

会政财 02 表

编制单位：　　　　　　　　2×21 年　　　　　　　　单位：元

项目	本月数（略）	本年累计数
一、本期收入		
（一）财政持收入		
其中：政府性基金收入		
（二）事业收入		
（三）上级补助收入		
（四）附属单位上缴收入		
（五）经营收入		
（六）非同级财政拨款收入		
（七）投资收益		
（八）捐赠收入		
（九）利息收入		
（十）租金收入		
（十一）其他收入		

续 表

项目	本月数(略)	本年累计数
二、本期费用		
(一)业务活动费用		
(二)单位管理费用		
(三)经营费用		
(四)资产处置费用		
(五)上缴上级费用		
(六)对附属单位补助费用		
(七)所得税费用		
(八)其他费用		
三、本期盈余		

3.某单位2×21年12月31日统计出本年运营增加的累计盈余106 000元,政府下拨的专用基金200 000元,购买的长期股权投资除净损益和利润分配以外的所有者权益变动份额而调整长期股权投资账面余额为22 000元。据此计算编制该单位2×21年的净资产变动表10-59。

表10-59 净资产变动表

会政财03表

编制单位:某单位　　2×21年12月31日　　单位:元

项目	本年数				上年数			
	累计盈余	专用基金	权益法调整	净资产合计	累计盈余	专用基金	权益法调整	净资产合计
一、上年年末余额	1 000 000	800 000	6 000	1 806 000				
二、以前年度盈余调整	0	—	—	0		—	—	
三、本年年初余额								
四、本年变动金额								
(一)本年盈余						—	—	
(二)无偿调拨净资产						—	—	
(三)归集调整预算结转结余						—	—	

续　表

项目	本年数				上年数			
	累计盈余	专用基金	权益法调整	净资产合计	累计盈余	专用基金	权益法调整	净资产合计
（四）提取或设置专用基金							—	
其中：从预算收入中提取					—		—	
从预算结余中提取							—	
设置的专用基金					—		—	
（五）使用专用基金							—	
（六）权益法调整					—	—		
五、本年年末余额								

4. 某事业单位2×21年现金流量日常活动、投资活动、筹资活动事项。从中抽出一些事项，主要发生事项及其相关资料主要如表10-60所示。该事业单位无所得税缴纳义务，无汇率变动影响。请计算编制该事业单位2×21年现金流量表10-61。

表10-60　日常活动、投资、筹资类科目发生额表

2×21年　　　　单位：元

日期	摘要	借	贷	序号	现金流入	现金流出
2月1日	支付工资		11 000	1.6		支付给职工以及为职工支付的现金
2月3日	提现		800			
3月4日	财政基本拨款	100 000		1.1	财政基本支出拨款收到的现金	

续 表

日期	摘要	借	贷	序号	现金流入	现金流出
3月4日	购买固定资产		3 000	2.5		购建固定资产、无形资产、公共基础设施等支付的现金
3月7日	财政非资本性项目拨款	200 000		1.2	财政非资本性项目拨款收到的现金	
3月10日	购买商品		10 600	1.5		购买商品、接受劳务支付的现金
4月1日	支付工资		11 000	1.6		支付给职工以及为职工支付的现金
4月3日	事业活动收到现金	300 000		1.3	事业活动收到的除财政拨款以外的现金	
4月5日	收到3月应收款项	1 030		1.4	收到的其他与日常活动有关的现金	
4月6日	支付税金		420	1.7		支付的各项税费
4月8日	进行公共基础设施投资		5 000	2.5		购建固定资产、无形资产、公共基础设施等支付的现金
4月10日	取得投资收益	120		2.2	取得投资收益收到的现金	
4月30日	收回投资	22 000		2.1	收回投资收到的现金	

续 表

日期	摘要	借	贷	序号	现金流入	现金流出
5月1日	支付工资		11 000	1.6		支付给职工以及为职工支付的现金
5月2日	为职工购买电脑		2 600	1.6		支付给职工以及为职工支付的现金
5月3日	处置专利权	30 000		2.3	处置固定资产、无形资产、公共基础设施等收回的现金净额	
5月5日	投资股票		1 000	2.6		对外投资支付的现金
5月10日	上交处置专利权净收入		3 000	2.7		上缴处置固定资产、无形资产、公共基础设施等争收入的现金
5月15日	收到财政资本性项目拨款	10 000		3.1	财政资本性项目拨款收到的现金	
5月18日	取得借款	2 000		3.2	取得借款收到的现金	
5月28日	偿还借款		1 000	3.4		偿还借款支付的现金
5月28日	偿还利息		120	3.5		偿还利息支付的现金

表 10-61　现金流量表

会政财 04 表

编制单位：　　　　　　　2×21 年　　　　　　　单位：元

项目	本年金额	上年金额
一、日常活动产生的现金流量		
1.1 财政基本支出拨款收到的现金		
1.2 财政非资本性项目拨款收到的现金		
1.3 事业活动收到的除财政拨款以外的现金		
1.4 收到的其他与日常活动有关的现金		
日常活动的现金流入小计		
1.5 购买商品、接受劳务支付的现金		
1.6 支付给职工以及为职工支付的现金		
1.7 支付的各项税费		
1.8 支付的其他与日常活动有关的现金		
日常活动的现金流出小计		
日常活动产生的现金流量净额		
二、资产活动产生的现金流量		
2.1 收回投资收到的现金		
2.2 取得投资收益收到的现金		
2.3 处置固定资产、无形资产、公共基础设施等收回的现金净额		
2.4 收到的其他与投资活动有关的现金		
投资活动的现金流入小计		
2.5 购建固定资产、无形资产、公共基础设施等支付的现金		
2.6 对外投资支付的现金		
2.7 上缴处置固定资产、无形资产、公共基础设施等净收入支付的现金		
2.8 支付的其他与投资活动有关的现金		
投资活动的现金流出小计		
投资活动产生的现金流量净额		
三、筹资活动产生的现金流量：		
3.1 财政资本性项目拨款收到的现金		
3.2 取得借款收到的现金		
3.3 收到的其他与筹资活动有关的现金		

续　表

项目	本年金额	上年金额
筹资活动的现金流入小计		
3.4偿还借款支付的现金		
3.5偿还利息支付的现金		
3.6支付的其他与筹资活动有关的现金		
筹资活动的现金流出小计		
筹资活动产生的现金流量净额		
四、汇率变动对现金的影响额		
五、现金净增加额		

5.某事业单位2×21年预算收入、支出类科目发生额如表10-62所示。其他相关资料如下:该事业单位无所得税缴纳义务。请计算编制事业完成该事业单位2×21年度预算收入支出表10-63。

表10-62　收入、支出类科目预算发生额表

2×21年　　　　　　　　单位:元

支出类	本年数	收入类	本年数
行政支出	5 000 000	财政拨款预算收入	10 000 000
事业支出	1 500 000	其中:政府性基金收入	1 500 000
经营支出	200 000	事业预算收入	6 000 000
上缴上级支出	1 000 000	上级补助预算收入	1 000 000
对附属单位补助支出	1 000 000	附属单位上缴预算收入	300 000
投资支出	50 000	经营预算收入	250 000
债务还本支出	60 000	债务预算收入	200 000
其他支出	30 000	非同级财政拨款预算收入	70 000
其中:利息支出	13 000	投资预算收益	65 000
捐赠支出	17 000	其他预算收入	70 000
		其中:利息预算收入	20 000
		捐赠预算收入	30 000
		租金预算收入	20 000
支出合计	8 840 000	收入合计	17 9550 000

表10-63　预算收入支出表

会政财01表

编制单位：某事业单位　　　　2×21年　　　　单位：元

项目	本年金额	上年金额
一、本年预算收入		
(一)财政拨款预算收入		
其中：政府性基金收入		
(二)事业预算收入		
(三)上级补助预算收入		
(四)附属单位上缴预算收入		
(五)经营预算收入		
(六)债务预算收入		
(七)非同级财政拨款预算收入		
(八)投资预算收益		
(九)其他预算收入		
其中：利息预算收入		
捐赠预算收入		
租金预算收入		
二、本年预算支出		
(一)行政支出		
(二)事业支出		
(三)经营支出		
(四)上缴上级支出		
(五)对附属单位补助支出		
(六)投资支出		
(七)债务还本支出		
(八)其他支出		
其中：利息支出		
损增支出		
三、本年预算收支差额		

6. 某事业单位2×21年12月31日结账后各资产、负债和净资产类会计科目如表10-64所示。请据此编制该事业单位2×21年的预算结转结余变动表10-65。

表 10-64　会计科目余额表

2×21 年 12 月 31 日

会计科目	年初数	年末数	本年变动数（依据本年明细科目发生数）
财政拨款结转	600 000	1 100 000	500 000
——年初余额调整	0	0	0
——归集调入	0	0	550 000
——归集调出	0	0	20 000
——归集上缴	0	0	30 000
——单位内部调剂	0	0	0
——本年收支结转	0	0	0
——累计结转	600 000	1 100 000	500 000
财政拨款结余	600 000	1 000 000	200 000
——年初余额调整	0	0	200 000
——归集上缴	0	0	0
——单位内部调剂	0	0	0
——结转转入	0	0	0
——累计结转	800 000	1 000 000	200 000
非财政拨款结转	100 000	150 000	50 000
——年初余额调整	0	0	10 000
——缴回资金	0	0	10 000
——项目间接费用或管理费	0	0	0
——结转转入	0	0	50 000
——累计结转	100 000	150 000	50 000
非财政拨款结余	250 000	380 000	130 000
——年初余额调整	0	0	130 000
——项目间接费用或管理费	0	0	0
——结转转入	0	0	0
——累计结转	250 000	380 000	130 000
专用结余	110 000	120 000	10 000
经营结余	400 000	200 000	200 000
其他结余	100 000	110 000	10 000

表10-65 预算结转结余变动表

会政财02表

编制单位:某事业单位　　2×21年　　单位:元

项目	本年金额	上年金额
一、年初预算结转结余		—
(一)财政拨款结转结余		—
(二)其他资金结转结余		—
二、年初余额调整(减少以"-"号填列)		—
(一)财政拨款结转结余		—
(二)其他资金结转结余		—
三、本年变动金额(减少以"-"号填列)		—
(一)财政拨款结转结余		—
1.本年收支差额		—
2.归集调入		—
3.归集上缴或调出		—
(二)其他资金结转结余		—
1.本年收支差额		—
2.缴回资金		—
3.使用专业结余		—
4.支付所得税		—
四、年末预算结转结余		—
(一)财政拨款结转结余		—
1.财政拨款结转		—
2.财政拨款结余		—
(二)其他资金结转结余		—
1.非财政拨款结转		—
2.非财政拨款结余		—
3.专用结余		—
4.经营结余(如有余额,以"-"号填列)		—

主要参考文献

[1]乔宝云.规范政府财政行为 保证政府债务健康发展[J].中国财政,2020(18):23—24.

[2]孙关宏,胡雨春,任军锋.政治学概论(第二版)[M].上海:复旦大学出版社,2008.

[3]田高良,曹文莉.政府会计实务[M].大连:东北财经大学出版社,2020.

[4]王彦,王建英.政府与事业单位会计[M].5版.北京:中国人民大学出版社,2017.

[5]王晨明,周欣.政府会计实务及案例解析[M].上海:立信会计出版社,2018.

[6]邢俊英.政府会计[M].2版.大连:东北财经大学出版社,2018.

[7]颜德如,冯英.政府是什么?:中国政府改革与建设的前提性思考[J].北京科技大学学报(社会科学版),2007(4):64—71.

[8]张成福,党秀云.公共管理学概论[M].北京:中国城市出版社,2004.

[9]政府会计制度编审委员会.政府会计制度详解与实务[M].北京:人民邮电出版社,2018.